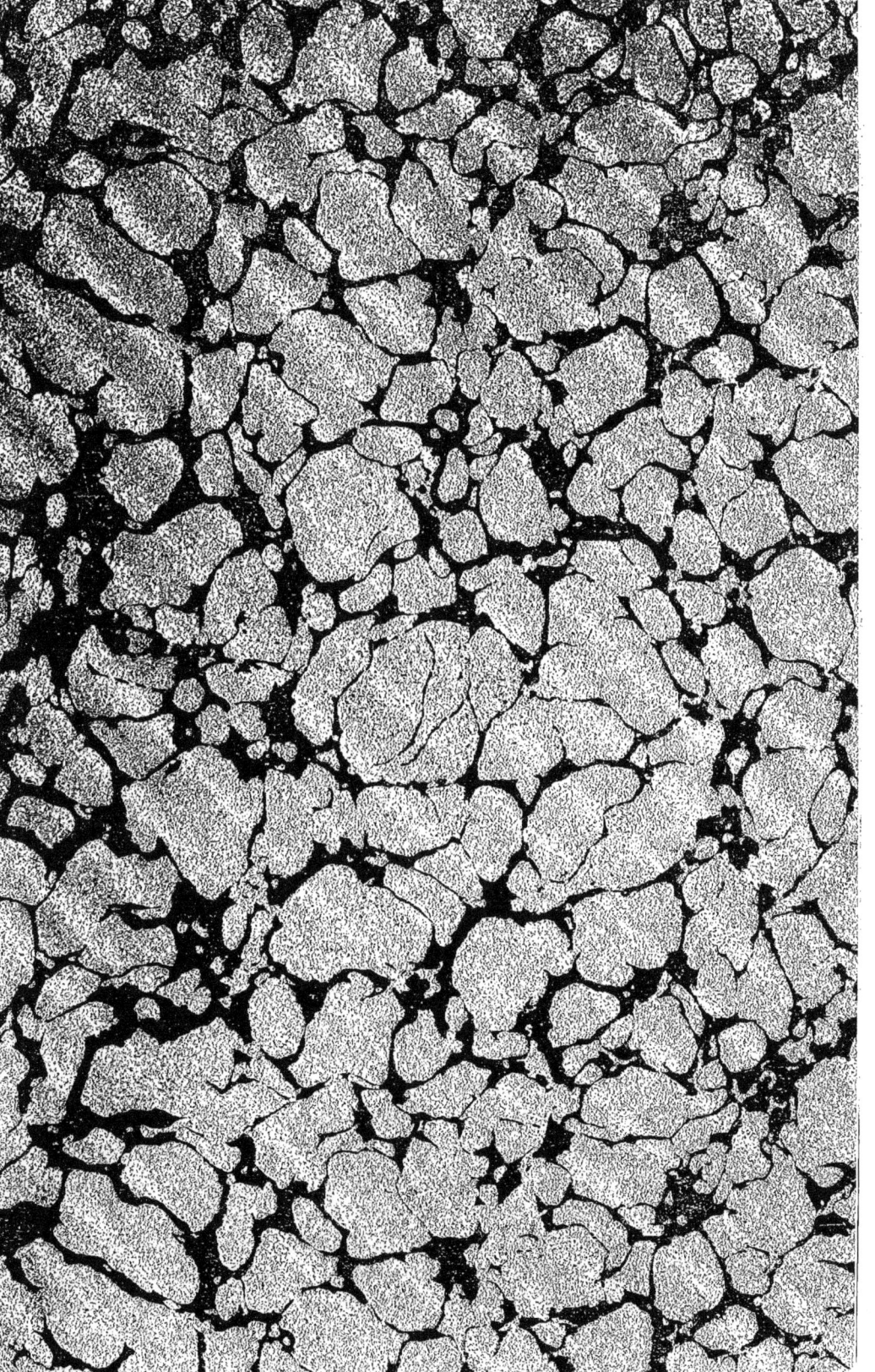

BARNICAUD REL

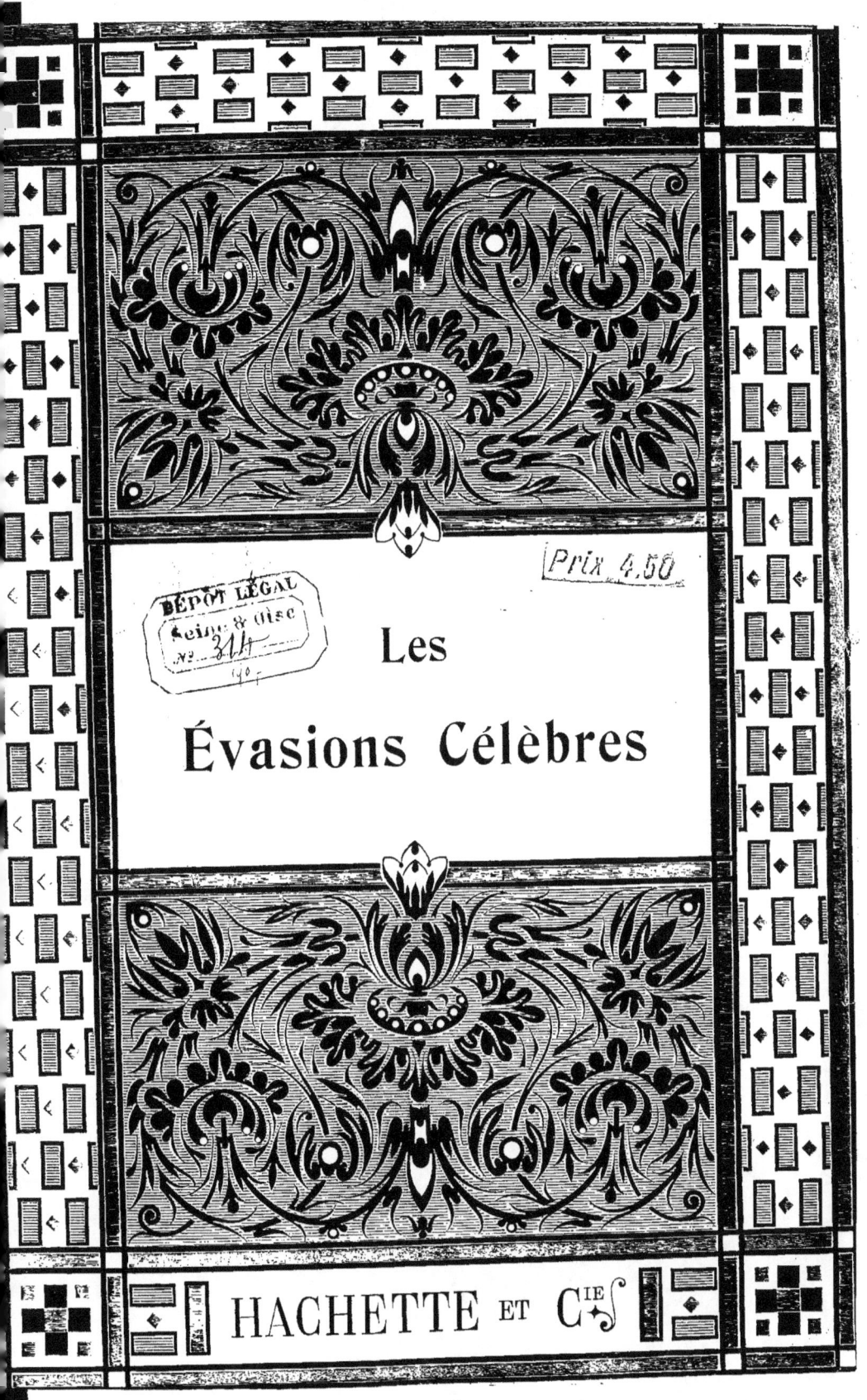

Les

Évasions Célèbres

Vêtu d'une blouse et d'une casquette, le prince Louis-Napoléon
passa au milieu des soldats réunis devant le corps de garde.

Les Évasions Célèbres

*d'après les Récits des Historiens
les Mémoires et la Correspondance de*

BENVÉNUTO CELLINI ○ CAUMONT DE LA FORCE
LE CARDINAL DE RETZ ○ LE CHEVALIER DE FORBIN
DUGUAY-TROUIN ○ L'ABBÉ-COMTE DE BUCQUOY
CHARLES II D'ANGLETERRE ○ LE BARON DE TRENCK
LE COMTE DE MORÉ ○ LATUDE ○ DE VAUBLANC
LAVALETTE ○ M. S. BLAZE ○ BERNARD MASSON
MARQUIS D'ANDIGNÉ ○ GÉNÉRAL DUCROT ○ ETC.
ILLUSTRÉES D'APRÈS 36 DESSINS D'ALFRED PARIS.

HACHETTE ET Cⁱᵉ. — PARIS. MCMVII.

DROITS DE TRADUCTION ET DE REPRODUCTION RÉSERVÉS

POUR SE DÉBARRASSER DE LA CHAINE QUI LE RETENAIT PRISONNIER, HÉGÉSISTRATE EUT LE COURAGE DE SE MUTILER UN PIED.

Introduction

On annonçait un jour à un prisonnier politique, qui venait de tenter de s'évader, le surcroît de précautions dont il allait être l'objet. Loin de s'indigner, il approuva ses geôliers; mais il leur demanda de ne pas feindre à leur tour de s'étonner de ses tentatives : « Un prisonnier politique, dit-il, est toujours en état de guerre contre ceux qui le surveillent. A eux de le garder s'ils le peuvent, c'est leur devoir; mais le sien, à moins, cela va sans dire, qu'il n'ait donné sa parole d'honneur, est de s'échapper, s'il croit en avoir le moyen. »

Cette philosophie d'allure si décidée n'a sans doute rien qui soit pour nous surprendre. Et, si l'on songe à ce qu'elle décèle le plus souvent de nobles sentiments, courage intrépide, mépris d'une vie lâche et inutile, fidélité au chef, à la patrie, aux compagnons d'armes, on jugera même peut-être qu'elle n'est pas inférieure aux plus belles leçons d'héroïsme et d'abnégation.

Avons-nous besoin de dire que c'est à célébrer les âmes viriles qui l'ont mise en pratique que notre livre est surtout destiné ?

Tous nos héros, qui se trouvent être, la plupart du temps, les narrateurs de leurs propres aventures, n'ont pas toujours soutenu la cause qui nous paraît la plus juste. S'il en est beaucoup qui méritent une place parmi les noms les plus considérés et les plus honorés de notre histoire, il en est aussi qu'a poussés l'amour des aventures extraordinaires plutôt que l'ardeur de se dévouer à quelque noble cause. Les uns sont dignes de Corneille ; les autres sont des personnages d'Alexandre Dumas : mais tous peuvent, par quelque côté, être considérés comme des maîtres de vaillance et d'énergie.

Tous, pour principe, professent les vieux proverbes : « Aux audacieux les sourires de la fortune, » et « Aide-toi, le ciel t'aidera ! »

Aussi bien les historiens anciens, qui furent curieux de toutes les sortes d'héroïsme, n'ont-ils pas réservé leurs moindres louanges à ceux qui tentèrent, par quelque mâle effort, de recouvrer la liberté perdue. Hérodote raconte, comme une action au-dessus de tout éloge et « la plus courageuse dont il ait jamais eu connaissance », l'entreprise, en effet extraordinaire, d'un certain Hégésistrate d'Élée.

Fait prisonnier par les Spartiates, et l'un de ses pieds étant maintenu par une entrave dont il ne pouvait se débarrasser, Hégésistrate se coupa résolument l'avant-pied, puis, par un trou pratiqué dans le mur, s'enfuit à Tégée, marchant la nuit sur son pied mutilé, se cachant le jour dans les bois. Il arriva la troisième nuit, ayant déjoué toutes les recherches des Spartiates stupéfaits.

Quand Pausanias, ce Joanne ou ce Baedeker de la Grèce ancienne, parcourait la Messénie, au second siècle de notre ère, on y racontait encore une héroïque histoire, vieille de près de neuf cents ans, celle de l'évasion merveilleuse d'Aristomène, général des Messéniens. Pris sur le champ de bataille par les Lacédémoniens, avec cinquante de ses soldats, il avait été amené à Sparte et condamné à être jeté avec eux dans un gouffre profond, où l'on précipitait ordinairement les condamnés à mort. L'exécution eut lieu en effet. Les compagnons d'Aristomène périrent dans leur chute. Par un hasard miraculeux, le chef ne se tua pas. Pendant trois jours, il resta étendu au fond de la caverne, enveloppé dans ses vêtements et attendant sa dernière heure, qu'il croyait proche.

« Tout à coup, ayant entendu quelque bruit, dit Pausanias, il se découvrit le visage et aperçut dans une demi-obscurité un renard qui s'approchait des cadavres. Comprenant que cet animal ne pouvait avoir pénétré dans le ravin que par une fissure du rocher, il attendit que la bête vînt jusqu'à lui, et, quand elle fut à sa portée, il la saisit d'une main, lui présentant de l'autre sa chlamyde à mordre quand elle se retournait vers lui, la suivant dans sa course et se faisant traîner par elle à travers les détours du souterrain. Il aperçut enfin une ouverture juste assez large pour laisser passer le renard et où pénétrait un peu de lumière. L'animal, lâché par Aristomène, s'élança et disparut. Aristomène élargit avec ses mains l'issue de la caverne, parvint à la franchir et rejoignit ses concitoyens.

« Cette évasion, ajoute l'auteur ancien, fut considérée comme une preuve manifeste de la protection des dieux. »

Sans doute ; mais elle doit être également admirée parce qu'elle était un bel exemple de sang-froid et de présence d'esprit, comme celle d'Hégésistrate offrait le modèle d'une force de résistance, d'une vigueur d'âme surhumaine.

Pour nous, nous tenions à faire figurer ici le récit de Pausanias et celui d'Hérodote ; ils n'avaient point à trouver place dans le corps même d'un recueil qui s'ouvre avec une page de Grégoire de Tours pour se fermer sur les noms de quelques-uns de nos contemporains. Mais, parmi tant d'autres que l'antiquité pouvait encore nous fournir, ils donnent une assez juste idée des exploits des personnages que nous mettrons en scène. Plus rapprochés de nous par le temps, ceux-ci nous intéressent naturellement plus vivement : mais il importait de marquer, dès l'abord, qu'ils sont le plus souvent de la même famille que ces très anciens, très valeureux et très subtils ancêtres.

Nous avons au reste emprunté nos récits aux histoires de tous les pays. L'Italie y figure avec Benvenuto Cellini et Casanova, l'Angleterre avec les Stuarts, la Hollande avec Grotius, l'Allemagne avec Trenck, la Pologne avec Stanislas Leczinski et les héros de l'indépendance au XVIIIe et au XIXe siècle. Mais on ne s'étonnera pas que la France tienne ici plus de place qu'aucune autre nation. Presque toutes les grandes époques de notre histoire y sont représentées : la Ligue et la Fronde, le règne de Louis XIV et celui de Louis XV, la Révolution et l'Empire, le XIXe siècle enfin jusqu'aux événements de l'année tragique.

On s'est efforcé d'ailleurs, par de courtes notices, de replacer chaque récit dans son cadre authentique. Ainsi, sans avoir essayé de relier entre eux ces épisodes par aucun lien factice, on espère que ces divers tableaux apparaîtront aux yeux des lecteurs comme autant d'illustrations caractéristiques de toute la suite de nos annales.

ATTALE ET SON COMPAGNON PASSÈRENT LA MOSELLE A LA NAGE.

Un Récit des Temps Mérovingiens
Attale
(Sixième Siècle)

C'est aux premiers temps de notre histoire, c'est à l'œuvre du premier en date de nos historiens nationaux que nous empruntons nous-mêmes le premier de nos récits.

Grégoire de Tours n'est pas un très grand écrivain et son Histoire ecclésiastique des Francs n'est un chef-d'œuvre ni par le style, ni par la force de la pensée. Mais il a rapporté quelques épisodes de la période immédiatement antérieure à son temps, c'est-à-dire de l'histoire de Clovis et de ses premiers successeurs, avec tant de charme et d'animation, qu'on s'est quelquefois demandé s'il ne nous offrait pas, dans cette partie de son œuvre, comme les fragments recueillis d'une espèce d'épopée populaire et spontanée.

Cependant le père et la mère de Grégoire de Tours descendaient tous deux du saint évêque Grégoire de Langres, dont il va être question dans notre récit. Le héros même de cette aventure, Attale, qui fut comte d'Autun, vivait sans doute encore ou n'était pas mort depuis longtemps au moment où l'historien racontait son évasion. Ce sont là de sérieuses garanties. D'ailleurs, quand certains détails seraient ici le produit d'une sorte d'imagination poétique, ce qui n'est pas imaginaire, ce qui n'est pas voulu, c'est la couleur même de l'ensemble de ce morceau. Or, c'est par là surtout, par cet air de *naïve et héroïque simplicité, qu'il est séduisant ; c'est par là qu'il mérite de demeurer non seulement comme un récit d'évasion célèbre vraiment exemplaire, mais comme un excellent document sur les mœurs de la société mérovingienne.*

Thierry et Childebert, fils de Clovis, avaient fait alliance, s'étaient promis sous serment de ne pas marcher l'un contre l'autre et avaient reçu mutuellement des otages l'un de l'autre pour mieux faire exécuter leurs conventions verbales. Or, il se trouvait, dans cette livraison d'otages, beaucoup de fils de sénateurs. Mais, la désunion s'étant élevée de nouveau entre les deux rois, les otages furent réduits en servitude, et ceux qui les avaient reçus en garde s'en firent des esclaves. Cependant beaucoup s'échappèrent et retournèrent dans leur pays : un petit nombre seulement d'entre eux se virent retenus.

Parmi ceux-ci se trouvait Attale, neveu du bienheureux Grégoire, évêque de Langres. Vendu comme esclave au nom de l'État, il fut destiné à garder les chevaux et adjugé à un certain barbare qui habitait le pays de Trèves. Le bienheureux Grégoire envoya à sa recherche des serviteurs, qui, l'ayant découvert, offrirent des présents à cet homme ; mais il les refusa en disant :

« Celui-ci, issu d'une si haute origine, doit payer dix livres d'or pour sa rançon. »

Au retour des envoyés, un nommé Léon, attaché à la cuisine de l'évêque, lui dit :

« Plût à Dieu que tu m'en donnasses la permission ! Peut-être serais-je en état de ramener ton neveu de captivité. »

L'évêque se réjouit, et Léon fut envoyé sur les lieux. Il essaya d'abord d'enlever secrètement le jeune homme ; mais il ne put pas.

Alors, prenant un homme avec lui, il dit :

« Viens me vendre dans la maison de ce barbare, et le prix de cette vente sera ton bénéfice. Tout ce que je veux, c'est d'avoir le moyen d'exécuter plus facilement ce que j'ai résolu. »

Le marché ayant été conclu sous serment, l'homme y alla, le vendit douze écus d'or et se retira. Or, l'acheteur s'informa de ce que savait faire son serviteur, qui n'était pas encore au fait de sa maison, et celui-ci répondit :

« Je suis très habile à apprêter tout ce qui doit être servi sur la table des maîtres, et je ne crains pas qu'on puisse trouver mon pareil dans cette science. Je le dis avec vérité : quand même tu voudrais traiter le roi, je suis en état d'apprêter un festin royal. »

Le maître dit alors :

« Le jour du soleil approche (c'est ainsi que la barbarie a coutume de nommer le dimanche); ce jour-là, j'inviterai dans ma maison mes voisins et mes parents, et je désire que tu me prépares un repas qui excite leur admiration.... »

Quand brilla le jour du dimanche, l'esclave servit un grand et somptueux festin.... Le maître accorda dès lors sa faveur à cet esclave et celui-ci prit autorité sur tout ce dont son maître disposait.

Après un intervalle d'un an, comme le maître avait pleine confiance en lui, Léon s'en alla dans un pré qui était très voisin de la maison avec Attale, l'esclave gardeur de chevaux ; puis, se couchant à terre loin de lui, chacun le dos tourné, afin qu'on ne vît pas qu'ils causaient ensemble, il dit au jeune homme :

« Il est temps que nous pensions à notre pays ; je t'avertis donc que, cette nuit, lorsque tu auras mené les chevaux à l'écurie, tu ne te laisseras pas aller au sommeil ; mais dès que je t'appellerai, sois prêt et partons. »

Le barbare avait invité, ce soir-là, beaucoup de ses parents et notamment son gendre. A minuit, les convives se levant de table pour se livrer au repos, Léon suivit le gendre de son maître avec un breuvage et lui présenta à boire dans son logis. Le gendre l'apostropha alors en ces termes :

« Dis donc, toi, l'homme de confiance de mon beau-père, en supposant que tu en aies le pouvoir, quand auras-tu le vouloir de prendre ses chevaux et de t'en aller dans ton pays ? » Ce qu'il disait par plaisanterie pour s'amuser, Léon, faisant de même, répondit, en riant, la vérité.

« C'est, dit-il, ce que je compte faire cette nuit, si Dieu le veut.

— Plaise au ciel, reprit l'autre, que mes serviteurs fassent bonne garde, afin que tu n'emportes rien de mes affaires ! »

Et ils se séparèrent en riant.

Pendant que tout le monde dormait, Léon appela Attale et, les chevaux sellés, il lui demanda s'il avait une épée :

« Je n'ai rien qu'une petite lance », répondit-il.

Alors Léon, entrant dans l'appartement de son maître, lui prit son bouclier et sa framée, et, comme celui-ci demandait qui était là, et ce qu'on lui voulait :

« Je suis Léon, ton serviteur, répondit l'esclave, et j'éveille Attale afin qu'il se lève promptement et mène les chevaux au pâturage ; car il est appesanti par le sommeil comme un ivrogne.

— Fais comme tu veux... répondit le maître, et, en disant cela, il se rendormit.

Léon sortit, munit d'armes le jeune homme, et trouva ouvertes, par une faveur du ciel, les portes de la cour que, pour la sûreté des chevaux, on avait fermées à l'entrée de la nuit avec des clous enfoncés à coups de marteau. Il en rendit grâces à Dieu, et ils s'éloignèrent, emmenant aussi le reste des chevaux et emportant leurs effets dans une valise.

Arrivés à la Moselle, ils furent arrêtés par la présence de quelques personnes et forcés d'abandonner leurs chevaux et leurs effets ; ils gagnèrent l'autre rive en nageant, étendus sur leurs boucliers. Puis, grâce à l'obscurité de la nuit, ils s'enfoncèrent dans une forêt et se cachèrent.

La troisième nuit était arrivée depuis qu'ils marchaient sans avoir pris aucune nourriture. Alors, par la permission de Dieu, ayant trouvé un prunier chargé de fruits, ils mangèrent et, un peu sustentés, ils entrèrent sur la route de Champagne. Comme ils s'avancent, ils entendent un piétinement de chevaux qui galopent.

« Couchons-nous à terre, dirent-ils, pour n'être pas vus des gens qui viennent. »

Tout à coup se présenta à eux un grand buisson de ronces ; ils passent derrière et se jettent à terre, l'épée à la main, afin que, s'ils étaient découverts, ils fussent prêts à se défendre. Arrivés en cet endroit, les cavaliers s'arrêtèrent devant le buisson, et l'un d'eux se mit à dire :

« Quel malheur que ces misérables se sauvent sans qu'on puisse les retrouver ! mais je jure par mon salut que, si on parvient à les prendre, je ferai pendre l'un et hacher l'autre en morceaux à coup d'épée. »

C'était le barbare, leur maître, qui était parti à leur recherche, et il les aurait certainement rencontrés en route si la nuit ne l'en eût empêché. Les chevaux se mirent en marche et s'éloignèrent.

Léon et Attale atteignirent Reims cette nuit même ; et lorsqu'ils y furent entrés, ils trouvèrent un homme auquel ils demandèrent où était la maison du prêtre Paul. Cet homme la leur indiqua.

Comme ils traversaient la place, la cloche sonna matines ; car c'était un dimanche. Ils frappèrent à la porte du prêtre, entrèrent chez lui, et Léon lui fit savoir qui était son maître.

« Ma vision se vérifie, dit le prêtre : car, cette nuit, je voyais deux colombes venir en volant se poser sur ma main.

— Que le Seigneur nous pardonne, reprit l'esclave, de ne pas observer son saint jour[1] : nous vous prions de nous donner quelque nourriture, car voilà la quatrième fois que le soleil se lève sans que nous ayons goûté ni pain ni viande. »

Le prêtre cacha les deux jeunes gens, leur donna du pain trempé dans du vin, et s'en alla à matines.

Le barbare à son tour arriva, cherchant toujours ses esclaves ; mais il s'en

---

1. Car on ne devait manger, le dimanche, qu'après la messe.

*Cachés derrière un buisson, Attale et son compagnon
entendirent les menaces des cavaliers chargés de les poursuivre.*

retourna trompé par le prêtre, qui était lié d'ancienne amitié avec le bienheureux Grégoire. Les jeunes, gens après avoir réparé leurs forces par un bon repas, restèrent deux jours dans la maison du prêtre ; puis ils partirent et arrivèrent enfin à Langres. L'évêque, ravi de voir ces jeunes gens, pleura dans les bras de son neveu Attale ; quant à Léon, il le délivra de la servitude avec toute sa famille et lui donna en propriété une terre sur laquelle il vécut libre le reste de ses jours avec sa femme et ses enfants.

Comment fut sauvé Richard Premier le petit duc de Normandie

(944)

Voici encore un bel exemple de dévouement et de fidélité emprunté à nos anciennes annales. Le narrateur que nous suivons ici est Guillaume de Jumièges, qui composa, au XIᵉ siècle, une Histoire des Normands. La scène se passe dans ces années de confusion où la descendance, tour à tour violente et faible de Charlemagne, achève de s'user dans notre pays, et où grandit en face d'elle cette maison des ducs de France d'où va sortir bientôt la dynastie capétienne. Le duché de Normandie, que Charles le Simple a dû céder en 912 au chef Rollon, traverse une crise grave. Le fils de Rollon, le vaillant duc Guillaume Longue-Épée, qui lui a succédé sans trouble et règne déjà depuis treize ans, vient de mourir, traîtreusement assassiné par un rival, le comte de Flandre. Son fils Richard est tout jeune. Bonne occasion pour Louis d'Outremer de tenter de reprendre ce que Charles le Simple a dû jadis céder. Mais contre ce faible roi les Normands auront un allié, un protecteur tout prêt, le comte de France, Hugues le Grand, auquel l'oncle du petit Richard, Bernard, comte de Senlis, a, sans tarder, recommandé la cause de l'orphelin.

Guillaume Longue-Épée, duc de Normandie, venait d'être assassiné près de Pecquigny sur la Somme, et son fils Richard, encore enfant, était appelé à lui succéder, quand Louis d'Outre-Mer, qui convoitait l'héritage du jeune prince, parvint à s'emparer de sa personne et, sous prétexte de lui faire donner une éducation digne de son rang, le fit transporter à Laon, chef-lieu de son maigre domaine, et sa résidence ordinaire. Il le soumit à la surveillance la plus rigoureuse, se montra dur et cruel à son égard et manifesta même l'intention de lui faire brûler les jarrets[1].

[1]. Cet affreux supplice paraît avoir été usité plusieurs fois, aux époques mérovingienne et carolingienne, à l'égard des princes qu'on voulait éloigner du trône.

Osmond, intendant du jeune Richard, fut informé de la décision du roi, et, prévoyant le sort réservé à l'enfant, le cœur saisi de consternation, il envoya des députés aux Normands pour leur mander que leur seigneur Richard était retenu sous le joug d'une dure captivité. A peine ces nouvelles furent-elles connues, qu'on ordonna dans tous les pays de Normandie un jeûne de trois jours, et l'Église adressa au Seigneur des prières continuelles pour le jeune prince.

Ensuite Osmond, ayant tenu conseil avec le plus puissant des vassaux du duché, Yvon, seigneur de Bellême, engagea l'enfant à faire semblant d'être malade, à se mettre dans son lit, et à paraître tellement accablé par le mal que tout le monde dut désespérer de sa vie.

L'enfant, exécutant ces instructions avec intelligence, demeura constamment étendu dans son lit, comme s'il était réduit à la dernière extrémité. Les gardiens, le voyant dans cet état, négligèrent leur surveillance et s'en allèrent de côté et d'autre pour prendre soin de leurs propres affaires.

Il y avait par hasard dans la cour de la maison un tas d'herbe, dans lequel Osmond enveloppa l'enfant; puis, le mettant sur ses épaules, comme pour aller donner du fourrage à son cheval, tandis que le roi soupait et que les citoyens avaient abandonné les places publiques, il franchit les murailles de la ville. A peine arrivé dans la demeure d'un ami fidèle, il s'élança sur un cheval, et, prenant l'enfant avec lui, il s'enfuit au plus tôt et arriva à Coucy. Là, ayant recommandé le prince au châtelain, il continua à chevaucher toute la nuit et arriva à Senlis au point du jour.

Le comte Bernard s'étonna de le voir arriver en si grande hâte et lui demanda avec sollicitude comment allaient les affaires de son neveu Richard. Osmond lui ayant raconté en détail tout ce qu'il avait fait et l'ayant réjoui plus que de coutume par un tel récit, ils montèrent tous deux à cheval et allèrent trouver Hugues le Grand. Lui ayant raconté l'affaire et demandé conseil, ils reçurent de lui le serment par lequel il engagea sa foi et promit de secourir l'enfant. Aussitôt ils se rendirent à Coucy avec une grande armée, et, ayant enlevé Richard, ils le conduisirent joyeusement dans la ville.

Les Infortunes d'une Maison Royale
Les Stuarts
Un Frère de Roi : le Duc d'Albany
(1485)

Quand David Bruce, fils de ce Robert, qui avait été le héros de l'indépendance de son pays, mourut en 1370 sans postérité, c'est à son neveu Robert II que les Écossais déférèrent la couronne. Ce prince avait pour mère une sœur de David et pour père un haut seigneur, Walter, lord high-steward (grand intendant, grand sénéchal) d'Écosse. Steward, Stuart, ce nom d'une charge devint dès lors le nom d'une famille. Famille illustre et malheureuse : ses infortunes ont, peu s'en faut, duré autant qu'elle, et rempli les quatre siècles de son histoire.

Robert III, le fils du fondateur de la dynastie, meurt de chagrin (1406) après avoir eu à déplorer les fautes et la perte d'un de ses fils, David, et la captivité de l'autre, Jacques. Celui-ci, Jacques Ier, sera obligé de reconquérir son royaume sur un oncle perfide, pour mourir enfin assassiné (1437). Jacques II, son fils, est moins malheureux ; mais son règne, qu'une mort accidentelle devait prématurément terminer (1460), n'en fut pas moins troublé par une noblesse toujours turbulente.

Instruit par l'infortune de ses prédécesseurs, il était naturel que Jacques III, fils et successeur de Jacques II, montrât quelque défiance à l'égard des nobles et de sa propre famille. Aussi s'enfermait-il volontiers dans son château de Stirling, où il vivait entouré de gens de très médiocre condition, un maçon, un serrurier, un tailleur, un maître d'armes, un maître de musique.

Ce sont ces favoris qu'on accuse, et sans doute avec raison, d'avoir entretenu les préventions du roi contre ses frères, le duc d'Albany et le comte de Mar, dont il redoutait la popularité.

Mais écoutons ici le récit de Walter Scott dans son Histoire d'Écosse (I, xix).

Les insinuations des hommes vils et obscurs dont Jacques III faisait sa société intime changèrent bientôt son anxiété et ses soupçons en une haine mortelle et implacable. Ces indignes favoris se mirent donc à remplir l'esprit du roi de terreurs et d'appréhensions sur les dangers qu'il prétendait que lui préparaient ses frères

Ils lui racontèrent que le comte de Mar avait consulté des sorcières pour savoir quand et comment le roi mourrait, et qu'elles lui avaient répondu que ce serait de la main d'un de ses proches parents.

Ils amenèrent aussi à Jacques un astrologue, qui lui dit qu'il y avait en Écosse un lion qui serait mis à mort par ses lionceaux.

Tous ces récits impressionnèrent l'esprit timide et jaloux du roi, qui se décida à faire arrêter ses frères. Albany fut enfermé dans le château d'Édimbourg; quant au sort de Mar, il fut décidé sur-le-champ : le roi le fit étouffer dans un bain ou, selon d'autres historiens, lui fit tirer jusqu'à la dernière goutte de son sang.

Albany courait grand risque de subir le même traitement; mais quelques-uns de ses amis de France ou d'Écosse avaient dressé leur plan pour le délivrer.

Un petit sloop entra dans la rade de Leith, chargé de vins de Gascogne, et deux feuillettes furent envoyées en présent au prince captif. La garde du château ayant permis qu'elles fussent portées dans la chambre d'Albany, le duc, en les examinant en secret, trouva dans l'une une grosse boule de cire qui renfermait une lettre : cette lettre l'exhortait à s'échapper et lui promettait que le petit bâtiment qui avait apporté le vin serait prêt à le recevoir, s'il pouvait gagner le bord de l'eau. On le conjurait en outre de se hâter, parce qu'il devait avoir la tête tranchée le jour suivant. Un gros rouleau de cordes était aussi enfermé dans le même tonneau, pour qu'il pût descendre du haut des murs du château jusqu'au pied du rocher sur lequel il est bâti.

Son chambellan, serviteur fidèle, partageait la prison de son maître et promit de l'aider dans son entreprise.

Le point principal était de s'assurer du capitaine des gardes. Dans ce dessein, Albany l'invita à souper avec lui, sous prétexte de goûter le bon vin dont on lui avait fait présent. Le capitaine, après avoir posé des gardes où il croyait qu'il pouvait y avoir du danger, se rendit dans la chambre du duc, accompagné de trois soldats, et partagea la collation qui lui était offerte.

Après le souper, le duc lui proposa de jouer au trictrac ; bientôt le capitaine, assis à côté d'un grand feu et travaillé par le vin que le chambellan ne cessait de lui verser, commença à s'assoupir, ainsi que les soldats, à qui le vin n'avait pas été épargné davantage.

Alors le duc d'Albany, homme vigoureux, dont le désespoir doublait encore les forces, s'élança de la table, et frappa de son poignard le capitaine, qui tomba raide mort. Il se défit de la même manière de deux des soldats, pendant que le chambellan expédiait le troisième, et ils jetèrent leurs corps dans le feu. Ils vinrent d'ailleurs d'autant plus facilement à bout de ces pauvres diables que l'ivresse et la surprise les avaient presque hébétés.

Ils prirent alors les clefs dans la poche du capitaine, et, montant sur les murs, choisirent un coin reculé, hors de la vue des gardes, pour effectuer leur périlleuse descente.

Le chambellan voulut essayer la corde en descendant le premier, mais elle était trop courte ; il tomba et se cassa la cuisse. Il cria alors à son maître d'allonger la corde.

Albany retourna à sa chambre, prit les draps de son lit, les attacha à la corde et se trouva sain et sauf au pied du rocher. Alors il prit son chambellan sur ses épaules, le porta dans un lieu sûr, où il pût rester caché jusqu'à ce que sa blessure fût guérie, et se rendit sur le bord de la mer, où, au signal convenu, une barque vint le prendre et le conduisit au sloop, qui fit voile à l'instant pour la France.

Pendant la nuit, les gardes, qui savaient que leur officier était avec trois hommes dans l'appartement du duc, n'eurent aucun soupçon de ce qui se passait. Mais lorsqu'au point du jour ils aperçurent la corde qui pendait le long du mur, ils prirent l'alarme et se précipitèrent dans la chambre du duc ; ils y trouvèrent le corps d'un des soldats en travers de la porte et ceux du capitaine et des deux autres étendus dans le feu.

Le roi fut très surpris d'une évasion si extraordinaire, et il ne voulut y ajouter foi qu'après avoir examiné la place de ses propres yeux.

Le petit roi Jacques Cinq
(1525)

Un demi-siècle s'est écoulé depuis les événements qui ont marqué le milieu du règne de Jacques III. La fatalité n'a cessé de s'appesantir sur les Stuarts. Jacques III lui-même meurt sur le champ de bataille (1488) en luttant contre la noblesse écossaise, qui est parvenue à soulever contre lui son fils Jacques IV. Celui-ci, à son tour, meurt en 1513 dans une guerre contre son beau-frère Henri VIII, roi d'Angleterre, laissant une veuve, Marguerite, fille d'Henri VII, qui s'empresse d'épouser le chef même du parti féodal, le comte d'Angus, de la famille des Douglas, et un orphelin d'un an et cinq mois, Jacques V.

Le pauvre enfant se trouvait ainsi, presque dès le berceau, aux mains des pires ennemis de sa famille, de ceux dont l'unique but était de le supplanter sur le trône d'Écosse. Angus, aidé de ses deux frères, George et Archibald, était le véritable maître du royaume, sans qu'il ait jamais pris d'ailleurs officiellement le titre de régent.

Ainsi s'écoula l'enfance du petit roi, jusqu'au jour où il réussit à ressaisir à la fois la liberté et le pouvoir : il avait alors douze ans. Nous suivrons de nouveau ici le récit de Walter Scott (Id., I, XXIII).

Plusieurs tentatives pour délivrer le roi avaient échoué ; deux batailles avaient même été livrées sans succès par les partisans de Jacques V, et, au commencement de la seconde, s'apercevant que le roi cherchait l'occasion de fuir, George Douglas lui avait dit :

« Il est inutile que Votre Grâce pense à nous échapper; si nos ennemis vous tenaient par un bras et nous par l'autre, nous vous mettrions en pièces plutôt que de vous lâcher. »

Ils avaient chargé de sa garde spéciale cent hommes choisis, commandés par un des leurs, Douglas de Parkhead.

Toutes les tentatives par la force ouverte ayant échoué, Jacques résolut d'avoir recours à la ruse. Il obtint de sa mère, la reine Marguerite, de lui céder le château de Stirling, qui lui avait été assigné à titre de douaire, et d'en confier la garde à un gentilhomme en qui il pouvait avoir toute confiance. Ce qu'il désirait se fit avec beaucoup de mystère. S'étant ainsi préparé un asile, Jacques épia l'occasion de s'y réfugier, et, pour endormir la vigilance de Douglas, il montra tant de déférence au comte d'Angus qu'on ne douta plus qu'il eût pris son parti et que, désespérant de s'échapper, il se fût résigné à son esclavage.

Jacques habitait alors Falkland, résidence royale située favorablement pour la chasse à tir et au faucon, son amusement favori.

Le comte d'Angus, Archibald et George Douglas, venaient de s'absenter tous trois, appelés sur d'autres points du royaume par leurs affaires ou leurs plaisirs, et il ne restait auprès du roi que Douglas de Parkhead et les cent hommes sur la vigilance desquels les autres savaient qu'ils pouvaient compter. Jacques crut le moment favorable.

Pour détourner les soupçons, il annonça qu'il se lèverait le lendemain de bonne heure pour courre le cerf. Douglas de Parkhead, ne se doutant de rien, se retira dans son appartement après avoir placé les sentinelles. Mais le roi ne se vit pas plutôt seul qu'il appela John Hart, son page de confiance.

« John, lui dit-il, m'aimes-tu?

— Plus que moi-même, répondit le jeune serviteur.

— Et veux-tu risquer tout pour moi?

— Ma vie, s'il le faut », répondit John Hart.

Alors le roi lui expliqua son projet, et, sous la livrée d'un simple valet, il se rendit à l'écurie avec son page, comme pour faire les préparatifs de la chasse du lendemain. Les gardes, trompés par son déguisement, le laissèrent passer sans obstacle. Trois bons chevaux les attendaient, tout sellés et tout bridés; car le roi avait déjà mis dans sa confidence un de ses domestiques, qui avait pris d'avance les dispositions nécessaires.

Le roi monta à cheval avec ses deux fidèles serviteurs et il galopa toute la nuit, léger comme un oiseau qui vient de s'échapper de sa cage. Au point du jour, il arriva au pont de Stirling. Comme on ne pouvait traverser le Forth que sur ce pont ou en bateau, Jacques ordonna de fermer derrière lui les portes qui le défendaient et de ne laisser passer qui que ce fût.

Il était bien fatigué quand il arriva au château, où il fut reçu avec joie par le gouverneur, qu'il avait placé lui-même dans cette forteresse. On leva les ponts-levis ; on abattit les herses ; on plaça des gardes partout ; enfin on prit toutes les mesures que dictait la prudence. Mais le roi craignait tellement de retomber au pouvoir des Douglas, que, malgré toute sa fatigue, il ne voulut se coucher que lorsqu'il eût les clefs du château entre ses mains et qu'il les eût placées sous son oreiller.

Le lendemain matin, l'alarme fut grande à Falkland. George Douglas était revenu la nuit même du départ du roi, sur les onze heures. En arrivant, il demanda où était Jacques, et on lui dit qu'il dormait déjà parce qu'il devait partir de grand matin pour la chasse : il se retira donc de son côté dans une sécurité complète. Mais, le matin venu, il apprit des nouvelles bien différentes. Un nommé Peter Carmichael, bailly d'Abernethy, vint frapper à sa sa porte et lui demanda s'il savait où était le roi à l'heure qu'il était.

« Il est à dormir dans sa chambre, dit sir George.

— Vous vous trompez, reprit Carmichael : il a traversé le pont de Stirling a nuit dernière. »

Douglas, s'élançant de son lit, courut à la chambre du roi, frappa à coups redoublés, et, ne recevant pas de réponse, fit enfoncer la porte.

En trouvant l'appartement vide, il s'écria : « Trahison ! le roi est parti ! » dépêcha des courriers à son frère et envoya dans toutes les directions pour rassembler ses partisans et tâcher de reprendre le roi.

Mais le roi fit publier à son de trompe qu'il déclarerait traître quiconque du nom de Douglas approcherait à douze milles de sa personne ou prendrait part à l'administration du royaume. Les Douglas durent se soumettre, et dès lors commença la décadence de leur maison. Jacques V ne leur pardonna jamais.

(1538)

Florentin de naissance, mais vivant à Rome, Benvenuto Cellini y produisait ces merveilles d'orfèvrerie que lui commandaient à l'envi le pape, les princes de l'Église et les grands seigneurs qui visitaient la ville éternelle. D'ailleurs ombrageux, violent, passionné, exubérant, Benvenuto fut à peine moins célèbre de son temps par ses aventures que par ses chefs-d'œuvre. Quand le connétable de Bourbon vint, à la *tête de ses bandes indisciplinées, donner l'assaut à la capitale du monde chrétien, c'est Benvenuto, s'il faut en croire son propre témoignage, qui organisa la défense du château Saint-Ange et qui dirigea le coup dont fut tué le connétable lui-même (1527). Ce qu'il y a de sûr, c'est que, pendant cette terrible période, le pape Clément VII eut assez de confiance en lui pour le charger de démonter les pierreries du trésor pontifical et de les cacher dans l'intérieur de son vêtement.*

Or, onze ans plus tard, Clément VII étant mort déjà depuis quatre ans, un des ouvriers de Benvenuto l'accusa d'avoir détourné une partie des richesses qui lui avaient été confiées. Le trône pontifical était alors occupé par Paul III (Alexandre Farnèse). Celui-ci, comme son prédécesseur, tenait beaucoup à Cellini, auquel il avait commandé d'importants travaux, même il l'avait précédemment sauvé d'une accusation capitale : Cellini ayant, après la mort de Clément VII, poignardé en plein jour l'orfèvre Pompée, son rival, qui avait tenté de le desservir auprès du pape défunt, Paul III avait fait délivrer au meurtrier des lettres de grâce. Mais la nouvelle accusation devait le trouver moins indulgent. D'ailleurs l'artiste avait, à la cour de son protecteur, un ennemi puissant : c'était le fils même du Pape (car Paul III avait été marié avant d'entrer dans les ordres), Pierre-Louis Farnèse. Laissons-lui raconter son arrestation : nous en empruntons le récit, ainsi que celui des événements qui suivirent, à ses célèbres Mémoires.

Un matin, j'étais sorti pour faire un tour de promenade, et, prenant par la rue Julia, je débouchai au coin de la Chiavica. Là, le bargello Crespino, avec sa troupe de sbires, s'avança vers moi et me dit :

« Tu es prisonnier du pape.

— Crespino, lui dis-je, tu me prends pour un autre.

— Non, me répondit-il, tu es Benvenuto, l'habile artiste ; je te connais très bien, et j'ai ordre de te conduire au château Saint-Ange, où vont les seigneurs et les hommes de talent comme toi. »

Quatre de ses agents s'étant jetés sur moi, et voulant m'enlever de force une dague que j'avais au côté et des anneaux que je portais au doigt :

« Que personne de vous ne le touche, leur dit Crespino ; il suffit que vous fassiez votre office en l'empêchant de fuir. »

Puis, s'approchant de moi, il me demanda poliment mes armes. Comme je les lui remettais, je remarquai que nous étions sur le lieu même où j'avais tué Pompeo. Ils m'emmenèrent au château et m'enfermèrent dans une chambre élevée, au-dessus du donjon. Ce fut la première fois de ma vie que je goûtai de la prison ; j'avais trente-sept ans.

*En vain Benvenuto se justifia-t-il du crime dont on l'accusait ; en vain François I*er *qui le mandait en France, le fit-il réclamer par son ambassadeur, Jean de Montluc : il fut retenu prisonnier. Par bonheur, le gouverneur du château Saint-Ange était Florentin, et, plein d'attention pour son illustre et malheureux compatriote, il lui laissa, dans l'enceinte de la forteresse, une certaine liberté après lui avoir demandé sa parole de ne pas chercher à s'enfuir. Mais, peu après, sur quelques soupçons qu'il avait conçus, il le fit enfermer étroitement, puis, de nouveau, lui rendit une liberté relative. Nous reprenons ici le récit de Benvenuto.*

Quand je vis les choses se passer avec tant de rigueur, je commençai à penser à mes affaires et me dis : « Si quelque autre accès de colère survenait à cet homme et qu'il ne se fiât pas à moi, je serais dégagé de ma parole et je mettrais un peu en œuvre mes moyens. »

Je commençai donc à me faire apporter des draps de lit neufs en grosse toile, et, quand ils étaient sales, je ne les renvoyais pas. Lorsque mes serviteurs me les redemandaient, je leur disais de n'en pas parler, parce que je les avais donnés à quelques-uns de ces pauvres soldats de garde, qui, si la chose se savait, courraient risque des galères. Je vidai peu à peu une paillasse, qui devait me servir de cachette, et dont je brûlai la paille dans la cheminée de ma prison, puis je divisai les draps en bandes larges d'un tiers de brasse[1]. Quand j'en eus fait une quantité qui me parut suffisante pour descendre de toute la hauteur du donjon, je dis à mes serviteurs que j'avais donné ces draps, qu'ils m'en apportassent de fins et que dorénavant je les leur rendrais.

Le gouverneur avait, tous les ans, une certaine maladie qui lui faisait perdre complètement la raison, et, quand ce mal commençait, il parlait et babillait sans cesse. Sa manie était chaque année différente ; ainsi, une fois, il crut être une cruche à huile ; une autre fois, une grenouille, et il sautait comme une grenouille ; une autre fois, il se crut mort, et il fallut l'enterrer. C'est ainsi que, tous les ans, il tombait dans une folie différente. Cette année, il s'imagina qu'il était une chauve-souris, et, tout en se promenant, il faisait de temps en temps à demi-voix de petits cris comme ceux de la chauve-souris ; il agitait aussi ses mains et son corps comme s'il voulait voler.

Ses médecins, qui s'en étaient aperçus, et ses vieux serviteurs lui donnaient toutes les distractions qu'ils pouvaient imaginer, et, comme ils croyaient voir que ma conversation lui était agréable, à chaque instant ils venaient me chercher et me conduisaient près de lui.

Il me demanda un jour si j'avais jamais eu l'idée de voler, et, sur ma réponse affirmative, il voulut savoir comment je m'y prendrais. Je lui répondis que, parmi les animaux qui volent, on ne pouvait en imiter artificiellement qu'un seul, la chauve-souris. Quand le pauvre homme entendit ce mot de chauve-souris, sur lequel roulaient alors toutes ses idées folles, il poussa un grand cri :

« C'est vrai, c'est vrai, dit-il ; c'est cela, c'est cela. »

Puis, se tournant vers moi :

« Benvenuto, si l'on te donnait tout ce qu'il te faut, pourrais-tu voler ?

— Oui, si vous m'en laissez libre, je me sens capable de voler jusqu'à

---

1. Entre 50 et 60 centimètres.

Prati[1] avec une paire d'ailes que je ferai moi-même en toile fine et cirée.

— Et moi aussi, dit-il, je pourrais le faire; mais le pape m'a commandé de te garder avec autant de soin que la prunelle de ses yeux, et je vois bien que tu es un diable adroit qui t'enfuirais; aussi je vais te faire enfermer avec cent clés pour que tu ne t'échappes pas. »

Je me mis à le supplier, en lui rappelant que j'avais pu m'enfuir déjà, mais que je n'avais pas voulu manquer à ma parole; je le priai, pour l'amour de Dieu, et au nom de toutes les bontés qu'il avait eues pour moi, de ne pas ajouter un plus grand mal à ceux que j'endurais. Pendant que je lui parlais ainsi, il ordonnait que je fusse lié, mené en prison et bien renfermé. Voyant qu'il n'y avait plus de remède, je lui dis en présence de ses gens :

« Enfermez-moi bien et gardez-moi bien, car je m'échapperai malgré tout. »

On m'emmena, et je fus enfermé avec le plus grand soin.

Alors, je me mis à réfléchir sur le moyen de m'évader. Dès que je me vis enfermé, j'examinai en détail ma prison, et, croyant avoir trouvé un sûr moyen d'en sortir, je cherchai comment je pourrais descendre du haut de cette énorme tour ou donjon qu'on nomme le Mastio. Je pris les bandes de toile neuve que j'avais faites avec mes draps et solidement cousues; je calculai la longueur qu'il m'en fallait pour descendre; puis, cela fait et tout étant préparé de ce côté, je m'armai d'une paire de tenailles que j'avais prises à un Savoyard enrôlé dans les gardes du château : cet homme était chargé du soin des tonneaux et des citernes; il s'amusait en outre à faire de la menuiserie, et, parmi les tenailles dont il se servait, il y en avait une paire de très grandes, qui me parurent être mon fait; je les lui pris et les cachai dans ma paillasse.

Quand vint le temps de m'en servir, je me mis à tâter avec cet outil les clous des pentures; mais, comme la porte était double en épaisseur, les rivures de ces clous ne pouvaient se voir, en sorte que j'eus beaucoup de peine à arracher le premier sur lequel je m'essayai; à la fin pourtant, j'en vins à bout.

Ce premier clou enlevé, je cherchai comment faire pour qu'on ne s'en aperçût pas. Aussitôt, pétrissant ensemble de la rouille et de la cire, j'obtins une pâte de couleur exactement semblable à celle de la tête des clous, et je m'en servis pour imiter sur les trous des pentures ces têtes de clous arrachées. A mesure que j'en arrachais un, je la reproduisais en cire.

Je laissai les pentures fixées, à leurs extrémités, par quelques-uns des clous que j'avais arrachés d'abord, puis coupés et replacés avec ce qu'il fallait de solidité pour maintenir les choses en place. Tout cela fut très difficile à faire, parce que le gouverneur rêvait toutes les nuits que je

---

1. A Rome, au pied du Vatican.

m'étais enfui, et envoyait d'heure en heure visiter la prison. L'homme chargé de cette visite avait le nom et les façons d'un sbire ; il s'appelait le Bozza[1], et il en menait toujours un autre avec lui, qui se nommait Giovanni, surnommé le Pedignone[2] ; c'était un soldat, le Bozza était domestique.

Ce Giovanni ne venait jamais à ma prison qu'il ne me dît quelque injure. Il était de Prato[3], et avait été garçon apothicaire dans son pays. Il regardait soigneusement tous les soirs les pentures, toute la prison, et je lui disais :

« Gardez-moi bien, parce que je veux m'enfuir à tout prix. »

Ces paroles avaient fait naître une grande inimitié entre nous ; aussi je cachais avec le plus grand soin, dans ma paillasse, toute ma ferraille, comme les tenailles, un poignard de bonne dimension, d'autres objets analogues, ainsi que mes bandes de toile, et, quand il faisait jour, je balayais ma chambre. J'ai toujours beaucoup aimé la propreté ; mais alors j'y mettais de la recherche : après avoir balayé, je faisais mon lit avec beaucoup de soin et je l'ornais de fleurs, que je me faisais apporter tous les matins par le Savoyard à qui j'avais soustrait les tenailles. Quand arrivaient le Bozza et le Pedignone, je leur disais toujours de ne pas approcher de mon lit, de ne pas le salir et de ne pas le déranger. Quelquefois ils y touchaient comme pour me railler ; alors je leur criais :

« Ah ! sales fainéants, si je prends à l'un de vous son épée, je vous châtierai d'importance. Croyez-vous donc qu'il vous appartienne de toucher au lit d'un homme comme moi ? Je m'inquiète peu de risquer ma vie, car je suis sûr de vous ôter la vôtre ; laissez-moi donc avec mes chagrins et mes tribulations ; n'ajoutez pas à mes peines, ou je vous ferai voir ce que peut faire un homme au désespoir. »

Ils rapportèrent mes paroles au gouverneur, qui leur défendit expressément d'approcher de mon lit et de venir dans ma chambre avec leurs épées, tout en leur recommandant beaucoup de soin dans leur service.

Mon lit une fois assuré contre toute visite, tout le reste me parut déjà fait ; car toute mon entreprise dépendait de ce lit.

Un soir (c'était jour de fête), le gouverneur se trouva plus malade que jamais ; dans un paroxysme de folie, il répétait sans cesse à ses gens qu'il était une chauve-souris, et que, s'ils apprenaient que Benvenuto s'était envolé, ils le laissassent s'envoler aussi, qu'il me rejoindrait certainement, parce qu'il volerait de nuit mieux que moi.

« Benvenuto, disait-il, est une imitation de chauve-souris ; mais, moi, je

1. *Bozza*, bosse, ou bourde.
2. *Pedignone*, engelure.
3. Près de Florence.

suis une vraie chauve-souris, et, comme il m'a été donné en garde, laissez-moi faire, je le rattraperai bien, moi. »

Cet état durait depuis plusieurs nuits ; ses domestiques étaient épuisés de fatigue et je l'avais appris de différents côtés, surtout par le Savoyard, qui s'intéressait à moi. Résolu de m'enfuir une certaine nuit à tout prix, je commençai par prier Dieu très dévotement, suppliant sa Divine Majesté de me défendre et de m'aider dans cette entreprise périlleuse ; puis je m'occupai de tout ce qu'il me restait à faire et je travaillai toute la nuit.

Environ deux heures avant le jour, j'enlevai les pentures avec beaucoup de peine ; l'huisserie, sur laquelle battait la porte, et le verrou m'empêchaient d'ouvrir, et je fus obligé de déchiqueter le bois ; à la fin pourtant, j'ouvris, et, me chargeant de mes bandes de toile, que j'avais roulées sur deux morceaux de bois comme deux bobines de fil, je sortis et me dirigeai vers la droite du donjon.

Après avoir soulevé deux tuiles, je montai facilement sur le toit. J'étais en pourpoint blanc avec une paire de chausses blanches et des brodequins dans l'un desquels j'avais mis mon poignard. Prenant un des bouts de ma bande, je l'accrochai à un morceau de tuile antique scellé dans le mur du donjon. Cette tuile faisait saillie de quatre doigts à peine et la bande s'y accrochait comme un étrier ; après l'avoir suspendue ainsi, je me tournai vers Dieu et dis : « Seigneur mon Dieu, viens à mon aide ; car tu sais que ma cause est juste et que je m'aide moi-même. »

Puis, me laissant aller tout doucement, et me soutenant par la force des bras, j'arrivai à terre. Il n'y avait pas de lune, mais la nuit était claire : je regardai cette grande hauteur d'où j'étais descendu si hardiment, et je m'en allai tout joyeux, me croyant libre ; mais je ne l'étais pas encore.

Le gouverneur avait fait construire de ce côté deux murs assez hauts qui renfermaient son écurie et son poulailler, le tout fermé à l'extérieur par de gros verrous. Désespéré de ne pouvoir sortir de là, je marchais au hasard en pensant à ma triste position, quand je heurtai du pied une grande perche couverte de paille. Je la dressai, non sans beaucoup de peine, le long du mur ; puis, à force de bras, je m'élevai jusqu'au haut de ce mur. Il se terminait par un chaperon à angle aigu, ce qui ne me permit pas de tirer à moi la perche ; mais j'attachai à son extrémité une partie de ma seconde bande : la première était restée pendue au donjon. Enfin je descendis en dehors du mur, dont l'escalade m'avait beaucoup fatigué ; j'avais les mains écorchées et tout en sang.

Après m'être un peu reposé, sentant mes forces revenues, je montai à la dernière enceinte des murs qui regarde Prati, et, posant à terre mon rouleau de bandes, j'allais le fixer à un créneau pour franchir ce dernier escarpement comme j'avais fait de la hauteur du donjon, quand j'aperçus près de moi une sentinelle. Arrêté dans mon entreprise et en péril de la vie, je me disposai à attaquer ce soldat; mais en me voyant marcher à lui d'un air résolu et le poignard à la main, cet homme s'éloigna rapidement.

Je revins bien vite à mes bandes : un autre garde était près de là; mais peut-être ne voulut-il pas me voir. J'attache ma bande à un créneau et je me laisse glisser : mais, soit fatigue, soit que je me crusse près de terre, j'ouvris les mains et je tombai; ma tête porta sur le sol et je restai sans connaissance pendant une heure et demie, autant que j'en puis juger.

Au point du jour, la fraîcheur qui précède le lever du soleil me fit revenir à moi; mais je ne recouvrai pas tout d'abord la mémoire : il me semblait qu'on m'avait coupé la tête et que j'étais en purgatoire.

Peu à peu je repris mes sens, je vis que j'étais hors du château et je me rappelai ce que je venais de faire. Portant les mains à ma tête, je les ramenai tout ensanglantées; puis, en m'examinant bien, je vis que je n'avais pas de blessure grave; mais, en voulant me relever, je reconnus que j'avais la jambe droite cassée à trois doigts du talon.

Sans perdre courage pour cela, je tirai de mon brodequin mon poignard et son fourreau, qui se terminait par une grosse boule : la pression de cette boule sur l'os en avait causé la fracture; je jetai le fourreau et, coupant avec le poignard un bout de la bande qui me restait, je rajustai ma jambe de mon mieux; puis, mon poignard à la main, je me traînai sur mes genoux vers la porte de la ville. Elle était fermée; mais, voyant qu'une des pierres du seuil n'était pas très grosse, j'essayai de la desceller : elle s'ébranla, céda bientôt à mes efforts, et, après l'avoir arrachée, je passai par l'ouverture. Il y avait plus de cinq cents pas de l'endroit où j'étais tombé jusqu'à cette porte.

A peine étais-je entré dans Rome que des chiens se jetèrent sur moi et me mordirent cruellement; comme ils revenaient à la charge, je les frappai de mon poignard et j'en piquai un si vigoureusement qu'il s'enfuit en hurlant; les autres, emportés par leur instinct, se mirent à sa poursuite, et moi je me traînais aussi vite que possible, toujours rampant sur mes genoux, dans la direction de l'église de la Traspontina.

Arrivé à l'entrée de la rue qui tourne vers Sant'Angiolo, je me dirigeai vers Saint-Pierre; mais il faisait grand jour et je courais risque d'être découvert : aussi, voyant passer un porteur d'eau qui conduisait son âne chargé de jarres pleines d'eau, je l'appelai et le priai de me prendre sur ses épaules et de me porter sur les marches de Saint-Pierre.

« Je suis, lui dis-je, un pauvre garçon qui, pour sauver l'honneur d'une dame, ai voulu descendre par la fenêtre; je me suis cassé la jambe en tombant, et, comme la maison d'où je sors est celle d'une grande famille, je cours risque d'être mis en pièces : emporte-moi donc, je t'en supplie ; tu auras un écu d'or pour ta peine. »

Et je mis la main à ma bourse où j'en avais un bon nombre. Aussitôt il me prit dans ses bras, me porta sur les marches de Saint-Pierre et, me laissant là, courut bien vite retrouver son âne. Pour moi, continuant à me traîner sur mes genoux, je me dirigeai vers la demeure du duc Ottavio[1]. La duchesse sa femme était fille de l'empereur Charles-Quint et veuve d'Alexandre de Médicis. Je savais que plusieurs de mes amis étaient venus de Florence à Rome avec cette grande princesse et qu'elle me voulait beaucoup de bien.

Je m'en allais donc vers la demeure de Son Excellence, où j'aurais été en sûreté. Mais, comme ce que je venais de faire était trop merveilleux pour un homme, Dieu ne permit pas que je m'abandonnasse à tant de vaine gloire et voulut, pour mon bien, m'infliger une correction plus sévère encore que celle par laquelle je venais de passer.

Pendant que je m'en allais rampant sur les marches de Saint-Pierre, je fus reconnu par un serviteur du cardinal Cornaro, qui était logé au Vatican. Cet homme courut à la chambre du cardinal, l'éveilla et lui dit :

« Monseigneur Révérendissime, Benvenuto, votre protégé, est en bas ; il s'est enfui du château et se traîne tout ensanglanté : il paraît avoir une jambe cassée, et nous ne savons où il va.

— Allez vite, dit aussitôt le cardinal, courez et apportez-le-moi ici, dans ma chambre. »

Quand je fus près de lui, il me dit que je n'avais rien à craindre et envoya chercher sur-le-champ les premiers médecins de Rome ; puis il me fit mettre dans une chambre secrète et s'en alla aussitôt demander ma grâce au pape.

Cependant une grande rumeur s'était élevée dans Rome ; car on avait déjà remarqué les bandes attachées au donjon du château, et tout Rome courait voir cette chose inimaginable. Le cardinal Cornaro rencontra au Vatican messire Roberto Pucci, lui raconta les détails de mon évasion et comment j'étais caché dans une de ses chambres ; puis tous deux allèrent se jeter aux genoux du pape, qui leur dit tout d'abord

« Je sais ce que vous voulez de moi.

— Très saint Père, dit alors messire Pucci, nous vous demandons en grâce de nous donner ce pauvre homme ; ses talents méritent qu'on ait pour lui quelques égards, et il vient de montrer un courage et une adresse qui semblent au-dessus de l'humanité. Nous ne savons pour quelles fautes Votre

---

1. Fils de Pierre-Louis Farnèse, et par conséquent petit-fils de Paul III.

Sainteté l'a fait mettre en prison; mais, si elles sont pardonnables, **nous vous supplions de nous accorder sa grâce.** »

Le pape, un peu honteux, leur répondit qu'il m'avait fait emprisonner parce que j'étais trop présomptueux.

« Mais, ajouta-t-il, son mérite nous est connu; nous voulons le retenir près de nous et nous avons résolu de lui faire assez de bien pour qu'il n'ait pas besoin de retourner en France. Je regrette qu'il soit si malade; dites-lui qu'il se hâte de guérir et qu'ensuite nous lui ferons oublier les maux qu'il a soufferts ».

Ces deux grands personnages m'apportèrent cette bonne nouvelle de la part du pape.

Cependant Benvenuto n'était pas au bout de ses peines. Le pape, en effet, voulut connaître les détails de son évasion, et, comme ils lui semblaient prodigieux, Pierre-Louis Farnèse en profita pour réveiller ses appréhensions. Benvenuto rapporte ainsi son discours et ce qui s'ensuivit.

« Très saint Père, reprit le seigneur Pierre-Louis, il vous en fera bien d'autres, si vous le mettez en liberté, car c'est bien l'homme le plus audacieux.... Je veux vous conter de lui encore un trait que vous ne savez pas. Avant que vous le fissiez mettre au château Saint-Ange, ce même Benvenuto, sur quelques mots d'un gentilhomme du cardinal Santa Fiore, s'emporta jusqu'à le menacer de le battre, et le cardinal, instruit de l'affaire, dit que, s'il s'en mêlait, il guérirait une bonne fois ce maître fou. Benvenuto le sut, et, comme le palais du cardinal est en face de son atelier, un jour que le cardinal s'était mis à la fenêtre, votre Benvenuto prit son mousquet, avec lequel il met une balle à tous coups dans un liard, et il visait déjà le cardinal, quand celui-ci, averti à temps, se retira. Benvenuto, pour donner le change, tira sur un pigeon qui nichait dans le toit du palais, et, chose incroyable, lui emporta la tête. Maintenant, que Votre Sainteté fasse de lui ce qu'elle voudra; j'ai voulu vous avertir. L'idée pourrait venir à cet homme, qui se dit injustement puni, de tirer sur Votre Sainteté. C'est un caractère féroce; rien ne l'arrête. Il a donné à Pompeo deux coups de poignard dans la gorge, au milieu de dix hommes qui le gardaient. »

Le gentilhomme de Santa Fiore était présent et confirma ce que le fils du pape venait de raconter.

Le pape était encore sous l'impression fâcheuse de ces récits, lorsque, deux jours après, le cardinal Cornaro vint lui demander un évêché pour un de ses gentilshommes, messire André Centano. Le pape lui avait en effet promis un évêché : il y en avait un de vacant, et le cardinal rappelait au pape sa promesse.

« C'est vrai, dit le pape, et je veux vous donner ce que je vous ai promis ; seulement j'ai une demande à vous faire : c'est de me rendre Benvenuto.

— Très saint Père, vous m'avez accordé sa grâce et sa liberté : que dira le monde de vous et de moi?

— Vous voulez votre évêché, répliqua le pape ; et moi, je veux Benvenuto : qu'on en dise ce qu'on voudra.

— Que Votre Sainteté me donne l'évêché, dit le bon cardinal ; pour le reste Votre Sainteté jugera de ce qu'elle veut et peut faire.

— J'enverrai chercher Benvenuto, dit le pape, un peu honteux de manquer à sa parole, et je le mettrai dans les chambres basses de mon jardin particulier, où rien ne lui manquera pour sa guérison. Ses amis pourront le voir, et je le défraierai de tout. »

Le cardinal revint à son appartement et m'envoya dire par messire André que le pape voulait qu'il me remît entre ses mains, mais que je serais logé dans son jardin particulier et libre de recevoir mes amis. Alors je suppliai messire André de dire au cardinal qu'il ne me livrât pas au pape et me laissât faire comme je l'entendrais, que je me ferais envelopper d'un matelas et porter en lieu sûr, hors de Rome ; car, me livrer au pape, c'était m'envoyer à la mort.

Le cardinal se serait, je crois, prêté à l'exécution de mon projet ; mais messire André, qui tenait à son évêché, fit savoir la chose au pape, qui m'envoya prendre aussitôt.

Voilà Benvenuto de nouveau prisonnier. Le pape même ne tint pas longtemps sa parole de le traiter doucement. Renvoyé au château Saint-Ange, l'artiste y fut jeté dans un cachot souterrain, puis dans un autre plus profond encore, et il ne fallut rien moins pour l'en faire sortir, plusieurs mois après, que l'habileté diplomatique du cardinal de Ferrare, qui obtint enfin du pape, au nom du roi de France, la mise en liberté de l'artiste.

La Ruse de Secundus Curion
(1503-1569)

Avec l'aventure de Cœlius Secundus Curion, nous entrons dans la terrible période des luttes religieuses qui désolèrent, au XVIe siècle, la France, l'Allemagne et l'Angleterre. L'Italie elle-même connut ces querelles, quoique le protestantisme n'y ait guère conquis d'adeptes. Secundus Curion était Piémontais ; né en 1503, il était le dernier d'une famille de vingt-trois enfants. Passionné pour la science et la théologie, il fut, à l'âge de vingt ans, séduit par les doctrines de Luther et de Zwingle.

Il devait plus tard se réfugier en Suisse et mourir, en 1569, professeur de belles-lettres à l'Université de Bâle. Mais il eut d'abord, dans son propre pays, plus d'une persécution à soutenir, et c'est pendant cette période d'aventures que se place l'épisode dont nous empruntons le récit aux Curiosités biographiques *de Ludovic Lalanne.*

Secundus Curion, ayant osé accuser de mensonge en pleine église, à Casal, un jacobin[1] qui avait proféré en chaire les calomnies les plus odieuses contre le chef de la Réforme, fut arrêté aussitôt par ordre de l'Inquisiteur de Turin. Après avoir été transféré successivement dans plusieurs prisons, il parvint à s'échapper d'une manière assez adroite pour que ses ennemis l'accusassent d'avoir eu recours à la magie. Afin de se disculper d'une accusation fort dangereuse à cette époque, il publia dans un petit dialogue latin, intitulé *Probus*[2], les relations de son évasion. Nous en traduisons les passages suivants :

« J'étais, dit-il, enfermé depuis huit jours dans ma nouvelle prison, où l'on m'avait mis aux pieds d'énormes pièces de bois, quand je fus soudainement inspiré par le ciel.

« Lorsque le jeune homme chargé de me garder entra dans ma chambre, je commençai à le supplier de délivrer l'un de mes pieds des entraves il devait lui suffire que je fusse, par un seul pied, attaché à une masse si énorme....

« Comme il était sans malice, il se laissa persuader et délivra un de mes pieds. Ainsi se passa ce jour et le suivant, pendant lesquels je me mis à l'ouvrage.

« J'étais revêtu d'une chemise de toile ; je m'en dépouillai, et, ôtant en même temps le bas qui couvrait la jambe qu'on m'avait laissée libre, j'en fis un paquet auquel je donnai la forme d'une jambe, et j'y adaptai un soulier.

« Il me manquait encore quelque chose qui pût lui donner de la consistance. J'étais fort embarrassé et je cherchais avec inquiétude de tous les côtés, quand j'aperçus un bâton de roseau sous une rangée de sièges. Je le saisis avec empressement, l'introduisis dans la fausse jambe, et, cachant ma vraie jambe sous mon manteau, j'attendis le succès de ma ruse...

« Le brave garçon revint le surlendemain, vers la vingtième heure[3], me demandant comment j'allais :

« Je n'irais pas mal, dis-je, si vous vouliez bien mettre mes liens à mon « autre jambe, afin que chacune d'elles pût reposer à son tour. »

Le prisonnier, la nuit venue, ayant donné à ses gardiens le temps de s'en-

---

1. Les dominicains étaient souvent appelés *jacobins*, en raison d'un couvent célèbre qu'ils possédaient rue Saint-Jacques, à Paris.
2. Secundus Curion a laissé près de quarante ouvrages d'érudition, de théologie et de polémique sérieuse ou satirique.
3. Deux heures de l'après-midi environ.

dormir et les entendant ronfler, ôta sa fausse jambe, remit sa chemise et son bas, puis alla ouvrir sans bruit la porte de son cachot, qui n'était fermée à l'intérieur que par un simple verrou. C'était là le plus difficile, et il parvint ensuite, mais non sans quelque peine, à escalader les murs de sa prison.

Les Infortunes d'une Maison Royale
Marie Stuart à Loch-Leven
(1568)

Marie Stuart, figure délicieuse, destinée touchante, nom qui évoque à la fois les plus séduisants et les plus tragiques souvenirs! — Elle était fille de ce Jacques V, dont nous avons naguère raconté l'enfance [1], et, par sa mère, Marie de Lorraine, nièce et cousine des Guises, les puissants seigneurs de la cour de France. La mort prématurée de son père la fit, dès le berceau, reine d'Écosse; son mariage avec François II la fit reine de France à seize ans. A dix-sept, elle était veuve (1560) et quittait cette cour des Valois, où elle avait séduit tout le monde par sa grâce, pour aller affronter, dans son royaume d'Ecosse, les orages de la politique et des luttes religieuses, l'animosité séculaire d'une noblesse turbulente, la haine puissante enfin de sa cousine Elisabeth, reine d'Angleterre. La pauvre âme de Marie Stuart, élégante et faible en toutes choses — sauf dans son attachement profond à la foi catholique — avait en elle-même peu de ressources contre tant d'intrigues, de violences et de dangers. Elle épouse, pour essayer de se rendre populaire, son cousin, le grossier Darnley (1565); puis, quand il est mort victime d'un complot qu'elle n'a pas ignoré, le chef même du complot, Bothwell (1567) : le premier de ces mariages l'abreuve de chagrins; le second soulève contre elle l'indignation du peuple. C'est désormais la guerre civile, et qu'elle doit soutenir seule, car Bothwell l'a abandonnée pour s'enfuir en Norvège. Dès le premier combat ses partisans sont battus. C'est à ce moment que commence notre récit, dont nous empruntons les éléments à la fois à la Marie Stuart de Mignet et à l'Histoire d'Écosse de Walter Scott.

Lorsque les lords écossais confédérés, à qui Marie Stuart s'était rendue après sa défaite à Carberry Hill, eurent pris le parti de la retenir prisonnière et de la détrôner, ils l'enfermèrent dans le château de Loch-Leven, situé dans une île du lac de ce nom. Ils choisirent cette forteresse, non seulement à cause de sa position, mais surtout parce que la royale captive

---

1. Voir page 9.

devait y être placée sous la surveillance de la personne qui la détestait le plus, Marguerite Erskine, mère de William Douglas, le possesseur de Loch-Leven. Marguerite avait été jadis aimée de Jacques V, dont elle avait eu un fils, le comte Murray, l'un des plus cruels ennemis de Marie Stuart; puis la mort de ce roi et l'avènement de sa fille avaient ruiné tout d'un coup ses ambitieux projets. Mais au ressentiment de l'orgueil blessé et déçu s'ajoutait encore chez cette femme l'ardeur d'une piété intolérante elle était zélée presbytérienne, et son caractère, ses croyances, sa parenté, ses rancunes faisaient d'elle une gardienne inexorable de la pauvre reine.

Après avoir été contrainte par la violence de renoncer à la couronne en faveur de son fils, Marie Stuart fut soumise à une surveillance encore plus dure, de peur qu'elle ne s'adressât aux souverains étrangers pour réclamer leur appui, ou qu'elle ne concertât son évasion avec les amis qu'elle avait en Écosse. Enfermée dans une tour, au milieu d'une petite île où elle avait à peine un espace de soixante pieds pour se promener, elle ne pouvait écrire que pendant les repas ou le sommeil de ses gardiens, dont les filles couchaient même auprès d'elle.

Mais toutes ces précautions, dit Mignet, devaient être insuffisantes. Sa beauté, sa grâce, ses malheurs exerçaient un irrésistible pouvoir sur ceux qui l'approchaient. L'un des fils de Marguerite Erskine, George Douglas, se laissa gagner à sa douceur et toucher par ses afflictions. Bientôt même, épris de la séduisante prisonnière, qui ne découragea pas ses espérances, il résolut de la délivrer.

Une première fois, trompant la surveillance de sa mère, il fit sortir Marie Stuart du château, sous les vêtements de la blanchisseuse qui apportait son linge à Loch-Leven. La captive, ainsi déguisée, avait franchi toutes les portes sans être reconnue. Elle était entrée dans le bateau qui devait la conduire sur l'autre bord, où l'attendait George Douglas et quelques autres de ses partisans.

Elle se croyait sauvée.... Au milieu de la traversée, un des bateliers, croyant s'adresser à une fille de sa condition, voulut par plaisanterie lever son voile. Marie y porta vivement la main pour ne pas laisser voir son visage, et la blancheur et la beauté de cette main firent deviner au batelier que c'était la reine qu'il conduisait. Ainsi découverte, Marie fit bonne contenance : elle commanda aux bateliers, sous peine de la vie, de la déposer sur l'autre bord. Mais ceux-ci, redoutant plus la sévérité du laird de Loch-Leven que les menaces d'une reine détrônée, la ramenèrent dans la forteresse.

Après cette malheureuse tentative, George Douglas avait été renvoyé de l'île. Mais il y avait conservé des intelligences avec un jeune parent, un Douglas, lui aussi, enfant de quinze à seize ans, qui était resté dans le château et servait Marguerite Erskine en qualité de page.

La prisonnière, elle, désespérant de sa liberté, voyait devenir plus sévères chaque jour les mesures de surveillance que l'on prenait contre elle. Cherchant partout des soutiens, elle écrivait à la reine Élisabeth, à Catherine de Médicis et à Charles IV, pour les supplier d'avoir pitié d'elle et de lui venir en aide.

Au moment où elle se croyait ainsi condamnée à un emprisonnement sans fin, George Douglas, avec l'aide de son cousin, le jeune page, préparait son évasion, tandis qu'avertis par lui, les Seaton et les Hamilton, deux familles dévouées aux Stuarts, se tenaient prêts à recevoir la reine à sa sortie du château. Le dimanche 2 mai 1568 fut choisi pour cette seconde fuite, mieux concertée que la première.

Les repas se prenaient en commun à Loch-Leven, et, pendant que tout le monde mangeait, les portes de la forteresse étaient fermées et les clefs étaient placées sur la table, à côté du châtelain. Au repas du soir, le petit Douglas, en posant un plat devant le laird, réussit à s'emparer des clefs. Puis, quand tout le monde fut endormi, il conduisit Marie et sa suivante hors de la tour, ferma les portes du château derrière lui pour empêcher qu'on les poursuivît, plaça la reine et la femme qui l'accompagnait dans un petit esquif, et rama vigoureusement jusqu'à ce qu'ils eussent atteint l'autre bord, après avoir eu la précaution de jeter au milieu du lac les clefs du château.

Au moment de commencer l'aventureux voyage, le jeune homme avait fait un signal convenu en plaçant à une fenêtre une lumière qui pouvait être vue de l'extrémité la plus éloignée du lac, pour informer ses amis que le plan avait réussi. Aussi lord Seaton et plusieurs membres de la famille des Hamilton attendaient-ils les fugitifs à l'endroit du débarquement. La reine monta à cheval sur-le-champ et se dirigea en toute hâte sur Niddry, résidence des Seaton, dans le Lothian occidental, d'où elle se rendit, après quelques heures de repos, au château fort d'Hamilton. Elle y fut reçue par l'archevêque de Saint-André et le lord Claude, qui était allé à sa rencontre avec cinquante chevaux.

La nouvelle de cette évasion, dit Walter Scott, se répandit en Écosse avec la rapidité de l'éclair, et partout elle fut reçue avec enthousiasme. Le peuple se rappelait l'affabilité, la grâce, la beauté et les malheurs de Marie ; s'il se souvenait de ses erreurs, c'était pour dire qu'elles avaient été assez sévèrement punies. Le dimanche, Marie était encore une triste captive, abandonnée sans recours dans une tour solitaire ; le samedi suivant, elle se trouvait à la tête d'une puissante confédération : neuf comtes, huit lords, neuf évêques et quantité de gentilshommes du plus haut rang s'étaient engagés à la défendre et à lui rendre sa couronne. On sait que ce rayon d'espoir ne devait luire qu'un instant.

Les clefs, jetées dans le lac par le page, y furent retrouvées en 1805 par un pêcheur : elles sont déposées à Kinross. On appelle encore éminence de Marie l'endroit où la reine fugitive débarqua sur la rive méridionale du lac.

Un Épisode de la Saint-Barthélemy
Caumont de La Force
(1572)

L'histoire du jeune Caumont de La Force est assurément l'un des épisodes les plus dramatiques et les plus instructifs de la Saint-Barthélemy. Elle ne nous retrace pas seulement l'une des horribles scènes qui remplirent cette nuit sinistre et les journées qui l'ont suivie ; elle nous fait pénétrer dans l'intérieur d'une de ces grandes familles, divisées, comme la France elle-même, par les luttes religieuses, et au sein desquelles les affections naturelles durent compter avec les calculs les plus légitimes de la prudence, ou parfois avec les suggestions de la cupidité.

François de Caumont, seigneur de Castelnau, né en 1524, était l'un des gentilshommes huguenots qui avaient suivi à Paris la reine de Navarre, Jeanne d'Albret, lorsqu'elle y vint pour y conclure le mariage de son fils, le prince de Béarn, le futur Henri IV, avec la sœur de Charles IX.

Sa femme, qui lui apporta en dot la seigneurie de la Force, avait, d'un premier mariage, une fille, qui, ayant épousé M. de Larchant, capitaine des gardes de Catherine de Médicis, devint elle-même dame d'honneur de cette reine. L'un de ses frères avait épousé une sœur du maréchal de Biron, grand-maître de l'artillerie. François lui-même eut deux fils : l'aîné, Armand, périt, on va le voir, avec son père ; le second, Jacques-Nompar, devait être l'un des compagnons les plus dévoués d'Henri IV et mourir duc et pair et maréchal de France en 1652, à plus de quatre-vingt-dix ans : il est à la fois le héros et le narrateur du récit qui va suivre et que nous empruntons à ses Mémoires.

François de Caumont demeurait, lors du massacre de la Saint-Barthélemy, près de la rue de Seine. Quand les égorgeurs y pénétrèrent, on le sollicita de s'enfuir avec l'un de ses frères et quelques gentilshommes protestants. Mais son fils aîné était convalescent et hors d'état de le suivre. Il se résolut donc à s'enfermer chez lui avec ses deux enfants. Sa maison est bientôt entourée de soldats. Il offre alors au chef de la troupe deux mille écus de rançon et obtient qu'on les transporte, ses fils et lui, dans une maison de la rue des Petits-Champs, où ils restent tous trois sous la garde de deux Suisses. Caumont d'ailleurs a dû promettre qu'aucun d'eux ne chercherait à s'échapper, et, dès lors, esclave de sa parole, il résiste aux offres de salut qui lui sont faites par ses gardiens eux-mêmes.

Le lendemain matin, le comte de Coconas, l'odieux favori du duc d'Alençon, frère du roi, se présente avec une compagnie de soldats et intime l'ordre à Caumont de le *suivre au Louvre avec ses enfants. Caumont, qui devine son dessein, proteste d'abord, atteste la foi jurée en échange de la rançon qu'il a promise; Coconas n'écoute rien : « il les fait sortir de la maison, ayant chacun deux hommes à leurs côtés, et commence alors à les mener à la tuerie », dit énergiquement Jacques-Nompar. Mais laissons-lui tout à fait la parole.*

Le père marchait le premier; son fils aîné ensuite, et le cadet venait le dernier. Étant arrivés au fond de la rue des Petits-Champs, près le rempart, les soldats crièrent : Tue ! Tue !

On donne d'abord plusieurs coups de poignard à l'aîné des enfants, qui s'écrie en tombant :

« Ah ! mon Dieu, je suis mort ! »

Le père, se retournant vers son fils, est aussitôt percé de coups. Le plus jeune, couvert de sang, mais qui, par un miracle, n'avait point été atteint, s'écria aussi, comme inspiré du ciel : « Je suis mort ! » et en même temps il se laissa tomber entre son père et son frère, qui, bien que par terre, reçurent encore force coups, tandis que lui n'eut pas seulement la peau percée. Dieu le protégea si visiblement que, quoique les meurtriers les dépouillassent et les laissassent tous nus et sans chemises, ils ne reconnurent jamais qu'il y en avait un qui n'avait aucune blessure.

Comme ils crurent les avoir achevés, ils se retirèrent en disant :

« Les voilà bien tous trois. »

Si le corps du jeune Caumont ne fut point frappé, son esprit fut en récompense cruellement agité; car on lui a ouï dire que son père avait demeuré longtemps à expirer et qu'il l'entendit plusieurs fois sangloter. Quelle angoisse et quelle perplexité de se trouver entre un père et un frère cruellement massacrés, et dont les sanglots étaient autant de coups de poignard qui lui perçaient le cœur ! Et, s'il considérait l'avenir, que devait-il en attendre ? Quelle espérance selon le monde pouvait-il concevoir ? Car, quoique Dieu l'eût préservé jusque-là, il voit bien que, sans un miracle aussi marqué que le premier, il ne peut se sauver et se garantir de la furie enragée d'un peuple mutiné.

Il demeura ainsi tout nu, jusqu'à ce que, sur les quatre heures du soir, ceux des maisons voisines sortant, soit par curiosité, soit dans le désir de profiter de ce que les bourreaux pouvaient avoir laissé, s'approchent pour visiter les corps. Un marqueur du jeu de paume de la rue Verdelet, voulant lui arracher un bas de toile qui lui était resté à une jambe, le retourna, car il avait le visage contre terre, et, le voyant si jeune, s'écria :

« Hélas ! celui-ci n'est qu'un pauvre enfant; n'est-ce pas grand dommage ? Quel mal pouvait-il avoir fait ? »

Ce qu'oyant le jeune Caumont, il leva doucement la tête et lui dit **tout bas** :

« Je ne suis pas mort; je vous prie, sauvez-moi la vie. »

Mais soudain, lui mettant la main sur la tête :

« Ne bougez, dit-il, car ils sont encore là. »

Ce qu'il fit; et ledit homme, se promenant par là peu de temps après, s'en revint à lui et lui dit :

« Levez-vous, car ils s'en sont allés. »

Et soudain lui jeta un manteau sur les épaules, car il était tout nu, et, faisant semblant de le frapper, le fait marcher devant lui.

« Qui menez-vous donc là? demandèrent les voisins.

— C'est mon petit neveu qui est ivre et que je fouetterai à bon escient », répondit le marqueur.

Il le conduisit ainsi chez lui, passant devant plusieurs corps de garde, car il y en avait encore à tous les coins de rue, et le mena tout au haut de sa maison, dans une petite chambre où sa femme et son neveu se trouvaient : là il le fit cacher dans la paille de son lit.

Un peu après, ledit marqueur s'étant aperçu qu'il avait quelques bagues au doigt, il se mit à lui représenter qu'il était si pauvre qu'il n'avait pas seulement de quoi lui donner à manger et lui demanda ses bagues. Le jeune Caumont de La Force les donna toutes, à la réserve d'un seul diamant, qu'il gardait parce qu'il venait de sa mère ; ce que la femme du marqueur ayant entendu, lui dit que, puisqu'on lui sauvait la vie, il était bien juste qu'il donnât tout. Il eut beau répondre qu'il ne pouvait se défaire de cette bague, parce que, venant de sa mère, elle servirait à le faire reconnaître : cette femme opiniâtre la voulut absolument, et dit que, si on ne la lui donnait pas, elle le ferait reprendre. Alors il la lui donna, et, quand elle l'eut, elle lui apporta alors un morceau à manger et une chopine de vin. Après quoi, le marqueur lui demanda ce qu'il voulait devenir et lui offrit de le conduire partout où il voudrait aller.

Il pria que ce fût au Louvre, où il avait une sœur nommée Mme de Larchant, qui était auprès de la reine. A cela le marqueur répondit :

« Mon enfant, je n'oserais vous mener là; même il y a tant de corps de garde à passer que quelqu'un vous reconnaîtrait et qu'on nous tuerait tous deux. »

Lors le jeune de La Force lui proposa de le mener à l'Arsenal, où logeait sa tante, Mme de Brisambourg, à quoi le marqueur accéda plus volontiers, disant :

« Cela est bien loin, mais je vous mènerai plutôt là ; car j'irai tout le long des remparts et nous ne rencontrerons personne. »

Le matin, dès le plus petit point du jour, il lui donna de mauvaises chausses de toile toutes crasseuses, le pourpoint de même, et le manteau qu'il lui avait prêté la veille, avec un méchant bonnet rouge, sur lequel il avait mis une croix de plomb. Équipé de la sorte, il le conduisit par-dessus les remparts jusqu'à l'Arsenal. Ils arrivèrent à la première porte que le jour était à peine commencé ; mais comme ladite porte se trouvait fort éloignée des bâtiments, le jeune de La Force dit à celui qui l'avait si heureusement conduit :

« Demeurez ici : je vous renverrai les habits que vous m'avez prêtés, avec les trente écus que je vous ai promis. »

Il demeura longtemps à la porte, n'osant pas heurter, de crainte qu'on ne demandât qui il était. Au bout de quelque temps, quelqu'un venant à sortir, il s'avança dextrement sans qu'on lui dît rien ; il traversa donc toute la première basse-cour et s'en alla jusqu'au droit[1] du logis, regardant s'il ne voyait personne de sa connaissance ; car il jugeait bien que, sous ses mauvais accoutrements, on ne le laisserait point entrer. Il n'osait dire son nom, craignant de rencontrer quelque bourreau de l'espèce de ceux auxquels il avait échappé.

Il est à propos de mentionner ici qu'un page du sieur de La Force s'était sauvé au moment du massacre : il se nommait La Vigerie, mais dans la maison on l'appelait *l'Auvergnat*, pour le distinguer d'avec son frère. Lorsque Coconas eut fait sortir M. de La Force et ses fils de la maison où deux Suisses les gardaient, un de ces Suisses dit au page :

« Sauvez-vous, car on va dépêcher ceux-ci. »

Il se sauva ; mais il s'arrêta à quelques pas de là jusqu'à ce qu'il eût entendu crier : *Tue ! Tue !* et qu'il eût vu tomber le père et ses deux enfants. Il se retira la même nuit à l'Arsenal, et il lui fut d'autant plus facile d'échapper qu'il portait une livrée semblable à celle du comte de La Marck, qui était un des chefs du massacre, et ainsi ledit Auvergnat disait à tous les corps de garde :

« Je suis un page du comte de La Marck, et je vais trouver de sa part M. le maréchal de Biron à l'Arsenal. »

Aussitôt arrivé, il se rendit auprès de Mme de Brisambourg et lui raconta comme il avait vu tuer M. de La Force et ses deux enfants, ce qui fut un sujet de grande affliction à cette bonne dame, leur tante et veuve d'un de leurs oncles.

Nous avons laissé le jeune de La Force fort en peine de savoir comment il ferait pour entrer dans l'Arsenal ; Dieu lui suscita un moyen qui fut que, comme on ouvrait la porte, il aperçut l'Auvergnat, qu'il appela par son nom ; mais il n'en eut point de réponse, soit que, le croyant mort, il ne reconnût pas sa voix, soit qu'il ne l'entendît point. On rouvrit une seconde

---

1. *Au droit*, en face.

Quand les soldats se furent éloignés, l'homme jeta un manteau sur les épaules du jeune Caumont de la Force.

fois la porte et, le page y étant encore, il appela deux ou trois fois :
« L'Auvergnat ! l'Auvergnat ! »
Le page sortit aussitôt.
« Qui êtes-vous ? » lui dit-il.
Le jeune de La Force répondit :
« Quoi ! ne me reconnaissez-vous point ? »
L'ayant considéré plus attentivement :
« Eh ! mon Dieu ! c'est vous, monsieur ! Je ne vous reconnaissais pas. »
Lors il lui demanda s'il n'y avait point quelques-uns des gens de son père à l'Arsenal, et le page, le faisant entrer, le mena vers un gentilhomme de sa maison, nommé Beauvilliers du Maine, qui se promenait avec le maître d'hôtel de Mme de Brisambourg, qui furent tous deux fort surpris et ravis de le voir, le croyant mort, sur le rapport du page. Ils le conduisirent aussitôt à la chambre de ladite dame, qui était encore au lit grandement affligée de tant de malheurs.

Arrivés qu'ils furent en sa présence, soudain elle l'embrassa toute baignée de larmes, croyant qu'on les avait tous dépêchés, et, louant Dieu de le voir, lui demanda comment il s'était sauvé.

Lors il lui raconta brièvement comme quoi Dieu l'avait assisté, comme le pauvre marqueur du jeu de paume l'avait retiré chez lui et conduit jusque-là, qu'il lui avait promis trente écus pour sa peine et de lui rendre ses habits, et qu'il était à la porte attendant le tout.

Mme de Brisambourg le fit mettre au lit dans la chambre de ses femmes et envoya aussitôt les trente écus audit marqueur et les habits de son neveu. Environ deux heures après, on lui fit apporter un habit de page des livrées de M. le maréchal de Biron, qui était lors grand-maître de l'artillerie ; puis, l'ayant fait passer par la chambre dudit sieur, on le conduisit dans son cabinet pour qu'il ne fût ni vu ni connu de personne, et, de peur qu'il ne s'ennuyât, on lui bailla auprès de lui ledit page l'Auvergnat.

Il fut là deux jours, au bout desquels on donna avis à M. le maréchal que l'on avait fait entendre au roi qu'il s'était retiré plusieurs huguenots dans l'Arsenal, et que Sa Majesté avait résolu d'envoyer visiter partout ; ce qui mit le maréchal dans une telle colère qu'il dit qu'il empêcherait bien de venir ceux qui voulaient contrôler ses actions, et fit pointer trois ou quatre pièces de canon vers la porte de l'Arsenal.

Cependant, malgré toutes les précautions que l'on prit pour cacher le jeune de La Force, la nouvelle de sa délivrance vint jusqu'au Louvre ; ce qui fit que la reine-mère, à la sollicitation de M. de Larchant, capitaine de ses gardes, envoya un gentilhomme à l'Arsenal demander de sa part le jeune de La Force. On répondit qu'il n'y était point, et, pendant cette conversation on le fit sortir du cabinet de M. le maréchal et on le conduisit dans la chambre de ses filles, où on le fit cacher entre deux petits lits d'enfant ; on le couvrit de vertugadins que l'on portait en ce temps-là, ce qui fit dire à plusieurs que Mme de Brisambourg l'avait caché sous son vertugadin.

Ensuite le gentilhomme, ayant avisé partout, rapporta à la reine qu'il n'avait point trouvé celui qu'il cherchait ; ce qui mit le sieur de Larchant au désespoir : car il avait grand intérêt à la mort du jeune de La Force, puisque, ayant épousé une fille du premier lit de sa mère, il devenait héritier de tous les biens de M. de La Force par la mort de son fils ; et même disait-on assez publiquement dans le Louvre et dans Paris que l'on n'aurait pas donné ordre de massacrer ces deux jeunes innocents, sans l'intérêt qu'y avait ledit sieur de Larchant.

Le jeune de La Force demeura ainsi caché jusqu'à environ une heure après minuit : on l'ôta de là pour le ramener dans le même cabinet du maréchal. Mme de Brisambourg, qui avait pris grand soin de son neveu, n'eut point de patience qu'elle ne l'eût fait changer de lieu, à cause que le bruit était qu'il s'était sauvé de l'Arsenal.

Le sieur de Born, lieutenant général de l'artillerie, vint le lendemain matin prendre le prétendu page, le mena déjeuner en lieu particulier et après cela lui dit :

« Suivez-moi. »

Alors il le sortit de l'Arsenal et le conduisit chez M. Guillon, contrôleur de l'artillerie, qui était de ses amis, et donna instruction au jeune homme que, si on s'enquérait qui il était, il répondît qu'il s'appelait Beaupuy, se faisant fils de M. de Beaupuy, qui était lieutenant de la compagnie de gendarmes du maréchal de Biron, l'exhortant expressément de ne point sortir du logis où il le menait et de ne rien faire qui pût le faire reconnaître. M. de Born étant monté à cheval, à cause qu'il avait une jambe de bois, pour aller chez le sieur Guillon, le jeune de La Force le suivit à pied d'assez loin dans les rues, où il a avoué qu'il était dans des transes continuelles, ce qui n'est pas difficile à croire, vu les extrémités et grands périls auxquels il s'était rencontré.

Étant arrivé à la maison du contrôleur, Born lui dit :

« Vous êtes de mes amis : je vous prie, faites-moi le plaisir de garder ici ce jeune homme, qui est mon parent, fils de M. de Beaupuy, qui commande la compagnie de gendarmes de M. le maréchal de Biron ; je l'ai fait venir ici pour le mettre page ; mais j'attends que tout ce tumulte où vous voyez que nous sommes soit passé. »

Ce que le contrôleur lui accorda volontiers. Mais, encore qu'il fût de ses amis, Born ne voulut jamais lui donner connaissance de ce qu'était le jeune homme, quoique Guillon se doutât bien qu'il ne lui disait pas tout.

Il était en ce logis depuis sept ou huit jours, et le contrôleur, qui allait tous les jours à l'Arsenal pour savoir ce qu'il avait à faire, ne manquait pas à l'heure du dîner de se rendre chez lui. Il arriva qu'au bout de ce temps-là, sur l'heure qu'il avait coutume de rentrer, le jeune homme, entendant heurter à la porte et se trouvant prêt, s'avança pour ouvrir, croyant que c'était son hôte ; il se rencontra que c'était quelqu'un qui le connaissait ; ce que voyant, il repoussa vivement la porte. L'autre lui cria :

« Laissez-moi entrer, j'ai à parler à vous. »

Étant entré, il lui dit que Mme de Brisambourg l'envoyait là, et qu'elle était en peine de ses nouvelles et où il était ; et après cela il sortit de ce logis.

Le contrôleur, s'en revenant pour dîner, lui demanda, comme il avait toujours accoutumé, si quelqu'un était venu à la maison. La Force lui dit que oui, et lui raconta tout ce qui s'était passé ; ce qui lui donna l'alarme de telle sorte que, laissant le dîner, il monta soudain à cheval pour aller trouver M. de Born et l'en avertir.

Celui-ci, pour s'éclaircir de ce qui en était, s'en va chez Mme de Brisambourg, qui en fut fort étonnée, n'ayant envoyé personne.

Mme de Brisambourg, prévoyant que tôt ou tard son neveu pourrait être reconnu, avait obtenu de son frère, le maréchal de Biron, qu'il demandât au roi un passe-port pour son maître d'hôtel et un page qu'il envoyait, disait-il, en Guyenne chercher son équipage et sa compagnie de gendarmes. On mit le jeune de La Force, comme page, sous la conduite d'un gentilhomme qui représentait le maître d'hôtel. M. de Born leur fit franchir sans difficulté les portes et ils se dirigèrent vers leur destination[1].

Une Aventure du temps de la Ligue
Charles de Guise
(1588)

On sait comment Henri de Guise, le Balafré, le chef de la Ligue, fut le 23 décembre 1588, assassiné aux états de Blois par les gardes du corps d'Henri III, les fameux Quarante-Cinq.

1. La Guyenne, où ils arrivèrent après un voyage de huit jours, qui ne fut pas lui-même sans péril.

Le même jour, son fils aîné, Charles, était arrêté et enfermé au château de Tours. Sans ambition, Charles de Guise devait plus tard faire sa soumission à Henri IV. Mais en attendant il se devait à son parti, il se devait à la mémoire de son père : il lui importait donc de recouvrer au plus vite sa liberté. Il n'y parvint cependant qu'au bout de trois ans, grâce à la complicité de Claude de La Châtre, gouverneur du Berry, et l'un des plus fidèles et des plus déterminés partisans des Guises et de la Ligue. Ludovic Lalanne, dans ses Curiosités biographiques, a emprunté le récit de son évasion à deux des plus célèbres historiens des troubles de la France au XVIe siècle : l'un est de Thou, auteur d'une Histoire de son temps, œuvre considérable, qu'il écrivit malheureusement en latin; l'autre est un Italien élevé en France, Davila, dont l'œuvre a passé longtemps chez nous pour un modèle de l'histoire politique. Nous reproduisons, à notre tour, ce double emprunt.

Le duc, dit le président de Thou, avait pris jour avec Claude de La Châtre et son fils pour se sauver le 15 août, fête de la Vierge.

Il communia ce jour-là dans le but de mieux tromper ses gardes et de leur ôter tout soupçon qu'il pensât à s'échapper.

Il remarqua qu'on avait coutume de fermer les portes après le dîner, et qu'on en portait les clefs chez un échevin ; il choisit ce moment pour exécuter son dessein.

Il monta avec beaucoup de vitesse dans une haute tour qui donnait sur le pont hors de la ville, et, ayant enfermé ses gardes dans une grande salle où ils mangeaient, il tira la porte de la tour sur lui et la ferma au verrou, pour avoir le temps de se sauver pendant qu'ils la rompraient.

Tout lui réussit à souhait. Son valet de chambre, qui l'aidait dans cette occasion, attacha à une corde qu'il tenait prête pour cet effet un morceau de bois en travers, sur lequel le duc s'assit pour descendre sans danger. Ensuite le valet lâcha doucement la corde. Voyant son maître en bas, il attacha fortement cette même corde à un poteau, et se laissa couler, avec plus de danger que son maître, qu'il atteignit à Saint-Côme en suivant le cours du fleuve.

Les gardes du château de Tours furent dans une grande consternation. Le gouverneur Rouvray envoya de tous côtés pour répandre la nouvelle de la fuite de son prisonnier, afin qu'on prît les armes et qu'on se mît sur ses traces. Il fit rompre la porte de la tour : ceux qu'il employa à la briser, n'ayant trouvé personne, se joignirent à leurs compagnons qui couraient dans la ville. Il se passa beaucoup de temps jusqu'à ce qu'on apportât les clefs pour ouvrir la porte du pont et les autres portes. Ignorant de quel côté le fugitif s'était dirigé, on envoya de toutes parts, mais inutilement.

Or, aussitôt descendu, dit Davila, le duc avait pris le chemin de la campagne, le long de la Loire, où il ne manqua pas de trouver deux hommes qui lui tenaient un cheval prêt. S'étant mis alors à galoper à toute bride, il s'en alla joindre le fils du seigneur de La Châtre, le baron de Maison. Celui-ci l'attendait au delà du Cher, avec trois cents chevaux, qui l'accompagnèrent jusqu'à Bourges, où il fut reçu avec de grandes démonstrations d'allégresse.

Prisonnière & Mère de Roi
Marie de Médicis
(1619)

Le règne réparateur d'Henri IV avait guéri les maux des guerres civiles. Mais au lendemain de la mort de ce prince, la jeunesse, puis la faiblesse de son fils Louis XIII, l'avidité et la turbulence des nobles et de la reine-mère, Marie de Médicis, faisaient renaître les troubles : le désordre ne devait prendre fin que le jour où la main puissante de Richelieu s'emparerait définitivement du gouvernement de l'État. En attendant, la France eut à subir tour à tour la toute-puissance scandaleuse d'un Concini, la politique à courte vue du duc de Luynes, et, sans cesse, en faveur du premier ou à l'encontre du second, les intrigues de la reine-mère.

Notre récit se place au moment où Concini vient d'être assassiné et remplacé au pouvoir par de Luynes. Marie de Médicis, après la chute de son favori, tente en vain d'attendrir le roi, son fils, sur son sort : il lui faut abandonner la cour et se retirer au château de Blois. Retraite, exil, prison, pourrait-on dire. Car de Luynes la fit entourer d'espions et posta, dans tous les villages voisins, des compagnies de cavalerie pour surveiller ses moindres mouvements.

C'est alors que le véritable chef du parti des grands, depuis que le duc de Condé était à la Bastille, le duc d'Épernon, trouva profitable aux intérêts de son parti et de la lutte qu'il soutenait contre le pouvoir royal de se constituer le défenseur, le champion de Marie de Médicis et d'unir la cause des nobles à celle de la mère du roi. Il offrit à la prisonnière d'aider à son évasion et de la recueillir dans un de ses gouvernements : car il avait à la fois les Trois-Évêchés (Metz, Toul et Verdun), le Boulonnais, la Touraine, la Normandie, l'Angoumois, l'Aunis et la Saintonge. Le marquis de Fontenay-Mareuil, compagnon d'enfance de Louis XIII et, plus tard, diplomate avisé, nous a laissé dans ses Mémoires tout le récit de l'affaire. C'est ce récit que nous allons tour à tour reproduire et résumer.

"Celui qui disposa M. d'Épernon à cette entreprise, dit Fontenay-Mareuil, fut M. de Rucellai, lequel ne pensait qu'à rendre service à la reine-mère, et particulièrement pour sa liberté, qu'il désirait passionnément. Et, comme il ne jugeait personne plus propre pour y contribuer que M. de

Bouillon[1], tant pour la réputation où il était et pour sa place de Sedan, où il pourrait lui donner retraite, que pour le crédit qu'il avait parmi les huguenots, dont on pourrait être obligé de se servir, en un voyage qu'il fit à Blois, incognito, le proposa-t-il à la reine, et eut d'elle la permission de lui en parler, et de lui promettre tout ce qui serait à propos pour cela.

Ce qu'ayant fait, quoique avec beaucoup de peine, parce qu'il fallut y aller de nuit et tout seul de peur d'être découvert, M. de Bouillon s'en excusa, disant qu'étant vieux, en mauvaise santé, et assez bien avec le roi, il voulait jouir de la grâce qu'il lui avait faite après la mort du maréchal d'Ancre et achever ses jours en repos, mais qu'il y avait M. d'Épernon, nouvellement venu à Metz, fort mal satisfait de M. de Luynes, lequel, ayant beaucoup de santé et de grands établissements dans le royaume, y serait bien plus propre que lui. »

Rucellai en écrivit à la reine-mère, et, ayant obtenu son consentement à cet égard, fit faire des propositions à d'Épernon, qui les accueillit d'abord avec assez de méfiance, puis se laissa persuader, et, ayant fait venir chez lui Rucellai, « l'y tint quelques jours enfermé pour parler à loisir de tout ce qu'il faudrait faire; et puis le renvoya à la reine pour lui dire et l'assurer que, pourvu qu'elle pût sortir du château de Blois et passer seulement le pont sur la rivière de Loire, qu'il se trouverait de l'autre côté avec telle compagnie que, malgré les chevau-légers (car ils y étaient encore alors) et tout ce qui s'y pourrait opposer, il la mènerait à Angoulême et partout où il serait nécessaire d'aller ».

La reine fit savoir à Rucellai que c'était chose facile, et celui-ci pressa d'Épernon de hâter l'exécution de leur projet; mais d'Épernon voulut absolument remettre l'entreprise au mois de février de l'année suivante.

De Luynes, toujours soupçonneux et désirant pénétrer les sentiments de la reine, lui dépêcha un homme dont il était sûr pour lui dire que le roi irait à Blois au premier jour et la ramènerait avec lui; l'envoyé devait aussi faire de la part de Luynes des protestations de service fort expresses, assurer la reine qu'elle serait traitée à l'avenir comme elle pourrait désirer, et particulièrement « bien observer tant ses paroles que son visage et celui de toutes les personnes qui l'approcheraient, pour voir s'il n'y aurait rien de changé ». Mais pas un des gens de la reine ne savait encore rien de ses desseins; et, pour elle, elle joua si bien son rôle que l'agent de Luynes revint persuadé qu'elle attendait impatiemment le roi, « et ne demandait, pour être bien avec M. de Luynes, qu'à oublier toutes choses ».

---

1. Le calviniste Henri de La Tour d'Auvergne, qui fut le père de Turenne, et qui tenait, de son mariage avec Charlotte de La Marck, le duché de Bouillon et la principauté de Sedan. Il avait alors soixante-quatre ans, et devait mourir quatre ans plus tard.

D'Épernon, ayant pris toutes ses mesures, se rendit à Confolens, où l'archevêque de Toulouse l'attendait avec plus de deux cents de ses amis, mais il n'y trouva pas de nouvelles de la reine-mère comme il s'y attendait. Cependant « il était trop engagé pour s'en dédire : c'est pourquoi il ne laissa pas d'aller à Loches, et d'envoyer au même temps M. du Plessis[1] à la reine-mère pour l'avertir de son arrivée et savoir ce qu'elle voulait faire ; pendant quoi elle n'était pas sans inquiétude de n'avoir point de lettres, et de ne savoir rien de ce qui se passait. Mais enfin M. du Plessis étant arrivé et lui ayant dit comme M. d'Épernon était à Loches, et tout si bien disposé qu'elle pourrait s'en aller quand il lui plairait, elle se résolut de le faire dès la nuit même.

« Ce fut alors seulement qu'elle s'en découvrit au comte de Brennes, son premier écuyer, à La Masure et Merçay, exempts de ses gardes, et à la signora Catherine, sa première femme de chambre, auxquels seuls elle se confia, commandant au comte de Brennes de se trouver devant[2] cinq heures du matin à la porte de sa chambre, et que son carrosse, avec six chevaux, fût en même temps au delà du pont ; et, pour les autres, elle les retint auprès d'elle pour faire ses paquets et serrer ses pierreries.

« Avec ces trois hommes donc et une seule femme de chambre, le 22 février, à six heures du matin, sortant par la fenêtre d'une salle qui répond sur[3] la terrasse, de laquelle, parce qu'il y avait un endroit de la muraille qui était tombé, on pouvait facilement descendre en bas et aller au pont sans passer par la porte du château ni par la ville, ce qu'elle fit en s'asseyant et se laissant glisser sur la terre, qui était éboulée ; après quoi elle fut sur le pont, où elle rencontra deux hommes qui passaient déjà, dont l'un, à ce qu'elle-même disait, la voyant menée par deux autres à une heure si indue, en fit un fort mauvais jugement ; mais l'autre, plus spirituel, la reconnut, et, jugeant bien qu'elle se sauvait, lui souhaita bon voyage.

« Au bout du pont elle trouva son carrosse, et, y montant avec ceux qui l'accompagnaient, alla à Montrichard, où M. de Toulouse, ne se croyant pas obligé d'aller plus en avant, s'était arrêté pour s'assurer du passage de la rivière du Cher. M. d'Épernon fut au-devant d'elle jusqu'à une lieue de Loches. Elle y séjourna deux jours pour se reposer et écrire au roi. De là elle se rendit à Angoulême. »

C'est dans cette ville que devait être signée, deux mois plus tard, la paix que ménagea entre le roi et sa mère l'habile diplomatie de Richelieu, ou,

---

1. Le futur cardinal de Richelieu, qui partageait alors la disgrâce de la reine-mère.
2. *Devant*, avant.
3. *Répond sur*, a vue sur.

pour parler, comme notre auteur, de M. du Plessis, qui préparait ainsi sa rentrée aux affaires.

Pendant les troubles de Hollande
L'Évasion de Grotius
(1621)

On sait que la première moitié du XVII⁰ siècle fut, pour la république des Provinces Unies, une période de luttes intestines, politiques et religieuses : lutte entre les républicains groupés autour du grand-pensionnaire de Hollande et les partisans du stathoudérat ou du gouvernement militaire de la maison d'Orange; lutte aussi entre les doctrines libérales des disciples du théologien Arminius et le calvinisme intolérant des disciples de Gomar. Au reste, les orangistes étaient en même temps gomaristes ; les républicains étaient arminiens. Par deux fois, ces troubles dégénérèrent en tragédies sanglantes. On sait comment, en 1672, les frères de Witt furent massacrés par les partisans de Guillaume d'Orange. Cinquante-trois ans auparavant, le grand-oncle de ce prince, le stathouder Maurice de Nassau, avait fait mettre à mort, comme arminien, le grand-pensionnaire Barneveldt.

Après Barneveldt, l'homme le plus considérable du parti républicain était alors l'illustre érudit Hugo de Groot, plus connu sous le nom latin de Grotius. Lui aussi, il fut traduit en jugement et condamné à la confiscation de ses biens et à la prison perpétuelle. Il fut enfermé au château de Lœvenstein, près de Gorcum : il avait alors (1619) trente-six ans.

Étroitement gardé, Grotius n'avait, dans sa prison, d'autre consolation que l'étude et la compagnie de sa femme, Marie de Reygesberg, qui avait demandé la permission de le visiter. On lui accorda l'autorisation d'entrer dans la prison de son mari, mais en lui signifiant que, si elle en sortait, on ne l'y laisserait plus rentrer. Plus tard cependant on lui permit de sortir deux fois par semaine.

Cette captivité durait déjà depuis dix-huit mois, lorsque Muys van Holi, un des ennemis déclarés de Grotius et qui avait été son juge, avertit les États-Généraux qu'il avait reçu de bonne part l'avis que leur prisonnier cherchait les moyens de se sauver. On envoya un agent à Lœvenstein pour examiner ce qui s'y passait ; mais il ne trouva rien qui pût faire croire que l'avis fût motivé. Il était vrai cependant que Marie de Reygesberg n'était occupée que d'un seul projet, celui de procurer la liberté à son mari.

On avait permis à Grotius d'emprunter des livres à des amis. Lorsqu'il les avait lus, il les renvoyait dans un coffre, où l'on mettait aussi son linge, que l'on envoyait blanchir à Gorcum.

La première année, les gardes de la prison visitaient exactement le coffre lorsqu'il était emporté de Lœvenstein ; mais, accoutumés à n'y voir que des livres et du linge, ils se lassèrent de l'examiner et ne prirent pas la peine de l'ouvrir.

La femme de Grotius remarqua cette négligence et conçut la pensée de la mettre à profit. Elle confia son dessein à son mari et lui persuada de tenter sa délivrance en se mettant dans le coffre. Auparavant, et afin de ne pas l'exposer à être privé d'air, elle pratiqua des trous étroits et difficiles à apercevoir du dehors vers l'une des extrémités du coffre, et elle obtint de lui qu'il s'y renfermât plusieurs fois, en y restant autant de temps qu'il en fallait pour aller de Lœvenstein à Gorcum ; pour elle, elle se tenait assise sur le coffre afin d'éprouver pendant combien de temps il pourrait supporter cette posture gênée. Quand il en eut pris une habitude suffisante, elle ne songea plus qu'à profiter d'une occasion favorable.

Cette occasion se présenta bientôt. Le commandant de la forteresse s'absenta pour affaire de service. La femme de Grotius alla rendre visite à la commandante, et, dans la conversation, elle lui dit qu'elle voudrait bien renvoyer un coffre plein de livres ; que son mari était très faible et qu'elle s'inquiétait en le voyant travailler avec tant d'application.

Après avoir ainsi prévenu la commandante, elle retourna dans la chambre de son mari et l'enferma dans le coffre. Un valet et une servante étaient dans la confidence, et la femme de Grotius fit courir le bruit que son mari ne se portait pas bien, afin qu'on ne fût pas surpris de ne pas le voir. Deux soldats emportèrent le coffre, et l'un d'eux, le trouvant plus pesant qu'à l'ordinaire, dit :

« Il faut qu'il y ait quelque arminien là-dedans. »

La femme de Grotius répondit froidement :

« En effet, il y a des livres arminiens. »

On fit descendre le coffre par une échelle avec beaucoup de peine.

Le même soldat insista pour qu'on ouvrît le coffre, afin de voir ce qu'il contenait ; il alla même chez la femme du commandant et lui dit que la pesanteur du coffre lui faisait penser que quelque chose de suspect y était enfermé et qu'il serait à propos de l'ouvrir. La commandante ne le voulut pas, soit que son intention fût de fermer complaisamment les yeux, soit par négligence : elle répondit qu'il n'y avait que des livres dans ce coffre, d'après ce que lui avait assuré la femme de Grotius, et qu'on pouvait le porter au bateau.

La femme d'un autre soldat, qui se trouvait sur le passage, dit tout haut qu'il y avait plus d'un exemple de prisonniers qui s'étaient sauvés dans des coffres. Toutefois on porta le coffre au bateau. La servante de Grotius avait ordre de l'accompagner jusqu'à Gorcum et de le déposer dans une maison qu'on lui indiqua.

Quand le coffre fut à Gorcum, on voulut le charger sur un traîneau ; mais la servante dit au maître du bateau qu'il s'y trouvait des objets fragiles et le pria de le faire porter avec attention. Il fut donc mis sur un brancard et porté chez David Dazelaër, un des amis de Grotius et parent de sa femme.

Quand la servante se vit seule, elle ouvrit le coffre, et Grotius sortit sans y avoir beaucoup souffert, quoique resserré si longtemps dans un espace de trois pieds et demi de longueur. Il prit un habit de maçon, une règle et une truelle à la main, et, par une porte de derrière de la maison, il se dirigea vers la place de Gorcum, qu'il traversa pour gagner la porte de la ville donnant sur la rivière. Là, il entra dans un bateau qui le conduisit à Valvic en Brabant. Il s'y fit connaître à quelques arminiens et loua une voiture pour Anvers. Il prit les précautions nécessaires pour n'être pas reconnu sur la route, et arriva heureusement à Anvers.

Cependant on croyait à Lœvenstein qu'il était malade, et sa femme, pour lui donner le temps de se sauver, assura que sa maladie était dangereuse. Mais, dès qu'elle eut appris par le retour de sa servante qu'il était en Brabant et conséquemment en sûreté, elle avoua aux gardes que l'oiseau avait pris son vol.

Le commandant, qui était de retour, courut à l'appartement du prisonnier, demandant à sa femme où il était caché. Après l'avoir laissé chercher quelque temps, elle lui raconta le stratagème dont elle s'était servie.

On commença par l'enfermer plus étroitement ; mais elle présenta une requête aux États généraux, et, quelques jours après, elle fut mise en liberté.

Un Soldat qui veut se justifier
Isaac Arnauld
(1635)

Nous sommes plus habitués à associer le nom célèbre des Arnauld à l'histoire des discussions théologiques qu'à celle des affaires militaires du XVIIe siècle. Le

UN SOLDAT QUI VEUT SE JUSTIFIER.

héros de l'aventure qui va être racontée, le mestre de camp Isaac Arnauld, était pourtant le cousin du grand théologien Antoine Arnauld et de son frère Arnauld d'Andilly. Quant à l'auteur de ce récit, c'est l'abbé Arnauld, fils d'Arnauld d'Andilly, et, par conséquent, frère du célèbre ministre Arnauld de Pomponne : l'abbé Arnauld a laissé en effet de très intéressants Mémoires.

Rappelons que l'affaire de Philippsbourg, dont il va être question, se place au début de la dernière période de la guerre de Trente Ans. La place avait été prise par les Suédois en 1633 ; à la fin de 1634, ils en avaient, par traité, remis la garde à la France et Isaac Arnauld en avait été nommé gouverneur. Malheureusement, elle n'était défendue que par des fortifications en terre et par un large fossé dont l'eau était constamment gelée ; la garnison, d'autre part, était insuffisante : avant la fin de janvier 1635, les troupes de l'empereur avaient repris Philippsbourg. Mais laissons la parole à l'abbé Arnauld.

Les Impériaux eurent peu de peine à former leur plan d'attaque et à l'exécuter. Ils trouvèrent la garnison sous les armes, mais trop faible pour pouvoir soutenir un assaut général. Toute la conduite et toute la valeur du gouverneur ne purent lui servir qu'à se bien défendre et à vendre chèrement sa liberté, après que toute sa garnison eût été passée au fil de l'épée. Fait prisonnier avec ceux de ses compagnons d'infortune qui survivaient, il fut enfermé successivement dans plusieurs villes et, en dernier lieu, à Esslingen.

Il n'ignora pas dans sa prison les bruits qui couraient sur lui à la cour ; on l'accusait d'avoir fait perdre Philippsbourg à la France par sa négligence. Dès lors, il ne pensa plus qu'à trouver les moyens de se sauver pour venir détruire ces bruits par sa présence ; ce fut dans cette vue qu'il refusa d'être prisonnier sur sa parole.

L'entreprise n'était pas aisée, étant gardé par des soldats qui l'accompagnaient le soir quand on le menait prendre l'air et qui couchaient dans son logis, à la porte de sa chambre. Il ne laissa pas néanmoins d'y réussir.

Il observa la hauteur de sa fenêtre qui regardait dans le fossé de la ville où il était, et il ne douta point que, s'il y pouvait descendre, il ne pût se remettre en liberté. Il s'était assuré l'aide de quelques cavaliers français qui étaient au service de l'empereur, leur faisant espérer de leur donner de l'emploi dans son régiment de carabins [1], et il leur tint en effet parole lorsqu'il fut de retour en France.

La difficulté était donc d'avoir des cordes pour descendre dans le fossé de la ville, qui, pour être bien avant en Allemagne et hors d'insulte, n'était point gardée régulièrement. Pour cela, il s'avisa, toutes les fois qu'on le menait promener, de faire jouer ses gardes à divers jeux, sous prétexte de se divertir ; et, comme il leur donnait pour boire et qu'ils s'y divertissaient eux-

---

1. Soldats de cavalerie légère et d'avant-garde.

mêmes, ils étaient les premiers à le proposer. Parmi ces jeux, il y en avait un qu'ils appelaient *sangler l'âne*. Celui-ci parut bien propre à son dessein. Car, comme il fallait une brasse[1] de cordes pour lier un de ceux qui jouaient, il jetait une pièce d'argent au premier venu pour en aller acheter et ne se faisait pas rendre son reste. Si peu de corde ne pouvait donner de soupçons et n'était propre à aucun usage ; aussi la jetait-on d'ordinaire quand le jeu était fini. Mais quelques-uns de ceux qui étaient à lui avaient soin de la ramasser, sans faire semblant de rien, en badinant.

Quand il s'en vit assez pour son dessein, il donna jour à ces cavaliers dont j'ai parlé et se sauva heureusement avec eux. Il est aisé de croire qu'ils firent diligence ; ainsi, ce fut M. Arnauld le premier qui nous en apprit la nouvelle.

Arrivé à Paris, il se constitua prisonnier à la Bastille et demanda qu'on examinât son affaire. Il y fut quelques mois, après lesquels il sortit bien justifié.

Sous le Ministère de Mazarin
L'Évasion du duc de Beaufort
(1648)

Le duc de Beaufort, petit-fils de Henri IV, était un fort bel homme de fort peu d'esprit. Brave d'ailleurs, il devait, sous Louis XIV, faire oublier les erreurs de sa jeunesse par quelques expéditions brillantes et par une mort glorieuse. En attendant, il fut l'un des héros les plus bruyants et les plus décriés des troubles de la minorité de ce roi. Dès 1643, c'est-à-dire au lendemain de la mort de Louis XIII, il s'était imaginé qu'il devait être le chef du nouveau gouvernement, et, comme Mazarin semblait dès lors l'emporter en influence sur lui et sur ses amis les Importants, il se résolut tout simplement à l'assassiner. Mais Mazarin sut déjouer le complot : le 3 septembre 1643, Beaufort était arrêté au Louvre, et, à travers toute la ville, entre deux compagnies de Suisses, tambour en tête et enseignes déployées, conduit au donjon de Vincennes. Il ne s'en échappa que cinq ans plus tard. C'est aux célèbres Mémoires de Mme de Motteville *que nous empruntons le récit de cette évasion.*

Le jour de la Pentecôte, premier du mois de juin 1648, le duc de Beaufort, prisonnier depuis cinq ans dans le donjon de Vincennes, s'échappa de sa prison environ sur le midi. Il trouva le moyen de rompre ses chaînes

---

1. Un peu plus d'un mètre et demi.

par l'habilité de ses amis et de quelques-uns des siens, qui, en cette occasion, le servirent fidèlement.

Il était gardé par un officier des gardes du corps et par sept ou huit gardes qui couchaient dans sa chambre, et qui ne l'abandonnaient point. Il était servi par des officiers du roi, n'ayant auprès de lui pas un de ses domestiques. Par-dessus tout cela, le gouverneur du bois de Vincennes, Chavigny, n'était certes pas son ami.

L'officier qui le gardait, nommé La Ramée, avait pris avec lui, à la prière d'un de ses amis, un certain homme qui, sous prétexte d'un combat qui le mettait en peine à cause des édits du roi qui défendaient les duels, avait témoigné désirer cet asile pour s'en sauver. Il est à croire néanmoins qu'il était conduit en ce lieu par les créatures de ce prince, et peut-être du consentement de l'officier; mais j'ignore cette particularité et n'en suis persuadée que par les apparences. Cet homme d'abord, pour faire le bon valet et montrer qu'il n'était pas inutile, s'ingéniait plus que tout autre à bien garder le prisonnier, et même on dit à la Reine, en lui contant cette histoire, qu'il allait jusqu'à la rudesse. Soit qu'il fût là pour servir le duc de Beaufort, soit qu'alors il se fût laissé gagner par ce prince, celui-ci s'en servit enfin pour communiquer ses pensées à ses amis et pour prendre connaissance des desseins qui se faisaient pour sa liberté.

Le temps venu pour l'exécution de tous leurs projets, ils choisirent exprès le jour de la Pentecôte, parce que la solennité de cette fête occupait tout le monde au service divin.

A l'heure que les gardes dînaient, le duc de Beaufort demanda à La Ramée de s'aller promener en une galerie où il avait obtenu permission d'aller quelquefois se divertir. Cette galerie est plus basse que le donjon où ils étaient logés, mais néanmoins fort haute, par rapport aux fossés, sur lesquels elle regarde des deux côtés. La Ramée le suivit à cette promenade et demeura seul avec lui dans la galerie. L'homme gagné par le duc de Beaufort fit semblant d'aller dîner avec les autres; mais, contrefaisant le malade, il prit seulement un peu de vin et, sortant de la chambre, ferma la porte sur eux et quelques portes qui étaient entre la galerie et le lieu où ils faisaient leur repas. Il alla ensuite trouver le prisonnier et celui qui le gardait et, en entrant dans la galerie, il la ferma aussi et prit les clefs de toutes les portes. En même temps, le duc de Beaufort, qui était d'une taille avantageuse, et cet homme qui était de son secret se jetèrent sur La Ramée et l'empêchèrent de crier; et, sans le vouloir tuer, quoiqu'il fût périlleux de ne pas le faire s'il n'était point gagné, il le bâillonnèrent, le lièrent par les pieds et par les mains, et le laissèrent là.

Aussitôt ils attachèrent une corde à la fenêtre, et se descendirent l'un après l'autre, le valet le premier, comme celui qui eût été très rigoureusement puni s'il eût manqué de se sauver. Ils se laissèrent couler tous deux jusque dans le fossé, dont la profondeur est si grande, qu'encore que leur corde fût longue, elle se trouva trop courte de beaucoup ; si bien qu'en se laissant choir de la corde en bas, le prince s'exposa au hasard de se pouvoir blesser, ce qui en effet lui arriva. La douleur le fit évanouir, et il demeura longtemps en cet état sans pouvoir reprendre ses esprits.

Étant revenu à lui, quatre ou cinq des siens, qui étaient de l'autre côté du fossé et qui l'avaient vu presque mort avec une terrible inquiétude, lui jetèrent une autre corde qu'il s'attacha lui-même autour du corps et, de cette sorte, ils le tirèrent à force de bras jusqu'à eux, le valet qui l'avait assisté étant toujours servi le premier, suivant la parole que le prince lui avait donnée et qu'il garda ponctuellement.

Quand il fut en haut, il se trouva en mauvais état ; car, outre qu'il s'était blessé en tombant, la corde qu'il avait liée autour de son corps pour monter lui avait pressé l'estomac par les secousses qu'il avait endurées dans cette occasion. Mais, ayant repris quelques forces par la vigueur de son courage et par la peur de perdre le fruit de ses peines, il se leva et s'en alla hors de ce lieu se joindre à cinquante hommes de cheval qui l'attendaient au bois prochain. Un gentilhomme des siens, qui était à cette expédition, m'a depuis conté qu'aussitôt après avoir vu cette troupe l'environner de tous côtés, la joie de se voir en liberté et parmi les siens fut si grande qu'en un moment il se trouva guéri de tous ses maux et, sautant sur un cheval qu'on lui avait préparé, il s'en alla et disparut comme un éclair, ravi de respirer l'air sans contrainte et de pouvoir dire comme le roi François Ier dans le moment qu'il mit le pied en France en revenant d'Espagne : « Ah ! je suis libre ! »

Une femme qui cueillait des herbes dans un jardin au bord du fossé et un petit garçon virent tout ce qui se passa en ce mystère ; mais ces hommes qui étaient en embuscade les avaient tellement menacés pour les obliger à se taire que, n'ayant pas beaucoup d'intérêt d'empêcher que le prince ne se sauvât, elle et son fils étaient demeurés avec eux fort paisiblement à regarder tout ce qu'ils avaient fait.

Aussitôt qu'il fut parti, la femme alla le dire à son mari, qui était le jardinier du lieu, et tous deux allèrent avertir les gardes. Mais il n'était plus temps : les hommes ne pouvaient plus changer ce que Dieu avait ordonné, et les étoiles, qui semblent quelquefois marquer les arrêts de la Providence, avaient appris déjà à beaucoup de personnes, par un astrologue nommé Goësel, que le duc de Beaufort devait partir le même jour.

Cette nouvelle surprit d'abord toute la cour et particulièrement ceux à qui elle n'était pas indifférente. Le ministre en fut sans doute affligé ; mais, à son ordinaire, il ne le témoigna pas.... La reine et lui parlèrent fort honnêtement de l'aventure et ne firent qu'en rire, disant que M. de Beaufort avait bien fait.

La dernière Aventure du Cardinal de Retz
(1654)

On était à la fin de l'année 1652. La Fronde était définitivement vaincue. Le 21 octobre, le roi était rentré dans Paris, que les massacres de l'Hôtel-de-Ville, ordonnés naguère par Condé, avaient achevé d'épouvanter et de détacher de la cause des princes révoltés. Dès le début de novembre, Condé, qui venait d'ailleurs de passer à l'Espagne, était déclaré criminel de lèse-majesté. Quant au cardinal de Retz, l'ancien favori du peuple de Paris, il se croyait protégé et par sa dignité et par sa popularité. Il fut déçu dans son espoir : le 19 décembre, il était arrêté au Louvre et conduit à Vincennes, sans que personne s'émût en sa faveur.

Son emprisonnement ne met pas fin d'ailleurs à ses intrigues. Il noue toutes sortes de négociations pour recouvrer sa liberté. Ses tentatives restent vaines jusqu'au moment où meurt son oncle, l'archevêque de Paris, dont il était le coadjuteur et le successeur désigné (mars 1654). C'est alors qu'en renonçant à cette succession, le cardinal obtint d'être transféré au château de Nantes, sous la garde du maréchal de La Meilleraye.

Celui-ci en usa d'une manière singulièrement courtoise à l'égard de son prisonnier. « On ne pouvait rien ajouter, dit le cardinal lui-même, à la civilité avec laquelle il me garda. Tout le monde me voyait ; on me cherchait même tous les divertissements possibles : j'avais presque tous les soirs la comédie ; toutes les dames s'y trouvaient ; elles y soupaient souvent. » Mais, ajoute-t-il, « l'exactitude de la garde fut égale à l'honnêteté : on ne me perdait jamais de vue que quand j'étais retiré dans ma chambre ». A la porte de cette chambre, six soldats étaient postés jour et nuit, et le corps de garde était dans la cour au bas de la fenêtre.

C'est dans ces conditions que le cardinal, avec la complicité de quelques amis, résolut de s'évader, d'autant plus qu'on lui faisait craindre qu'il ne fût, s'il tardait, transporté à Brest. Il avait d'abord songé à s'en aller dans un coffre, mêlé aux bagages de son parent le duc de Brissac. Puis le moyen lui ayant, à la réflexion, paru peu sûr, il forma un autre plan, qu'il ne tarda pas à mettre à exécution. Aussi bien, c'est lui qui va nous raconter son aventure.

Je m'allais quelquefois promener sur une manière de ravelin qui répond sur[1] la rivière de Loire ; et j'avais observé que, comme nous étions au

---

1. Sur une espèce de bastion qui a vue sur.

mois d'août, la rivière ne battait pas contre la muraille et laissait un petit espace de terre entre elle et le bastion. J'avais aussi remarqué qu'entre le jardin qui était sur ce bastion et la terrasse sur laquelle mes gardes demeuraient quand je me promenais, il y avait une porte que Chalucet[1] y avait fait mettre pour empêcher les soldats d'y aller manger son verjus. Je formai sur ces observations mon dessein, qui fut de tirer, sans faire semblant de rien, cette porte après moi. Étant à jour par des treillis, elle n'empêchait pas les gardes de me voir, mais elle les empêchait au moins de pouvoir venir à moi. Ceci fait, je comptais me faire descendre par une corde que mon médecin et l'abbé Rousseau, frère de mon intendant, me tiendraient, et faire trouver des chevaux au bas du ravelin et pour moi et pour quatre gentilshommes que je faisais état de mener[2] avec moi.

Ce projet était d'une exécution très difficile. Il ne se pouvait réaliser qu'en plein jour entre deux sentinelles, qui n'étaient qu'à trente pas l'une de l'autre, à la portée d'un demi-pistolet, et qu'à la vue de mes six gardes qui me pouvaient tirer à travers les barreaux de la porte. Il fallait que les quatre gentilshommes qui devaient venir avec moi et favoriser mon évasion, fussent bien justes à se trouver au bas du ravelin, parce que leur apparition pouvait aisément donner de l'ombrage. Je ne me pouvais pas passer[3] d'un moindre nombre, parce que j'étais obligé de passer par une place qui est toute proche et qui était le promenoir ordinaire des gardes du maréchal.

Si mon dessein n'eût été que de sortir de prison, il eût suffi d'avoir des égards nécessaires à tout ce que je viens de marquer; mais, comme il s'étendait plus loin, et que j'avais formé celui d'aller droit à Paris et d'y paraître publiquement, j'avais encore d'autres précautions à observer, qui étaient, sans comparaison, plus difficiles. Il fallait que je passasse en diligence de Nantes à Paris, si je ne voulais être arrêté par les chemins où les courriers du maréchal de La Meilleraye ne manqueraient pas de donner l'alarme ; il fallait que je prisse mes mesures à Paris même, où il m'était aussi important que mes amis fussent avertis de ma marche qu'il me l'était que les autres n'en fussent point informés....

Il n'y eût eu rien de plus extraordinaire dans notre siècle que le succès d'une évasion comme la mienne, si elle se fût terminée à me rendre maître de la capitale du royaume, en brisant mes fers Tout ce plan fut renversé en un moment, quoique aucune des machines sur lesquelles il était bâti n'eût manqué.

Je me sauvai un samedi 8 d'août, à cinq heures du soir ; la porte du

1. Le gouverneur du château.
2. Je comptais mener.
3. Je ne pouvais pas me contenter.

petit jardin se referma après moi presque naturellement ; je descendis, un bâton entre les jambes, très heureusement du bastion, qui avait quarante pieds de haut. Un valet de chambre, qui est encore à moi, qui s'appelle Fromentin, amusa mes gardes en les faisant boire. Ils s'amusaient eux-mêmes à regarder un jacobin[1] qui se baignait et qui, de plus, se noyait. La sentinelle qui était à vingt pas de moi, mais en un lieu d'où elle ne pouvait pourtant me joindre, n'osa me tirer, parce que, lorsque je lui vis compasser[2] sa mèche, je lui criai que je le ferais pendre s'il tirait, et il avoua, à la question, qu'il crut, sur cette menace, que le maréchal était de concert avec moi. Deux petits pages, qui se baignaient et qui, me voyant suspendu à la corde, crièrent que je me sauvais, ne furent pas écoutés, parce que tout le monde s'imagina qu'ils appelaient les gens au secours du jacobin qui se baignait.

Mes quatre gentilshommes se trouvèrent à point nommé au bas du ravelin où ils avaient fait semblant de faire abreuver leurs chevaux, comme s'ils eussent voulu aller à la chasse. Je fus à cheval moi-même avant qu'il y eût eu seulement la moindre alarme ; et, comme j'avais quarante relais posés entre Nantes et Paris, j'y serais infailliblement arrivé le mardi à la pointe du jour, sans un accident que je puis dire avoir eu une influence fatale et décisive sur le reste de ma vie.

Aussitôt que je fus à cheval, je pris la route de Mauve, qui est, si je ne me trompe, à cinq lieues de Nantes, sur la rivière, et où nous étions convenus que M. de Brissac et M. le chevalier de Sévigné[3] m'attendraient avec un bateau pour la passer. La Ralde, écuyer de M. le duc de Brissac, qui marchait devant moi, me dit qu'il fallait galoper d'abord pour ne pas donner le temps aux gardes du maréchal de fermer la porte d'une petite rue du faubourg où était leur quartier, et par laquelle il fallait nécessairement passer. J'avais un des meilleurs chevaux du monde, et qui avait coûté mille écus à M. de Brissac. Je ne lui abandonnai pas toutefois la main, parce que le pavé était très mauvais et très glissant ; mais un gentilhomme à moi, qui s'appelait Boisguérin, m'ayant crié de mettre le pistolet à la main, parce qu'il voyait deux gardes du maréchal, qui ne songeaient pourtant pas à nous, je l'y mis effectivement ; et, en le présentant à la tête de celui de ces gardes qui était le plus près de moi pour l'empêcher de se saisir de la bride de mon cheval, le soleil, qui était encore haut, donna dans la platine[4] ; la réverbération fit peur à mon cheval, qui était vif et vigoureux ; il fit un grand soubresaut et

1. Voir la note 1 de la page 24.
2. Ajuster.
3. Beau-frère de la célèbre marquise.
4. Pièce plate, qui, mue par un mécanisme, mettait la mèche enflammée en contact avec l'amorce.

il retomba des quatre pieds. J'en fus quitte pour l'épaule gauche qui se rompit contre la borne d'une porte. Un gentilhomme à moi, appelé Beauchesne, me releva ; il me remit à cheval, et, quoique je souffrisse des douleurs effroyables et que je fusse obligé de me tirer les cheveux de temps en temps pour m'empêcher de m'évanouir, j'achevai ma course de cinq lieues avant que M. le grand-maître[1], qui me suivait à toute bride, m'eût pu joindre.

Je trouvai au lieu destiné M. de Brissac et M. le chevalier de Sévigné, avec le bateau ; je m'évanouis en y entrant. L'on me fit revenir en me jetant un verre d'eau sur le visage.

Je voulus remonter à cheval quand nous eûmes passé la rivière ; mais les forces me manquèrent et M. de Brissac fut obligé de me faire mettre dans une fort grosse meule de foin, où il me laissa avec un gentilhomme à moi, appelé Montet, qui me tenait entre ses bras. Il emmena avec lui Joly[2], qui, seul avec Montet, m'avait pu suivre, les chevaux des trois autres ayant manqué, et il tira droit à Beaupréau, en dessein d'y assembler la noblesse pour me venir tirer de ma meule de foin....

J'y demeurai caché plus de sept heures, avec une incommodité que je ne puis exprimer. J'avais l'épaule rompue et démise ; j'y avais une contusion terrible ; la fièvre me prit sur les neuf heures du soir ; la soif qu'elle me donnait était encore cruellement augmentée par la chaleur du foin nouveau. Quoique je fusse sur le bord de la rivière, je n'osais boire, parce que, si nous fussions sortis de la meule, Montet et moi, nous n'eussions eu personne pour raccommoder le foin qui eût paru remué et qui eût donné lieu par conséquent à ceux qui couraient après moi d'y fouiller. Nous n'entendions que des cavaliers qui passaient à droite et à gauche.... L'incommodité de la soif est incroyable et inconcevable à qui ne l'a pas éprouvée.

M. de La Poise Saint-Offanges, homme de qualité du pays, que M. de Brissac avait averti en passant chez lui, vint, sur les deux heures après minuit, me prendre dans cette meule de foin, après qu'il eût remarqué qu'il n'y avait plus de cavaliers aux environs. Il me mit sur une civière à fumier, et il me fit porter par deux paysans dans la grange d'une maison qui était à lui, à une lieue de là. Il m'y ensevelit encore dans le foin ; mais comme j'y avais de quoi boire, je m'y trouvai même délicieusement.

M. et Mme de Brissac m'y vinrent prendre au bout de sept ou huit heures avec quinze ou vingt chevaux, et ils me menèrent à Beaupréau, où je ne demeurai qu'une nuit et jusques à ce que la noblesse fût assemblée. M. de Brissac était fort aimé dans tout le pays ; il mit ensemble, dans ce peu

1. Le grand-maître de l'artillerie, fils du maréchal de La Meilleraie.
2. Secrétaire du cardinal de Retz.

de temps, plus de deux cents gentilshommes. M. de Retz[1], qui l'était encore plus dans son quartier, le joignit à quatre lieues de là avec trois cents. Nous passâmes presque à la vue de Nantes, d'où quelques gardes du maréchal sortirent pour escarmoucher. Ils furent repoussés vigoureusement jusque dans la barrière, et nous arrivâmes à Machecoul, qui est dans le pays de Retz, avec toute sorte de sûreté[2].

Charles Deux, roi d'Angleterre
(1651)

Retenue prisonnière, ainsi que nous l'avons raconté[3], par la noblesse écossaise, Marie Stuart dut abdiquer le pouvoir royal en faveur de son fils Jacques VI, alors âgé d'un an. Trente-six ans plus tard, quand mourut Élisabeth d'Angleterre, persécutrice et bourreau de Marie Stuart, ce fut, par une destinée singulière, ce fils de sa victime qui se trouva être le plus proche héritier, étant son arrière-cousin, de la défunte souveraine. C'est ainsi qu'un Stuart monta, en 1603, sur le trône des Tudor et joignit sur sa tête les deux couronnes d'Angleterre et d'Écosse.

Nous n'avons pas à rappeler ici les faiblesses du règne de Jacques VI et l'excès de ses prétentions au pouvoir absolu. Supérieur à son père par l'intelligence et par la force de volonté, Charles Ier, qui lui succéda (1625), apporta sur le trône les mêmes théories politiques. Son règne fut une longue lutte contre le Parlement : elle se termina, on le sait, par la victoire de ce dernier, la mort de Charles Ier, la proclamation de la République et le protectorat de Cromwell.

Mais dès que Charles Ier eut été exécuté (1649), son fils aîné Charles II, qui avait précédemment gagné le continent avec sa mère, revendiqua son titre de roi légitime, et passa en Écosse, pays qui lui était resté fidèle, pour se mettre à la tête d'une armée et reconquérir le trône d'Angleterre. Coup sur coup les victoires de Cromwell à Dunbar (1650) et à Worcester (1651) vinrent ruiner ses espérances. Après cette dernière défaite, il dut s'enfuir et errer plus d'un mois dans l'ouest et le sud de l'Angleterre avant de pouvoir retourner en France. Il a laissé lui-même un journal complet de sa fuite et des péripéties qu'elle présente, et nous allons tour à tour citer son récit, et le résumer ou le compléter d'après l'Histoire d'Angleterre de Lingard.

EN voyant la bataille perdue[4], la première pensée de Charles II fut de gagner Londres avant que la nouvelle de sa défaite y fût parvenue, s'il

---

1. Frère aîné du cardinal. — Le pays de Retz, dont Machecoul était la ville principale, occupait une partie du département actuel de la Loire-Inférieure.
2. De Machecoul, le cardinal gagna sans difficulté Belle-Isle, puis Saint-Sébastien, et enfin Rome. Il ne rentra en France qu'après la mort de Mazarin.
3. Voir page 22.
4. Worcester (13 septembre 1651).

était possible ; mais les personnes de sa suite ne furent pas de cet avis et lui-même reconnut bientôt que l'entreprise ne pouvait être tentée.

Il lui fallait se débarrasser du grand nombre de cavaliers qui l'accompagnaient et qui constituaient un péril bien plus qu'une sauvegarde. Il y parvint peu à peu, grâce à la fatigue qui les fit rester en arrière pour la plupart.

Mais de quel côté maintenant se diriger? Charles, encore suivi d'une soixantaine de gentilshommes ou d'officiers, marcha dans la direction de Wolverhampton, traversa pendant la nuit et sans être aperçu une ville voisine, occupée par un détachement de l'armée républicaine, et gagna, sur l'avis d'un de ses fidèles, un endroit nommé White-Ladys, maison écartée appartenant à une honnête famille du nom de Penderell, composée de cinq frères, qui tous concoururent à sauver le roi proscrit, avec le courage et le désintéressement le plus admirable. Au moment où Charles arrivait en ce lieu, un paysan vint lui dire que trois mille hommes de sa cavalerie étaient près de là, mais dans le plus grand désordre. La suite du roi le pressait pour qu'il se joignît à eux et cherchât ainsi à regagner l'Écosse ; mais il jugea sagement la chose impossible.

« Ceci, dit-il, me fit prendre la résolution de me déguiser et de tâcher de gagner Londres à pied sous les habits d'un paysan et vêtu d'un haut-de-chausse de gros drap gris, d'un pourpoint de cuir et d'un justaucorps vert, que je pris dans la maison de White-Ladys; je coupai de plus mes cheveux très court et jetai mes propres vêtements dans un puits, afin que personne ne pût s'apercevoir que quelqu'un s'en était dépouillé. Je ne communiquai mon projet à personne qu'à lord Wilmot; tous les autres me prièrent de ne pas leur faire connaître mes desseins, de peur des aveux qu'ils pourraient être contraints à faire.

« Lord Wilmot se dirigea donc vers Londres ; les autres gens de qualité et officiers qui m'avaient suivi allèrent joindre les trois mille cavaliers débandés et, presque aussitôt après leur réunion à cette troupe, furent mis en déroute par un simple détachement de cavalerie.

« Dès que je fus déguisé, je pris avec moi l'un des Penderell, Richard, et, le lendemain matin, nous quittâmes la maison. Je me trouvai bientôt dans un grand bois et me tins sur la lisière, le plus près possible du chemin, afin de mieux reconnaître ceux qui nous poursuivaient. »

Un corps de cavalerie passa sur la route ; mais, peut-être parce qu'il plut toute la journée, personne ne s'avisa de fouiller ce bois, où Charles passa le jour entier sans nourriture. Son compagnon, Richard Penderell, ne connaissait pas la route de Londres, et cette circonstance contribua à faire changer au roi son itinéraire.

La nuit venue, ils gagnèrent, non sans difficultés, la demeure d'un gentilhomme du nom de Wolf, à qui Penderell fit connaître un peu imprudemment le nom du fugitif qui lui demandait asile. Wolf les reçut avec empressement et loyauté. La maison était surveillée, les cachettes connues, pour avoir trop souvent servi dans ces temps de proscription ; le roi fut caché dans une grange. La nuit suivante il revint sur ses pas et gagna la demeure d'un des frères de Penderell, où il sut que Wilmot était réfugié dans le voisinage et qu'il y avait aussi près de là un certain major Careless, qu'il connaissait comme digne de toute confiance. Il le fit venir et, lui ayant demandé conseil :

« Il serait également dangereux pour Votre Majesté, lui dit Careless, soit de demeurer dans la maison où elle se trouve, soit de se jeter dans le bois ; car l'ennemi le fouillera certainement. Je ne connais qu'un moyen de passer la journée de demain, c'est de monter sur un grand chêne placé au milieu d'une jolie plaine bien ouverte : de là nous pourrons tout voir autour de nous. »

« J'approuvai cette idée, continue Charles II ; Careless et moi nous partîmes donc, emportant avec nous, pour toute la journée, une légère provision de pain, de fromage et de petite bière, mais rien de plus ; et nous montâmes sur le grand chêne : ébranché trois ou quatre ans auparavant, il avait repoussé depuis et était devenu si gros et si touffu que l'œil ne pouvait percer à travers ; nous y restâmes le jour entier. Et, de là, nous pûmes voir des soldats aller et venir dans le plus épais du bois pour chercher ceux qui auraient pu s'y sauver, et de temps en temps regarder hors du bois. »

Ce chêne devint célèbre dans la suite sous le nom de Chêne royal, et finit par disparaître, enlevé, dit-on, morceau à morceau [1] par les jacobites.

Après qu'on se fut concerté avec Wilmot, caché dans le voisinage, et le colonel Lane, qui demeurait près de là, il fut convenu que Charles voyagerait comme domestique d'une sœur de ce dernier.

« La nuit suivante, dit le roi, je partis pour me rendre chez le colonel Lane ; j'y changeai mes vêtements contre un habit un peu meilleur et plus convenable à un homme de service. C'était un surtout de drap gris. Le lendemain, mistress Lane et moi nous nous mîmes en route pour Bristol. Mais nous n'eûmes pas marché deux heures que la jument que je montais perdit un de ses fers. Nous nous vîmes donc forcés d'en aller chercher un dans un village écarté.

« Tout en tenant le pied de mon cheval, je questionnais le maréchal sur ce qu'il y avait de nouveau.

« Rien que je sache, me dit-il, depuis l'excellente nouvelle de la défaite de « ces coquins d'Écossais. »

---

[1]. A titre de souvenir vénérable. Les jacobites sont les partisans des Stuarts : ils sont ainsi appelés du nom de Jacques Ier, fondateur de la dynastie en Angleterre.

« Je lui demandai encore si l'on n'avait donc pas mis la main sur quelques-uns des Anglais qui s'étaient joints aux Écossais.

« Je n'ai pas entendu dire, répondit-il, qu'on se fût emparé de ce scélérat « de Charles Stuart ; on a pris quelques-uns des autres, mais non pas lui.

— Pour ce coquin-là, dis-je, si on le tenait, il mériterait plus que tous les « autres d'être pendu pour avoir amené les Écossais dans le royaume. »

« A cela il s'écria que c'était parler en brave homme et nous nous séparâmes ainsi. »

Après d'autres aventures assez menaçantes, ils arrivèrent dans la maison de M. Norton, parent de mistress Lane. Le roi y fut présenté par elle au sommelier Pope comme son domestique, malade et digne d'intérêt.

Le lendemain, pendant qu'il déjeunait avec quelques gens de service, un de ces hommes se mit à faire une description si détaillée de la bataille de Worcester, que Charles le prit pour un soldat de l'armée royale, et, en continuant à le questionner, il apprit qu'il avait en effet fait partie du régiment des gardes.

« Je lui demandai, dit-il, quel homme était le roi ; il me répondit en me faisant une exacte description des vêtements que je portais et du cheval que je montais dans l'action ; puis, me regardant, il ajouta que le roi était d'au moins trois pouces plus grand que moi. Je me hâtai de quitter la sommellerie : j'étais en effet beaucoup plus effrayé que rassuré à la pensée que cet homme avait été l'un de mes propres soldats. »

Charles apprit quelques instants après que Pope, le sommelier, l'avait reconnu. Mais cet homme lui ayant été donné pour honnête et incapable de trahison, il jugea sagement que le plus sûr était de se confier à lui. Pope se mit dès lors tout entier à ses ordres et lui rendit les plus grands services.

Au moment où le roi allait partir pour se rendre chez un de ses partisans, la maîtresse de la maison, mistress Norton, se sentit tout d'un coup très souffrante. Impossible de trouver un prétexte plausible pour que mistress Lane quittât en ce moment sa parente. On s'avisa alors de fabriquer une lettre adressée à mistress Lane et lui annonçant que son père était dangereusement malade. Ainsi motivé, le départ eut lieu avec sécurité, et les fugitifs arrivèrent à Trent, chez un des fidèles partisans du roi, le colonel Franck Wyndham.

Tandis qu'il y était, Charles, entendant sonner les cloches en signe de réjouissance, s'informa du motif, et apprit qu'un cavalier de l'armée de Cromwell se vantait d'avoir tué le roi et de porter son justaucorps.

Cependant Wyndham avait nolisé un navire, et Charles, accompagné de ce gentilhomme et d'une dame Coningsby, était allé attendre le bâtiment au point où il devait s'embarquer. Le navire n'ayant point paru, on se dirigea vers Burport, l'endroit le plus proche.

« En y arrivant, dit Charles II, nous vîmes les rues pleines d'habits rouges.

C'étaient quinze cents soldats de Cromwell. A cette vue, Wyndham, troublé. me demanda ce que je prétendais faire.

« — Il nous faut, répondis-je, entrer effrontément dans la meilleure auberge de la ville et y demander la meilleure chambre.... »

« Nous nous rendîmes donc à cheval dans la plus fameuse auberge de l'endroit ; nous en trouvâmes la cour remplie de soldats. Je mis pied à terre, et, prenant les chevaux par la bride, je pensai que le mieux était de me jeter à l'étourdie au milieu de la foule et de conduire nos montures à l'écurie à travers les soldats ; je le fis, et eux se mirent fort en colère de ma grossièreté. »

Arrivé dans l'écurie, Charles se trouva en présence d'un nouveau danger. Le palefrenier prétendit le reconnaître pour un ancien camarade, qu'il avait connu à Exeter. Le roi eut assez de présence d'esprit pour profiter de cette demi-méprise et répondit :

« C'est vrai, j'ai été au service de M. Potter ; mais je suis pressé en ce moment : mon maître va à Londres et reviendra bientôt ; à mon retour, nous renouvellerons connaissance devant un pot de bière. »

Peu de temps après, le roi et sa suite rejoignirent lord Wilmot hors de la ville ; mais le maître du vaisseau qu'on avait retenu, cédant aux craintes de sa femme, se refusa à remplir ses engagements. Charles reprit, consterné, le chemin de Trent. Un autre vaisseau, qu'on s'était procuré à Southampton, fut saisi par les autorités pour un transport de troupes, et des bruits mystérieux qui circulaient aux environs rendirent périlleux un séjour plus prolongé chez Wyndham.

Le roi trouva alors près de Salisbury, à Heale, un asile où il resta cinq jours, pendant lesquels le colonel Gunter, par l'entremise d'un négociant royaliste, nommé Mansel, arrêta un bâtiment charbonnier qui se trouvait à New-Shoreham. Charles se rendit à la hâte à Brighton, où il soupa avec Gunter, Mansel et le maître du bâtiment, un certain Tattershall.

A table, Tattershall tint ses yeux fixés sur le roi ; puis, après souper, prenant Mansel à part, il se plaignit d'avoir été trompé : le gentleman habillé en gris, dit-il, était le roi ; il le connaissait bien, ayant été pris par lui, puis relâché avec bonté, lorsque, comme prince de Galles, Charles commandait la flotte royale, en 1648.

Le roi fut promptement informé de cette conjoncture, et, pour plus de sûreté, il trouva moyen de retenir ses convives à boire et à fumer le reste de la nuit.

Avant son départ, comme il était seul dans une chambre, l'aubergiste entra et, passant derrière lui, lui baisa la main qui s'appuyait sur le dos d'une chaise en disant :

« Je ne doute pas, si je vis, que je ne devienne un lord et ma femme une lady. »

Charles se mit à rire, pour montrer qu'il avait compris, et rejoignit la compagnie dans l'autre pièce.

A quatre heures du matin, le 16 octobre, ils se rendirent tous à Shoreham. Quand Charles et Wilmot, qui seul l'accompagnait plus loin, furent dans la barque, Tattershall tomba aux genoux du roi et lui jura que, quelle que pût en être la conséquence, il le conduirait sain et sauf sur les côtes de France.

Le bâtiment, aidé de la marée, se dirigea vers l'île de Wight comme s'il faisait route pour Deal, sa prétendue destination. Mais, vers cinq heures du soir, Charles, ainsi qu'il en était convenu avec Tattershall, s'adressa aux hommes de l'équipage. Il leur dit que son compagnon et lui étaient des négociants en faillite qui fuyaient leurs créanciers, les pria de se joindre à lu pour décider le patron à les conduire en France et, comme dernier argument, leur donna vingt shillings pour boire. Tattershall fit beaucoup d'objections ; mais, à la fin, avec une répugnance apparente, il se dirigea vers les côtes de France.

Au point du jour, on aperçut la ville de Fécamp, et en même temps se découvrit au vent une voile suspecte que l'on crut être un corsaire d'Ostende. C'était un caboteur français ; mais, sans attendre qu'on s'en fût assuré, la chaloupe fut mise à la mer et les deux fugitifs furent conduits sains et saufs dans le port.

Les Grands Marins du Dix-Septième Siècle

Le XVIIe siècle, fut pour notre marine, une période glorieuse. C'est le grand titre de Seignelay, le fils de Colbert, à notre reconnaissance, que d'avoir fait de notre flotte la plus belle et la plus puissante de l'Europe. Sa mort prématurée (1690) fut une perte pour l'État. Mais, à défaut d'un administrateur qui sût continuer son œuvre, la France trouva, pendant les trente dernières années du règne de Louis XIV, une ressource nouvelle dans le courage de ses hardis corsaires, les Jean Bart (1651-1702) et les Duguay-Trouin (1673-1736).

Point de noms plus populaires dans notre pays ; nul besoin, par conséquent, de dessiner ici la physionomie de ces héros. Quiqueran de Beaujeu, officier de la marine royale et chevalier de Malte dès 1637, est moins connu de la postérité. Rappelons *donc qu'il appartenait à une famille assez illustre, et qu'un de ses neveux, frère de celui dont il sera question dans le récit suivant, fut évêque de Castres en 1705 et se fit connaître à la fois par son zèle charitable et par son éloquence.*

C'est précisément à un Éloge de l'évêque de Castres lu en 1736 à l'Académie des Inscriptions et Belles-Lettres, dont ce prélat était membre, par le savant de Boze, secrétaire perpétuel, que nous empruntons le récit de l'aventure de Quiquéran de Beaujeu. — Celle de Jean Bart nous est contée par M. Ad. Badin, dans son Histoire de Jean Bart, d'après les Mémoires du chevalier de Forbin, autre héros de nos guerres maritimes. Enfin c'est Duguay-Trouin lui-même qui nous fait connaître, dans ses Mémoires, les détails de sa captivité et de son évasion.

Quiquéran de Beaujeu
(1671)

Paul-Antoine Quiquéran de Beaujeu, chevalier de Malte, s'était acquis la réputation d'un des premiers hommes de mer de son temps par le nombre et le bonheur de ses combats contre les Turcs.

Au mois de janvier 1660, la tempête l'ayant obligé de relâcher dans un mauvais port de l'Archipel, il y fut investi et attaqué par les trente galères de Rhodes, que le capitan pacha Mazamet commandait en personne. Il en soutint le feu pendant un jour entier, et n'y succomba qu'après avoir épuisé toutes ses munitions et perdu les trois quarts de son équipage.

Il était chargé de fers, et on le menait comme en triomphe, quand une nouvelle tempête, beaucoup plus violente que la première, s'éleva et mit la flotte victorieuse en tel danger que Mazamet se vit réduit à implorer le secours de son prisonnier, et ce ne fut pas en vain. Le chevalier de Beaujeu le sauva par l'habileté de sa manœuvre et le pénétra de tant d'estime et de reconnaissance que, voulant le sauver à son tour, il supprima sa qualité de chevalier, et le confondit avec les plus vils esclaves.

Mais le grand vizir, qui avait probablement eu avis du détail des succès de Mazamet, demanda à voir ces esclaves, et, reconnaissant Beaujeu à sa mine guerrière ou au rapport qu'on lui en avait fait, le fit mettre au château des Sept-Tours[1], sans espérance de rançon ni d'échange. La Porte rejeta toutes les propositions qui en furent faites au nom même du roi de France; et les Vénitiens tentèrent avec aussi peu de succès de faire comprendre Beaujeu dans le traité de Candie.

Mais enfin l'un des neveux du chevalier, âgé de vingt-deux ans, forma le dessein de l'aller délivrer et l'exécuta.

---

1. A Constantinople.

Il passa à Constantinople avec M. de Nointel, ambassadeur de France ; il eut la liberté de voir le prisonnier : on ne la refusait à personne dans un lieu aussi sûr ; on se contentait de fouiller au premier corps de garde ceux qui se présentaient, d'y retenir leurs armes, jusqu'à de simples couteaux, et même des clefs, s'ils en avaient.

Le chevalier de Beaujeu fut d'abord effrayé d'un projet qui pouvait avoir les suites les plus funestes ; mais onze années de prison, jointes au goût qu'il conservait encore pour les entreprises hasardeuses et à la confiance que lui inspirait le courage du jeune homme, ne lui permirent pas de balancer longtemps.

Dès lors, son neveu commença à lui porter chaque fois une certaine quantité de corde dont il s'entourait le corps ; et, quand ils jugèrent tous deux qu'il y en avait assez, ils convinrent du jour, de l'heure et du signal.

Le signal donné, le chevalier descendit, et, la corde se trouvant de quatre à cinq toises[1] trop courte, il s'élança dans la mer qui baigne le pied du château.

Le bruit qu'il fit en tombant fut entendu de quelques Turcs qui passaient dans un brigantin, et ils allèrent droit à lui ; mais le neveu, arrivant à force de rames dans un esquif bien armé, les écarta, recueillit son oncle, et le conduisit à bord d'un vaisseau du roi que montait le comte d'Apremont, son ami, qui le ramena heureusement en France, où il a vécu encore longtemps dans le sein de sa famille, revêtu de la commanderie de Bordeaux, que le grand maître de l'ordre de Malte lui conféra immédiatement après son retour.

Quant au kaïmakan, gouverneur du château des Sept-Tours, l'évasion du chevalier de Beaujeu lui coûta la vie.

Jean Bart & le Chevalier de Forbin
(1689)

Jean Bart avait été chargé d'escorter un convoi de vingt bâtiments marchands ; il montait une frégate, la *Railleuse*, de vingt-huit canons, et avait pour second le chevalier de Forbin, commandant les *Jeux*, frégate de vingt-quatre canons. Attaqués par deux vaisseaux anglais, l'un de quarante-huit et l'autre de quarante-deux canons, les deux braves capitaines se sacrifièrent pour sauver le convoi. Jean Bart perdit presque tout son équipage et fut

---

1. La toise équivaut à 1 m. 949.

blessé légèrement à la tête. Forbin reçut six blessures et perdit les deux tiers de son monde. Il fallut se rendre; mais la flotte marchande était sauvée : tous les officiers anglais et un nombre considérable de leurs matelots ou soldats avaient été tués.

Conduits à Plymouth par le contremaître anglais qui avait dû prendre le commandement des deux vaisseaux et des deux prises, Jean Bart et Forbin comptaient qu'on les considérerait comme prisonniers sur parole. Mais le gouverneur de la ville ne crut pas devoir leur faire cet honneur. On les enferma dans une sorte d'auberge, dont les fenêtres étaient grillées et aux portes de laquelle on plaça des sentinelles.

Aussi les deux capitaines n'eurent-ils tout d'abord qu'une pensée, celle de s'évader, sans même attendre que leurs blessures fussent guéries. Un pêcheur d'Ostende, parent de Jean Bart, peut-être même, on l'a supposé, son frère Gaspard, vint relâcher à Plymouth, parvint à pénétrer dans la prison de nos marins, et s'entendit avec eux sur les moyens de les délivrer. Il leur apporta une lime avec laquelle ils coupèrent les barreaux de leur fenêtre, cachant ensuite les brèches qu'ils faisaient avec de la mie de pain mêlée de suie.

Il se trouva de plus que le chirurgien envoyé près d'eux pour soigner leurs blessures était Flamand, prisonnier lui-même des Anglais et non moins désireux que ses deux malades de recouvrer sa liberté.

Enfin les deux mousses qu'on avait mis au service des prisonniers se laissèrent gagner par eux. Les deux capitaines étaient assez pourvus d'argent et assez connus pour qu'on se fiât à leurs promesses.

Il ne restait plus qu'à se procurer une embarcation ; les deux mousses, qui pouvaient sortir librement et aussi souvent qu'ils le voulaient, se chargèrent de la leur trouver. Ils avisèrent un jour sur le port une chaloupe norvégienne, dont le patron ivre-mort dormait profondément. Transporter l'ivrogne dans une embarcation voisine, délier l'amarre du bateau et le conduire dans un coin écarté fut pour les deux jeunes gens l'affaire de quelques instants. Puis ils coururent à la prison. On peut juger s'ils y furent bien accueillis.

Quand le chirurgien vint faire sa visite, on le chargea d'aller dire au pêcheur ostendais de porter dans le bateau détourné par les mousses tous les objets de première nécessité pour une navigation de quelques jours ; c'est-à-dire du pain, du fromage, de la bière, un compas de route et une carte marine Si tout réussissait à souhait, le chirurgien devait revenir à minuit, avec le pêcheur et les deux mousses, sous les fenêtres de la prison. Une pierre lancée doucement contre les vitres devait servir de signal aux prisonniers.

A l'heure dite, ce signal impatiemment attendu se fit entendre. Les prisonniers enlèvent les barreaux de la fenêtre, fixent solidement les draps de leurs lits, noués bout à bout, descendent l'un après l'autre et arrivent à terre sans accident. Le chirurgien, le pêcheur et les deux mousses, qui les attendaient, les conduisirent en toute hâte à la petite crique où était amarré le bateau norvégien; ils s'embarquèrent aussitôt, à l'exception du pêcheur, qui retourna tranquillement à son bord.

En quittant Plymouth, nos fugitifs eurent une chaude alerte. Un bâtiment qui surveillait le port les aperçut et, gouvernant sur eux, leur cria :

« *Where goes the boat ?* » (Où va la chaloupe ?)

Par bonheur Jean Bart savait un peu d'anglais et répondit :

« *Fisherman* » (pêcheur), et le bâtiment anglais s'éloigna sans méfiance.

Pendant que la petite embarcation se dirigeait vers les côtes de France, le lieutenant du chevalier de Forbin, prisonnier comme son capitaine, avait dû se résigner à le voir partir sans le suivre. Il avait un bras de moins, une corpulence extrême et aurait singulièrement compromis l'entreprise. Il vint en aide aux fugitifs en amusant les gardes au moment décisif; puis, les oiseaux envolés, en parlant à haute voix et sur des tons différents, comme s'il se fût entretenu avec ses compagnons. Bientôt après, le brave officier retira de la fenêtre les draps qui avaient servi à l'évasion et alla se coucher tranquillement.

Le lendemain, il montra la plus grande surprise quand on lui dit que ses compagnons s'étaient enfuis, feignit de ne pas croire qu'ils eussent pu l'abandonner ainsi et s'emporta contre eux en les maudissant comme des traîtres. Les Anglais se laissèrent prendre à sa ruse et le questionnèrent sur ce qui s'était passé les jours précédents, espérant qu'il pourrait leur fournir quelques indications sur la direction suivie par les fugitifs.

« Ces traîtres, dit-il, ne m'ont rien confié de leur dessein ; tout ce que je sais, c'est que Bart, ayant fait faire des souliers neufs il y a deux jours, dit en les essayant qu'ils étaient excellents pour une longue marche. »

Les Anglais, trompés par ce renseignement, envoyèrent dans toutes les directions des cavaliers à la poursuite des deux capitaines qui se trouvaient alors au milieu de la Manche.

La mer était calme et un brouillard épais dérobait aux croiseurs la petite barque qui s'avançait lentement vers la France. Pendant deux jours et deux nuits, Jean Bart ne quitta pas l'aviron, ramant avec une vigueur infatigable.

On découvrit enfin la côte de Bretagne, et les fugitifs, exténués de fatigue, débarquèrent à Hanqui, petit village à quelques lieues de Saint-Malo. Plus de quarante-huit heures s'étaient écoulées depuis leur départ de Plymouth. Ils furent reçus avec des transports de joie et comme en triomphe ; car les capitaines marchands sauvés par eux avaient exalté leur courage et leur dévouement patriotique, mais tous s'accordaient à croire qu'ils avaient péri dans le combat.

Jean Bart et le chevalier de Forbin débarquèrent près de Saint-Malo, aux acclamations de leurs compatriotes.

Le premier soin de Jean Bart et de Forbin fut de faire indemniser le pêcheur ostendais que les Anglais avaient rendu responsable de leur fuite, et de faire racheter le brave lieutenant, qui fut rendu à la liberté un mois après l'évasion de son chef.

Duguay-Trouin

(1694)

Duguay-Trouin commandait la frégate la *Diligente*, de quarante canons, lorsqu'il tomba, par un temps de brume, au milieu d'une escadre de six vaisseaux anglais de cinquante à soixante-dix canons. Après quatre heures de combat avec cinq de ces navires, il résistait encore aux instances des officiers ennemis qui le suppliaient de se rendre : tout à coup un boulet mort le jeta sur le pont sans connaissance. Lorsqu'il revint à lui il était prisonnier des Anglais.

On lui donna d'abord la ville de Plymouth pour prison, et bientôt il eut noué quelques relations qui lui furent utiles.

Une des compagnies chargées de la garde de la prison avait pour capitaine un Français réfugié[1], qui s'éprit d'une jeune marchande de la ville. Duguay-Trouin reçut ses confidences et promit de faire tous ses efforts pour décider la jeune femme à l'épouser. Profitant du relâchement de surveillance que cette intrigue lui procurait, il sut mettre la marchande dans ses propres intérêts, et s'entendit avec le capitaine d'un navire suédois qui lui vendit une embarcation garnie de tous les objets nécessaires et lui prêta six de ses matelots pour l'aider dans sa fuite.

Pendant que son gardien le croyait occupé à plaider sa cause auprès de la belle marchande dans une auberge voisine, où il lui avait permis de se rendre à cet effet, Duguay-Trouin sautait par-dessus le mur du jardin avec un autre officier prisonnier comme lui, et trouvait au rendez-vous assigné son maître d'équipage, son chirurgien, son valet et les six matelots suédois.

« Nous nous embarquâmes, dit-il dans ses *Mémoires*, vers les six heures du soir. Aussitôt nous fîmes route, et trouvâmes en passant dans la rade deux vaisseaux de guerre anglais qui nous interrogèrent ; nous leur répondîmes comme aurait fait un bateau pêcheur anglais, et, continuant notre chemin, nous étions à la pointe du jour en dehors de la grande rade.

« Nous nous trouvâmes alors assez près d'une frégate anglaise qui entrait à Plymouth. Je ne sais par quel caprice elle s'opiniâtra à vouloir nous

---

1. A la suite de la révocation de l'édit de Nantes.

parier; mais il est certain que nous allions être repris, si le vent, qui cessa tout d'un coup, ne nous eût mis en état de nous éloigner à force de rames.

« Nous la perdîmes enfin de vue, et nous nous trouvâmes en pleine mer, exténués d'avoir ramé si longtemps et avec autant d'action. La nuit vint, pendant laquelle nous nous relevions, mon maître d'équipage et moi, pour gouverner sur un compas de route éclairé d'un petit fanal. Je me trouvai, tenant le gouvernail, si excédé de fatigue que le sommeil me surprit; mais je fus bien promptement et bien cruellement réveillé par un coup de vent, qui, donnant subitement et avec impétuosité dans la voile, coucha la chaloupe et la remplit d'eau en un instant. Aussitôt je larguai l'écoute et, poussant en même temps le gouvernail à arriver vent arrière, j'évitai par cette prompte manœuvre un naufrage d'autant plus désastreux que nous étions éloignés de plus de quinze lieues de toute terre.

« Le jour suivant, vers les huit heures du soir, nous abordâmes à la côte de Bretagne à deux lieues de Tréguier. »

Un Aventurier sous Louis Quatorze
L'abbé Comte de Bucquoy

Voici sans aucun doute l'un des plus singuliers personnages de la fin du règne de Louis XIV. Théophile Gautier nous a jadis présenté sa célèbre galerie des Grotesques ; si l'on s'avisait d'en composer une des Bizarres, le portrait de Bucquoy y tiendrait une place d'honneur. Né en Champagne vers 1650, il reste de bonne heure orphelin ; son éducation négligée ne peut guère corriger les défauts ou les intempérances de son esprit, et, tour à tour il se fait soldat, chartreux, trappiste, sert de nouveau dans l'armée et se décide enfin à vivre en ermite en plein Paris. Puis une nouvelle idée lui vient, généreuse d'ailleurs : il s'en va ouvrir à Rouen une école gratuite pour les enfants pauvres. L'entreprise malheureusement ne réussit pas, et Bucquoy, se lasse de la poursuivre. Il revient à Paris, cette fois pour y fonder un ordre religieux. Ses efforts furent vains et l'on ne s'en étonnera pas trop. Il se refait soldat, et, par une singulière association, apporte à son nouveau métier les idées d'un réformateur politique. La hardiesse de ses déclamations le fait rechercher par la police, et il est bientôt arrêté. Mais, chose curieuse, on le prend d'abord pour un autre, et c'est comme chef des rebelles du Rouergue qu'on prétend l'emprisonner. C'est alors qu'on le mit au For-l'Évêque, la célèbre prison de la rue Saint-Germain-l'Auxerrois à Paris, et c'est de là qu'il tenta l'évasion qu'il va nous raconter lui-même. L'événement se passait en 1704 : en 1707 Bucquoy était repris. Il s'éva-

dait de nouveau deux ans après, comme on va le voir encore; et, cette fois, il réussit à sortir de France. Dès lors sa vie fut celle d'un courtier politique au service de qui voulut l'acheter. Il mourut à Hanovre en 1740. Le livre dans lequel il raconte ses aventures porte cette épigraphe, qui étonnera d'un tel personnage: Avec mesure. Il est intitulé Événements des plus rares, ou l'Histoire du sieur abbé comte de Bucquoy, singulièrement son évasion du For-l'Évêque et de la Bastille, *et dédié au prince le plus généreux et du cœur le mieux bâti (c'est de George I*er*, roi d'Angleterre qu'il s'agit), de la part de la franchise même. C'est à ce livre que nous emprunterons le récit qui va suivre, en avertissant le lecteur que Bucquoy y parle de lui-même à la troisième personne.*

Il se souvenait qu'un exempt des gardes du corps avait pu se sauver du For-l'Évêque par la fenêtre d'un grenier, qui donnait sur la *vallée de Misère*[1], et qu'il avait manqué son coup par l'horreur qu'il avait eue du précipice. Il résolut de tenter ce que le pauvre exempt n'avait osé risquer.

Il tâcha premièrement de s'orienter et de savoir la carte de cet affreux séjour. Il comprit que le grenier en question servait d'antichambre à sa petite cellule et était en même temps le garde-meuble de la maison.

Voulant être sûr de son fait avant de rien entreprendre, il feignit de se trouver mal un jour qu'on le ramenait d'en bas, et obtint du geôlier de lui laisser mettre la tête à une lucarne pour respirer et se remettre. Il vit que l'endroit donnait effectivement sur le quai de la vallée de Misère. La hauteur était prodigieuse, et toutes ces grilles de fer, avec une infinité de branches tout hérissées de pointes, formaient un spectacle des plus affreux.

Quand on l'eut renfermé dans sa chambre bien cadenassée, il ne songea plus qu'aux moyens d'exécuter son projet. Tout consistait à pouvoir sortir de sa chambre et à se trouver seul et à point nommé dans ce grenier.

Il aurait fallu rompre la porte; mais, outre qu'elle était trop forte et qu'il n'avait point d'outils propres à cet emploi, il était à craindre que le bruit ne découvrît tout ce manège; ainsi, toutes réflexions faites, il ne trouva pas de meilleur moyen que celui de brûler la porte, et, se fixant à cette idée, il pria dès le lendemain le concierge de vouloir bien lui permettre de faire lui-même sa cuisine dans sa chambre. Il demanda des œufs, et du charbon pour les faire cuire; il paya largement, afin d'amener plus aisément ce nigaud à son but. Ces mesures prises, sitôt qu'il crut tout le monde couché, il rangea de la braise au bas de sa porte, et souffla si bien que le feu y prit.

Dès qu'il en eut consommé assez pour faire une ouverture par où il pût passer, ne voulant point causer d'incendie, il empêcha les flammes d'aller plus loin avec de l'eau qu'il avait eu la prévoyance d'amasser. Il eut de plus à combattre une fumée effroyable, dont il manqua d'être suffoqué. Mais il

---

1. Aujourd'hui quai de la Mégisserie.

surmonta tous ces obstacles si épineux, et, après avoir passé par la brèche, il se trouva dans le grenier si désiré, d'où il espérait, en se donnant quelques soins, de se voir bientôt entièrement libre.

Le succès répondit à son attente. Quoiqu'il n'eût point de cordes pour descendre par la fenêtre, il trouva le secret d'en faire. Il coupa par bandes les toiles de quantité de matelas qui étaient dans le garde-meuble ; il les attacha les unes aux autres, en accrocha un bout, qu'il noua à une colonne de lit qu'il trouva dans ce grenier, et qui, mise en travers de la lucarne, faisait que la corde était sûrement attachée.

Ces mesures prises, il risqua la périlleuse descente, et, au travers des pointes de fer dont toutes les fenêtres de cinq ou six étages sont hérissées, il arriva enfin sur le quai de la vallée de Misère, environ vers le point du jour, tout déchiré et dans un fort grand désordre.

Des marchands qui commençaient à ouvrir leurs boutiques le virent aborder à terre, et n'eurent garde de le déceler. Mais il pensa être perdu par l'acharnement d'une troupe de polissons qui le suivaient en faisant des huées, et qui, sans une grosse pluie survenue à propos, qui les dispersa auraient infailliblement fait découvrir sa marche.

Il tâcha de les dérouter en faisant force tours et détours, traversa Saint-Eustache et arriva enfin près du Temple, où, sous prétexte de déjeuner, il entra dans un cabaret afin de dérober sa piste à ceux qui auraient pu le suivre. Mais comme il entendit que l'on raisonnait sur son mauvais équipage, il crut que son évasion était déjà sue, paya promptement l'hôte et sortit sans savoir quel chemin il devait prendre.

Il se réfugia enfin chez la parente d'un de ses domestiques, près des Madelonnettes, lui bâtit un roman pour expliquer le désordre de sa toilette, lui donna de l'argent et se fit apprêter à manger ; puis, le soir, craignant l'indiscrétion de cette femme, il sortit de chez elle et trouva un asile plus sûr.

Après avoir passé neuf mois à faire, du fond de ses cachettes, présenter des placets au roi pour se justifier, il crut enfin devoir sortir du royaume ; mais il prit mal son temps, fut arrêté à la Fère et mis en prison. Deux fois il tenta de s'en échapper et peu s'en fallut qu'il ne réussît la seconde, en escaladant un mur et traversant le fossé à la nage ; mais il fut découvert et arrêté. Enfin on le ramena à Paris, et il fut mis à la Bastille.

o o o

Assurément il n'avait pas lieu d'espérer de pouvoir s'échapper, puisque, humainement parlant, c'était tenter l'impossible. Ce fut pourtant sa première pensée, et, dès son entrée dans la prison, il regarda de tous les côtés pour remarquer le plus propre à plusieurs desseins qu'il imagina sur-le-champ, ce qui lui fut d'une grande utilité par la suite pour se sauver en effet de la Bastille, malgré toutes les difficultés qui s'y rencontrèrent.

Dès qu'il fut sorti de la chaise, il remarqua le pont-levis, la contrescarpe; mais on ne le laissa pas longtemps rêver là-dessus, car on le conduisit au plus vite dans la tour de la *Brelignière*[1].

Après quelque temps de séjour dans les salles basses, on le mit dans une chambre commune à d'autres prisonniers. Il leur proposa de s'échapper de compagnie, et fût dénoncé par un d'eux, un abbé.

On le remit alors dans son cachot, d'où il se fit tirer en contrefaisant le malade ou plutôt, comme il le dit, l'homme sur le point d'expirer. On le crut paralytique, et il fut remis en chambre commune.

Puis, après être parvenu à se faire placer successivement dans la plupart des tours pour mieux étudier ses projets de fuite, il fut enfermé dans la *Bertaudière*, avec un baron allemand et luthérien, qu'il entreprit de convertir, et dont il comptait se servir dans ses projets d'évasion.

Déjà ils avaient commencé à rouvrir une ancienne baie de fenêtre qu'on avait murée, quand ils furent dénoncés par un prisonnier du voisinage. L'abbé parvint à se disculper auprès du gouverneur et à tout faire tomber sur le dénonciateur, mais on le changea de tour et on le mit dans celle de la *Liberté*, en lui laissant toutefois son Allemand pour ne pas contrarier la conversion entreprise.

Ils commencèrent alors à faire leurs préparatifs pour descendre dans le fossé de la porte Saint-Antoine; ils percèrent le mur avec des morceaux de fer, des plaques de cuivre, des clous, des lames de couteaux, dont l'abbé avait fait provision dans les chambres qu'il avait occupées successivement et d'où il avait arraché tout ce qu'il avait pu. On aiguisait cette ferraille sur les cruches à eau des prisonniers, et, comme la chambre avait une cheminée, on s'était servi du feu pour modifier et perfectionner ces outils.

Il fallait une échelle de corde. On se mit à recueillir l'osier qui enveloppait les bouteilles de vin servies aux prisonniers soir et matin : l'abbé disait au geôlier que cet osier lui servait à allumer son feu. Pour dissimuler l'amas qu'il en faisait, il avait décarrelé un coin de sa chambre, enlevé la terre de remplissage dans l'épaisseur du plancher et creusé ainsi une cachette, où il enfouissait, comme dans un magasin, tous ses instruments d'évasion.

Il y cachait des bandes de toile qu'il coupait de temps en temps à ses

---

1. Aucune tour de la Bastille ne portait ce nom. Bucquoy veut désigner sans doute la *Bazinière*, ainsi appelée, de même que la *Bertaudière*, dont il va être question, du nom d'un ancien prisonnier.

draps et des serviettes qu'il escamotait : il mettait ensuite tous ces vieux linges en charpie, et, après les avoir filés de nouveau, il les mêlait avec les osiers des bouteilles et faisait de tout cela une corde propre à le soutenir dans l'occasion.

Le travail avançait et les prisonniers touchaient presque au moment tant désiré, lorsque tout à coup le plancher de la chambre s'enfonça et fit tomber l'abbé et son camarade dans l'appartement d'un jésuite qui avait l'esprit troublé et que cette aventure acheva de rendre tout à fait fou.

Cependant on raccommoda ce plancher et on remit d'abord l'abbé dans sa même chambre; mais ce fut pour l'en tirer bientôt, à son grand désespoir, car il voyait toutes ses espérances et tout le fruit d'un long travail perdu en un moment.

Il trouva moyen de se débarrasser de son Allemand, qui ne voulait plus rien tenter et devenait plus gênant qu'utile; et comme cet Allemand, dans l'espoir d'obtenir sa liberté mise à ce prix, avait fini par abjurer le luthéranisme, l'abbé, passant pour un habile convertisseur, obtint facilement qu'on le mît en chambre avec un certain Grandville, protestant, mais, ce qui lui importait bien plus, considéré généralement parmi les prisonniers comme bon compagnon et fort disposé à tout risquer pour s'évader.

On leur adjoignit deux autres prisonniers avec lesquels l'abbé eut bientôt lié la partie. Après leur avoir fait faire les serments les plus solennels, il leur déclara qu'il avait une petite lime qu'on n'était jamais parvenu à découvrir sur lui, quelque bien qu'on l'eût fouillé. Il proposa de limer les barreaux et de descendre par la fenêtre avec des cordes. Il avait pu conserver quelques-unes de celles qu'il avait filées avec son Allemand; on en fila de nouvelles, et chacun mit la main à l'œuvre afin d'avancer en besogne.

Cependant il pensa leur arriver comme aux ouvriers de la tour de Babel, non par la différence des langues, mais par celle des opinions sur la manière de s'évader. Enfin, on convint de descendre d'abord dans le fossé, ce qu'il fallait bien commencer par faire; puis, une fois là, chacun s'en irait comme il l'entendrait.

Le jour pris, ou plutôt la nuit, pour l'évasion, on leva la grille dès qu'on crut que tout le monde était retiré. De peur que, des chambres d'en bas, on ne vît des corps suspendus en l'air, on eut soin de descendre un grand drap qui formait un nuage devant les fenêtres et empêchait qu'on ne découvrît la descente. Comme il fallait faire avancer une machine afin que la corde ne fût pas attachée à la muraille, pour accoutumer les yeux des sentinelles au spectacle, l'abbé avait mis, quelques jours auparavant, une espèce de cadran au bout d'un bâton qui avançait dans le fossé trois ou quatre pieds en dehors de la fenêtre.

Toutes ces précautions prises, et après avoir barbouillé la corde de noir fait avec de la paille brûlée, de la suie, et de la graisse fondue, afin qu'on l'aperçût moins, l'abbé demanda permission à ses camarades de descendre le premier, promettant de les attendre dans le fossé pour y recevoir les machines qu'on devait lui remettre et dont chacun devait se servir à sa manière. Il devait aussi les avertir par un signal du moment où la sentinelle aurait le dos tourné, afin d'en profiter, et ce signal était un cordon qu'on avait attaché à la fenêtre, et qui, en le tirant de différentes manières, voulait dire le pour et le contre.

Le tout ainsi réglé, l'abbé descendit et fut plus de deux heures dans le fossé sans aucune nouvelle de ses camarades. Il avait beau tirer le cordon : personne ne répondait. Il pensait que de nouvelles disputes avaient fait abandonner à ces messieurs le dessein de se sauver, lorsqu'il vit peu à peu descendre les machines nécessaires et ensuite deux de ses camarades, l'autre n'ayant pu passer la brèche. Ce fut d'eux qu'il apprit qu'une aussi essentielle difficulté les avait retenus si longtemps et qu'enfin le pauvre Grandville (c'était le malheureux) avait eu la générosité de les exhorter à l'abandonner, disant qu'il valait mieux qu'il n'y en eût qu'un qui pérît.

Ce triste récit fait, l'abbé exhorta de nouveau les autres à ne suivre d'autre plan que le sien ; mais, n'ayant pu les décider à faire ce qu'il leur conseillait, il fut obligé de prendre son parti.

Ses mesures se trouvèrent si justes que la chose réussit comme il l'avait imaginé. Il planta son échelle de corde et l'accrocha, profitant, pour remonter le fossé, du moment où la sentinelle s'éloignait de lui. La contrescarpe escaladée, il gagna une gouttière, se laissa tomber, escalada encore et monta de nouveau dans une gouttière, d'où il sauta dans la rue Saint-Antoine par l'endroit où sont les bouchers, dont un crochet, qui tenait à des étaux, manqua de lui fendre le bras.

Avant de sortir de la gouttière où il s'était retranché, il voulut voir ce que deviendraient ses camarades ; mais, ayant entendu crier, comme si l'on prenait quelqu'un à la gorge, et voyant ensuite partir le feu d'un fusil, il crut qu'ils avaient voulu se saisir de la sentinelle, comme il le leur avait proposé, et qu'ayant manqué de résolution ou de force, ils avaient été découverts et qu'on avait tiré dessus. Comme il n'a jamais plus ouï parler de ces pauvres gens, il a eu lieu de se confirmer dans cette pensée et de croire qu'ils ont péri dans cette occasion.

Il n'eut garde d'attendre un pareil sort dans sa gouttière ; il descendit, comme je viens de le dire, dans la rue Saint-Antoine, gagna celle des Tournelles, et, en faisant bien des contre-marches de peur d'être suivi, il traversa presque tout Paris et arriva enfin à la porte de la Conférence, où il trouva des amis qui le cachèrent et qui lui donnèrent les moyens de passer dans les pays étrangers ; car, pour cette fois-là, il n'eut garde de rester encore à Paris, comme il avait fait après sa sortie du For-l'Évêque ; il en avait trop bien payé la façon et il trouva plus à propos de se mettre en lieu de sûreté. Il choisit pour cela la Suisse, où il se rendit par la Bourgogne.

La Fuite de Stanislas Leczinski
(1734)

Nommé roi de Pologne par la protection de Charles XII, Stanislas Leczinski avait une première fois perdu son trône par la défaite de son protecteur. Treize ans plus tard, la fortune lui offrait une revanche inespérée de sa première trahison : sa fille, Marie Leczinska, épousait le roi de France, Louis XV. Stanislas redevenait un puissant personnage, et, quand le trône de Pologne fut de nouveau vacant, en 1733, il y fut élu. Mais de nouveau la Russie prit parti contre lui, et, mollement soutenu par la France, il dut encore une fois se retirer. C'est pendant cette guerre de la succession de Pologne qu'il se trouva enfermé dans la ville de Dantzick, et c'est de là qu'il dut, sur les conseils mêmes de l'ambassadeur de France, s'enfuir déguisé en paysan. Nous suivons, pour raconter cette évasion, le récit de l'abbé Proyart, qui, pour écrire son Histoire de Stanislas Ier, roi de Pologne, tira parti des lettres de ce souverain à sa fille.

Accompagné du général Steinflicht, déguisé comme lui en paysan, et du major de place qui s'était engagé à favoriser sa fuite, Stanislas traversa le fossé sur un bateau monté par trois hommes qui devaient le conduire en Prusse. Mais il fallait passer devant un poste commandé par un sergent, et celui-ci, s'en tenant à sa consigne, ne voulut rien entendre de ce que lui disait le major de place. On finit par lui tout avouer ; le sergent fit au roi un profond salut et le laissa passer.

Les guides de Stanislas n'appartenaient pas à la partie la plus honorable de la société. Deux d'entre eux étaient ce qu'on appelait en Allemagne des *schnapphæhne* : ce mot ne marque aucune profession déterminée; mais il suffit de dire que nous en avons tiré celui de *chenapans*. D'ailleurs ils connaissaient parfaitement les routes et se montrèrent fidèles ; le reste importait peu. Cependant ils commencèrent par retenir le pauvre roi tout le reste de la nuit et le jour suivant dans une mauvaise cabane, au milieu des marais, à un quart de lieu de Dantzick. C'était une mesure de sûreté suivant eux, et Stanislas eut bientôt acquis la certitude que ces braves gens tenaient peu de compte de ses observations et même de son rang.

La nuit suivante, les fugitifs s'embarquèrent et naviguèrent péniblement à travers les roseaux. Vers minuit, leurs guides se séparèrent en deux troupes, dont l'une emmena le général par la chaussée, tandis que l'autre, composée des deux chenapans, continuait avec le roi à longer cette chaussée en bateau. Le jour venu, on le cacha de nouveau dans une hutte de paysan, et on lui donna pour lit une botte de paille.

Bientôt des Cosaques entrent à grand bruit; le pauvre roi se croit perdu: mais ils venaient tout simplement déjeuner. Ils tinrent table deux mortelles heures, puis s'en allèrent. L'hôtesse veut rassurer Stanislas; elle ne comprend pas ce qui l'oblige à éviter les Cosaques au lieu de boire avec eux; puis, prenant peur à son tour, elle est sur le point de mettre le roi à la porte, de crainte que sa présence ne lui attire à elle-même quelque mauvaise affaire. Elle se rassure pourtant et consent à le garder dans sa maison.

La nuit venue, on franchit en bateau le reste des terrains inondés; puis, après une marche longue et fatigante au milieu des terres détrempées, on arrive à une maison dont le maître se récrie tout d'abord à la vue du roi.

« Tu vois un de nos camarades, disent les chenapans: qu'a-t-il donc qui t'étonne?

— Non, je ne me trompe pas, répond le paysan: c'est le roi Stanislas!

— Oui, mon ami, lui dit aussitôt Stanislas d'un air ferme et assuré, c'est moi-même; mais vous êtes trop honnête homme pour me refuser les secours dont j'ai besoin dans l'état où vous me voyez. »

L'homme était honnête en effet; il promit au roi de lui faire passer la Vistule, et il tint parole.

Ce ne fut pourtant pas sans obstacles et sans dangers que cette partie du voyage s'effectua. Les Cosaques éclairaient tous les chemins, fouillant, interrogeant, examinant avec soin tous ceux dont le signalement se rapprochait de celui du roi. Souvent il se trouva cerné de toutes parts.

Une fois, entre autres, ses guides se préparaient à l'abandonner, en lui disant qu'ils ne voulaient pas se faire prendre sans aucune chance de le sauver. Il les retint auprès de lui en les menaçant, s'ils le quittaient, d'appeler lui-même les Cosaques, dût-il périr avec eux.

Dans une autre circonstance, il put, grâce à une certaine somme qu'il avait heureusement sur lui, ranimer à l'aide de la bière et de l'eau-de-vie le courage chancelant de ses compagnons de route. Autre motif de découragement: il avait appris que Steinflicht s'était égaré et tout faisait croire qu'il était retombé entre les mains des Russes. Enfin, on arriva sur le bord de la Vistule;

l'hôte de Stanislas le fit cacher dans les broussailles et alla chercher un bateau.

Quand il fut près d'aborder, le roi voulut récompenser d'une bonne somme d'argent ce fidèle serviteur de l'infortune; mais il ne put lui faire accepter que deux ducats. L'honnête et digne paysan lui dit qu'il consentait à les prendre en souvenir du bonheur qu'il avait eu de le voir et de le connaître; puis « il prit ces ducats dans ma main, dit Stanislas, avec des façons et des sentiments que je ne puis exprimer ».

La Vistule franchie, bien des dangers l'attendaient encore. Un jour, un de ces hommes s'enivre, et, au milieu d'un village, lui demande le prix de ses services pour l'avoir conduit au risque de sa vie. Heureusement, le chef de ses guides eut la présence d'esprit de se moquer de l'ivrogne et fit croire aux villageois curieux et mal disposés qui les entouraient que ce pauvre diable devenait fou et voyait partout des princes quand il avait bu. Ils s'en tirèrent ainsi.

Enfin, après une série de nouvelles angoisses, Stanislas franchit le Nogat. Il se vit alors délivré de toute crainte et de la compagnie des chenapans, qui, d'après son récit, contribuèrent, quoiqu'ils ne l'aient pas trahi, à lui faire trouver plus cruel encore ce voyage à travers tant de périls.

La Fin des Stuarts
Les Chefs de l'Insurection Jacobite
(1716)

Nous avons vu naguère[1] Charles II d'Angleterre tenter inutilement de reconquérir son trône durant la domination de Cromwell. Il devait cependant recouvrer la couronne en 1660, après la mort du Protecteur, et, quand il mourut lui-même en 1685, son frère Jacques II lui succéda. Mais il semblait que, des malheurs de leur famille, ces princes n'eussent rien appris, rien retenu. Les mêmes raisons qui avaient séparé Charles Ier de son Parlement et de son peuple causèrent encore la perte de Jacques II (1688). L'événement fut, cette fois, moins tragique ; mais les conséquences en furent définitives : Guillaume d'Orange, gendre de Jacques II, détrôna son beau-père avec l'appui du Parlement, et la famille des Stuarts perdit pour jamais la couronne.

Ce n'est pas qu'elle n'ait cherché plus d'une fois à la reconquérir : sans parler des

1. Voir page 47.

*tentatives inutiles de Jacques II lui-même, appuyé de toutes les forces de la marine de Louis XIV, son fils, Jacques-Édouard, celui qu'on appelait le chevalier de Saint-Georges, crut, à la mort de la reine Anne, fille de Guillaume d'Orange, le moment favorable pour fomenter, avec l'appui de ses fidèles d'Écosse, une insurrection à son profit. Mais l'entreprise échoua, et c'est alors que plusieurs des chefs jacobites faits prisonniers s'échappèrent, comme on va le voir dans le récit qui suit et dont nous empruntons les éléments à l'*Histoire d'Écosse *de Walter Scott.*

Parmi les jacobites de marque qu'on avait conduits à Londres et enfermés à Newgate ou dans d'autres prisons de la capitale figuraient Thomas Forster de Bamborough, homme d'une excellente famille et membre du Parlement pour le comté de Northumberland, commandant en chef de l'insurrection dans le nord de l'Angleterre ; Mac-Intosh, de Borlum, communément appelé le brigadier Mac-Intosh, gentilhomme montagnard, qui avait appris l'art de la guerre au service de la France ; Robert Hepburn de Keith, un des premiers lairds qui eussent arboré l'étendard du chevalier de Saint-Georges ; Charles Radcliff, frère du comte de Derwentwater, un des chefs de l'insurrection en Angleterre, et les comtes de Nithisdale et de Winton, qui avaient joué le même rôle en Écosse.

Comme presque tous leurs compagnons d'infortune, ils avaient conservé l'espoir que le fait de s'être rendus à discrétion leur sauverait la vie. Mais, en voyant se succéder les décrets d'accusation de haute trahison, ils formèrent le projet de fuir, et l'argent qu'ils avaient à leur disposition, les amis qu'ils comptaient à l'extérieur, aussi bien que la disposition des prisons où ils étaient détenus, donnaient à leur tentative plus de chances de succès qu'on ne paraissait le croire.

Ainsi, le 10 avril 1716, Thomas Forster, s'étant procuré de fausses clefs, ouvrit tout bonnement la prison de Newgate et s'en échappa de la manière la plus simple et la moins dramatique, à coup sûr ; mais cette manière lui parut sans doute excellente, car elle lui réussit parfaitement. Tout avait été préparé d'avance pour rendre sa fuite possible, et il arriva heureusement en France.

Le 10 mai suivant, le brigadier Mac-Intosh, ayant réussi à se débarrasser de ses fers et étant descendu vers onze heures du soir à l'étage inférieur de la prison, se plaça près de la porte, et, au moment où on l'ouvrait pour laisser entrer un domestique à cette heure tardive, ce qui ne témoignait pas en faveur de la discipline observée dans la prison, il terrassa le geôlier et s'évada avec quatorze de ses compagnons. Quelques-uns furent arrêtés de nouveau dans les rues faute de savoir où trouver un asile ; quant à Mac-Intosh, il parvint à se mettre en sûreté.

Parmi les prisonniers qui s'échappèrent en même temps que lui, se trouvait

Robert Hepburn de Keith. Doué d'une grande vigueur, il s'était rendu maître du porte-clefs et lui avait lié les bras, puis s'était enfui dans la rue sans être poursuivi. Il savait que sa femme et la plupart des siens étaient à Londres prêts à lui venir en aide : mais comment les découvrir dans une si grande ville et probablement sous un nom emprunté?

Tandis qu'il errait, agité par cette incertitude et craignant de se découvrir à la moindre question, il vit à une fenêtre donnant sur la rue une ancienne pièce de vaisselle d'argent qui appartenait depuis longtemps à sa famille et qu'on appelait le *tankard*[1] de Keith. Sans faire aucune question, le fugitif entra dans cette maison où devaient être sa femme et ses enfants, qui, en effet, le reçurent dans leurs bras. Instruits de son projet d'évasion, ils s'étaient logés près de la prison, afin de lui offrir un lieu de refuge aussi voisin que possible ; mais ils n'avaient pas osé le faire avertir du lieu où ils se trouvaient, et ils avaient placé ce vase d'argent à une fenêtre dans l'espoir qu'il pourrait frapper ses yeux. Hepburn de Keith réussit à passer en France.

Charles Radcliff et lord Winton, condamnés à mort, trouvèrent moyen aussi de s'échapper de prison vers la même époque, soit que leurs gardiens ne montrassent pas beaucoup de vigilance, soit qu'il fût aisé de rendre leur surveillance moins rigoureuse.

Mais ce qui fit le plus d'impression sur le public, ce fut l'évasion du comte de Nithisdale, qui, de même que la plupart de ses compagnons d'infortune, était condamné au dernier supplice.

On avait tout mis en œuvre pour sauver la vie de ce malheureux seigneur ; mais tout avait été inutile. C'est alors que lady Nithisdale, après s'être vainement jetée aux pieds du roi George pour implorer sa merci, résolut de braver les rigueurs d'une loi barbare afin de sauver son mari.

Ayant obtenu la permission de lui faire ses adieux la veille du jour fixé pour l'exécution, elle se rendit à la Tour, accompagnée de deux femmes qu'elle avait mises dans sa confidence. Une de ces femmes portait un double vêtement ; elle en laissa un dans la chambre du comte de Nithisdale et sortit aussitôt de la prison. La seconde donna au prisonnier ses vêtements et mit elle-même ceux que la première venait de quitter. Enveloppé d'une grande mante, le comte, un mouchoir appliqué sur ses yeux, comme une personne accablée d'affliction, passa au milieu des sentinelles, sortit de la Tour et parvint à gagner la France.

Lady Nithisdale devait, d'après la loi, payer de sa vie l'acte héroïque qu'elle venait d'accomplir ; mais elle réussit elle-même à s'échapper.

1. Grand vase à couvercle.

La Détresse du Prince Charles-Édouard
(1746)

On voudrait, à la suite des évasions dont nous venons de parler et qui ont quelque chose d'héroïque, pouvoir vanter aussi la sollicitude et la valeur du prince auquel tant de braves gens s'étaient dévoués. La vérité est pourtant qu'il semble, après l'échec de sa tentative, ne s'être occupé que de repasser le plus vite possible sur le continent, sans prendre souci des malheureux montagnards qu'il avait compromis et qu'il abandonnait aux rigueurs du gouvernement anglais. Sa fuite, que rien n'entrava du reste, ne vaut donc pas la peine d'être racontée.

Il en est autrement des aventures de son fils, le prince Charles-Édouard, celui qu'on appela le Prétendant, lorsqu'il entreprit à son tour, trente ans plus tard, de raviver en faveur des droits de sa maison le loyalisme des Écossais. Sa bravoure, autant que sa détresse, a fait de lui l'un des héros les plus touchants de l'histoire du XVIIIe siècle. Rappelons que la fortune avait, au début, paru lui sourire. Vainqueur à Preston-Pans (1745), près d'Édimbourg, il avait déjà franchi la frontière anglaise, lorsqu'il lui fallut, devant des forces supérieures, battre en retraite et rentrer en Écosse. Toutefois, malgré la supériorité du nombre, les Anglais furent encore vaincus à Falkirk. Mais enfin la bataille décisive de Culloden (1746), où les Anglais remportèrent la victoire, fut la ruine des espérances de Charles-Édouard. Sa tête fut mise à prix : une récompense de trente mille livres sterling fut offerte à qui découvrirait sa retraite ou s'emparerait de sa personne. Mais laissons ici la parole à Walter Scott.

On s'imaginait, dit-il, que dans une contrée aussi pauvre que le sont les montagnes d'Écosse, où les lois qui concernent les propriétés sont à peu près inconnues, et chez un peuple dont l'esprit de pillage était presque passé en proverbe, une récompense, même beaucoup moindre, aurait suffi pour éveiller la cupidité d'un traître et faire livrer le prétendant. Il n'en fut rien pourtant, et l'évasion de ce prince, si longtemps retardée par les poursuites des agents du pouvoir et si difficilement effectuée au milieu de tant d'obstacles, doit être citée à l'honneur de l'Écosse comme un brillant exemple de fidélité.

Pendant la bataille de Culloden, Charles avait pris largement sa part du danger ; il fut plusieurs fois couvert de la terre soulevée par les boulets, s'efforça à diverses reprises de rallier ses troupes, et, d'après la plupart des témoins oculaires, s'acquitta des devoirs d'un commandant brave et habile. En quittant le champ de bataille, il congédia sous différents prétextes la plus grande partie des cavaliers nombreux qui le suivaient, doutant peut-être de leur fidélité, et ne garda avec lui que quelques officiers irlandais sur lesquels il croyait pouvoir compter.

Il dirigea sa fuite vers Gortuleg, où il savait que lord Lovat résidait. Peut-être espérait-il que ce personnage, renommé pour sa sagacité, pourrait lui donner quelque bon conseil ; peut-être espérait-il en recevoir des secours : car son fils, master Lovat, et Cluny Mac-Pherson, son gendre, avaient levé l'un et l'autre des renforts considérables, et ils étaient en marche pour rejoindre l'armée du prince, quand la bataille de Culloden eut lieu.

Charles et Lovat se virent pour la première et la dernière fois, tous deux en proie à la terreur et à l'embarras d'une position désespérée. Charles ne parla que de la détresse où l'Écosse se trouvait plongée ; Lovat s'occupait uniquement de ses dangers personnels. S'étant bientôt aperçu qu'il n'avait à attendre de son hôte ni secours ni conseils, le prince prit à la hâte quelques rafraîchissements et partit. Gortuleg était un lieu dangereux à cause du voisinage de l'armée victorieuse, et peut-être la fidélité de Lovat parut-elle suspecte.

Charles fit halte ensuite à Invergarry, château appartenant au lord de Glengarry, où deux saumons, qu'un pêcheur venait de prendre, lui fournirent un repas. En punition de cette hospitalité momentanée, les soldats anglais pillèrent et saccagèrent le château peu de temps après.

D'Invergarry, le prince fugitif pénétra dans les montagnes de l'Ouest et se logea dans un village nommé Glenbeislade, près de l'endroit où il avait débarqué en venant de France. Renonçant alors tout à fait à poursuivre son entreprise, il envoya un message aux chefs et aux soldats qui, d'après ses ordres, s'étaient réunis à Ruthven, pour leur exprimer toute sa gratitude et les engager à pourvoir à leur sûreté en leur faisant connaître son intention de se retirer en France. Vainement ses partisans s'efforcèrent de le déterminer à courir avec eux de nouveaux hasards : Charles ne pouvait se faire illusion et ne voulut pas exposer à une perte certaine des hommes dévoués qui ne prenaient conseil que de leur courage et de leur désespoir.

S'étant donc séparé de ses fidèles serviteurs, il passa dans le groupe des îles Hébrides, nommé Long-Island, espérant trouver un bâtiment français sur les côtes de ces îles. Des vents contraires, des tempêtes, des désappointements de toute espèce, accompagnés de privations auxquelles il ne pouvait être que peu accoutumé, le chassèrent de place en place et d'île en île.

Enfin il arriva dans South-Uist, celle des Hébrides où il avait débarqué au début de son expédition. Il y fut accueilli par Clanranald, qui avait été le premier à se déclarer pour ce malheureux prince et qui lui fut fidèle dans sa détresse. Là, pour sa sûreté personnelle, Charles fut logé dans une hutte du genre le plus misérable, appartenant à un bûcheron nommé Corradale, et située sur la montagne sauvage qui porte le même nom.

Cependant on visitait avec le plus grand soin tous les lieux qui pouvaient offrir une retraite, et l'on fit surtout les plus strictes perquisitions dans les îles où l'on soupçonnait le prince fugitif d'avoir cherché un asile. Le général Campbell alla jusque dans l'île de Saint-Kilda, qui pourrait passer pour l'extrémité du monde habitable; de là il vint dans l'île de South-Uist, voulut continuer ses recherches du sud au nord des Hébrides, et il y trouva des chefs de Skye et de Mac-Leod, poursuivant comme lui le prince fugitif. Deux mille hommes faisaient les perquisitions les plus rigoureuses dans l'île, dont les côtes étaient bordées de petits bâtiments de guerre, cotres, chaloupes armées, etc. Il semblait absolument impossible que le prince échappât à de pareilles recherches : le courage d'une femme le sauva.

Cette femme était Flora Mac-Donald, dont le nom est resté célèbre en Écosse. Elle était parente de Clanranald et se trouvait alors en visite chez ce chef à Ormaclode, dans South-Uist. Son beau-père, du clan de sir Alexandre Mac-Donald, était par conséquent ennemi du Prétendant, et il commandait, au nom de Mac-Donald, la milice qui explorait alors South-Uist.

Ayant formé à la hâte un plan pour sauver le prince, Flora déjoua les dispositions hostiles de son beau-père, obtint de lui un passeport pour elle, un domestique et une servante, qu'elle nomma Betty Burke. Le rôle de Betty devait être joué par le prince habillé en femme.

Sous ce déguisement, et après avoir été plusieurs fois en danger d'être pris, Charles arriva enfin à Kibride dans l'île de Skye.

Mais il était encore dans le pays de sir Alexandre Mac-Donald, et ce chef était dévoué au gouvernement; le prince y courait autant de dangers que jamais. Le courage et la présence d'esprit de Flora se déployèrent alors de nouveau en faveur de l'homme si étrangement placé sous la protection d'une jeune fille : elle résolut de confier son secret à lady Marguerite Mac-Donald, épouse de sir Alexandre, et de s'en remettre à la compassion qui est naturelle à toute femme et au sentiment secret de jacobitisme qui était commun à la plupart des montagnards écossais.

Cette confidence à lady Marguerite était d'autant plus dangereuse que son mari passait pour s'être engagé dans l'origine à se joindre avec son clan à l'armée du prince ; il s'était ensuite déterminé à faire prendre les armes, en faveur du gouvernement, à ses vassaux, qui faisaient maintenant partie des troupes auxquelles Charles venait d'échapper à grand'peine. Lady Marguerite fut effrayée de cette révélation. Son mari était absent et sa maison remplie d'officiers de milice. Elle ne trouva pas de meilleur moyen de pourvoir à la sûreté du prince que de le confier aux soins de Mac-Donald de Kingsbourg, homme plein de courage et d'intelligence, qui remplissait les fonctions d'agent ou d'intendant de sir Alexandre.

Ce fut encore Flora qui se chargea de conduire Charles chez Mac-Donald de Kingsbourg, et le prince fut assez heureux pour éviter d'être reconnu en chemin, quoique l'air gauche d'un homme portant des vêtements de femme eût attiré le soupçon sur lui en plus d'une occasion.

De Kingsbourg il se retira à Rasa, où il se trouva dans la plus grande détresse, cette ville ayant été pillée parce que le laird avait pris part à l'insurrection ; pendant cette période de sa fuite, il passait pour le domestique de son guide.

Le pays du laird de Mac-Kinnon devint ensuite son refuge temporaire ; mais, malgré les efforts de son chef en sa faveur, il ne put trouver ni repos ni sûreté dans cette partie de l'île de Skye, et fut obligé de rentrer encore une fois en Écosse, où, sur sa demande, on le débarqua sur les bords du lac Nevis.

Il s'y trouva exposé à des dangers plus grands encore et peu s'en fallut qu'il ne fût pris. Un grand nombre de soldats étaient occupés à parcourir ce district, berceau de l'insurrection, pays de Lochiel, de Keppoch, de Glengarry et d'autres chefs jacobites. Le prince et ses guides se virent donc bientôt enfermés dans un cercle de sentinelles qui, se croisant les unes les autres dans leur parcours, ôtaient aux fugitifs tout moyen de s'avancer dans l'intérieur du pays. Après avoir passé deux jours entourés d'ennemis, sans oser allumer du feu pour cuire leurs aliments, ils évitèrent enfin le danger qui les menaçait, en rampant par un défilé étroit et obscur qui séparait les postes de deux sentinelles.

Vivant ainsi dans l'inquiétude et le dénûment, ses habits tombant en lambeaux, souvent sans nourriture, sans feu et sans abri, le malheureux prince, uniquement soutenu par l'espoir d'apprendre que quelque bâtiment français s'approcherait de la côte, arriva enfin dans les montagnes de Strath-Glass, et, avec Glenaladale, qui était alors son seul compagnon, fut obligé de chercher un asile dans une caverne qui servait de refuge à sept bandits, ou plutôt sept proscrits, obligés comme lui de se cacher, parce qu'ils avaient pris part à l'insurrection, et qui vivaient des bestiaux dont ils pouvaient s'emparer dans le voisinage.

Ils accordèrent volontiers un asile au fugitif, et, reconnaissant en lui le prince pour lequel ils avaient plusieurs fois exposé leur tête, ils lui jurèrent un dévouement inviolable. Parmi ses sujets les plus obéissants et les plus attachés, jamais Charles-Édouard ne trouva plus de fidélité, plus de zèle et de secours effectif que de la part de ces hommes devenus les ennemis du monde et de ses lois.

Voulant lui donner toute l'assistance possible, ces hardis maraudeurs entreprirent de lui procurer des habits, du linge, des vivres et des nouvelles. Ils y procédèrent d'une façon conforme au mélange de simplicité et de férocité qui formait alors le fond du caractère montagnard. Deux d'entre eux se mirent en embuscade sur le passage du domestique d'un officier, qui se rendait au Fort-Augustin avec le bagage de son maître, et le tuèrent. La valise dont il était chargé leur fournit les vêtements qu'ils voulaient procurer au prince. Puis l'un d'eux, s'étant bien déguisé, se hasarda à pénétrer dans le Fort-Augustin, y obtint des renseignements précieux sur les mouvements des troupes et, voulant remplir jusqu'au bout la mission qu'il s'était donnée, il crut, dans la simplicité de son cœur, ne pouvoir mieux régaler le malheureux fugitif qu'en lui rapportant un morceau de pain d'épices d'un sou.

Charles-Édouard passa dans leur caverne près de trois semaines, et ce fut avec les plus grandes difficultés qu'ils consentirent à le laisser partir.

« Restez avec nous, lui disaient-ils : les montagnes d'or que le gouvernement a promises pour votre tête engageront peut-être quelque gentilhomme à vous trahir ; car il lui sera facile d'aller ensuite, dans un pays lointain, vivre du prix de son infamie ; nous autres, nous sommes à l'abri d'une pareille tentation : nous ne savons d'autre langue que la nôtre, nous ne pouvons vivre que dans notre pays, et, si nous faisions tomber un cheveu de votre tête, nos montagnes s'écrouleraient sur nous pour nous punir. »

Un exemple remarquable d'enthousiasme et de dévouement aida vers cette époque (2 août 1746) à l'évasion du prince. Le fils d'un orfèvre d'Édimbourg, nommé Rodderick Mac-Kensie, qui avait été officier dans l'armée jacobite, était caché dans les landes de Glenmoriston. Il était à peu près de la même taille que Charles et lui ressemblait beaucoup de visage et de tournure. Un parti de soldats le découvrit et l'attaqua. Le jeune homme se défendit vaillamment et, voulant, par un dernier effort d'héroïsme, rendre sa mort utile à la cause qu'il avait servie, il s'écria en mourant :

« Ah ! misérables ! vous avez tué votre prince ! »

Son généreux projet réussit. On le prit, en effet, pour Charles-Édouard et on envoya sa tête à Londres. Il se passa quelque temps avant que la méprise fût reconnue, et, pendant ce temps, comme on croyait que le prince avait été tué, on se relâcha un peu de la rigueur des perquisitions faites pour le découvrir.

Profitant de ce moment de répit, Charles-Édouard voulut voir Lochiel, Mac-Pherson et quelques autres de ses fidèles partisans qu'on disait cachés dans un district voisin. Il prit donc congé de ses fidèles bandits ; toutefois il en garda deux avec lui pour lui servir de guides et d'escorte.

Après bien des difficultés, le prince et ses compagnons réussirent à rejoindre Lochiel et Mac-Pherson, non sans avoir couru de grands dangers.

Les proscrits établirent alors pendant quelque temps leur résidence dans une hutte qu'on nommait la Cage, au milieu d'un taillis fort épais, sur la rampe d'une montagne appelée Benalder, ainsi que la forêt qui l'enveloppe et qui était alors la propriété de Mac-Pherson. Ils y vécurent avec assez de sécurité et dans une abondance des choses nécessaires à la vie que le prince n'avait pas connue depuis qu'il était fugitif.

Vers le milieu de septembre, Charles-Édouard apprit que deux frégates françaises étaient arrivées à Lochlannagh pour le transporter en France ; il s'embarqua le 20 avec une centaine de ses partisans et arriva le 29 sur les côtes de Bretagne, près de Morlaix.

Depuis cinq mois il errait, fugitif et menant une vie précaire, au milieu de fatigues et de périls qui surpassent tout ce qu'on peut lire dans l'histoire. Pendant ce temps, son secret fut confié à des centaines de personnes de tout sexe, de tout âge et de toutes conditions, sans qu'une seule, même parmi ces bandits qui se procuraient des aliments au risque de leur vie, ait songé un instant à s'enrichir en trahissant le malheureux proscrit.

Les Prisons du Baron de Trenck

Première Évasion

(1745)

Frédéric, baron de Trenck, né en 1726 à Kœnigsberg, était fils d'un officier supérieur de l'armée prussienne et cousin germain du fameux Trenck, le brillant et féroce colonel des Pandours au service de Marie-Thérèse. Dès l'âge de dix-huit ans, il était officier aux gardes du corps de Frédéric II. Très cultivé et d'une bravoure à toute épreuve, il avait mérité la faveur dont il jouissait auprès du prince. Mais, imprudent et présomptueux, il ne se garda pas assez contre d'inévitables inimitiés.

Il avait su se faire aimer d'une sœur de Frédéric, la spirituelle et poétique Amélie. Cet amour ne resta point secret, et ce fut pour Trenck un premier motif de disgrâce, auquel vinrent bientôt s'en ajouter d'autres. Dans la campagne de 1744, des fourrageurs ennemis enlevèrent le palefrenier du jeune garde du corps avec deux de ses chevaux. Le roi, l'ayant su, lui fit donner un cheval de ses écuries ; mais le lendemain les deux chevaux revinrent avec le palefrenier, sous la conduite d'un trompette ennemi qui remit à Trenck ce billet du chef des Pandours : « Trenck l'Autrichien n'est point en guerre avec son cousin Trenck le Prussien ; il est charmé d'avoir pu retirer des mains de ses hussards deux chevaux qui ont été enlevés à son cousin et il les lui renvoie. » Notre jeune officier alla sur-le-champ rendre compte de cette aventure au roi, qui le regarda d'un air sombre et lui dit : « Puisque votre cousin vous a renvoyé vos chevaux, le mien ne vous est plus nécessaire. »

Quelques mois se passèrent, et Frédéric semblait revenu à ses premiers sentiments de bienveillance, quand tout à coup éclata sur la tête du malheureux jeune homme la foudre dont son terrible souverain l'avait un jour menacé.

Sept ou huit mois auparavant, Trenck s'était laissé persuader par un officier supérieur de son régiment d'écrire à son parent, le chef des Pandours, une lettre sans importance, mais qui n'en constituait pas moins une faute grave contre la discipline. L'affaire de son palefrenier et des deux chevaux avait eu lieu depuis, et il ne pensait plus à sa lettre, quand il reçut une réponse qui probablement ne venait pas de son cousin, mais était l'œuvre d'un faussaire, de l'officier même qui l'avait engagé dans cette correspondance imprudente. Quoi qu'il en soit, le jour même Trenck fut arrêté et conduit au château de Glatz. Il y eut pour prison la chambre des officiers de garde avec une liberté relative dans l'enceinte de la forteresse. Mais il commit la faute d'écrire au roi sur un ton très fier et qui déplut pour lui demander d'être jugé militairement : le roi ne répondit point. Cependant cinq mois s'étaient écoulés ; la guerre avait pris fin ; la place vacante dans les gardes avait été donnée à un autre. C'est alors que vint au prisonnier la pensée de s'évader.

Depuis son arrivée à Glatz, il s'était fait de nombreux amis parmi les officiers qui le gardaient, en leur donnant une large part de l'argent dont il était abondamment pourvu. Deux de ces officiers lui proposèrent de l'aider et de l'accompagner dans sa fuite ; on se prépara, mais nos trois imprudents voulurent délivrer, par commisération, un autre officier condamné à dix ans de prison dans cette même forteresse. Or, après avoir tout appris d'eux, ce misérable, que Trenck avait comblé de bienfaits, les trahit le jour même, et eut sa grâce et la liberté pour prix de sa trahison. Un des officiers, averti à temps, se sauva ; l'autre, grâce à Trenck, qui gagna son juge à prix d'argent, en fut quitte pour un an de prison ; quant à Trenck, à partir de ce jour, on le garda beaucoup plus étroitement. Ce redoublement de rigueur ne devait que fortifier en lui le désir de s'enfuir. Mais il est temps de lui laisser la parole.

J'ÉTAIS, dit-il dans ses *Mémoires*, cantonné dans une tour qui donnait sur la ville. Ma fenêtre, qui dominait le rempart, était élevée de quinze brasses[1]. En sortant de la citadelle, il fallait donc que je traversasse la ville et que préalablement j'y eusse découvert un refuge assuré. Un officier gagna pour cet objet un honnête savonnier qui consentit à me recevoir chez lui.

Je dentelai un canif, je travaillai sans relâche, et je parvins à couper trois barres de fer très fortes.

L'opération m'ennuyait, elle était trop longue : il fallait que je coupasse ainsi huit barreaux avant de pouvoir descendre par ma fenêtre.

Un officier me procura une lime. Il fallait en user avec une extrême circonspection afin de ne pas être découvert par la sentinelle.

Dès que j'eus terminé heureusement mon ouvrage, je découpai mon portemanteau de cuir en lanières que je rassemblai les unes au bout des autres, et j'en formai une longue tresse. J'y ajoutai les draps de mon lit, et, me lais-

---

1. Près de 25 mètres

sant glisser de cette élévation presque effrayante, je parvins en bas sans accident. Il pleuvait; la nuit était fort sombre : tout me servait.

Mais il me fallait traverser à gué un égout, réceptacle de toutes les immondices, avant d'arriver à la ville. Je ne m'y étais point attendu. Je m'y enfonçai jusqu'aux genoux, mais je ne pus jamais parvenir à m'en retirer. J'étais tellement engagé dans ce cloaque que mes forces me furent inutiles et qu'il me fallut demander secours à la sentinelle du rempart.

La sentinelle court aussitôt avertir le commandant de Glatz de ce qui se passe.

Pour comble de disgrâce, ce commandant était le général Fouquet, homme dur, ennemi impitoyable de tous ceux qui ne savaient pas ramper lâchement sous le joug de la subordination. Mon père l'avait blessé en combat singulier ; de plus, Trenck l'Autrichien lui avait, peu auparavant, enlevé son bagage. Aussi le seul nom de Trenck lui était-il odieux, et il me le prouva dans trop de circonstances.

Il ordonna qu'on me laissât dans le bourbier jusqu'à midi, pour servir de spectacle et de jouet à toute la garnison.

Quand on m'en eut tiré, il me fit remettre dans ma prison et, pendant tout le jour, on me refusa l'eau dont j'avais grand besoin pour me laver. On ne peut s'imaginer combien ma personne était hideuse et dégoûtante. Les efforts que j'avais faits m'avaient couvert de fange ; j'étais vraiment digne de pitié. Enfin on m'envoya deux prisonniers qui m'aidèrent à me rendre propre.

Ce fut alors que je fus surveillé et resserré avec toute la rigueur imaginable.

Pourtant j'avais encore sur moi quatre-vingts louis d'or qu'on m'avait laissés très heureusement lorsqu'on m'avait introduit dans ma nouvelle prison : dans la suite je sus en tirer un bon parti....

Huit jours ne s'étaient pas encore écoulés depuis cette tentative si malencontreuse, qu'il arriva un autre événement. Certes, il paraîtrait digne de figurer dans un roman, si je n'écrivais dans un moment où je puis encore, moi, principal acteur de cette scène, prendre en témoignage tout Glatz, toute l'armée prussienne, instruite de ce fait par des témoins oculaires. Ce qu'on va lire prouvera que la témérité, le courage du désespoir peuvent rendre possibles les entreprises les plus éloignées de la vraisemblance, et que le hasard peut mettre un homme de résolution dans la route du bonheur plus facilement qu'un projet médité et appuyé sur toutes les précautions de la sagesse et de la prudence.... Voici le fait :

Le major de place Doo vint me voir dans ma prison. Il était escorté de l'adjudant et d'un officier de garde. Après avoir visité tous les coins de mon réduit, il lia conversation avec moi. Il me dit que mon crime s'était beaucoup aggravé par les tentatives que j'avais faites pour briser mes fers et qu'il ne doutait pas que le ressentiment du roi ne fût devenu extrême.

Ce mot de *crime* me fit entrer en fureur. Il m'exhorta à la patience, à la modération.

Je le priai de me dire quelle durée le roi avait fixée à ma détention. Il me dit qu'un officier coupable de trahison, qui avait entretenu une correspondance avec les ennemis de l'État, ne pouvait attendre que de la grâce du roi le terme de sa punition.

Pendant qu'il me parlait j'avais considéré son épée du coin de l'œil. Sur sa dernière réponse, je la lui arrache; je m'élance hors de la chambre; je renverse la sentinelle et le lieutenant de service, que mon apparition avait étourdis, et je les fais rouler du haut en bas de l'escalier. Tout le poste de garde me barrait le passage; je m'élance l'épée au poing, frappant de droite et de gauche.

Mon action était si surprenante qu'elle portait l'effroi avec l'étonnement. Les rangs se rompirent; j'avais déjà blessé quatre hommes: on me fit place. Je passai tout au travers de ces hommes frappés de surprise, et sautai du haut du rempart qui était d'une élévation prodigieuse. Je tombai dans le fossé droit sur mes pieds, sans m'être fait aucun mal et sans avoir quitté l'épée du major.

Parvenu au second rempart, qui était beaucoup plus bas que le premier, je le franchis avec le même bonheur et je tombai encore sur mes pieds.

Personne n'avait eu le temps de charger ses armes; personne non plus n'avait songé à me poursuivre par le chemin que j'avais pris. On était obligé de prendre un long détour pour marcher sur mes pas et, avant qu'on pût atteindre la porte de la ville, j'avais l'avance d'une demi-heure.

Cependant, comme j'allais traverser le passage étroit d'un ouvrage intérieur, une sentinelle courut sur moi pour s'opposer à ma fuite. Quoiqu'elle eût la baïonnette au bout d'un fusil, j'écartai cette arme et je lui portai un grand coup d'épée tout au travers de la figure.

Une autre sentinelle venait à moi par derrière; je voulus alors voltiger sur les palissades: mais je restai attaché par un pied entre deux barreaux. Le soldat me donna un coup de sa baïonnette à la lèvre supérieure, et, comme il ne m'était pas possible de me dégager, il saisit mon pied et me força de rester dans cette position douloureuse jusqu'à ce qu'un autre soldat vînt à son secours. Je me défendis en homme animé par le désespoir; on me frappa à coups de crosse et l'on me reconduisit en prison.

Il est pourtant sûr que, si j'avais pu franchir les palissades et que j'eusse tué sans miséricorde le soldat qui venait sur moi, j'aurais eu le temps de gagner les montagnes avant qu'on eût pu me rejoindre. Ainsi je serais arrivé en Bohême, après avoir quitté en plein midi les remparts de Glatz, après avoir traversé toute la forteresse et la garde rangée pour s'opposer à ma fuite. Mon épée m'aurait suffi pour ne craindre seul à seul aucun de ceux qui auraient tenté de me poursuivre, et, dans ce temps-là, j'aurais défié à la course les hommes les plus agiles. Jusqu'au moment où je tentai de franchir les palissades, le bonheur le plus merveilleux semblait seconder mes desseins ; mais il me quitta au moment décisif.

Après une pareille témérité, toutes mes espérances furent décidément anéanties. On me resserra encore plus rigoureusement, on plaça dans ma chambre un bas officier et deux hommes qui ne me quittaient jamais. En dehors j'étais surveillé par des sentinelles. L'état où je me trouvai réduit était affreux : les coups de bourrade m'avaient horriblement maltraité ; j'avais le pied droit foulé ; je crachais le sang et ma blessure était assez considérable pour qu'elle ait mis plus d'un mois à guérir....

Replongé dans toutes les horreurs de la captivité, je ne pensais qu'à saisir toutes les occasions pour quelque nouvelle tentative.

J'avais étudié le caractère des soldats qui me surveillaient ; j'avais de l'argent. Avec ce secours et un peu de pitié, on peut beaucoup attendre de soldats mécontents et dégoûtés du service : trente-deux hommes se liguèrent bientôt pour me servir.... A l'exception de deux ou trois, aucun des conjurés ne connaissait les autres. Ils ne pouvaient donc me manquer tous ensemble. Le bas officier Nicolaï devait commander cette expédition. D'ailleurs, des quatre officiers qui formaient la grande garde, trois étaient entrés dans mes intérêts.

Tout était prêt. Nos munitions étaient déjà cachées dans un creux de ma prison. Notre dessein était de délivrer les prisonniers et de gagner la Bohême tambour battant. Par malheur, Nicolaï s'était confié à un déserteur autrichien qui éventa le complot.

Le gouverneur envoya aussitôt son adjudant à la citadelle avec un ordre à l'officier de garde de se saisir de Nicolaï. Celui-ci était aussi de garde ; seul il connaissait tous les conjurés, dont plusieurs étaient de garde avec lui. Prenant à l'instant son parti en homme déterminé, il saute dans les casemates en criant :

« Aux armes, camarades, nous sommes trahis ! »

On le suit au corps de garde, où l'on s'empare des fusils. Nicolaï fait charger les armes et vole à ma prison pour me délivrer ; mais la porte était en fer et le temps manquait pour la briser. Après de vains efforts, voyant qu'il ne pouvait rien pour moi, Nicolaï marcha, avec dix-neuf hommes qui le suivaient le fusil sur l'épaule, vers la porte qui donnait sur la campagne

Le bas officier qui y était de garde et les six hommes qu'il commandait se joignirent à lui, et, avant qu'on eût rien pu faire pour le poursuivre, il était déjà à moitié chemin de la frontière. Son bonheur le conduisit rapidement jusqu'à Braunau, en Bohême.

Cet événement attira sur ma tête le plus terrible orage. Il n'était question de rien moins que de me faire mon procès comme à un conspirateur. On redoubla les précautions et ma garde. Cependant j'étais sûr qu'on n'avait aucun soupçon sur les officiers, et, comme ils avaient ordre de me faire tous les jours plusieurs visites pour s'assurer de ma tranquillité, je conservai l'espoir de me sauver.

Le lieutenant Bach, qui, tous les quatre jours, montait la garde auprès de moi, était un insigne querelleur. Sans cesse il défiait ses camarades et les balafrait. Un jour que ce terrible homme, assis sur mon lit à côté de moi, me racontait que la veille il avait blessé au bras le lieutenant Schell, je lui dis en souriant :

« Si j'étais libre, vous ne me blesseriez pas sans peine, car je sais aussi manier une épée. »

Le voilà aussitôt échauffé. Des éclats d'une vieille porte qui me servait de table, nous fîmes deux fleurets et, du premier coup, je le touchai à la poitrine.

Il sortit très brusquement sans articuler un mot, et mon étonnement fut extrême quand je le vis entrer avec deux sabres de soldat qu'il tenait sous son habit. En me présentant un de ces sabres il me dit :

« Maintenant, mon fanfaron, voyons ce que tu sais faire. »

En vain je lui représentai le danger qu'il courait ; il ne voulut rien entendre et m'attaqua comme un forcené. Je le blessai au bras droit ; il jette à l'instant son sabre, me saute au cou, m'embrasse, et, comme dans un mouvement de joie convulsive, il s'écrie :

« Tu es mon maître, ami Trenck ; tu auras, oui, tu auras ta liberté, il le faut ; tu l'auras par moi, aussi vrai que je me nomme Bach. »

Je bandai sa blessure, qui était assez profonde. Il se retira tranquillement, fit venir un chirurgien qui le pansa, et, le même soir, il reparut près de moi.

Revenant à sa proposition de liberté, il me dit qu'il m'était impossible de me sauver si l'officier de garde ne consentait pas à fuir avec moi ; que, pour lui, il était prêt à tout sacrifier pour moi, mais incapable de faire une bassesse, et que c'en serait une de déserter étant de garde. Mais il me donna immédiatement sa parole d'honneur de m'adresser sous peu de jours l'homme qu'il me fallait et de ne rien négliger pour me servir.

Le lendemain, il revint et me présenta le lieutenant Schell en me disant :

« Voilà votre homme. »

Schell m'embrassa, m'engagea sa parole et nous délibérâmes sans délai sur les moyens à mettre en œuvre.

Schell, arrivé récemment à la garnison de Glatz, devait être de garde près de moi pour la première fois trois jours après. Nous remîmes l'affaire à cette époque. Mais comme je ne recevais plus d'argent et que toute ma richesse consistait en six pistoles, on convint que Bach irait à Schweidnitz pour y demander de l'argent à un mien cousin qui y demeurait.

Il est bon de dire que je vivais dans la meilleure intelligence avec tous les officiers de la garnison, sauf un seul, le capitaine Rœder, qui se montrait dur avec moi et prenait plaisir à me causer toutes les contrariétés possibles. Le major Quaadt était mon parent du côté de ma mère et faisait des vœux sincères pour ma fuite. Bach, Schrœder, Lunitz et Schell, les quatre lieutenants qui me gardaient à tour de rôle, s'occupaient de mes préparatifs. Schell devait fuir avec moi, Schrœder et Lunitz nous suivre peu après. La plupart des officiers envoyés dans les garnisons étaient de pauvres diables, chargés de dettes ou de mauvaises affaires, vivant dans une grande indigence, méprisés par l'armée et ne songeant qu'à déserter. Comme j'avais toujours de l'argent, je faisais naître des espérances de fortune et je trouvais facilement des amis.

Cependant, on avait répandu le bruit que les officiers étaient beaucoup trop familiers avec moi. Ordre fut donné que ma prison fût toujours fermée et qu'on me fît parvenir ce dont j'avais besoin par un guichet pratiqué dans le milieu de la porte. Défense était faite de manger avec moi, sous peine d'être cassé. Mais les officiers firent faire une clef semblable à celle qui restait entre les mains du major, et ils passaient près de moi une partie du jour et de la nuit.

Un certain capitaine Damnitz avait sa chambre en face de la mienne. Cet homme, près avoir déserté le service de la Prusse, en volant la caisse de sa compagnie, était devenu espion aux gages de l'Autriche ; pris en flagrant délit, il avait été condamné au gibet et, par commutation, à une prison perpétuelle. C'était l'espion du major de place, qui savait par lui mes rapports avec les officiers.

Le 24 décembre, Schell était de garde : il vint me trouver et nous disposâmes tout pour fuir à la garde prochaine, c'est-à-dire le 28. Mais le jour même, le lieutenant Schrœder, dînant chez le commandant, y apprit qu'on avait ordre d'arrêter sans délai le lieutenant Schell. Il nous crut trahis et se hâta de venir trouver Schell à la citadelle.

« Tout est découvert, lui dit-il : sauve-toi bien vite ; car tu dois être arrêté dans un instant. »

Schell pouvait s'échapper seul et très facilement ; Schrœder lui avait même proposé de l'accompagner en Bohême : mais ce généreux ami ne voulut point m'abandonner. Il monta à ma prison, portant sous son habit le sabre d'un bas officier :

« Ami, me dit-il, on nous a trahis. Suis-moi, et ne permets pas que je tombe vivant entre les mains de mes ennemis. »

Je voulus parler; il me saisit la main en répétant

« Suis-moi : nous n'avons pas un instant à perdre. »

Je passai promptement mon habit; je mis mes bottes et sortis avec tant de hâte que j'oubliai de prendre quelque argent que j'avais caché.

En sortant, Schell dit à la sentinelle :

« Je mène votre prisonnier au poste des officiers; restez là. »

Nous y fûmes effectivement; mais nous le quittâmes tout de suite en prenant la porte opposée. Mon ami avait le projet d'avancer sous l'arsenal jusqu'à l'ouvrage extérieur, puis de franchir les palissades, mais nous n'avions pas encore fait cent pas que nous rencontrâmes le major Quaadt et l'adjudant. Schell s'effraya; il monta sur le parapet, et, comme, en cet endroit, la hauteur du rempart n'est pas très considérable, il sauta en bas. Je le suivis; j'arrivai heureusement à terre, sans m'être fait d'autre mal qu'une écorchure à l'épaule; mais Schell fut moins heureux : il se démit le pied.

Tirant aussitôt son épée, il me supplia de l'en percer et de prendre ensuite la fuite le plus sûrement que je pourrais. Schell était petit, d'une constitution frêle; je le saisis au milieu du corps et le fis passer par-dessus les palissades; puis, le chargeant sur mes épaules, je me mis à courir avec mon fardeau sans trop savoir où je me dirigeais.

Le soleil venait de se coucher; un brouillard épais couvrait la terre et il tombait du givre. On avait sonné l'alarme derrière nous; tout le monde nous connaissait; mais, avant que personne de la citadelle pût arriver à la ville et franchir les portes pour se mettre à notre poursuite, il se passa une demi-heure.

Nous n'étions pas à cent pas de la place, quand nous entendîmes le canon d'alarme. Ce bruit effraya beaucoup Schell, parce qu'il savait bien que rarement un déserteur arrivait heureusement à la frontière s'il n'avait pu marcher deux heures avant que le canon fût tiré, et que les hussards et les paysans réunis étaient très alertes à s'emparer des passages, en exécution des ordres donnés d'avance pour des circonstances pareilles. A peine étions-nous à cinq cents pas de la forteresse, que nous vîmes tout en mouvement derrière et devant nous.

Il faisait encore jour, cependant nous échappions avec un bonheur que je devais à ma présence d'esprit et à la réputation que je m'étais faite. On savait très bien que ce ne serait pas assez de deux ou trois hommes pour nous arrêter. On croyait d'ailleurs que nous ne pouvions pas avoir entrepris un projet comme le nôtre sans nous être munis de toutes les armes nécessaires, et l'on ne se doutait guère que nous n'avions pour toute défense que l'épée de Schell et un mauvais sabre de caporal.

Quand j'eus porté mon ami à quelque distance, je le mis à terre, et, regardant autour de moi, je ne vis ni la ville ni la citadelle ; il était impossible qu'on nous aperçût davantage, car le brouillard était fort épais. J'avais toute ma présence d'esprit et j'étais résolu à mourir ou à recouvrer ma liberté. Je dis à Schell :

« Où sommes-nous ? Par où va-t-on en Bohême ? Où coule la Neisse ? »

Le pauvre garçon était hors d'état de me répondre : il ne pouvait retrouver ses sens et le désespoir l'égarait ; il me priait de ne pas l'abandonner vivant, car il n'y avait pas d'apparence que notre fuite fût possible. Je lui promis alors sous la foi du serment que, s'il ne nous restait plus aucune ressource, je lui donnerais la mort plutôt que de le laisser tomber entre les mains de nos ennemis, et cette promesse réveilla son courage. Il regarda autour de lui, reconnut quelques arbres, et me dit que nous n'étions pas loin de la porte des champs.

« Où passe la Neisse ? »

Il chercha à se rappeler le lieu et me l'indiqua.

« Tout le monde, lui dis-je, nous a vus marcher vers la Bohême, il n'y a pas d'espoir pour nous de ce côté-là. On y a formé un cordon et tous les chemins doivent être couverts de hussards et de paysans qui nous cherchent ou qui nous attendent. »

Je le repris sur mes épaules, et j'allai droit à la Neisse. De là nous ne tardâmes pas à entendre le mouvement qui se faisait dans tous les villages, celui des paysans qui s'empressaient de former le cordon de désertion, et les cris de ceux qui donnaient l'alarme.

Il y avait sur la Neisse un peu de glace, qui se brisait sous mes pieds : je portai Schell tant que je pus marcher à gué ; mais, quand le fond me manqua au milieu de la rivière, il fallut qu'il s'accrochât à mes cheveux ; car il ne savait pas nager. Ce fut l'affaire de trois brassées et nous eûmes le bonheur d'arriver à l'autre bord. On peut concevoir s'il était doux, le 24 décembre, de traverser une rivière à la nage, pour rester ensuite exposé à l'air pendant dix-huit heures.

Vers les sept heures du soir, le brouillard s'était dissipé ; il ne tombait plus de givre ; la lune brillait et il ne tarda point à geler. La marche et le poids de mon ami que je portais m'empêchaient de me refroidir ; mais je n'en étais pas moins tout trempé. Quant au pauvre Schell, il mourait de froid et son pied lui causait des douleurs affreuses. Cependant, la Neisse une fois traversée, nous étions plus tranquilles ; car personne ne pouvait imaginer de nous poursuivre sur le chemin de la Silésie. Je côtoyai la rivière pendant une demi-heure en avançant toujours ; après avoir dépassé le village où commençait la ligne de désertion, et que Schell connaissait pour y avoir été plusieurs fois, le hasard nous fit trouver sur le bord de la rivière un bateau de pêcheur ; détachant aussitôt la corde qui le retenait, nous poussâmes sur l'autre rive, et en peu de temps nous avions gagné les montagnes.

Arrivés là, nous nous reposâmes sur la neige, nous reprîmes courage et nous consultâmes sur ce que nous avions à faire. Je coupai un bâton pour Schell, qui put alors marcher en se portant sur un pied ; mais la neige était épaisse et couverte d'une croûte dure, qui se brisait sous nos pas, en sorte que mon pauvre camarade n'avançait qu'avec une extrême difficulté.

Pendant toute la nuit, nous marchâmes de cette manière, enfonçant quelquefois dans la neige jusqu'à mi-corps, et forcés de nous arrêter continuellement. Quand le jour parut, nous nous croyions déjà bien près des frontières, qui sont à quatre milles[1] de Glatz. On peut se figurer notre effroi quand nous entendîmes sonner l'heure à l'horloge de la ville. Le froid et la fatigue nous faisaient horriblement souffrir ; la faim ne nous tourmentait guère moins, et il n'était pas probable que nous pussions résister à tant de maux pendant toute la journée. Nous reprîmes cependant courage, et, après une demi-heure d'efforts incessants, nous arrivâmes à un village situé au bas de la montagne.

Non loin de là se trouvaient deux maisons isolées ; nous y arrivâmes heureusement. En franchissant les murailles de Glatz nous avions perdu nos chapeaux ; mais Schell qui, on s'en souvient, était de garde, avait son écharpe et son hausse-col, ce qui devait lui donner aux yeux des paysans une certaine importance. Je me fis une coupure au doigt ; je couvris de sang mon visage, ma chemise et mon habit, afin de me donner l'air d'un homme blessé, et je me bandai la tête. Ainsi équipé, je portai Schell hors des broussailles dans un endroit peu éloigné des maisons. Là il m'attacha les mains derrière le dos, de manière pourtant qu'au besoin je pusse les détacher facilement ; puis je marchai devant lui. Il me suivait appuyé sur son bâton en criant au secours. Deux vieux paysans se présentèrent ; Schell leur cria aussitôt :

« Allez vite au village, dites au juge-maire d'atteler sur-le-champ des chevaux à un chariot. J'ai arrêté ce coquin : il a tué mon cheval ; il est cause que je me suis démis le pied ; je l'ai pourtant balafré et garrotté comme vous

---

[1]. Près de 30 kilomètres.

le voyez ; qu'on m'amène vite un chariot, afin que j'aie le temps de le faire pendre avant qu'il meure. »

Je feignis une extrême faiblesse et me laissai entraîner dans une chambre. Un paysan se rendit au village ; une femme âgée, une jeune fille très jolie à qui j'inspirai de la pitié, me donnèrent du pain et du lait ; mais quel fut notre étonnement quand le vieux paysan nomma Schell par son nom ! Il savait bien, nous dit-il, que nous étions des déserteurs ; le soir précédent un officier était venu chez le fermier, lui avait donné nos noms, signalé nos vêtements et raconté toutes les circonstances de notre fuite. De plus, ce vieillard connaissait Schell ; car il avait un fils qui servait dans sa compagnie, et plusieurs fois il lui avait parlé à Hebelschwerdt lorsqu'il y était en garnison.

Une prompte résolution, une grande présence d'esprit pouvaient seules nous tirer d'affaire. Je quittai aussitôt la chambre et courus à l'écurie, pendant que Schell occupait le vieux paysan. Mais nous avions affaire à un honnête homme, qui lui apprit même le chemin le plus court pour arriver en Bohême. Nous n'étions encore qu'à un mille et demi [1] de Glatz, et nous avions perdu près de six milles de chemin en détours sur cette maudite montagne.

Je trouvai dans l'écurie trois chevaux, mais point de brides ; la jeune fille, qui m'avait suivi, m'en remit deux sur mes instantes supplications. Brider les chevaux, placer Schell sur l'un et sauter sur l'autre fut l'affaire d'un instant. Le vieux paysan se mit à crier, à supplier, à demander grâce pour ses deux chevaux ; par bonheur il n'eut pas le courage, peut-être même pas la volonté, de s'opposer à notre fuite ; car, désarmés et fatigués comme nous l'étions, une simple fourche aurait suffi pour nous retenir au moins jusqu'à ce qu'on fût venu à son secours. Nous partons ainsi à cheval, sans selle et sans chapeau. Schell avait son uniforme, son écharpe et son hausse-col ; moi, mon habit écarlate du corps. Autre guignon : ma maudite bête ne voulait pas bouger ; mais en bon écuyer je l'eus bientôt contrainte à marcher malgré elle.

Schell allait devant. Nous étions à peine à quelques centaines de pas, qund nous vîmes arriver les paysans du village. Heureusement, c'était le jour de Noël, l'heure de l'office, et tout le monde était à l'église ; sans cela nous étions perdus.

Il fallait absolument passer par Wunschelbourg, et pourtant nous ne pouvions traverser la ville sans être arrêtés : un mois auparavant, Schell y avait été ; tout le monde le connaissait. Notre équipage, nos têtes nues, nos chevaux sans selles, tout disait ce que nous étions. Il y avait dans la ville

---

1. Un peu plus de 11 kilomètres.

quatre-vingts hommes d'infanterie et douze hussards destinés à la poursuite des déserteurs. Mais Schell, connaissant le pays, tourna la ville.

Enfin, arrivés presque à la frontière, nous nous trouvons face à face avec le lieutenant Zerbst, envoyé à notre poursuite, ainsi que le lieutenant Bach. Zerbst avait toujours été plein d'affection pour moi

« Ami, me cria-t-il, appuie à gauche ; cette maison isolée que tu vois là-bas est sur la frontière. A droite, tu trouverais les hussards. »

Et il se jeta dans un sentier comme s'il ne nous avait pas vus.

Vers onze heures du matin, nous étions à Braunau, en Bohême.

Sans perdre de temps, je renvoyai à Glatz les deux chevaux et le sabre du caporal, le tout à l'adresse du général Fouquet, commandant de place. La lettre qui accompagna cet envoi lui causa une telle fureur, qu'il fit passer par les verges les sentinelles de garde devant ma porte, tous les soldats qui étaient sous les armes au moment de notre fuite et tous ceux qui étaient sur le rempart d'où nous avions sauté. Cependant les sentinelles avaient dû obéir à Schell, leur officier, qui leur avait ordonné en sortant de rester à leur poste. Mais l'habile gouverneur de Glatz, vingt-quatre heures avant notre évasion, avait déclaré d'un ton suffisant qu'il m'avait mis dans l'impossibilité complète de rien tenter en ce genre : il faisait expier à des malheureux sans défense sa propre négligence et son incapacité.

Seconde Détention et Nouvelles Tentatives
(1753-1763)

Sorti de prison, Trenck, dans la vie errante qui commençait pour lui, eut plus d'une fois à se défendre contre les tentatives d'agents prussiens chargés de s'emparer de sa personne. De ses nombreuses aventures nous n'en citerons qu'une seule. Il rencontra un jour à Varsovie le misérable qui l'avait trahi avec ses compagnons à Glatz, lors de sa première tentative d'évasion : il lui reprocha sa conduite et le maltraita ; l'autre prétendit se venger les armes à la main, et Trenck l'étendit mort sur la place.

Nous ne raconterons d'ailleurs ni son séjour à la cour de Russie, ni sa vie, si extraordinaires qu'en soient les péripéties, quand il eut pris du service dans l'armée autrichienne. Rappelons seulement qu'il se trouvait à Dantzick en 1753, lorsque, par la trahison du résident impérial et des autorités de la ville, il fut livré au roi de Prusse. Cette arrestation l'atterra, et, quoique ses gardiens, à ce qu'il raconte lui-même, lui aient ménagé, pendant le trajet, plus d'une occasion de s'enfuir, il se laissa conduire sans résistance jusqu'à Magdebourg. Enfermé dans la citadelle de cette place forte, il y devait, cette fois, rester dix ans. C'est ici d'ailleurs que nous reprenons son récit, qu'il nous arrivera tout à tour désormais de reproduire exactement et de résumer.

Mon cachot, dit-il, était dans une casemate dont la partie antérieure, de six pieds de large[1] sur dix de long, était divisée par un mur avec une baie fermée d'une double porte ; une troisième porte donnait entrée dans la casemate, dont la muraille était épaisse de sept pieds. A la naissance de la voûte, on avait pratiqué une fenêtre, construite de manière à me donner du jour, sans me laisser voir ni ciel ni terre. Tout ce que je pouvais découvrir, c'était le toit du magasin qui était en face. En dedans et en dehors de cette fenêtre, on avait placé des barres de fer entre lesquelles, dans l'épaisseur du mur, était un grillage en fil de fer, plus étroit d'un pied que l'ouverture, et à mailles si serrées qu'on ne pouvait rien distinguer au travers. A six pieds de la muraille, une palissade empêchait les sentinelles d'approcher du mur.

Mon ameublement se composait d'un matelas et d'un bois de lit fixé au plancher par des barres de fer pour qu'on ne pût l'approcher de la fenêtre ; près de la porte, un poêle de fonte et une garde-robe fixée au plancher. On ne me mit pas de chaînes ; mais on régla ma nourriture à une livre et demie de pain de munition par jour avec une cruche d'eau.

Le pain était la plupart du temps si moisi que je pouvais à peine en manger la moitié. Je ne saurais peindre ce qu'une faim horrible me fit éprouver de tourments pendant onze mois que je fus en proie à ce supplice.... Je regarde ces onze mois comme le temps de ma vie où ma constance fut mise à la plus rude épreuve. A mes prières, à mes supplications on répondait :

« C'est l'ordre du roi, il est défendu de vous donner rien de plus. »

Le commandant gardait chez lui les clefs de mes trois portes, dont une était percée d'un guichet par où l'on me passait ma nourriture. On n'ouvrait les portes que le mercredi et, après qu'un prisonnier avait nettoyé ma garde-robe, le commandant et le major de place entraient pour faire la visite. J'observai cette conduite pendant deux mois, et, quand j'eus acquis la certitude que, pendant toute une semaine, on n'entrait pas dans ma prison, je commençai un travail auquel j'avais réfléchi mûrement et qui me parut praticable.

Le poêle et la garde-robe étaient sur une place pavée en briques. Un mur seulement me séparait de la casemate voisine, qui n'était pas habitée ; on plaçait une sentinelle devant ma fenêtre, et, malgré les défenses les plus expresses, j'eus bientôt trouvé quelques honnêtes garçons qui se déterminèrent à me parler et à me décrire tout le local de ma prison. J'appris donc que, si je pouvais pénétrer dans la casemate voisine, dont la porte n'était point fermée, il me serait facile de me sauver. Il fallait seulement traverser

---

1. Le pied allemand équivalait à 0 m. 31385.

l'Elbe, soit dans une barque qu'un ami me tiendrait prête, soit à la nage ; la frontière de Saxe n'en est éloignée que de deux lieues.

Je commençai par détacher à force de travail les fers qui attachaient ma garde-robe au sol ; ils avaient dix-huit pouces de long. Je brisai les trois clous qui les attachaient à la caisse et, après avoir pris le fer pour m'en servir, je remis les têtes de clous à leur place. Ce fut ainsi que je trouvai des instruments pour lever les briques, sous lesquelles je rencontrai la terre. Je perçai alors derrière la caisse un trou au travers de la voûte, qui était épaisse de sept pieds. Des briques formaient la première couche du mur, mais aussitôt après je rencontrai de grosses pierres de taille. Je numérotai les briques du plancher et celles de la muraille afin de pouvoir les replacer exactement. Cet essai me réussit, et je continuai ma besogne.

J'avais déjà percé à peu près à un pied de profondeur dans la muraille et, la veille de la visite, je rétablis le tout avec le plus grand soin. Pour tromper plus sûrement les yeux, je remplis les interstices avec de la poussière de chaux. J'avais gratté le mur pour me la procurer, et, comme il avait peut-être été blanchi cent fois, il me fournit la matière dont j'avais besoin. Je pris de mes cheveux pour me faire un pinceau, je détrempai de la chaux dans ma main, je m'en servis pour peindre, puis je restai le corps nu appuyé contre la muraille jusqu'à ce que tout fût sec et eût pris une teinte uniforme. Je rattachai ensuite les fers de ma garde-robe de façon qu'il était impossible d'apercevoir le moindre dérangement. Si une seule fois on s'était avisé de me visiter un autre jour que le mercredi, tout aurait été découvert ; mais cela n'arriva pas pendant l'espace de six mois.

Tandis que je travaillais, je mettais les décombres sous mon lit ; mais il fallait m'en débarrasser. Voici comment je m'y pris : je semais la chaux et les débris de pierres dans ma chambre ; je marchais dessus toute la journée jusqu'à ce qu'ils fussent réduits en une poussière très fine ; j'étendais cette poussière sur le devant de ma fenêtre à laquelle je parvenais en montant sur ma garde-robe ; quelques éclats de bois arrachés de mon lit et réunis avec le fil d'un vieux bas formaient un petit bâton au bout duquel j'avais attaché une touffe de mes cheveux. J'avais aussi agrandi une maille dans le grillage de ma fenêtre, de façon pourtant qu'il était difficile de s'en apercevoir : je pouvais ainsi jeter la poussière sur le mur de ma fenêtre, et, en passant mon petit balai à travers le grillage, je l'avançais sur le bord extérieur. J'attendais ensuite qu'il fît du vent ; quand il s'en élevait pendant la nuit, je poussais la poussière qui, dissipée dans les airs, ne laissait aucune trace au dehors. Je suis sûr qu'avec ce travail je me suis débarrassé de plus de trois cents livres de poussière. J'en jetais aussi une certaine quantité dans ma garde-robe. Enfin j'en faisais de petites balles que je lançais par la fenêtre avec un tuyau de papier, comme avec une sarbacane, pendant que la sentinelle se promenait.

Mon travail avançait, mais je ne saurais dire ce qu'il me donna de peine quand j'eus creusé à deux pieds de profondeur dans les moellons. Mes outils étaient les ferrements dont j'ai parlé plus haut, plus une vieille baguette de fer que m'avait passée un jour une honnête sentinelle, et un vieux couteau à manche de bois. Ces deux derniers objets me furent surtout d'un grand secours. Un travail non interrompu de plus de six mois me conduisit à peine à la dernière couche qui touchait aux briques de l'autre casemate.

Pendant ce temps, j'avais eu occasion de parler à quelques sentinelles, et dans le nombre j'avais distingué un vieux grenadier, nommé Gefhardt. Il me donna les plus grands détails sur la position de mon cachot et sur tout ce qui pouvait faciliter mon évasion. Nous devions partir ensemble; mais il fallait acheter un petit bateau pour traverser l'Elbe, et je n'avais pas l'argent nécessaire. Gefhardt mit dans nos intérêts une juive nommée Esther Heymann, de Dessau, dont le père était prisonnier depuis dix ans. Elle réussit à gagner deux autres grenadiers qui, toutes les fois qu'ils étaient de garde près de moi, lui procuraient l'occasion de me parler. Avec des copeaux liés ensemble, je fis un bâton assez long pour aller jusqu'à l'enceinte des palissades, devant ma fenêtre, et je pus me procurer ainsi du papier, un second couteau et une lime.

J'écrivis à ma sœur, qui demeurait à Hammer, près de Kustrin, pour lui demander trois cents rixdalers [1]. Je chargeai Esther de cette lettre, et je lui en remis de plus une autre pour le comte de Puebla, ministre impérial à Berlin, et une lettre de change sur Vienne de mille florins [2], qui devaient être la récompense de ses bons offices. Esther alla droit à Berlin, fut bien accueillie par le comte de Puebla, qui l'adressa à son secrétaire, M. de Weingarten. Celui-ci la reçut encore mieux et l'accabla de questions; en se montrant tout disposé à me seconder, il tira d'elle tout le plan de ma fuite et le nom des deux grenadiers qui devaient m'y aider, lui donna l'argent pour son voyage près de ma sœur, en lui recommandant de venir le trouver à son retour et lui promettant de lui remettre alors le montant de la lettre de change. Quand elle revint, il lui dit que les mille florins n'avaient pu encore être touchés à Vienne, lui remit douze ducats [3] en la pressant de venir me donner les meilleures nouvelles, et de revenir ensuite toucher son argent.

Esther courut à Magdebourg; mais elle rencontra par bonheur à la porte de la citadelle la femme d'un des grenadiers, qui lui conta en pleurant que la veille on avait arrêté son mari et qu'il était aux fers avec son camarade. Elle comprit que tout était découvert, et retourna promptement à Dessau.

1. Un peu plus de 1 100 francs.
2. 2500 francs.
3 Un peu moins de 150 francs.

L'un des grenadiers fut pendu, l'autre passe par les verges trois jours de suite. La sœur de Trenck fut condamnée à payer une forte amende et les frais de construction d'un nouveau cachot pour son frère. Trenck ne sut pas d'abord ce qui s'était passé, mais il en fut bientôt instruit par Gefhardt, qui lui dit que sa nouvelle prison serait achevée dans un mois. Frédéric était venu passer une revue à Magdebourg et avait lui-même donné le dessin des chaînes que devait porter son prisonnier. Trenck espérait se sauver avant le mois révolu. On n'avait rien découvert de ses travaux souterrains ; au bout de quelques jours, ses préparatifs étaient finis, et il se disposerait à fuir pendant la nuit, quand tout à coup les portes s'ouvrent: on l'enchaîne et on le transporte, les yeux bandés, dans son nouveau cachot.

On me débanda les yeux. Juste ciel! à la lueur de quelques flambeaux j'aperçus deux forgerons aussi farouches que des cyclopes : l'un tenait un réchaud allumé, l'autre un marteau ; le plancher était couvert de chaînes. Mes deux pieds furent attachés à un anneau scellé dans la muraille par des fers d'une pesanteur effrayante. Cet anneau, fixé à trois pieds de terre, me laissait la faculté de faire à droite et à gauche environ deux ou trois pas. Ensuite on me riva autour du corps, à nu, un anneau large comme la main. On y attacha une chaîne terminée par une barre de fer de la grosseur du bras, qui avait deux pieds de long et aux deux bouts de laquelle mes mains étaient garrottées par deux anneaux. Tout le monde se retira dans un silence effrayant, et quatre portes se refermèrent les unes sur les autres avec un bruit horrible.

Quand vint le jour, un sombre crépuscule me permit à peine de distinguer ce qui m'entourait. Mon cachot avait dix pieds de long sur huit de large. Dans un angle du mur, des briques superposées formaient un banc où je pouvais m'asseoir la tête appuyée contre la muraille. En face de l'anneau qui retenait mes chaînes était une fenêtre pratiquée dans le mur de six pieds d'épaisseur ; elle était en demi-cercle d'un pied de rayon. La baie traversait le mur suivant une ligne brisée ; elle montait de l'intérieur du cachot jusqu'à la moitié de l'épaisseur du mur et redescendait extérieurement vers le sol ; au milieu du mur, elle était coupée d'un grillage très serré en fil de fer ; deux barreaux de fer étaient scellés à ses deux ouvertures. Ma prison était construite dans le fossé de la citadelle, adossée à l'escarpe, et la fenêtre touchait presque à la contrescarpe, en sorte que la lumière venant d'en bas et par réflexion n'y donnait qu'un jour très faible ; en hiver, quand le soleil ne donnait pas dans le fossé, je me trouvais dans une obscurité presque complète. Je finis pourtant par m'y accoutumer si bien que je voyais marcher une souris. On lisait sur la muraille le nom de Trenck formé de briques rouges. Sous mes pieds était la tombe qu'on me destinait et dont la pierre portait mon nom et une tête de mort avec deux os gravés en croix. Une double porte en chêne fermait le cachot ; au dehors, un vestibule éclairé d'une fenêtre était aussi fermé d'une double porte. Deux palissades de douze pieds de haut formaient dans le fossé une barrière destinée à prévenir toute communication de ma part avec les sentinelles.

Je ne pus d'abord faire d'autres mouvements que celui de sauter à l'endroit où j'étais attaché ou d'agiter la partie supérieure de mon corps pour me procurer quelque chaleur. Lorsque le temps m'eut accoutumé au poids de mes fers, dont mes jambes étaient douloureusement pressées, je parvins à me mouvoir dans un espace de quatre pieds.

Onze jours avaient suffi pour construire ma prison, où j'avais été enfermé dès qu'elle fut terminée ; aussi pendant environ six mois je fus continuellement assis dans l'eau, qui dégouttait de la voûte précisément à l'endroit où je pouvais m'asseoir. Pendant les trois premiers mois mes vêtements ne séchèrent pas.

Dans les premiers temps, je fus poursuivi par l'idée du suicide et ma pensée se reportait sur le couteau que j'avais caché dans mes vêtements au moment où l'on était venu me prendre dans mon premier cachot.

Je luttais contre ces rêves lugubres, lorsqu'à midi ma porte s'ouvrit pour la première fois. On m'apporta un bois de lit, un matelas et une bonne couverture de laine. Ensuite le major de place me remit un pain qui pesait six livres, en me disant que dorénavant on m'en donnerait autant que j'en voudrais.

Depuis onze mois Trenck mourait de faim ; il se jeta sur ce pain et le dévora ; mais peu s'en fallut que cet excès de nourriture, après un long jeûne, ne lui fût fatal. Quelques jours après, il était rétabli et méditait sur les moyens de s'échapper.

J'avais remarqué que mes portes étaient de bois ; l'idée me vint d'en détacher les serrures en découpant le bois tout autour avec mon couteau. J'essayai aussitôt de me délivrer de mes fers. Je parvins à sortir la main droite de sa menotte, mais il me fut impossible de retirer la gauche. Alors je cassai quelques morceaux de briques de mon banc et je limai le tenon de la seconde menotte avec tant de succès que je parvins à le faire sortir et à me donner encore la liberté de cette main. Le cercle qui m'entourait le corps n'était attaché à la chaîne que par un simple crochet ; je le forçai en appuyant les pieds contre la muraille. Il fallait encore me débarrasser de la chaîne principale attachée à mes pieds. La nature m'avait doué d'une grande vigueur : je vins à bout de tordre cette chaîne et j'en brisai les anneaux en multipliant mes efforts.

Délivré de mes chaînes, je revins à l'espérance et, m'élançant vers la porte, je cherchai dans l'obscurité les pointes des clous qui attachaient la serrure et je vis que je n'aurais pas beaucoup de bois à couper. Je pris aussitôt mon couteau et je perçai un petit trou au bas de la porte. Elle n'avait qu'un pouce d'épaisseur et il devait m'être facile d'ouvrir les quatre portes en un jour. Ranimé par cette espérance, je me hâtai de reprendre mes fers ; mais je ne fus pas peu embarrassé lorsque, après avoir tâtonné longtemps, je m'aperçus que le premier anneau de la chaîne était cassé. Par bonheur on n'avait pas jusque-là visité mes fers, et on ne les visita pas non plus les jours suivants, parce qu'il semblait impossible que je parvinsse à les rompre. Je rattachai donc la chaîne avec un morceau du cordon de mes cheveux. Mais quand je voulus repasser la main droite dans la menotte, je n'en pus venir à bout : ma main était enflée par suite des efforts que j'avais faits pour la délivrer. Je passai la nuit à limer le tenon ; mais il était si bien rivé que j'y perdis mes peines.

Midi approchait ; c'était l'heure de la visite et le danger était pressant. Avec de nouveaux efforts et en souffrant de douleurs incroyables, je réussis enfin à faire rentrer ma main dans la menotte, de façon qu'on retrouvât tout dans le même état.

J'avais fixé au 4 juillet (1755) le moment où j'étais résolu de me délivrer ou de périr. Je patientai donc jusque-là. Le 4 juillet, à peine mes portes furent-elles fermées, que j'avais déjà retiré mes mains des anneaux et mis bas toutes mes chaînes. Je pris sur-le-champ mon couteau et commençai à travailler sur les portes.

La première fut forcée en moins d'une heure. La seconde, qui s'ouvrait en dehors, me donna des peines infinies. Après un travail aussi long que pénible, j'en vins pourtant à bout : tous mes doigts étaient écorchés et la sueur ruisselait de mon corps sur la terre. Quand cette porte fut ouverte, je vis le jour par la fenêtre du vestibule ; j'y grimpai et je vis le fossé où ma prison était située, le chemin qui y montait, la sentinelle à cinquante pas, et les hautes palissades que j'avais à escalader avant de parvenir au rempart.

J'attaquai la troisième porte avec un redoublement d'activité : elle s'ouvrait en dedans comme la première, et, au coucher du soleil, mon travail fut fini. Il fallait couper entièrement la quatrième porte comme la seconde ; mais j'étais tellement affaibli, mes mains étaient si déchirées, que je n'avais presque plus de courage. Après m'être un peu reposé, je l'attaquai enfin. J'en avais déjà coupé à peu près la longueur d'un pied, lorsque la lame de mon couteau se cassa et tomba en dehors.

C'était la fin du rêve : le malheureux prisonnier s'abandonna au désespoir et, avec ce qui lui restait de son couteau brisé, il s'ouvrit les veines au bras et au pied gauche. Bientôt il tomba dans un état de somnolence assez douce.

Tout à coup je m'entendis appeler par mon nom, je m'éveillai tout à fait, et j'entendis encore une voix au dehors :

Couvert de sang, le baron de Trenck tenait dans une main une brique, dans l'autre un couteau brisé.

« Baron de Trenck! disait cette voix.

— Qui m'appelle? »

C'était mon honnête grenadier Gefhardt, qui s'était glissé sur le rempart dominant mon cachot pour m'apporter des consolations.

« Je nage dans mon sang, lui dis-je ; demain on me trouvera mort.

— Comment, mort! Vous pouvez vous sauver d'ici plus aisément que de la citadelle; je vous procurerai des instruments.... Point de désespoir; Dieu vous enverra encore des secours, et comptez sur moi. »

Ce court entretien ramena le courage dans mon cœur : j'entrevoyais la possibilité de fuir.... Je pansai mes plaies et j'attendis le jour, qui parut bientôt.

Mais le parti auquel Trenck s'arrêta n'était pas, comme on va voir, beaucoup plus raisonnable et moins désespéré que sa tentative de suicide.

Ma faiblesse était extrême; je souffrais beaucoup de mes plaies; mes mains étaient roidies et enflées du travail excessif que j'avais fait ; et, comme j'avais été obligé de déchirer mon linge pour panser mes blessures, je me trouvais sans chemise. Le sommeil m'accablait et je pouvais à peine me tenir debout; cependant, pour exécuter mon projet, il fallait rester éveillé. J'eus bientôt démoli avec la barre de fer qui tenait à mes chaînes le banc de briques qu'on m'avait assigné pour siège ; je mis toutes les briques en tas au milieu de ma prison. La porte intérieure était grande ouverte et je barricadai avec mes fers la partie supérieure de la seconde, pour qu'on ne pût pas la franchir.

A midi, lorsqu'ils eurent ouvert la porte extérieure, mes gardiens furent stupéfaits en voyant que la seconde était ouverte. Ils entrèrent dans le vestibule avec inquiétude. J'étais placé sur la porte intérieure; ma figure était effrayante, mon air, celui d'un désespéré. J'étais couvert de sang; d'une main je tenais une brique, de l'autre mon couteau brisé. Je m'écriai aussitôt d'une voix qui devait être terrible :

« Retirez-vous, monsieur le major, retirez-vous. Dites au commandant que je suis décidé à ne pas vivre plus longtemps dans les fers : qu'il me fasse casser la tête ici ; je ne laisserai entrer personne ; je tuerai cinquante soldats avant d'en laisser passer un seul.... »

Le major, épouvanté, ne sachant quel parti prendre, fit avertir le commandant. Je m'assis sur mon tas de briques en attendant qu'on eût décidé de mon sort. Mon projet n'était plus de faire un coup de désespoir, mais d'obtenir une capitulation.

Bientôt parut le commandant général Borck avec le major de place et quelques officiers. Borck entra dans le vestibule, mais, dès qu'il me vit prêt à lui lancer une brique, il recula promptement. Je lui répétai ce que j'avais dit au major, et aussitôt il donna l'ordre de forcer la porte.

Le vestibule avait à peine six pieds de large et on ne pouvait faire entrer qu'un homme ou deux à la fois. Dès que je levai le bras pour commencer mon bombardement, les grenadiers sautèrent en arrière. Il se fit un moment de silence, après quoi le major de place et un autre officier s'approchèrent de la porte et s'efforcèrent de me calmer. On parlementa longtemps ; à la fin l'impatience emporta le commandant, qui ordonna l'attaque.

J'étendis à mes pieds le premier grenadier qui se présenta; les autres se retirèrent en arrière.

Le major de place revint une autre fois en s'écriant :

« Mon cher Trenck, que vous ai-je fait pour que vous vouliez ma perte? Je suis seul responsable de ce qui se passe, puisque c'est par mon imprudence que vous avez encore ce couteau.... »

Après de nouveaux pourparlers, la capitulation fut conclue et on put s'introduire dans mon retranchement.

L'état où se trouvait le malheureux prisonnier excita la commisération; il fut pansé avec soin et reçut les secours nécessaires à son rétablissement. Pendant quatre jours on le laissa dégagé de ses fers. Le cinquième on plaça des portes neuves, dont la première était doublée en tôle, et on remit à Trenck des fers pareils à ceux qu'il avait brisés.

Trois semaines après, Gefhardt fut de garde près de Trenck et se concerta avec lui pour assurer sa fuite. A la garde suivante, le bon grenadier lui fit passer, au moyen d'un fil d'archal, tout ce qu'il fallait pour écrire, et reçut de lui une lettre pour un de ses amis, à Vienne. Cet ami envoya l'argent que Trenck demandait et que Gefhardt lui remit dans sa cruche pleine d'eau, en faisant le service de son cachot.

Muni d'argent, je songeai à exécuter mon premier projet, celui de me sauver par-dessous les fondations. Il fallait d'abord me débarrasser de mes fers : Gefhardt me procura deux limes. L'anneau de fer que j'avais au pied était assez large : je parvins à le dégager de la chaîne à l'aide de la lime. Mes mains s'étaient assouplies au point que je parvins à les retirer toutes deux des menottes. Un clou d'un pied de long que j'avais tiré du plancher devint une clef avec laquelle je manœuvrais à volonté les vis de mes fers sans qu'on pût rien découvrir. Je coupai un anneau de la chaîne qui tenait au cercle dont j'avais le corps entouré, et je fus débarrassé de mes fers. Avec de la mie de pain et de la rouille je fis un mortier pour remplir les entailles de mes chaînes et je réussis à les dissimuler si bien qu'on n'aurait pu les reconnaître qu'en frappant l'anneau d'un marteau.

Je me procurai tous les instruments dont je pouvais avoir besoin, jusqu'à de la chandelle et un briquet; seulement j'avais soin de suspendre ma couverture devant ma fenêtre pour que du dehors on ne vît pas la lumière. Lorsque tout fut prudemment arrangé, je commençai mon travail.

Le plancher de ma prison était fait de madriers de chêne épais de trois pouces. Il y en avait trois couches superposées en sens contraire et unies par des broches d'un demi-pouce de diamètre et d'un pied de long. Je parvins, avec la barre de mes menottes, à arracher une de ces broches, que l'aiguisai sur les pierres de mon tombeau et dont je fis un ciseau. Alors je hasardai la première entaille : j'enlevai le morceau de planche qui entrait dans le mur de deux pouces et le rognai de façon qu'il joignît exactement. Toutes les fentes étaient bouchées avec de la mie de pain saupoudrée de poussière.

Ce premier travail était délicat à exécuter; le reste demandait moins de précaution et j'eus bientôt percé les trois épaisseurs du plancher. Je glissais sous les madriers les éclats de bois.

Au-dessous des planches je trouvai un sable fin. Arrivé là, il me fallait un aide du dehors pour me débarrasser du sable. Gefhardt me passa de la toile dont je fis des boyaux de six pieds de long et pouvant passer entre les barreaux. Je les remplissais de sable, quand il était de faction la nuit, je les lui jetais et il les vidait avec précaution.

Une fois parvenu à me faire de la place, je me procurai tout ce qui était nécessaire à mon projet, jusqu'à de la poudre, du plomb, une paire de pistolets de poche, des couteaux et une baïonnette. Tout cela fut caché sous le plancher. Je reconnus alors que les fondations de mon cachot avaient quatre pieds de profondeur, et non deux, comme je le croyais.

C'était avec beaucoup de fatigues et de peine qu'étendu tout de mon long je penchais la tête et le corps dans ce trou pour en tirer le sable avec mes mains. Quand approchait le moment de la visite je rejetais tout bien vite dans le trou, et, pour remettre chaque chose dans l'état ordinaire il me fallait encore quelques heures.

Cependant mon travail s'avançait : j'étais parvenu à démolir les fondations dans leur partie inférieure ; mais Gefhardt ne cessait de me dire que, sans un secours du dehors, j'échouerais dans mon évasion et le perdrais avec moi. Je me laissai persuader de modifier mon plan : ce fut la ruine de nos projets et j'y perdis le fruit de huit mois de travail.

En effet, une lettre, mise à la poste par la femme de Gefhardt avec un luxe inusité de recommandations, révéla tout le complot; mais, après une demi-heure de perquisition, les charpentiers, les maçons et les forgerons se retirèrent sans avoir pu découvrir ni le trou du plancher, ni les coupures des chaînes. On s'aperçut seulement de la manière dont Trenck avait masqué sa fenêtre, qui fut aussitôt fermée avec des planches. Le prisonnier fut interrogé avec menaces sur le nom de ses complices, en présence des soldats chargés de le garder, et la fermeté de ses réponses encouragea ces hommes à lui venir en aide, certains qu'ils étaient de ne pas être compromis par lui. Quelques jours après, on ajouta aux fers dont Trenck était chargé un carcan large comme la main et relié à toutes ses chaînes; on mura sa fenêtre, qui devint un étroit soupirail; enfin on lui ôta son lit et, à partir de ce jour, il ne put prendre de repos qu'assis par terre, adossé au mur et soutenant de ses mains les fers et le carcan pesant qui l'étranglait. Il tomba malade et fut deux mois en danger de mort sans recevoir aucun secours. Toutefois on lui rendit son lit.

Rétabli contre tout espoir, il parvint à gagner à prix d'argent trois officiers, sur quatre qui le gardaient, il put se procurer de la chandelle, des livres, des gazettes et réussit à couper les chaînes qui pendaient à son carcan. Un officier lui fit faire secrètement des menottes plus larges et dont il pouvait facilement dégager ses mains. Bientôt il se remit à son travail souterrain; mais cette fois, guidé par les conseils et les renseignements d'un des officiers, il résolut de creuser le sol jusqu'à la galerie souterraine du rempart; c'était un canal de trente-sept pieds qu'il avait à percer. Ne pouvant songer à continuer son premier travail au-dessous des sentinelles averties et défiantes, il ouvrit un nouveau trou.

D'abord mon ouvrage me réussit parfaitement; en une seule nuit je l'avançai de trois pieds. A mesure que je tirais le sable, je l'enfouissais dans mon premier trou. Mais, quand j'eus creusé dix pieds en longueur, de grandes difficultés surgirent. Avant de pouvoir rien faire, j'étais obligé de vider avec la main le trou par lequel je me glissais. Il fallait ensuite tirer par poignées le sable de ma galerie.

Quand j'eus creusé au delà de vingt pieds, je calculai que, dans l'espace de vingt-quatre heures, il me fallait ramper, au total, sur une longueur de quinze cents à deux mille, toises[1], pour retirer le sable et le replacer dans l'ancienne galerie. Après cette longue et fatigante opération, j'étais encore forcé de nettoyer toutes les fentes de mon plancher, parce que, à la visite, le sable, qui était d'une blancheur éclatante, m'aurait indubitablement trahi. Je rétablissais ensuite la partie du plancher que j'avais soulevée. Enfin je reprenais mes fers. Une journée de ce travail me causait une lassitude telle que j'avais besoin de trois jours de repos pour retrouver mes forces.

Pour épargner le temps et l'espace inutile, je rétrécis tellement mon canal, que je ne pouvais y passer qu'en me serrant beaucoup et qu'il m'était impossible d'y porter la main à ma tête. J'imaginai de tailler des sacs à sable dans la toile de mes draps et de ma paillasse, quand Bruckausen, le seul officier que j'eusse à craindre, faisait la visite, je m'étendais sur mon lit pour en dissimuler le délabrement et je faisais semblant d'être malade.

Souvent, exténué de fatigue, je m'asseyais sur mon tas de sable, crai-

---

1. D'un peu plus de 2800 à un peu plus de 3700 mètres.

gnant de n'avoir pas le temps de remettre les choses en place avant la visite; le découragement s'emparait de moi et j'étais tenté de tout abandonner; mais quelques minutes de repos me rendaient le courage, je me remettais au travail, et quelquefois la visite arrivait cinq minutes après que j'avais fini ma journée.

J'étais enfin arrivé à six ou sept pieds de la sortie après laquelle je soupirais depuis si longtemps et je creusais sous le rempart, non loin du fossé où se tenait la sentinelle. Cet homme crut entendre quelque bruit; il en avertit l'officier de garde, et tous deux, écoutant avec attention, m'entendirent traîner mes sacs. On en fit le rapport le lendemain, et un officier, qui avait pour moi de l'amitié, entra avec le major de place, un forgeron et un maçon. Le lieutenant me fit signe qu'on m'avait dénoncé. La visite commença; mais les officiers refusèrent de la continuer : le forgeron et le maçon ne découvrirent donc rien, et le major de place, qui ne passait pas pour un homme d'esprit, traita de sottise le rapport de la sentinelle.

« Nigaud que tu es, lui dit-il en sortant, c'est une taupe, et non pas Trenck, que tu as entendue sous terre. Comment veux-tu qu'il puisse aller si loin de sa prison? »

Si l'on se fût avisé de faire la visite le soir, on m'aurait surpris travaillant; mais l'idée n'en vint à personne pendant les dix années que je passai en prison : les uns ne savaient pas et les autres ne voulaient pas me surveiller.

Trois jours après cette alerte, j'aurais pu sortir par mon souterrain; mais je réservais à Bruckhausen la responsabilité de ma fuite. Ce jour-là justement il tomba malade et son service fut fait par un autre officier que je ne voulais pas compromettre.

Enfin le jour de Bruckhausen revint. A peine eut-on refermé mes portes que je me mis à creuser avec ardeur. Mais, pour mon malheur, le même soldat qui m'avait, quelques jours auparavant, entendu remuer sous terre, se trouva de garde. Presque sûr de son fait et blessé dans son amour-propre, il se coucha à plat ventre et m'entendit encore cette fois. Il appela aussitôt ses camarades, qui allèrent faire leur rapport. Le major, averti, vint et m'entendit de même fouiller auprès de la porte qui devait m'ouvrir un passage dans la galerie. Des soldats munis de lanternes entourèrent la porte aussitôt, et l'on m'attendit pour se saisir de moi.

Au moment où, déblayant le sable sous la porte, je faisais une première ouverture, je vis de la lumière et je distinguai ceux qui m'attendaient. On juge de mon effroi; je m'en retournai bien vite, et, perçant non sans peine le sable que j'avais rejeté derrière moi, je rentrai dans mon cachot. J'eus assez de présence d'esprit pour cacher de mon mieux dans les fentes et les jambages de la porte mes pistolets, mon argent et mes outils, ainsi que mon papier et ma chandelle.

J'avais à peine fini que j'entendis ouvrir les portes. On trouva la prison remplie de sacs et de sable ; mais j'avais eu le temps de remettre mes menottes, et ils crurent bonnement que je n'avais pu les quitter en creusant sous terre.

Le trou qui avait coûté un an de travail fut comblé et muré. Des mois se passèrent alors avant que Trenck pût concevoir et commencer de mettre à exécution de nouveaux plans d'évasion, qui échouèrent d'ailleurs comme les précédents.

Un moment vint du moins où le prisonnier vit son sort s'adoucir. Le prince héréditaire de Hesse-Cassel avait été nommé gouverneur de Magdebourg. Les souffrances du baron de Trenck l'émurent et il résolut d'y mettre fin autant qu'il le pouvait : en revanche, Trenck s'engagea sur l'honneur à ne plus essayer de s'évader tant que le prince serait gouverneur.

Mais dix-huit mois plus tard, le prince devenait landgrave par la mort de son père et quittait Magdebourg. La parole de Trenck était dégagée. Cependant l'habitude s'était prise, à la citadelle, de relâcher un peu la surveillance dont il avait jadis été l'objet. S'étant donc procuré par ses moyens ordinaires une épée, de la poudre, de la toile pour ses sacs à sable, sûr de certaines intelligences et de certains secours extérieurs, Trenck se remit avec ardeur à creuser une de ses anciennes galeries, et déjà l'entreprise était fort avancée, quand un accident faillit y mettre fin.

Tandis que je travaillais, dit-il, sous les fondations du rempart, mon pied heurta une grosse pierre qui se détacha derrière moi et m'enferma dans mon trou. Quel fut mon effroi en me voyant ainsi enterré vivant !

Après avoir réfléchi aux moyens de me retourner, je me déterminai à tenter d'élargir le tombeau où j'étais englouti et à pousser le sable devant moi. J'avais encore, par bonheur, quelques pieds de vide ; je remplis cet espace du sable que je tirais des côtés ; mais le devant était déjà rempli sans que je pusse encore me débarrasser. L'air commençait à me manquer ; je me souhaitai mille fois la mort et j'essayai de m'étouffer en me serrant la gorge....

D'après mon calcul, je passai huit heures au moins dans cette affreuse situation, et je finis par perdre connaissance. Revenu à moi, je recommençai à travailler ; enfin, m'étant ramassé sur moi-même et comme pelotonné, je parvins à me retourner et j'arrivai à cette malheureuse pierre. J'avais alors un peu d'air, parce que du côté de mon cachot la mine était ouverte. Je tirai le sable de dessous la pierre en le jetant derrière moi, et je parvins de cette manière à la faire descendre assez pour me glisser par-dessus et rentrer dans ma prison. Je puis dire avec vérité que, pour cette fois, je regardai comme un vrai bonheur d'être revenu dans mon cachot, moi qui me donnais tant de mal pour m'en délivrer.

Il eut à peine le temps de faire disparattre les traces de son travail et de remettre tout en ordre avant la visite journalière.

Le changement de la garnison et d'autres circonstances vinrent ensuite contrarier ses projets; mais enfin arriva le jour où le souterrain fut achevé; de plus, un officier, gagné par ses ducats, lui avait promis de lui faire faire de fausses clefs pour les portes de son cachot. Mais alors, se croyant à la veille d'être libre, la tête lui tourna, comme il le dit lui-même, et il se laissa aller à l'idée la plus folle et la plus inconcevable.

Il me prit envie de mettre à l'épreuve la générosité du grand Frédéric, me réservant toujours la ressource des fausses clefs du lieutenant dans le cas où ma tentative auprès du monarque n'aurait aucun succès. J'étais si fou de ce beau projet que j'attendis avec impatience l'heure où le major ferait sa visite.

« Monsieur le major, lui dis-je lorsqu'il entra, je sais que le gouverneur de cette ville, le généreux duc Ferdinand de Brunswick, est actuellement à Magdebourg; faites-moi le plaisir d'aller le trouver et de lui dire que je le prie de venir visiter mon cachot et de faire doubler les sentinelles; puis de m'indiquer l'heure où il voudra que je me fasse voir en plein jour et en pleine liberté sur le glacis de Klosterberg. Si je parviens à effectuer ce que je promets, j'espère qu'il voudra bien m'honorer de sa protection et instruire le roi de ma bonne foi, afin que ce prince soit convaincu de la droiture de mes sentiments et de la loyauté de mes procédés. »

Le major, stupéfait, crut que j'extravaguais; mais, me voyant insister sérieusement, il sortit et revint peu après, accompagné du commandant et des deux majors. Le duc me faisait répondre que, si j'exécutais ce à quoi je venais de m'engager, il me promettait sa bienveillance, la grâce du roi et que mes fers me seraient ôtés à l'instant. Je demandai alors qu'on me fixât une heure, et on finit par me répondre qu'il me suffirait d'expliquer comment je voulais m'y prendre, sans mettre la chose à exécution; que, si je m'y refusais, on allait à l'instant lever le plancher de mon cachot et y placer jour et nuit des gardes pour me surveiller.

Après avoir hésité longtemps, et sur les promesses les plus positives, je jetai à leurs pieds tous mes fers à la fois, j'ouvris mon trou, je donnai mes armes, mes outils, deux clefs pour ouvrir les galeries du rempart; je proposai de descendre dans ma galerie qui communiquait aux souterrains et de faire à son extrémité en quelques minutes l'ouverture nécessaire. Enfin je leur dis que des chevaux m'attendaient au premier signal sur le glacis de Klosterberg, mais que je ne jugeais pas à propos d'indiquer dans quelle écurie.

On ne peut se figurer la surprise de ces messieurs; ils examinèrent tout, me firent des questions, des objections auxquelles je répondais ; enfin, ils sortirent après une longue conversation, puis revinrent au bout d'une heure me dire que le duc était confondu de ce qu'ils venaient de lui apprendre, et ils m'emmenèrent, sans chaînes, dans la chambre de l'officier de garde.

Le soir, le major nous donna un grand souper et me dit que tout irait bien pour moi, que le duc avait déjà écrit à Berlin, etc. Mais toutes ces promesses étaient illusoires ; le lendemain, la garde fut renforcée, on plaça deux grenadiers dans la chambre où j'étais, et les ponts-levis restèrent fermés tout le jour.

La vérité est qu'on n'avait rien appris au duc de Brunswick ; le commandant et les officiers, craignant la colère du roi, avaient seulement répandu le bruit qu'on avait découvert une nouvelle tentative d'évasion du prisonnier. Le cachot fut réparé en huit jours et pavé de grosses pierres de taille; on y réintégra le malheureux Trenck avec une seule chaîne au pied, mais qui pesait autant que toutes les autres ensemble. Néanmoins le duc fut instruit peu de temps après de tous les détails de cette aventure ; il en parla au roi, qui, dès ce moment, résolut de rendre à Trenck sa liberté. Toutefois il la lui fit attendre encore un an.

Trenck avait alors trente-sept ans. Il alla s'établir à Aix-la-Chapelle, et, visitant tour à tour la Hongrie, la France et l'Angleterre, s'occupa de commerce, d'agriculture et d'économie politique. En 1791, il vint demeurer à Paris où il avait déjà séjourné. Mais, arrêté sous la Terreur comme émissaire du roi de Prusse, il monta sur l'échafaud le 7 thermidor an II (25 juillet 1794) : il était âgé de soixante-huit ans.

Un Aventurier au Dix-Huitième Siècle
Casanova de Seingalt
(1755)

Ce n'est pas un personnage bien recommandable que Jacques Casanova de Seingalt Né à Venise en 1725, il se fit très jeune remarquer par sa brillante intelligence. Il avait deux frères, d'ailleurs, qui ne paraissent pas lui avoir été inférieurs et qui tous deux eurent de la réputation comme peintres. Quant à Jacques, il devait être très diversement apprécié : son talent de causeur et même d'écrivain lui a valu, aux différentes étapes de sa carrière, des amitiés enthousiastes et puissantes. La vérité est pourtant que la postérité ne verra jamais en lui qu'un aventurier, qui, tour à tour ecclésiastique, publiciste, homme du monde, courtier politique, ne sut se fixer nulle part, et, moins scrupuleux qu'avide de plaisir, n'a racheté ses faiblesses et ses fautes d'aucune œuvre sérieuse, d'aucun acte louable. Ce n'est pas qu'il ne se vante d'avoir rendu des services à sa patrie : mais ce n'est pas ainsi que le gouvernement de Venise en jugea. Dès 1755, il était condamné à la prison pour raison d'État et ses Mémoires vont nous faire connaître l'histoire de sa captivité et de son évasion : nous allons tour à tour reproduire ou résumer son récit, comme nous avons fait pour celui du baron de Trenck.

A la pointe du jour, le 26 juillet 1755, voilà le terrible Messer Grande[1] qui entre dans ma chambre. Me réveiller, le voir et l'entendre me demander si j'étais Jacques Casanova, ne fut que l'affaire d'un moment. A mon : « Oui, je suis Casanova, » il m'ordonne de me lever, de m'habiller, de lui remettre tout ce que j'avais en écritures et de le suivre.

« De la part de qui me donnez-vous cet ordre ?

— De la part du Tribunal. »

Le mot *Tribunal* me pétrifia et ne me laissa que la faculté matérielle pour obéir passivement. Je fis ma toilette, et je mis une chemise à dentelles et mon bel habit. Messer Grande me fit entrer dans une gondole, où il se plaça près de moi avec une escorte de quatre hommes. Arrivés chez lui, il m'offrit du café que je refusai, puis il m'enferma dans une chambre.

Vers les trois heures, le chef des archers entra et me dit qu'il avait ordre de me conduire sous les Plombs[2]. Sans mot dire, je le suis ; nous descendîmes dans une gondole et, après mille détours par les petits canaux, nous entrâmes dans le Grand Canal et nous abordâmes au quai des Prisons.

Après avoir monté plusieurs escaliers, nous traversâmes un pont fermé (le pont des Soupirs), qui fait la communication des prisons avec le palais ducal, par-dessus le canal qu'on appelle Canal du Palais. Au delà de ce pont se trouve une galerie que nous passâmes ; ensuite nous traversâmes une chambre pour entrer dans une autre où il me présenta à un individu revêtu de la robe de patricien[3], lequel, après m'avoir toisé des yeux, lui dit : « C'est celui-là ? Mettez-le au dépôt[4] ».

Casanova fut placé dans une cellule située dans ce qu'on appelait le quartier de la Poutre, à cause d'une grosse pièce de bois qui traverse cette partie des combles du palais. Les cellules s'ouvraient sur un vaste galetas, éclairé par une grande lucarne donnant sur la cour du palais et dans lequel étaient amoncelés une foule d'objets les plus divers, papiers officiels, arrêts du Tribunal, meubles de toute sorte. Les pri-

1. Exécuteur des ordres du Conseil des Dix et du Tribunal des trois Inquisiteurs d'État.
2. C'est-à-dire dans des cellules établies sous la toiture en plomb du palais ducal de Saint-Marc. La chaleur y était insupportable.
3. Ce personnage était le secrétaire du Tribunal des Inquisiteurs ; c'est lui qui sera appelé plus bas M. Cavalli.
4. Les cellules des Plombs étaient en effet considérées comme une prison temporaire, où les prisonniers attendaient leur jugement, les uns pendant quelques jours, les autres pendant des années.

sonniers se promenaient chaque jour, quelques instants, dans ce galetas pendant que les geôliers faisaient le ménage de leur cellule. Casanova souffrit beaucoup de la chaleur pendant les premiers temps de sa détention et tomba malade. Mais, s'étant remis au bout de quelques jours, il ne songea plus qu'à recouvrer sa liberté. Un jour, en parcourant le galetas voisin de sa cellule, il remarqua une sorte de verrou en fer rond et un morceau de marbre noir; il s'empara de ces deux objets, les cacha; puis, quand il fut seul, il se mit à frotter sur le marbre l'une des extrémités du morceau de fer et parvint, à force de patience et d'efforts, à l'aiguiser en pointe.

Après trois ou quatre jours de réflexion sur l'usage que je ferais de mon verrou devenu esponton, gros comme une canne et long de vingt pouces[1], je jugeai que le plus simple était de faire un trou au plancher, sous mon lit. J'étais certain que la chambre sous mon cachot ne pouvait être que celle où j'avais vu M. Cavalli; je savais qu'on ouvrait cette chambre tous les matins, et je ne doutais pas que, dès que le trou serait fait, je ne pusse facilement y descendre au moyen de mes draps : je me serais tenu caché sous la grande table du Tribunal et, le matin, aussitôt que la porte aurait été ouverte, je serais sorti et, avant qu'on eût pu me suivre, je me serais mis en lieu de sûreté.

Je réfléchis qu'il était possible que l'on plaçât dans cette salle un archer; mais mon esponton devait vite m'en débarrasser. Le plancher pouvait être double, triple même; grand embarras; car comment empêcher les archers de balayer le plancher pendant deux mois que pouvait durer mon ouvrage? En le leur défendant, j'éveillais les soupçons, d'autant plus que j'avais exigé précédemment qu'ils le balayassent tous les jours; et le balai même leur aurait décelé mon travail. Je commençai par défendre qu'on balayât, sans dire pourquoi. Huit jours après, Laurent[2] m'en demanda la raison : j'alléguai l'incommodité de la poussière, qui me faisait tousser avec violence. Cela me valut une semaine de répit; après quoi Laurent fit balayer la cellule et en examina tous les recoins avec une chandelle allumée.

Casanova s'avisa alors de se piquer le doigt, ensanglata son mouchoir et dit à Laurent que la toux, suite du balayage, lui avait causé un crachement de sang. Le médecin le fit saigner et, venant sans s'en douter en aide à la ruse du prisonnier, déclara que le balayage était dangereux, qu'un jeune homme venait de mourir des suites d'un accident semblable; enfin les sbires cessèrent de balayer la cellule de Casanova.

Je prenais chaque jour des forces, mais le moment de me mettre à l'ouvrage n'était pas encore venu : le froid était trop fort, et mes mains ne pouvaient tenir quelque temps l'esponton sans se raidir. Mon entreprise

1. *Esponton*, petite pique. Le pouce est la douzième partie du pied et vaut par conséquent 0m.027.
2. Le geôlier.

exigeait beaucoup de prévoyance. Les longues nuits d'hiver me désolaient, car j'étais obligé de passer dix-neuf mortelles heures dans les ténèbres ; et, dans les jours nébuleux, qui à Venise ne sont pas rares, la lumière qui entrait par la fenêtre n'était pas suffisante pour que je pusse lire. N'ayant l'esprit occupé d'aucune pensée étrangère, je retombais sans cesse sur celle de mon évasion....

La possession d'une misérable lampe de cuisine m'aurait rendu heureux ; mais comment faire pour me procurer cette jouissance ? Pour faire cette lampe, il me fallait un vase, des mèches, de l'huile, une pierre à feu, un briquet, de l'amadou et des allumettes.

J'avais l'écuelle où l'on me faisait cuire des œufs au beurre. Sous prétexte que l'huile ordinaire m'incommodait, je me fis acheter de l'huile de Lucques pour ma salade. Ma courtepointe de coton pouvait me fournir des mèches. Ayant fait semblant d'être tourmenté de douleurs de dents, je dis à Laurent qu'il me fallait de la pierre ponce, mais qu'une pierre à fusil ferait le même effet en la mettant pendant un jour dans le vinaigre ; qu'ensuite, appliquée sur la dent, elle calmerait mes douleurs. Laurent me dit que mon vinaigre était excellent, que je pouvais y mettre une pierre moi-même, et il m'en jeta trois ou quatre qu'il tira de sa poche. Une forte boucle d'acier que j'avais à la ceinture devait me tenir lieu de briquet.

Il me restait à obtenir du soufre et de l'amadou. La fortune vint à mon aide. J'avais quelquefois des démangeaisons aux bras ; je dis à Laurent de demander au médecin un remède ; et, le lendemain, il m'apporta un billet, que le secrétaire avait lu, et dans lequel le médecin ordonnait un jour de diète, etc., ou une onction de fleur de soufre.

« Apportez-moi du soufre, dis-je à Laurent : j'ai ici du beurre et je ferai l'onguent moi-même. Avez-vous des allumettes ? donnez-m'en. »

Il se trouva en avoir dans ses poches et me les donna.

Je me souvins que le tailleur avait dû mettre de l'amadou aux entournures de mon habit pour empêcher la sueur de tâcher l'étoffe.... Ayant tous les ingrédients, j'eus bientôt une lampe. Qu'on se figure la satisfaction que j'éprouvai. Je me fixai alors le premier lundi du carême pour commencer l'opération difficile de la rupture du plancher : car, dans les désordres du carnaval, je redoutais trop les visites, et ma prévision fut sage.

On lui donna en effet un compagnon de prison, dont il ne fut délivré que deux mois après.

Aussitôt que je me vis seul, je me mis à l'ouvrage avec activité. Il fallait que je me dépêchasse, de crainte qu'il ne vînt quelque nouvel hôte aussi incommode, qui, comme le précédent, aurait exigé qu'on balayât. Je commençai par retirer mon lit, et, après avoir allumé ma lampe, je me jetai à plat ventre sur le plancher, mon esponton à la main, ayant une serviette près de moi pour y recueillir les débris des planches à mesure que je les rognerais. Il s'agissait de détruire la planche à force d'y enfoncer la pointe de mon instrument.

D'abord les morceaux que j'en détachais n'étaient pas plus gros qu'un grain de froment; mais bientôt ils augmentèrent de volume. La planche était de bois de mélèze de seize pouces de largeur. Je commençai à l'entamer à l'endroit où elle se joignait à une autre planche; et, comme il n'y avait ni clou ni ferrure quelconque, mon ouvrage était tout uni. Après six heures de travail, je nouai ma serviette et je la mis de côté pour la vider le lendemain derrière le tas de papiers qui était dans le galetas. Les fragments de la rupture formaient un volume quatre ou cinq fois plus grand que le trou d'où je les avais tirés.... Je remis mon lit à sa place, et, le lendemain, en vidant ma serviette, je m'assurai que mes fragments ne seraient pas aperçus.

Le jour suivant, ayant rompu la première planche, que je trouvai de deux pouces d'épaisseur, je fus arrêté par une seconde que je jugeai pareille à la première. Tourmenté par la crainte d'avoir de nouvelles visites, je redoublai d'efforts, et, en trois semaines, je me vis au bout de trois planches dont le plancher se composait; mais alors je me crus perdu, car je me trouvai en face d'une couche de petites pièces d'un marbre particulier connu à Venise sous le nom de *terrazzo*[1]. C'est le pavé ordinaire des appartements de toutes les maisons vénitiennes, excepté de celles des pauvres : car les grands seigneurs même préfèrent le *terrazzo* aux plus beaux parquets.

Je fus consterné en voyant que mon verrou ne mordait pas sur ce mastic. Cet accident faillit m'abattre tout à fait et me décourager. Je me souvins alors d'Annibal[2]; je versai dans la cavité une bouteille de fort vinaigre que j'avais. Le lendemain, soit effet du vinaigre, soit que, rafraîchi par le repos, je misse plus de force et de patience au travail, je vis que je viendrais à bout de cette difficulté : car il ne s'agissait pas de briser les marbres, mais de pulvériser avec la pointe de mon outil le ciment qui les unissait.

Bientôt, au reste, je m'aperçus avec beaucoup de joie que la grande difficulté n'était qu'à la superficie; en quatre jours toute cette mosaïque fut détruite. Sous le pavé, je trouvai une autre planche; mais je m'y étais attendu. Je jugeai que ce devait être la dernière, c'est-à-dire la première dans l'ordre du comble de tout appartement dont les poutres soutiennent le plafond. Je l'entamai avec quelques difficultés, parce que, mon trou ayant

1. Formé de petites pièces de marbre et d'un mastic de poudre de marbre.
2. Qui aurait, à en croire certains récits, employé le vinaigre pour dissoudre certains rochers des Alpes.

dix pouces de profondeur, je maniais mon esponton avec beaucoup de gêne.

Le 25 juin, vers les trois heures après midi, au moment où, dans l'état de nature et tout en sueur, je travaillais à plat ventre à l'achèvement de mon trou, ayant une lampe allumée à côté de moi pour éclairer mon travail, j'entends avec un effroi mortel le bruit du glapissant verrou et celui de la porte du premier corridor. Quel moment affreux! je souffle la lampe et, laissant mon esponton dans le trou, j'y jette la serviette avec les copeaux qu'elle contenait et vite, me hâtant de remettre mon lit en ordre du mieux qu'il me fut possible, je m'y jetai comme mort au moment où la porte de mon cachot s'ouvrit. Deux secondes plus tôt Laurent m'aurait surpris. Il allait me marcher sur le corps quand je l'en empêchai en jetant un cri douloureux qui le fit reculer en s'écriant :

« Mon Dieu, monsieur, je vous plains bien, car on étouffe ici comme dans une fournaise. Levez-vous et remerciez Dieu qui vous envoie une excellente compagnie. »

Ce nouveau venu crut entrer dans l'enfer et il s'écria :

« Où suis-je?... Quelle chaleur! quelle puanteur! »

Laurent nous fit sortir dans le galetas et dit qu'il nous y laissait pour quelque temps, pendant lequel le cachot se purgerait de la mauvaise odeur, qui n'était que d'huile. Quelle surprise pour moi de lui entendre prononcer ces derniers mots! J'avais négligé, dans ma précipitation, de moucher la mèche après l'avoir éteinte. Je jugeai que Laurent devait tout savoir, et que le compagnon qu'on m'avait naguère imposé pendant deux mois avait seul pu me trahir. Que je me félicitai qu'il n'eût pas pu lui en apprendre davantage !

Huit jours après, Casanova était seul de nouveau dans son cachot.

Le lendemain, Laurent m'ayant rendu compte de l'argent que je lui confiais pour mes dépenses, je me trouvai avoir quatre sequins[1] de reste, et je l'attendris en lui disant que j'en faisais présent à sa femme. Je ne lui dis pas que c'était pour le loyer de ma lampe, mais il fut libre de le penser.

Ayant repris mon travail et le poursuivant sans relâche, je le vis parfait le 23 août. Cette longueur fut causée par un accident très naturel. En creusant la dernière planche, toujours avec la plus grande circonspection, pour la rendre très mince, parvenu à la surface, je mis l'œil à un petit trou par lequel je devais voir la chambre des inquisiteurs. Je la vis en effet ; mais en même temps j'aperçus à côté une surface perpendiculaire d'environ huit pouces. C'était une des poutres qui soutenaient le plafond ; cela me força à étendre

---

1. Le sequin valait environ 12 francs.

mon ouverture du côté opposé, car la poutre aurait rendu le passage si étroit que ma personne, d'assez forte stature, n'aurait jamais pu y passer. Je l'agrandis donc d'un quart, flottant entre la crainte et l'espérance; car il pouvait se faire que l'espace entre les deux solives ne fût pas suffisant. Un second petit trou me permit de m'assurer que Dieu avait béni mon ouvrage. Je rebouchai soigneusement les petits trous pour empêcher que rien ne tombât dans la salle, ni qu'aucun rayon de ma lampe ne pût être aperçu, ce qui m'aurait découvert et perdu.

Je fixai le moment de mon évasion à la nuit de la veille de Saint-Augustin, parce que je savais qu'à l'occasion de cette fête, le grand conseil s'assemblait et que par conséquent il n'y aurait pas de monde dans la partie du palais contiguë à la chambre par laquelle je devais nécessairement passer en me sauvant. Ce devait être le 27; mais le 25, à midi, il m'arriva un malheur dont je frissonne encore quand j'y pense, quoique tant d'années séparent cet événement du moment actuel.

A midi précis, j'entendis le bruit des verrous, et je crus mourir : car un violent battement de cœur me fit craindre que mon dernier moment ne fût venu. Éperdu, je me jette sur mon fauteuil et j'attends. Laurent, en entrant dans le galetas, mit la tête à la grille et me cria d'un ton joyeux :

« Je vous félicite, monsieur, de la bonne nouvelle que je vous apporte. »

Croyant d'abord que c'était ma mise en liberté — en effet, je n'en imaginais pas d'autre — je frémis ; je sentais que la découverte du trou aurait fait révoquer ma grâce. Laurent entre et me dit de le suivre.

« Attendez que je m'habille.

— N'importe, puisque vous ne faites que passer de ce vilain cachot à un autre clair et tout neuf, où, par deux fenêtres, vous verrez la moitié de Venise et où vous pourrez vous tenir debout. »

Je n'en pouvais plus, je me sentais défaillir.

« Donnez-moi du vinaigre, lui dis-je, et allez dire à M. le secrétaire que je remercie le Tribunal de cette grâce et que je le supplie de me laisser ici.

— Vous me faites rire, monsieur, êtes-vous devenu fou? On veut vous tirer de l'enfer pour vous mettre en paradis, et vous refusez ! Allons, allons, il faut obéir : levez-vous. Je vous donnerai le bras et je vous ferai porter vos hardes et vos livres. »

Voyant que la résistance était inutile, je me levai, et je ressentis un grand soulagement en lui entendant donner l'ordre à un archer servant de m'apporter mon fauteuil : car mon esponton allait me suivre et l'espérance avec lui. J'aurais bien voulu pouvoir emporter mon beau trou, objet de tant de peines et d'espoirs perdus. Je puis dire qu'en sortant de cet horrible lieu de douleur, mon âme y resta tout entière.

Appuyé sur l'épaule de Laurent qui, par ses sottes plaisanteries, croyait ranimer ma gaîté, je passai deux corridors étroits et, après avoir descendu trois degrés, je pénétrai dans une salle très claire ; à son extrémité gauche, il me fit entrer par une autre porte dans un autre corridor de deux pieds de large sur environ douze de long[1], et à l'un des angles duquel était mon nouveau cachot. Il avait une fenêtre grillée, donnant sur deux fenêtres également grillées, qui éclairaient le corridor, et par là on pouvait jouir de la belle vue jusqu'au Lido[2]. Je n'étais pas disposé à me réjouir de cela dans ce triste moment. Cependant, je vis plus tard avec plaisir que par cette fenêtre, quand elle était ouverte, on recevait un vent doux et frais qui tempérait l'insoutenable chaleur, ce qui était un véritable baume pour le malheureux obligé d'y respirer, surtout dans cette saison.

Bien entendu, je ne fis ces observations que plus tard. Dès que je fus entré dans le nouveau cachot, Laurent y fit placer mon fauteuil et s'en alla en me disant qu'il allait me faire apporter le reste de mes effets. Je me tenais sur mon fauteuil, immobile comme une statue, en attendant l'orage, mais sans le craindre. Ce qui causait ma stupeur était l'idée accablante que toutes les peines que j'avais eues, toutes les combinaisons que j'avais tentées étaient perdues. J'étais dans cet état d'anxiété et de désespoir lorsque deux sbires vinrent m'apporter mon lit. Ils ressortirent aussitôt pour aller chercher le reste, et il s'écoula plus de deux heures avant que je revisse personne, quoique la porte de mon nouveau cachot fût restée ouverte.

Ce retard, qui n'était point naturel, me faisait naître une foule de pensées ; mais je ne pouvais me fixer sur rien. J'entendis enfin des pas précipités, et bientôt je vis devant moi Laurent tout défiguré par la colère, écumant de rage et blasphémant Dieu et tous les saints. Il commença par m'ordonner de lui remettre la hache et les outils dont je m'étais servi pour percer le plancher, et de lui déclarer quel était le sbire qui me les avait fournis ; je lui répondis, sans bouger et avec beaucoup de sang-froid, que j'ignorais de quoi il me parlait. A cette réponse il ordonne qu'on me fouille ; mais, me levant d'un air résolu, je menace les coquins et me mettant tout nu :

« Faites votre métier, leur dis-je, mais qu'aucun ne me touche. »

On visite mes matelas, on vide ma paillasse, on manie les coussins de mon fauteuil ; on ne trouve rien.

« Vous ne voulez pas me dire où sont les instruments avec lesquels vous avez fait l'ouverture ? Mais on trouvera les moyens de vous faire parler.

— S'il est vrai que j'aie fait un trou quelque part, je dirai que c'est vous qui m'en avez fourni les moyens et que je vous ai tout rendu. »

---

1. Nous rappelons que le pied équivalait à 0 m. 324.
2. Petite île qui sert de lieu de promenade à Venise.

A cette menace, qui fit sourire d'approbation les gens qui le suivaient et qu'il avait probablement irrités par quelque mauvais propos, il frappa du pied, s'arracha les cheveux et sortit comme un possédé. Ses gens revinrent et m'apportèrent tous mes effets, à l'exception de ma pierre et de ma lampe. Avant de quitter le corridor et après avoir fermé mon cachot, il ferma aussi les deux croisées par lesquelles je recevais un peu d'air. Malgré l'esprit de son métier, il ne lui vint point heureusement dans l'idée de renverser le fauteuil, et, me trouvant encore possesseur de mon verrou, j'en rendis grâce à la Providence.

Le lendemain, Laurent apporta au prisonnier des vivres de la plus mauvaise qualité, et un archer muni d'une barre de fer se mit à frapper partout dans le cachot, et particulièrement sous le lit. Toutefois il ne frappa point le plafond. « C'est par là, se dit le prisonnier, que je sortirai de cet enfer. »

Les jours suivants, Laurent continua à lui apporter une nourrriture impossible à manger et à lui refuser les soins de propreté de son cachot et l'ouverture des fenêtres. Le huitième jour, Casanova s'emporte et réclame le compte de l'argent remis pour les dépenses courantes : Laurent le lui promet pour le lendemain. Ce jour-là, il apporte au prisonnier, de la part de M. de Bragadin, son ami, un panier de citrons et un beau poulet rôti.

Lorsqu'il me présenta mon compte, je ne jetai les yeux que sur la somme et je lui dis de donner le reste à sa femme, à l'exception d'un sequin que je lui ordonnai de donner aux archers qui étaient avec lui pour le service. Laurent, étant resté seul avec moi, m'adressa ainsi la parole :

« Vous m'avez déjà dit, monsieur, que c'est de moi-même que vous avez reçu les objets nécessaires pour faire l'énorme trou ; ainsi je n'en suis plus curieux ; mais voudriez-vous en grâce me dire qui vous a procuré les choses nécessaires pour vous faire une lampe?

— Vous-même.

— Oh! pour le coup, je suis confondu, car je ne croyais pas que l'esprit consistât dans l'effronterie.

— Je ne mens pas. C'est vous qui, de vos propres mains, m'avez donné tout ce qui m'était nécessaire : huile, pierre à feu, allumettes ; je possédais le reste.

— Vous avez raison ; mais pourriez-vous me convaincre avec autant de facilité que je vous ai fourni les instruments pour faire le trou?

— Assurément, car je n'ai rien reçu que de vous.

— Miséricorde! qu'entends-je? Dites-moi comment je vous ai donné une hache.

— Je vous dirai tout, et je dirai vrai, mais ce ne sera qu'en présence du secrétaire.

— Je ne veux plus rien savoir et je vous crois sur tout. Je vous demande

le silence, car songez que je suis un pauvre homme et que j'ai des enfants. »
Il s'en alla en se tenant la tête entre les mains.

Je me félicitais de tout mon cœur d'avoir trouvé le moyen de me faire craindre de ce maraud. Je vis que son propre intérêt l'obligeait à ne rien faire connaître à ses maîtres de ce qui s'était passé.

Un jour Casanova demande un livre. Laurent lui conseille, au lieu de faire un achat, de prêter les volumes qu'il possède à un autre prisonnier qui lui prêtera les siens. Casanova y consent, et, en échange d'un livre qu'il remet à Laurent, celui-ci lui en rapporte un autre.

Ravi de l'opportunité d'entamer une correspondance avec quelqu'un qui pût me seconder dans mon projet de fuite, projet que j'avais ébauché dans ma tête, j'ouvris le livre dès que Laurent fut parti, et ma joie fut extrême en lisant sur une feuille la paraphrase de ces mots de Sénèque : *Calamitosus est animus futuri anxius*[1], faite en six bons vers. J'en fis six autres à l'instant, et voici l'expédient que j'appelai à mon aide pour parvenir à les écrire. J'avais laissé croître l'ongle de mon petit doigt; il était fort long : je le coupai en pointe et j'en fis une plume. Je n'avais point d'encre et je pensais à me faire une piqûre pour écrire avec mon sang, quand je réfléchis que le jus de mûre me tiendrait facilement lieu d'encre, et j'en avais.

Outre les six vers, j'écrivis le catalogue des livres que j'avais et je le plaçai dans le dos du même livre. Il est bon de savoir qu'en Italie les livres, généralement, sont reliés en parchemin, et de manière qu'en ouvrant le livre le dos forme une poche. A l'endroit du titre, j'écrivis : *Latet*[2].

J'étais impatient d'avoir une réponse; aussi le lendemain, dès que Laurent parut, je lui dis que j'avais lu le livre et que je priais la personne de m'en envoyer un autre. J'eus le second volume un instant après.

Aussitôt que je fus seul, j'ouvris le livre et j'y trouvai une feuille volante, écrite en latin, qui contenait ces mots : « Nous sommes deux dans la même prison et nous éprouvons le plus grand plaisir de voir que l'ignorance d'un geôlier cupide nous procure un privilège sans exemple en ces lieux. Moi qui vous écris, je suis Marin Balbi, noble Vénitien, régulier somasque[3], et mon compagnon est le comte André Asquin, d'Udine, capitale du Frioul. Il me charge de vous dire que tous les livres qu'il possède, et dont vous trouverez la note au dos de ce volume, sont à votre service; mais nous vous

---

1. Bien malheureux est l'esprit anxieux de l'avenir.
2. Il y a quelque chose de caché.
3 C'est-à-dire moine de la congrégation des Somasques. Cette congrégation fut fondée au XVIe siècle dans la ville du même nom.

prévenons, monsieur, que nous avons besoin de toutes les précautions possibles pour cacher à Laurent notre petit commerce. »

Je trouvai singulière la recommandation de prudence faite sur une feuille volante. Il paraissait impossible que Laurent n'ouvrît pas le livre; alors il aurait vu la feuille et s'en serait fait lire le contenu par quelqu'un : tout aurait été découvert. Cela me fit supposer que mon correspondant était un franc étourdi. Après avoir lu le catalogue, j'écrivis qui j'étais, comment j'avais été arrêté, l'ignorance où j'étais sur le crime dont on me punissait et l'espérance que j'avais de me voir bientôt libre. Balbi m'écrivit une lettre de seize pages. Le comte Asquin ne m'écrivit point. Le moine me fit l'histoire de toutes ses infortunes; il y avait quatre ans qu'il était détenu.

Cette narration du régulier somasque montrait clairement qu'il n'y avait rien de régulier en lui que son titre. Casanova conclut de sa longue épître que c'était un personnage peu recommandable et, de plus, mauvais raisonneur, méchant, sot, imprudent, ingrat. La suite devait lui prouver amplement qu'il ne s'était trompé sur aucun point.

Je trouvai dans le dos du livre un crayon, des plumes et du papier, ce qui me mit en état d'écrire tout à mon aise. Balbi me faisait aussi l'histoire de tous les prisonniers qui étaient sous les Plombs et de ceux qui y avaient été depuis les quatre ans qu'il y vivait. Il me dit que c'était un archer, Nicolas, qui, en secret, lui achetait tout ce qu'il voulait, qui lui disait le nom des autres prisonniers, etc., et, pour m'en convaincre, il me rapportait tout ce qu'il lui avait dit de mon trou : Laurent avait mis deux heures pour faire réparer le dégât que j'avais fait; il avait intimé le secret au menuisier, au serrurier et aux archers sous peine de la vie. « Un jour de plus, avait ajouté l'archer, Casanova se serait échappé d'une manière ingénieuse qui aurait fait pendre Laurent ; car, malgré la surprise qu'il a témoignée à la vue du trou, il n'est pas douteux que ce ne soit lui qui ait fourni les instruments nécessaires. » Il me priait de lui conter en détail l'événement, de lui dire comment je m'étais procuré les instruments et d'avoir foi en sa discrétion, égale, assurait-il, à sa curiosité.

Je doutais, pour ma part, beaucoup moins de celle-ci que de celle-là, d'autant plus que sa demande même le déclarait le plus indiscret des hommes. Je jugeai cependant que je devais le ménager, car il me paraissait d'une trempe à entreprendre tout ce que je lui dirais pour m'aider à recouvrer ma liberté. Je me mis à lui répondre; mais il me vint un soupçon qui me fit suspendre l'envoi de ce que j'avais écrit. Je m'imaginai que cette correspondance pouvait être un artifice de Laurent pour parvenir à savoir qui m'avait fourni les instruments et ce que j'en avais fait. Aussi, pour satisfaire Balbi sans me compromettre, lui écrivis-je que j'avais fait l'ouverture au moyen d'un fort couteau que je possédais, et que je l'avais placé sur l'appui de la fenêtre du corridor.

En moins de trois jours, cette fausse confidence mit mon esprit en paix : car Laurent ne visita pas l'appui de la fenêtre, ce qu'il n'aurait pas manqué de faire si la lettre eût été interceptée. D'ailleurs le P. Balbi m'écrivait qu'il savait que je pouvais avoir un couteau, car Laurent lui avait dit qu'on ne m'avait pas fouillé avant de m'enfermer. Le moine finissait par me prier de lui envoyer mon couteau par Nicolas, à qui je pouvais me fier.

La légèreté de ce moine me paraissait inconcevable. Je lui écrivis que je ne me sentais aucune disposition à me fier à Nicolas, et que mon secret était tel que je ne pouvais pas le confier au papier.

Mes soupçons étant tout à fait dissipés, voilà comment je raisonnai : « Je veux à tout prix me procurer la liberté. L'esponton que j'ai est excellent ; mais il est impossible que je m'en serve, car tous les matins on sonde mon cachot à coups de barre, excepté le plafond. Si je veux sortir d'ici, c'est donc par le plafond qu'il faut que j'en sorte ; mais pour en venir à bout il me faut un trou, et je ne saurais l'entreprendre d'en bas avec succès, car ce n'est pas l'affaire d'un jour. Il me faut un aide ; il pourra se sauver avec moi. » Je n'avais pas l'embarras du choix, et mon idée ne pouvait tomber que sur le moine.

Il avait trente-huit ans et, quoiqu'il ne fût pas riche en bon sens, je pensai que l'amour de la liberté, ce premier des besoins de l'homme, lui donnerait assez de résolution pour exécuter mes instructions. Il fallait commencer par me résoudre à lui tout confier, puis imaginer un moyen pour lui faire parvenir mon instrument ; c'étaient deux points difficiles.

Je commençai d'abord par lui demander s'il désirait la liberté et s'il se sentait capable de tout entreprendre pour se la procurer avec moi. Il me répondit que son camarade et lui étaient capables de tout pour rompre leurs chaînes ; mais il ajoutait qu'il était inutile de se casser la tête à faire des projets inexécutables. Il remplit quatre longues pages des impossibilités qui s'offraient à son pauvre esprit. Je lui écrivis qu'en faisant mon plan je n'avais songé qu'aux difficultés particulières, que celles-là seraient vaincues ; et je finissais en lui donnant ma parole d'honneur de le rendre libre, s'il voulait s'engager à exécuter à la lettre tout ce que je lui prescrirais. Il me le promit.

Je lui marquai que je possédais un esponton de vingt pouces de longueur; qu'au moyen de cet instrument, il percerait le plafond de son cachot pour en sortir, qu'ensuite il percerait le mur qui nous séparait, que par cette ouverture il arriverait sur moi, qu'il briserait le plafond et que, cela fait, il m'aiderait à sortir par le trou. « Quand nous en serons là, votre tâche sera faite et la mienne commencera ; je vous mettrai en liberté, vous et le comte Asquin. »

Il me répondit que, lorsqu'il m'aurait tiré hors du cachot, je n'en serais pas moins en prison et que notre situation alors ne différerait de notre situation actuelle que par l'espace ; que nous serions tout simplement dans les galetas, lesquels étaient fermés par trois fortes portes.

« Je le sais, mon Révérend Père, lui répondis-je, mais ce n'est point par les portes que nous nous sauverons. Mon plan est fait, et je suis sûr du succès ; je ne vous demande qu'exactitude dans l'exécution et abstinence d'objections. Songez seulement au moyen le plus convenable pour que je puisse vous faire tenir l'instrument de notre délivrance, sans que le porteur puisse en concevoir aucun soupçon. En attendant, faites acheter par le geôlier une quarantaine d'images de saints assez grandes pour tapisser toute la surface de votre cachot. Ces images religieuses n'inspireront aucun soupçon à Laurent, et elles vous serviront à couvrir l'ouverture que vous ferez au plafond. Vous aurez besoin de quelques jours pour pratiquer cette ouverture, et Laurent, le matin, ne pourra pas voir l'ouvrage que vous aurez fait la veille, puisque vous le recouvrirez avec l'image. Si je ne le fais pas moi-même, c'est que je suis suspect à notre gardien. »

Quoique je lui recommandasse de songer au moyen le plus propre à lui envoyer mon esponton, je m'occupais sans cesse à le trouver moi-même, et il me vint une idée heureuse que je m'empressai de saisir.

Je dis à Laurent de m'acheter une Bible in-folio qui venait de paraître. J'espérais pouvoir placer mon esponton au dos de la reliure de ce grand volume, et l'envoyer ainsi au moine. Mais, quand je l'eus, je vis que mon instrument dépassait de deux pouces la longueur du livre. Mon correspondant m'avait déjà écrit que son cachot était tapissé d'images, et je lui avais communiqué mon idée sur la Bible et la difficulté que son défaut de longueur me présentait. Je pris néanmoins la ferme résolution d'envoyer mon verrou sous la protection de la Bible, et voici ce que je fis.

Je dis à Laurent que je voulais célébrer le jour de la Saint-Michel avec du macaroni au fromage ; mais que, pour reconnaître l'honnêteté de la personne qui avait la bonté de me prêter des livres, je voulais lui en faire un grand plat et le préparer moi-même. Laurent me dit que ce monsieur désirait lire le grand livre qui avait coûté trois sequins. C'était une affaire arrangée.

« Fort bien, lui dis-je, je le lui enverrai avec le macaroni ; apportez-moi seulement le plus grand plat que vous ayez à la maison, car je veux faire la chose en grand. »

J'enveloppai mon esponton dans du papier, et je le plaçai au dos de la reliure de la Bible, observant qu'il dépassât autant d'un côté que de l'autre. En posant sur la Bible un grand plat bien rempli de macaroni au beurre fondu, j'étais sûr que Laurent ne pourrait pas regarder aux extrémités, parce que son regard serait concentré sur les rebords du plat pour éviter de répandre la graisse sur le livre. J'avertis le P. Balbi de tout, lui recommandant d'être adroit en recevant le plat, et d'avoir soin surtout de prendre les deux objets ensemble et non l'un après l'autre.

Au jour marqué, Laurent vint plus matin que de coutume avec une chaudière pleine de macaroni tout bouillant et tous les ingrédients nécessaires pour l'assaisonner. Je fis fondre quantité de beurre et, après avoir disposé le macaroni dans le plat, je répandis le beurre dessus jusqu'à ce qu'il touchât les bords. Le plat était énorme et dépassait de beaucoup la grandeur du livre sur lequel je l'avais placé. Tout ceci se faisait à la porte de mon cachot, et Laurent était dehors.

Quand tout fut prêt, j'élevai avec soin la Bible et le plat, je plaçai le dos du livre du côté du porteur, et je dis à Laurent d'allonger les bras et d'étendre les mains, d'avoir soin de ne point verser la graisse sur le livre et d'aller vite porter le tout à sa destination. En lui consignant cet important fardeau, je tenais mes yeux fixés sur les siens, et je vis avec le plus grand plaisir qu'il ne détournait pas ses regards de dessus le beurre, qu'il craignait de verser. Il me dit qu'il serait mieux de porter d'abord le plat et qu'ensuite il reviendrait prendre le livre ; mais je lui répondis que le présent perdrait de son prix et que tout devait aller ensemble. Il se plaignit alors que j'avais mis trop de beurre, et me dit d'un air bouffon que s'il en répandait il ne serait pas responsable du dommage.

Dès que je vis la Bible sur les bras du butor, je me sentis certain du succès : car les bouts de l'esponton ne pouvaient être aperçus, à moins de faire un grand mouvement de côté. Je le suivis des yeux jusqu'à ce que je l'eusse vu entrer dans l'avant-cachot du moine, lequel, se mouchant à trois reprises, me donna le signal convenu que tout était arrivé à bon port, ce que Laurent vint me confirmer l'instant d'après.

Le P. Balbi ne tarda pas à mettre la main à l'œuvre, et, en huit jours, il parvint à faire au plafond une ouverture suffisante, qu'il masquait avec une image collée avec de la mie de pain. Le 8 octobre il m'écrivit qu'il avait passé toute la nuit à travailler. Le 16 octobre, à dix heures du matin, au moment où j'étais occupé à traduire une ode d'Horace, j'entendis au-dessus de ma tête un trépignement et trois petits coups. C'était le signal concerté pour nous assurer que nous ne nous étions pas trompés. Il travailla jusqu'au soir, et le lendemain il m'écrivit que si mon toit n'était que de deux rangs de planches, son travail serait achevé le même jour. Il m'assura qu'il aurait soin de faire le trou circulaire, comme je le lui avais recommandé, et qu'il ne percerait pas le plancher. Ceci était surtout nécessaire : car l'apparence de la moindre effraction nous aurait décelés. « L'excavation, me disait-il sera telle qu'il ne faudra qu'un quart d'heure de travail pour l'achever. »

J'avais fixé au surlendemain le moment de sortir de mon cachot pendant la nuit pour n'y plus rentrer : car, avec un compagnon, je me sentais assuré de faire, en trois ou quatre heures, un trou au grand toit du palais ducal, d'y passer pour me placer dessus, et d'employer alors tous les moyens que le hasard m'offrirait pour descendre jusqu'à terre.

Je n'en étais pas encore à ce point, car ma mauvaise fortune me réservait plus d'une difficulté à vaincre.

Ce même jour, c'était un lundi, à deux heures après midi, pendant que le P. Balbi travaillait, j'entendis ouvrir la porte de la salle contiguë à mon cachot. Je sentis tout mon sang se glacer ; mais j'eus assez de présence d'esprit pour frapper deux coups, marque d'alarme convenue, à laquelle le P. Balbi devait vite rentrer dans son cachot et mettre tout en ordre. Moins d'une minute après, Laurent ouvre mon cachot et me demande pardon de venir me mettre en compagnie d'un très mauvais sujet. Celui qu'il poussait devant lui et qu'il me présentait en ces termes était un homme de quarante à cinquante ans, petit, maigre, laid et mal vêtu. Je ne pouvais douter que ce ne fût un coquin, puisque Laurent me l'annonçait comme tel en sa présence sans que ces mots lui fissent une impression visible.

« Le Tribunal, répondis-je, est bien le maître de faire ce qu'il veut. »

Désolé par ce fatal contre-temps, je regardais ce coquin, que sa plate physionomie décelait. Je pensais à le faire parler, lorsqu'il commença lui-même en me remerciant de lui avoir fait donner une paillasse. Voulant le gagner, je lui dis qu'il mangerait avec moi ; il me baisa la main en me demandant si, malgré cela, il pourrait toucher les dix sous que le Tribunal lui passait. Je lui dis que oui. A ces mots, il se mit à genoux, et, tirant de sa poche un énorme chapelet, il promena ses yeux dans tous les recoins du cachot.

« Que cherchez-vous ?

— Vous me pardonnerez, monsieur, mais je cherche quelque image de la Sainte Vierge ; car je suis chrétien. »

J'eus de la peine à m'empêcher de rire, non pas à cause de sa piété chrétienne, car la conscience et la foi sont des sentiments qu'il n'est donné à personne de contrôler, mais à cause de la tournure de sa remontrance. Je jugeai qu'il me prenait pour un juif, et, pour le désabuser, je me hâtai de lui donner l'*Office de la Sainte Vierge*, dont il baisa l'image, et, en me le rendant, il me dit que son père avait négligé de lui faire apprendre à lire.

« Je suis, ajouta-t-il, dévot du saint rosaire. »

Et il se mit à me raconter une foule de miracles que j'écoutai avec une patience d'ange. Dès qu'il eut fini, je lui demandai s'il avait dîné ; il me dit qu'il mourait de faim. Je lui donnai tout ce que j'avais ; il dévora plutôt qu'il ne mangea, but tout le vin que j'avais, et, lorsqu'il fut gris, il commença à pleurer, puis à parler sur tout à tort et à travers. Lui ayant demandé la cause de son malheur, voici ce qu'il me narra :

« Mon unique passion fut toujours la gloire de Dieu et de cette sainte République, et l'exacte obéissance à ses lois. Toujours attentif aux malversations des fripons, j'ai constamment tâché de découvrir leurs secrets, et j'ai toujours fidèlement rapporté à Messer Grande tout ce que j'ai pu découvrir. Il est vrai qu'on m'a bien payé. Je me suis toujours moqué du préjugé de ceux qui attachent une mauvaise honte au métier d'espion. Un espion est l'ami du bien de l'État et le fidèle sujet du prince. Lorsqu'il s'est agi de mettre mon zèle à l'épreuve, le sentiment de l'amitié, qui peut avoir quelque force sur les autres, n'en a jamais eu sur moi. »

Le misérable continua ainsi à dévoiler naïvement le type de mouchard le plus immonde qui se puisse imaginer. En dernier lieu, ayant découvert et révélé un complot politique, il avait eu la faiblesse, incroyable chez lui, de faire à son compère, qui était de ce complot, une recommandation de prudence. Le compère et les gens compromis comme lui avaient fui ; l'espion, considéré comme responsable, était sous les Plombs. Il finit en me disant qu'il espérait sortir bientôt.

« Mon nom est Soradaci, et ma femme est une Legrenzi, fille d'un secrétaire du conseil des Dix. »

Je frémissais de voir à quel monstre j'étais associé ; mais, sentant que ma position était délicate et que je devais le ménager, je louai hypocritement sa sensibilité, je le plaignis, et, faisant l'éloge de son patriotisme, je lui prédis la liberté sous peu de jours. Quelques instants après, il s'endormit, et je profitai de son sommeil pour tout raconter au P. Balbi, lui faisant sentir la nécessité où nous étions de suspendre notre travail jusqu'à une opportunité plus favorable.

Le lendemain, je dis à Laurent de m'acheter un crucifix de bois, une image de la sainte Vierge, le portrait de saint François, et de m'apporter deux bouteilles d'eau bénite. Soradaci lui demanda ses dix sous, et Laurent, d'un air de mépris, lui en donna vingt. Je lui ordonnai de m'acheter quatre fois plus de vin, de l'ail et du sel, régal qui faisait les délices de mon odieux compagnon.

Après le départ du geôlier, je retirai adroitement du livre la lettre que m'écrivait Balbi, et dans laquelle il me peignait sa frayeur. Il croyait que tout était perdu et ne cessait de se récrier sur le bonheur que nous avions que Laurent eût mis Soradaci dans mon cachot ; « car, disait-il, s'il fût venu dans le nôtre, il ne m'aurait pas trouvé, et les Puits auraient peut-être été notre partage pour récompense de notre tentative. »

Le récit de Soradaci ne me laissait pas douter qu'il ne dût subir des interrogatoires ; je me résolus sur cela à lui confier deux lettres, lesquelles, remises à leur adresse, ne pouvaient me faire ni bien ni mal, mais qui devaient m'être favorables si, comme je n'en doutais pas, le traître les remettait au secrétaire pour lui donner une preuve de sa fidélité.

Casanova confia ses lettres à Soradaci, en lui faisant promettre, avec les serments les plus terribles, qu'il les remettrait à leur adresse quand il serait libre. Quelques jours après, Soradaci fut appelé devant le secrétaire du tribunal, puis ramené aux Plombs. Désolé de voir, d'après ce qu'il en tira, que ce misérable resterait encore longtemps avec lui, Casanova écrivit au P. Balbi pour l'informer de ce contre-temps ; puis le lendemain, voulant s'assurer qu'il ne s'était pas trompé dans ses soupçons, il demanda à Soradaci de lui rendre une de ses lettres pour y changer quelque chose.

Ce monstre alors se jeta à mes pieds et me jura qu'à sa seconde apparition devant le terrible secrétaire il lui avait pris un si grand tremblement, que, le secrétaire en ayant demandé la raison, il n'avait pas eu la force de lui cacher la vérité.

Je fis semblant de me trouver mal, et, couvrant mon visage de mes mains, je me jetai, près du lit, à genoux devant l'image de la Vierge, et je lui demandai, d'un ton solennel, vengeance du scélérat qui m'avait trahi. Après cela, je me couchai sur mon lit, le visage tourné vers la muraille, et j'eus la constance de me tenir dans cette position toute la journée, sans faire le moindre mouvement, sans articuler le moindre mot, faisant semblant de ne pas entendre les pleurs, les cris et les protestations de repentir de cet infâme. Je jouai à merveille mon rôle pour une comédie dont j'avais tout le plan dans ma tête. Pendant la nuit, j'écrivis au P. Balbi de venir à dix-neuf heures précises[1], pas une minute plus tôt ni plus tard, pour achever son travail, et de ne travailler que quatre heures et pas une minute de plus. « Notre liberté, lui disais-je, dépend de cette rigoureuse exactitude, et vous n'avez rien à craindre. »

Nous étions au 25 octobre, et le temps pendant lequel je devais exécuter mon projet ou l'abandonner sans retour n'était pas éloigné. Les inquisiteurs d'État, ainsi que le secrétaire, allaient tous les ans passer les trois premiers jours de novembre en quelque village de la terre ferme. Laurent, profitant de l'absence de ses maîtres, ne manquait aucun soir d'être ivre et, dormant plus que de coutume, il ne paraissait que tard sous les Plombs. Sachant cela, la prudence voulait que je choisisse ce temps pour m'enfuir, persuadé que ma fuite ne serait remarquée que fort tard le matin. Une autre raison me

---

1. A peu près à onze heures trente minutes du matin.

détermina à fixer cette époque pour mon évasion; c'est qu'ayant consulté le sort, en cherchant dans Arioste, suivant certaines formules cabalistiques, une prédiction sur ce sujet, je tombai sur ce vers : *Fra il fin d'ottobre e il capo di novembre* (entre la fin d'octobre et le commencement de novembre). La précision du passage et l'à-propos me parurent si admirables que, sans que j'ajoutasse entièrement foi à l'oracle, le lecteur me pardonnera si je me disposai de tous mes efforts à lui donner raison.

Voici comment je passai la matinée, jusque vers midi, pour frapper l'esprit du méchant animal auquel le sort m'avait associé, pour porter la confusion dans sa frêle raison, pour l'hébéter enfin par des images étonnantes et le rendre impuissant à me nuire.

Dès que Laurent nous eut quittés, je dis à Soradaci de venir manger la soupe. L'infâme était couché et il avait dit à Laurent qu'il était malade. Il n'aurait pas osé venir à moi si je ne l'eusse point appelé. Il se leva et, se jetant à plat ventre à mes pieds, il me les baisa et me dit, en pleurant à chaudes larmes, qu'à moins que je ne lui pardonnasse, il se voyait mort dans la journée; car il sentait déjà l'effet de la malédiction de la sainte Vierge : il éprouvait des tranchées qui lui déchiraient les entrailles et il avait la bouche couverte d'ulcères. Je ne me souciais pas beaucoup de l'examiner pour voir s'il me disait la vérité; mon intérêt était de faire semblant de le croire et de lui faire espérer grâce. Il fallait commencer par le faire manger et boire. Le traître avait peut-être l'intention de me tromper; mais, décidé, comme je l'étais, à le tromper moi-même, il s'agissait de savoir lequel des deux serait le plus habile.

Je lui avais préparé une attaque contre laquelle il était difficile qu'il se défendît. Prenant une physionomie d'inspiré :

« Assieds-toi, lui dis-je, et mange ce potage; après quoi je t'annoncerai ton bonheur : car sache que la Vierge du Rosaire m'est apparue et qu'elle m'a ordonné de te pardonner. Tu ne mourras pas et tu sortiras d'ici avec moi. »

Tout ébahi et se tenant à genoux, faute de siège, il mangea la soupe avec moi; puis il s'assit sur sa paillasse pour m'écouter. Voici à peu près mon discours :

« Le chagrin que m'a causé ton horrible trahison m'a fait passer la nuit sans dormir, parce que mes lettres doivent me faire condamner à passer ici le reste de mes jours. Mon unique consolation, je le confesse, était la certitude que tu mourrais sous mes yeux avant trois jours. La tête pleine de ces sentiments, indignes d'un chrétien, car Dieu nous commande le pardon, je me suis assoupi et, pendant cet heureux sommeil, j'ai eu une vision véritable. J'ai vu cette sainte Vierge, cette Mère de Dieu dont tu vois là l'image, je l'ai vue vivante devant moi et me parlant en ces termes :

« Soradaci est dévot de mon saint Rosaire ; je le protège ; je veux que tu lui
« pardonnes ; alors la malédiction qu'il s'est attirée cessera d'agir. En
« récompense de ton acte généreux, j'ordonnerai à un de mes anges de
« prendre une figure humaine, de descendre du ciel, pour rompre le toit de
« ta prison, et de t'en retirer d'ici à cinq ou six jours. Cet ange commen-
« cera son ouvrage aujourd'hui, à dix-neuf heures précises, et travaillera
« jusqu'à vingt-trois heures et demie ; car il doit remonter au ciel en plein
« jour. En sortant d'ici, accompagné de mon ange, tu emmèneras Soradaci
« et tu prendras soin de lui, à condition qu'il abjurera le métier d'espion.
« Tu lui diras tout. » A ces mots, la sainte Vierge a disparu et je me suis
éveillé. »

Gardant toujours mon sérieux et le ton d'un inspiré, j'observai la physionomie du traître, qui paraissait pétrifié. Je pris ensuite mon livre d'heures
et j'arrosai d'eau bénite tout le cachot. Une heure après, cet animal me
demanda de but en blanc à quelle heure l'ange descendrait du ciel et si
nous entendrions le bruit qu'il ferait pour rompre le cachot.

« Je suis certain qu'il viendra à dix-neuf heures, que nous l'entendrons
travailler et qu'il s'en ira à l'heure que la sainte Vierge a dite.

— Vous pouvez avoir rêvé.

— Je suis sûr que non. Te sens-tu capable de me jurer de quitter le métier
d'espion ? »

Au lieu de me répondre, il s'endormit et ne se réveilla que deux heures
après, pour me demander s'il pouvait différer de prêter le serment que je
lui demandais.

« Vous pouvez différer, lui dis-je, jusqu'à ce que l'ange entre ici pour me
délivrer ; mais si alors vous ne renoncez pas par serment à l'infâme métier
qui est cause que vous êtes en prison, et qui finira par vous mener à la
potence, je vous laisserai ici. »

Je lus sur sa laide physionomie la satisfaction qu'il éprouvait, car il se
croyait sûr que l'ange ne viendrait pas. Il me tardait d'entendre sonner
l'heure, car j'étais certain que l'arrivée de l'ange donnerait des vertiges à sa
misérable raison. Au moment où j'entendis le premier coup de dix-neuf
heures, je me jetai à genoux en lui ordonnant d'un ton de voix terrible d'en
faire autant. Il m'obéit en me regardant d'un air égaré. Lorsque j'entendis
le petit bruit que faisait le moine en s'approchant :

« L'ange vient, » dis-je ; et, me couchant à plat ventre, je lui donnai un
vigoureux coup de poing pour le forcer à prendre la même position.

Le travail de Balbi commença. Il y avait un quart d'heure que j'avais la
patience de me tenir dans ma gênante position ; dans tout autre cas j'aurais
ri de bon cœur de voir mon coquin immobile : mais je ne riais pas ; car mon

intention était de le rendre fou ou pour le moins énergumène. Je me mis à genoux, lui permettant de m'imiter, et je passai trois heures et demie à lui faire répéter le rosaire. Il s'endormait de temps en temps, fatigué de la position; quelquefois il se hasardait à porter vers le plafond un œil furtif et la stupeur était peinte sur ses traits. Lorsque j'entendis sonner vingt-trois heures et demie :

« Prosterne-toi, lui dis-je d'un ton moitié solennel, moitié dévot, l'ange va partir. »

Balbi redescendit dans son cachot et nous n'entendîmes plus rien. En me relevant, je vis sur la physionomie de ce misérable le trouble et l'effroi ; j'en fus ravi. Je crus devoir lui imposer l'expiation suivante de ses péchés :

« Demain, lui dis-je, quand Laurent viendra, tu te tiendras couché sur la paillasse, la face contre le mur et sans faire le moindre mouvement, sans jeter les yeux sur Laurent. S'il te parle, tu lui répondras, sans le regarder, que tu n'as pu dormir, que tu as besoin de repos. Me le promets-tu sans restriction ?

— Je vous promets de faire exactement tout ce que vous me dites.

— Fais-en le serment devant cette sainte image. »

Après qu'il eut fait le serment : « Et moi, très sainte Vierge, m'écriai-je, je vous jure que, si je vois Soradaci faire le moindre mouvement et regarder Laurent, je me jetterai aussitôt sur lui et que je l'étranglerai sans pitié. »

Je comptais au moins autant sur l'effet de cette menace que sur son serment. Je lui donnai à manger; ensuite je lui ordonnai de se coucher. Dès qu'il fut endormi, je me mis à écrire pendant deux heures. Je contai à Balbi toute l'histoire et lui dis que, si l'ouvrage était assez avancé, il n'avait plus besoin de venir sur le toit de mon cachot que pour abattre la planche et y entrer. Je lui marquai que nous devions sortir la nuit du 31 octobre, et que nous serions quatre en comptant son camarade et le mien.

Nous étions au 28. Le lendemain, le moine m'écrivit que le canal était fait et qu'il n'avait plus besoin de monter sur mon cachot que pour abattre la dernière planche, ce qui serait fait en quatre minutes. Soradaci fut fidèle à son serment, faisant semblant de dormir, et Laurent ne lui adressa pas même la parole. Je ne le perdis pas un instant de vue et je crois que je l'aurais étranglé s'il avait fait le moindre mouvement de tête vers Laurent; car, pour me trahir, il lui aurait suffi d'un clin d'œil délateur.

Tout le reste de la journée fut consacré à des discours sublimes que je prononçai avec le plus de solennité possible, et j'étais enchanté de le voir se fanatiser de plus en plus. A l'appui de mes discours mystiques, j'avais soin d'entretenir les fumées du vin, et je ne le laissai que quand je le vis tomber d'ivresse et de sommeil. Cette brute m'embarrassa un instant en me disant qu'il ne concevait pas comment un ange avait besoin de tant de travail pour ouvrir notre cachot.

« Les voies de Dieu, lui dis-je, sont inconnues aux mortels ; et puis l'envoyé du ciel ne travaille pas en qualité d'ange, car alors un souffle lui suffirait ; il travaille en qualité d'homme, dont sans doute il a pris la forme parce que nous ne sommes pas dignes de supporter sa présence sous sa forme céleste. »

Le lendemain, Laurent l'ayant interrogé sur sa santé, il lui répondit sans bouger la tête. Il se comporta de même le jour suivant, jusqu'à ce qu'enfin je vis Laurent pour la dernière fois le 31 octobre au matin. Je lui donnai le livre pour Balbi et je prévenais le moine de venir à dix-sept heures pour abattre le plafond. Pour le coup, je ne craignais plus aucun contretemps, ayant appris de Laurent même que les inquisiteurs et le secrétaire étaient déjà partis pour la campagne. Je ne pouvais plus redouter l'arrivée de quelque nouveau compagnon et je n'avais plus besoin de ménager mon infâme coquin.

Après le départ de Laurent, je dis à Soradaci que l'ange viendrait faire une ouverture dans le toit de notre cachot à dix-sept heures.

« Il apportera des ciseaux, lui dis-je, et vous nous couperez la barbe à moi et à l'ange.

— Est-ce que l'ange a de la barbe?

— Oui, vous le verrez. Après cette opération, nous sortirons, nous irons rompre le toit du palais et nous descendrons dans la place Saint-Marc, d'où nous irons en Allemagne. »

Il ne répondit pas. Il mangea seul, car j'avais l'esprit et le cœur trop occupés pour qu'il me fût possible de manger. Je n'avais pas même pu dormir.

L'heure fixée sonne : « Voilà l'ange ! »

Soradaci voulait se prosterner, mais je lui dis que cela n'était pas nécessaire. En trois minutes, le canal fut enfoncé, le morceau de planche tomba à mes pieds et le P. Balbi se coula dans mes bras.

« Voilà, lui dis-je, vos travaux terminés et les miens commencent. »

Nous nous embrassâmes et il me remit l'esponton et une paire de ciseaux. Je dis à Soradaci de nous faire la barbe, mais il me fut impossible de m'empêcher de rire en voyant cet animal, la bouche béante, contempler ce singulier ange qui ressemblait à un diable. Quoique tout hors de lui-même, il nous coupa la barbe en perfection.

Impatient de voir le local, je dis au moine de rester avec Soradaci, car je ne voulais pas le laisser seul, et je sortis. Arrivé sur le toit du cachot du comte, j'y entrai et embrassai cordialement ce respectable vieillard. Je vis un homme d'une taille qui n'était pas propre à aller au-devant des difficultés, en s'exposant à une pareille fuite. Il me demanda quel était mon projet et me dit qu'il croyait que j'avais agi un peu légèrement.

« Je ne demande, lui dis-je, qu'à faire des pas en avant jusqu'à ce que je trouve la liberté ou la mort.

— Si vous pensez, me dit-il en me serrant la main, à aller percer le toit et à chercher un chemin sur les Plombs, d'où il faudra descendre, je ne vois point que vous puissiez réussir, à moins que vous n'ayez des ailes, et je n'ai pas le courage de vous accompagner. Je resterai ici et je prierai Dieu pour vous. »

Je ressortis pour aller visiter le grand toit en m'approchant autant que je pus des bords latéraux du grenier. Parvenu à toucher le dessous du toit au plus étroit de l'angle, je m'assis entre les œuvres de comble dont les greniers de tous les grands palais sont remplis. Je tâtai les planches avec le bout de mon verrou, et j'eus le bonheur de les trouver à demi vermoulues. A chaque coup d'esponton, tout ce que je touchais tombait en poussière.

Me voyant sûr de faire un trou assez ample en moins d'une heure, je retournai dans mon cachot et j'employai quatre heures à couper draps, couvertures, matelas et paillasse pour en faire des cordes. J'eus soin de faire les nœuds moi-même et de m'assurer de leur solidité, car un seul nœud mal fait aurait pu nous coûter la vie. A la fin, je me vis possesseur de cent brasses[1] de cordes. Il y a dans les grandes entreprises des articles qui décident de tout et sur lesquels le chef qui mérite de réussir ne se fie à personne.

Quand la corde fut achevée, je fis un paquet de mon habit, de mon manteau de bourre de soie, de quelques chemises, bas et mouchoirs, et nous passâmes tous trois dans le cachot du comte. L'air interdit de Soradaci me donnait envie de rire. Je ne me gênais plus; car j'avais jeté le masque de Tartuffe, qui m'avait terriblement incommodé depuis que ce coquin m'avait obligé de le prendre. Je le voyais convaincu que je l'avais trompé, mais il n'y comprenait rien, ne pouvant deviner comment j'avais eu correspondance avec l'ange pour le faire aller et venir à heures fixes. Il écoutait avec attention le comte, qui nous disait que nous allions nous perdre, et, en véritable lâche, il roulait dans sa tête le dessein de se dispenser de ce dangereux voyage. Je dis au moine de préparer son paquet pendant que j'irais faire le trou au bord du grenier.

A deux heures de la nuit[2], sans avoir besoin d'aucun secours, mon ouverture se trouvait parfaite; j'avais pulvérisé les planches, et la rupture avait deux fois plus d'ampleur qu'il n'en fallait. Je touchais à la plaque de

1. Un peu plus de 160 mètres.
2. Sept heures du soir environ.

plomb tout entière. Je ne pouvais la soulever seul, car elle était rivée. Le moine m'aida et, à force de pousser l'esponton entre la gouttière et la plaque, je parvins à la détacher; ensuite, à coups d'épaule, nous la pliâmes, avec beaucoup de peine, au point où il fallait pour que l'ouverture par laquelle nous devions passer fût suffisante. Mettant alors la tête hors du trou, je vis avec douleur la grande clarté du croissant qui entrait dans son premier quartier.

C'était un contre-temps : il fallait le supporter avec patience et attendre pour sortir l'heure de minuit, temps où la lune serait allée éclairer nos antipodes. Pendant une nuit superbe, toute la bonne société devait se promener sur la place Saint-Marc; je ne pouvais m'exposer sur le toit; mon ombre, se prolongeant sur la place, aurait fait porter les yeux vers nous; le spectacle extraordinaire que nous aurions offert n'aurait pas manqué d'exciter la curiosité générale, surtout celle de Messer Grande et de sa bande de sbires qui sont la seule garde de Venise, et notre beau projet aurait été bientôt dérangé par leur horrible activité. Je décidai donc impérieusement que nous ne sortirions de là-haut qu'après le coucher de la lune. Elle devait se coucher à cinq heures de nuit et le soleil se lever à treize heures et demie. Il nous restait sept heures de parfaite obscurité pendant lesquelles nous pouvions agir; et, quoique nous eussions une forte besogne, en sept heures nous devions en venir à bout.

Je dis au P. Balbi que nous pouvions passer trois heures à causer avec le comte Asquin, et d'aller d'abord le prévenir que j'avais besoin qu'il me prêtât trente sequins qui pourraient m'être nécessaires, autant que mon esponton me l'avait été pour faire tout ce que j'avais fait. Il fit ma commission, et, quatre minutes après, il vint me dire d'y aller moi même, le comte voulant me parler sans témoins.

Ce pauvre vieillard commença par me dire avec douceur que, pour m'enfuir, je n'avais pas besoin d'argent, qu'il n'en avait pas, qu'il avait une nombreuse famille, que, si je périssais, l'argent qu'il me donnerait serait perdu. Il finit par m'offrir deux sequins, à la condition que je les lui rendrais, si, après avoir parcouru le toit, je jugeais plus prudent de rentrer dans mon cachot. Il ne me connaissait pas, et j'étais résolu de mourir plutôt que de rentrer dans un lieu d'où je ne serais plus sorti.

J'appelai mes compagnons, et nous mîmes tout notre équipage près du trou. Je divisai en deux paquets les cent brasses de cordes que j'avais préparées, et nous passâmes deux heures à causer et à nous rappeler, non sans plaisir, les vicissitudes de notre entreprise. La première preuve que le P. Balbi me donna de son noble caractère fut de me répéter dix fois que je lui avais manqué de parole en l'assurant que mon plan était fait, qu'il était sûr, tandis qu'il n'en était rien. Il me dit effrontément que, s'il avait prévu cela, il ne m'aurait pas tiré hors de mon cachot.

Le comte, de son côté, déploya toute son éloquence pour démontrer à Casanova que son projet ne pouvait réussir.

Ce discours me faisait bouillonner le sang; j'eus cependant le courage de l'écouter avec patience. Les reproches du moine, lancés sans ménagement, m'indignaient et m'excitaient à les repousser rudement; mais je sentais que ma position était délicate; j'avais affaire à un lâche, capable de me répondre qu'il n'était pas assez désespéré pour défier la mort et que je n'avais qu'à m'en aller tout seul; et, tout seul, je ne pouvais pas me flatter de réussir. Je me fis donc violence, et, prenant un ton de douceur, je leur dis que j'étais sûr du succès de mon entreprise, quoiqu'il ne me fût pas possible de leur en communiquer les détails.

De temps en temps j'allongeais la main pour m'assurer si Soradaci était là, car il ne disait pas un mot. Je riais en songeant à ce qu'il pouvait rouler dans sa tête, alors qu'il était bien sûr que je l'avais trompé. A quatre heures et demie[1], je lui dis d'aller voir dans quel endroit du ciel était le croissant. Il obéit et revint me dire que, dans une heure et demie, on ne le verrait plus et qu'un brouillard très épais devait rendre les Plombs fort dangereux.

« Il me suffit, lui dis-je, que le brouillard ne soit pas de l'huile; mettez votre manteau en paquet avec une partie de nos cordes, que nous devons également partager. »

A ces mots, je fus singulièrement surpris de sentir cet homme à mes genoux, prendre mes mains, les baiser et me dire en pleurant qu'il me suppliait de ne pas vouloir sa mort.

« Je suis sûr, disait-il, de tomber dans le canal; je ne puis vous être d'aucune utilité. Hélas! laissez-moi ici, et je passerai la nuit à prier saint François pour vous. Vous êtes le maître de me tuer; mais je ne me déterminerai jamais à vous suivre. »

Le sot ne savait pas combien il allait au-devant de mes vœux.

« Vous avez raison, lui dis-je; restez, mais à condition que vous prierez saint François; et allez d'abord prendre tous mes livres, que je veux laisser à M. le comte. »

Il obéit sans réplique et sans doute avec beaucoup de joie. Mes livres valaient au moins cent écus[2]. Le comte me dit qu'il me les rendrait à mon retour.

---

1. Dix heures du soir suivant notre façon de compter.
2. Trois cents francs.

« Vous ne me verrez plus ici, lui répliquai-je, vous pouvez y compter. Ils vous couvriront du débours de vos deux sequins. Quant à ce maraud, je suis ravi qu'il n'ait pas le courage de me suivre : il m'embarrasserait, et d'ailleurs ce misérable n'est pas digne de partager avec le P. Balbi et moi l'honneur d'une si belle fuite.

— C'est vrai, me dit le comte, pourvu que demain il n'ait pas à s'en féliciter ! »

Mais il était temps de partir. On ne voyait plus la lune. J'attachai au cou du P. Balbi la moitié des cordes, d'un côté, et le paquet de ses nippes sur son autre épaule. J'en fis autant sur moi, et, tous les deux, en gilet, nos chapeaux sur la tête, nous allâmes à l'ouverture. *Et ensuite nous sortîmes pour revoir les étoiles*[1].

Je sortis le premier ; le P. Balbi me suivit. Me tenant à genoux et à quatre pattes, j'empoignai mon esponton d'une main solide, et, en allongeant le bras, je le poussai obliquement entre la jointure des plaques de l'une à l'autre, de sorte que, saisissant avec mes quatre doigts le bord de la plaque que j'avais soulevée, je parvins à m'élever jusqu'au sommet du toit. Le moine, pour me suivre, avait mis les quatre doigts de sa main droite dans la ceinture de ma culotte. Je me trouvais soumis ainsi au sort pénible de l'animal obligé tout à la fois de porter et de traîner, et cela sur un toit d'une pente rapide, rendue glissante par un épais brouillard.

A la moitié de cette périlleuse montée, le moine me dit de m'arrêter, parce que, l'un de ses paquets s'étant détaché, il espérait qu'il n'aurait pas dépassé la gouttière. Ma première impulsion fut de lui lancer une ruade et de l'envoyer au diable avec son paquet ; mais, grâce à Dieu, j'eus assez de retenue pour ne pas le faire : car la punition aurait été trop grande de part et d'autre, puisque, seul, il m'aurait été impossible de réussir à me sauver. Je lui demandai si c'était notre paquet de cordes. Mais, comme il me répondit que c'était sa petite pacotille, dans laquelle il y avait un manuscrit qu'il avait trouvé dans les greniers des Plombs et dont il attendait fortune, je lui dis qu'il fallait avoir patience, qu'un pas en arrière pourrait nous perdre. Le pauvre moine soupira, et nous continuâmes à grimper.

Après avoir franchi quinze ou seize plaques avec une peine extrême, nous arrivâmes sur l'arête supérieure, où je m'établis commodément à califourchon, et le P. Balbi m'imita. Nous tournions le dos à la petite île Saint-Georges-Majeur, et à deux cents pas en face nous avions les nombreuses coupoles de l'église Saint-Marc.

Je commençai d'abord par me décharger de mon fardeau, et j'invitai mon

---

[1]. C'est le dernier vers de *l'Enfer* de Dante.

compagnon à suivre mon exemple. Il plaça son tas de cordes sous ses cuisses, le mieux qu'il put ; mais, ayant voulu se décharger de son chapeau, qui le gênait, il s'y prit mal, et bientôt, roulant de plaque en plaque jusqu'à la gouttière, le chapeau alla rejoindre le paquet de hardes dans le canal. Voilà mon pauvre compagnon désespéré.

« Mauvais augure ! s'écria-t-il ; me voilà, dès le commencement de l'entreprise, sans chemise, sans chapeau, et privé de mon manuscrit précieux ! »

Moins féroce alors que quand je grimpais, je lui dis tranquillement :

« Mon cher, ces deux accidents, qui sont loin de me décourager, vous prouvent que Dieu nous protège ; car si votre chapeau, au lieu de tomber à droite, était tombé à gauche, nous aurions été perdus : il serait tombé dans la cour du palais, où les gardes l'auraient trouvé, et nous n'aurions pas tardé à être repris. »

Après avoir passé quelques minutes à regarder à droite et à gauche, je dis au moine de rester là immobile jusqu'à mon retour, et je m'avançai, n'ayant que mon esponton à la main, et marchant à cheval sur le sommet du toit sans aucune difficulté.

Je mis presque une heure à parcourir les toits, allant de tous côtés visiter, observer, mais en vain, car je ne voyais à aucun des bords rien où je pusse fixer un bout de la corde. J'étais dans la plus grande perplexité. Il ne fallait plus penser ni au canal ni à la cour du palais, et le dessus de l'église n'offrait à ma vue, entre les coupoles, que des précipices qui n'aboutissaient à rien d'ouvert. Pour aller au delà de l'église, j'aurais dû gravir des pentes si raides, que je ne voyais pas la possibilité d'en venir à bout. Il fallait pourtant en finir, sortir de là ou rentrer dans le cachot, peut-être pour n'en jamais sortir, ou me précipiter dans le canal....

J'arrêtai ma vue sur une lucarne du côté du canal et aux deux tiers de la pente. Elle était assez éloignée de l'endroit d'où j'étais parti pour que je pusse juger que le grenier qu'elle éclairait n'appartenait pas à l'enclos des prisons. Elle ne pouvait éclairer que quelque galetas, habité ou non, au-dessus de quelque appartement du palais, où, au point du jour, j'aurais naturellement trouvé les portes ouvertes. Dans cette idée, il fallait que je visitasse le devant de la lucarne ; et, me laissant glisser doucement en ligne droite, je me trouvai bientôt à cheval sur son petit toit. Appuyant alors mes mains sur les bords, je tendis la tête en avant et je parvins à voir et à toucher une petite grille, derrière laquelle se trouvait une fenêtre garnie de carreaux de vitre enchâssés dans de minces lames de plomb. La fenêtre ne m'embarrassait pas ; mais la grille, toute mince qu'elle était, me paraissait offrir une difficulté invincible : car il me semblait que sans une lime je ne pouvais en venir à bout, et je n'avais que mon esponton.

9

J'étais confus et je commençais à perdre courage, lorsque la chose la plus simple et la plus naturelle vint, pour ainsi dire, retremper mon être. La cloche de Saint-Marc, qui sonna minuit en cet instant, produisit le phénomène qui frappa mon esprit et qui, par une violente secousse, me fit sortir de l'état de perplexité qui m'accablait. Cette cloche me rappela que le jour qui allait commencer était celui de la Toussaint, que ce jour-là devait être la fête de mon patron, et je me souvins d'une prédiction de mon confesseur : « Sachez, m'avait-il dit, que vous ne sortirez d'ici que le jour de la fête du saint patron dont vous portez le nom. » Mais, je l'avoue, ce qui releva surtout mon courage et augmenta réellement mes forces physiques, ce fut l'oracle profond que j'avais reçu de mon cher Arioste : « *Frà il fin d'ottobre e il capo di novembre.* » Le son de la cloche me parut être un talisman parlant qui me disait d'agir et me promettait la victoire.

Étendu à plat ventre, la tête penchée vers la petite grille, je pousse mon verrou dans le châssis qui la retenait et je me détermine à l'enlever tout entière. En un quart d'heure j'en vins à bout; la grille se trouva intacte entre mes mains, et, l'ayant placée à côté de la lucarne, je n'eus aucune difficulté à rompre toute la fenêtre vitrée, malgré le sang qui coulait d'une blessure que je m'étais faite à la main gauche.

A l'aide de mon esponton, suivant ma première méthode, je regagnai le faîte du toit et m'acheminai vers l'endroit où j'avais laissé mon compagnon. Je le trouvai désespéré, furieux; il me dit les plus grosses injures, parce que je l'avais laissé là si longtemps. Il m'assura qu'il n'attendait que sept heures[1] pour retourner dans sa prison.

« Que pensiez-vous donc de moi ?

— Je vous croyais tombé dans quelque précipice.

— Et vous ne m'exprimez que par des injures la joie que vous devez éprouver de me revoir ?

— Qu'avez-vous donc fait si longtemps ?

— Suivez-moi, vous allez le voir. »

Ayant repris mes paquets, je m'acheminai vers la lucarne. Lorsque nous fûmes en face, je rendis à Balbi un compte exact de ce que j'avais fait, en le consultant sur les moyens à prendre pour y entrer et pénétrer dans le grenier. La chose était facile pour l'un des deux : car, au moyen de la corde, il pouvait être descendu par l'autre; mais je ne voyais pas comment le second pourrait descendre ensuite, n'ayant aucun moyen d'assujettir la corde à l'entrée de la lucarne : en m'introduisant et en me laissant tomber, je pouvais me casser bras et jambes; car je ne connaissais pas la distance

---

1. Une heure du matin.

de la lucarne au plancher. A ce raisonnement sage, et prononcé du ton de l'intérêt le plus amical, ma brute me répondit par ces mots :

« Descendez-moi toujours, et, quand je serai en bas, il vous restera assez de loisir pour penser au moyen de me suivre. »

J'avoue que, dans le premier mouvement d'indignation, je fus tenté de lui enfoncer mon esponton dans la poitrine. Un bon génie me retint, et je ne proférai pas un mot pour lui reprocher la bassesse de son égoïsme. Au contraire, défaisant à l'instant mon paquet de cordes, je le ceignis solidement sous les aisselles, et, l'ayant fait coucher à plat ventre, les pieds en bas, je le descendis jusque sur le toit de la lucarne. Quand il fut là, je lui dis de s'introduire dans la lucarne jusqu'aux hanches, en s'appuyant de ses bras sur les rebords.

Lorsque cela fut fait, je me glissai le long du toit, comme je l'avais fait la première fois, et, dès que je fus sur le petit toit, je me plaçai à plat ventre et, tenant fortement la corde, je dis au moine de s'abandonner sans crainte. Arrivé sur le plancher du grenier, il détacha la corde; je la retirai à moi et trouvai que la hauteur était de plus de cinquante pieds. C'était trop pour risquer le saut périlleux. Quant au moine, sûr de lui (car il avait été, pendant près de deux heures, en proie aux angoisses sur le toit, où, je l'avoue, la position n'était pas rassurante), il me cria de lui jeter les cordes, qu'il en aurait soin. Je n'eus garde, comme on le devine, de suivre ce sot conseil.

Ne sachant que devenir et attendant une inspiration de mon esprit, je grimpai derechef sur le sommet du toit, et, ma vue s'étant portée sur un endroit près d'une coupole que je n'avais pas encore visitée, je m'y acheminai. Je vis une terrasse en plate-forme, couverte de plaques de plomb, jointe à une grande lucarne fermée par deux volets. Il y avait une cuve pleine de plâtre délayé, une truelle, et, tout à côté, une échelle, que je jugeai assez longue pour me servir à descendre jusqu'au grenier où était mon compagnon. Ce fut assez pour me décider.

« Ayant passé ma corde au premier échelon, je traînai cet embarrassant fardeau jusqu'à la lucarne. Il s'agissait alors d'introduire cette lourde masse, qui avait douze de mes brasses[1], et les difficultés que je rencontrai me firent repentir de m'être privé du secours du moine. J'avais poussé l'échelle de manière que l'un de ses bouts touchait à la lucarne, tandis que l'autre dépassait la gouttière d'un tiers. Je me glissai alors sur le toit de la lucarne je traînai l'échelle de côté, et, l'attirant à moi, j'attachai le bout de ma corde au huitième échelon; ensuite je la laissai couler de nouveau jusqu'à ce

---

1. Plus de dix-neuf mètres. Il semble qu'il y ait ici quelque exagération.

qu'elle fût parallèle à la lucarne. Là, je m'efforçai de la faire entrer dans la lucarne; mais il me fut impossible de l'introduire au delà du cinquième échelon : car, le bout s'arrêtant contre le toit intérieur de la lucarne, aucune force au monde n'aurait pu la faire pénétrer plus loin sans briser ou le toit ou l'échelle. Il n'y avait pas d'autre remède que de la faire basculer en l'élevant de l'autre bout ; alors l'inclinaison aurait fait couler l'échelle par son propre poids. J'aurais pu, semble-t-il, placer l'échelle en travers et y attacher ma corde pour me descendre en me glissant sans aucun danger; mais non : car l'échelle serait restée au même endroit, et le matin elle aurait indiqué aux archers et à Laurent l'endroit où peut-être nous nous serions trouvés encore. Je ne voulais pas courir le risque de perdre, par une imprudence, le fruit de tant de fatigues et de périls, et il fallait, pour enlever toute trace, que l'échelle entrât dans son entier. N'ayant personne pour m'aider, je me déterminai à aller moi-même sur la gouttière pour la faire basculer et atteindre le but que je me proposais. C'est ce que j'exécutai, mais avec un danger si grand que, sans une espèce de prodige, j'aurais payé ma témérité de ma vie.

J'osai abandonner l'échelle en lâchant la corde sans craindre qu'elle tombât dans le canal, parce qu'elle se trouvait comme accrochée à la gouttière par son troisième échelon. Alors, tenant mon esponton à la main, je me glissai doucement jusqu'à la gouttière tout à côté de l'échelle. La gouttière de marbre faisait front à la pointe de mes pieds; car j'étais couché à plat ventre. Dans cette position j'eus la force de soulever l'échelle d'un demi-pied en la poussant en avant, et j'eus la satisfaction de voir qu'elle avait pénétré d'un pied dans la lucarne; le lecteur conçoit que cela diminua considérablement son poids. Il s'agissait de la faire entrer encore de deux pieds en la soulevant d'autant; car, après cela, j'étais certain qu'en remontant sur le toit de la lucarne je l'aurais, au moyen de la corde, fait entrer tout à fait.

Pour parvenir à lui donner l'élévation nécessaire, je me dressai sur mes genoux : mais la force que j'avais besoin d'employer pour réussir me fit glisser, de sorte que tout à coup je me trouvai lancé en dehors du toit jusqu'à la poitrine, ne me soutenant que par mes deux coudes. Moment affreux, dont je frémis encore, et qu'il est peut-être impossible de se figurer dans toute son horreur !

L'instinct naturel de la conservation me fit presque à mon insu employer toutes mes forces pour m'appuyer et m'arrêter sur mes côtes, et, je serais tenté de dire presque miraculeusement, j'y réussis. Attentif à ne pas m'abandonner, je parvins à m'aider de toute la force de mes bras jusqu'aux poignets en même temps que je m'appuyais de mon ventre. Je n'avais heureusement rien à craindre pour l'échelle, car dans le malheureux ou plutôt le malencontreux effort qui avait failli me coûter si cher, j'avais eu le bonheur de la faire entrer de plus de trois pieds, ce qui la rendait immobile. Me trouvant sur la gouttière, ne me soutenant positivement que sur mes poignets et sur le haut de mes cuisses, je vis qu'en élevant ma cuisse droite pour parvenir à mettre sur la gouttière d'abord un genou et puis l'autre, je me trouverais tout à fait hors de danger.

Mais je n'étais pas encore au bout de mes peines de ce côté-là. L'effort que je fis pour réussir me causa une crampe extrêmement douloureuse et me rendit comme perclus de tous mes membres. Ne perdant pas la tête, je me tins immobile jusqu'à ce que la crampe fût passée. Que ce moment était terrible! Deux minutes après, ayant graduellement renouvelé l'effort, j'eus le bonheur de parvenir à opposer mes deux genoux à la gouttière, et, dès que j'eus pris haleine, je soulevai l'échelle avec précaution et je la fis enfin parvenir à un point où elle se trouva parallèle à la lucarne. Suffisamment instruit des lois de l'équilibre et du levier, je repris mon esponton et, suivant ma manière de grimper, je me hissai jusqu'à la lucarne, où j'achevai facilement d'introduire toute l'échelle, dont mon compagnon reçut le bout entre ses bras. Je jetai alors dans le grenier les hardes, les cordes et les débris de la fenêtre, et j'y descendis moi-même, fort bien accueilli par le moine.

Bras à bras, nous nous mîmes à faire l'inspection de l'endroit ténébreux où nous nous trouvions. Il avait une trentaine de pas de long sur environ vingt de large. A l'un des bouts, nous trouvâmes une porte à deux battants, composée de barreaux de fer : c'était d'un mauvais augure ; mais, ayant posé la main sur le loquet qui se trouvait au milieu, il céda à la pression et la porte s'ouvrit.

Nous fîmes d'abord le tour de ce nouvel enclos, et, en voulant traverser l'endroit, nous nous heurtâmes contre une grande table entourée de tabourets et de fauteuils. Nous retournâmes vers l'endroit où nous avions senti des fenêtres, nous en ouvrîmes une, et à la lueur des étoiles nous n'aperçûmes que des précipices entre les coupoles.

Je ne m'arrêtai pas un seul instant à l'idée de descendre ; je voulais savoir où j'allais et je ne reconnaissais pas l'endroit où je me trouvais. Je refermai la fenêtre, nous sortîmes de la salle et retournâmes à l'endroit où nous avions laissé nos bagages.

Épuisé par ces efforts, je me laissai tomber sur le plancher et, mettant un paquet de cordes sous ma tête, sans force physique ni morale, un doux sommeil s'empara de mes sens. Je m'y abandonnai si positivement que, quand bien même j'aurais su que la mort dût en être la suite, il m'aurait été impossible d'y résister, et je me rappelle fort bien que le plaisir que j'éprouvai en dormant était délicieux.

Je dormis pendant trois heures et demie. Les cris et les violentes secousses du moine me réveillèrent avec peine. Il me dit que douze heures venaient de sonner[1] et que mon sommeil lui paraissait inconcevable dans la situation où nous nous trouvions. C'était inconcevable pour lui, non pour moi : mon sommeil n'avait pas été volontaire, je n'avais cédé qu'à ma nature épuisée et, si j'ose parler ainsi, aux abois. Mon épuisement n'avait rien de surprenant. Il y avait deux grands jours que l'agitation m'avait empêché de prendre aucune nourriture et de fermer l'œil, et les efforts que je venais de faire auraient suffi pour épuiser les forces de tout homme. Au reste, ce sommeil bienfaisant m'avait rendu ma première vigueur, et je fus enchanté de voir l'obscurité diminuée au point de pouvoir agir avec plus d'assurance et de célérité.

Dès que j'eus jeté les yeux autour de moi, je m'écriai :

« Ce lieu n'est pas une prison ; il doit y avoir une issue facile à trouver. »

Nous nous dirigeâmes alors vers le bout opposé à la porte de fer, et, dans un recoin fort étroit, je crus reconnaître une porte ; je tâtonne et je finis par arrêter mes doigts sur un trou de serrure. J'y enfonce mon esponton, je l'ouvre en trois ou quatre coups, et nous entrons dans une petite chambre, où je trouve une clef sur la table. Je l'essaye à une porte en face ; je vois en la tournant que la serrure était ouverte. Je dis au moine d'aller chercher nos paquets, et, remettant la clef sur la table où je l'avais prise, nous sortons et nous nous trouvons dans une galerie à niches remplies de papiers : c'étaient des archives. Je découvre un petit escalier en pierre, je le descends ; j'en trouve un autre, je le descends encore ; je trouve au bout une porte vitrée que j'ouvre, et me voilà dans une salle que je connais : nous étions dans la chancellerie ducale. J'ouvre une fenêtre : il m'était facile de descendre ; mais je me serais trouvé dans le labyrinthe des petites cours qui entourent l'église de Saint-Marc. Que Dieu me préserve d'une telle folie !

Je vais à la porte de la chancellerie, je mets mon verrou dans le trou de la serrure ; mais, en moins d'une minute, acquérant la certitude qu'il me serait impossible de la rompre, je me décide à faire vite un trou à un des battants. J'eus soin de choisir le côté où la planche avait le moins de nœuds, et vite en besogne ! A coups redoublés de mon esponton, je crevais, je fendais le mieux que je pouvais. Le moine, qui m'aidait autant qu'il pouvait avec un gros poinçon que j'avais pris sur le bureau, tremblait au bruit retentissant que produisait mon esponton, chaque fois que je tâchais

---

1. Ce qui correspond à peu près pour nous à cinq heures et demie du matin.

de l'enfoncer dans la planche; on devait entendre ce bruit de fort loin; j'en sentais tout le danger, mais j'étais dans la nécessité de le braver.

En une demi-heure le trou fut assez grand, et bien nous en prit; car il m'aurait été bien difficile de l'agrandir davantage sans le secours d'une scie. Les bords de ce trou faisaient peur, car ils étaient tout hérissés de pointes faites pour déchirer les habits et lacérer les chairs. Il était à la hauteur de cinq pieds. Ayant placé dessous deux tabourets l'un à côté de l'autre, nous montâmes dessus et le moine s'introduisit dans le trou, les bras croisés et la tête en avant, et, le prenant par les cuisses, puis par les jambes, je parvins à le pousser dehors; quoiqu'il y fît obscur, j'étais sans inquiétude, parce que je connaissais le local.

Lorsque mon compagnon fut dehors, je lui jetai nos petits effets, à l'exception des cordes, dont je fis l'abandon, et, mettant un troisième tabouret sur les deux premiers, je montai dessus et, me trouvant au bord du trou à la hauteur des cuisses, je m'y enfonçai jusqu'au bas-ventre, quoique avec de grandes difficultés, parce que le trou était très étroit. N'ayant aucun point d'appui pour accrocher mes mains, ni personne qui me poussât comme j'avais poussé le moine, je lui dis de me prendre à bras-le-corps et de m'attirer à lui sans s'arrêter, dût-il ne me retirer que par morceaux. Il obéit et j'eus la constance d'endurer la douleur affreuse que j'éprouvais par le déchirement de mes flancs et de mes cuisses, d'où le sang ruisselait.

Aussitôt que j'eus le bonheur de me voir dehors, je me hâtai de ramasser mes hardes, et, descendant deux escaliers, j'ouvris sans aucune difficulté la porte qui donne dans l'allée où se trouve la grande porte de l'escalier royal et, à côté, la porte du cabinet du chancelier. Cette grande porte était fermée comme celle des archives, et d'un coup d'œil je jugeai qu'il m'était impossible de l'entamer. Mon verrou à la main semblait me dire : « Tu n'as plus que faire de moi, tu peux me déposer. » Il était l'instrument de ma liberté, je le chérissais; il était digne d'être suspendu en ex-voto sur l'autel de la délivrance et de la liberté.

Calme, résigné et parfaitement tranquille, je m'assis en disant au moine de m'imiter.

« Mon ouvrage est fini, lui dis-je; maintenant c'est à Dieu ou à la fortune à faire le reste. Je ne sais si les balayeurs du palais s'aviseront de venir ici aujourd'hui, jour de la Toussaint, ni demain, jour des Trépassés. Si quelqu'un vient, je me sauverai dès que je verrai la porte ouverte, et vous me suivre à la piste; mais si personne ne vient, je ne bouge pas d'ici, et si je meurs de faim, tant pis. »

A ce discours le pauvre homme se mit en fureur. Il m'appela fou, désespéré, séducteur, trompeur, menteur. Je le laissai dire, je fus impassible.

Treize heures sonnèrent sur ces entrefaites. Depuis l'instant de mon réveil dans le grenier, il ne s'était écoulé qu'une heure.

L'affaire importante qui m'occupa d'abord fut celle de me changer entièrement. Le P. Balbi avait l'air d'un paysan, mais il était intact. Son gilet de flanelle rouge et sa culotte de peau violette n'étaient pas déchirés, tandis que moi je ne pouvais inspirer que l'horreur et la pitié, car j'étais tout en sang et tout dépouillé. Ayant arraché mes bas de dessus mes genoux, le sang sortait de fortes écorchures que je m'y étais faites sur la gouttière. Le trou de la porte de la chancellerie m'avait également labouré gilet, chemise, culotte, hanches et cuisses. Déchirant mes mouchoirs, je me fis des bandes et me pansai le mieux qu'il me fut possible ; Je mis mon bel habit, qui, par un jour d'hiver, devait paraître assez comique ; je mis tant bien que mal mes cheveux dans ma bourse[1] ; je passai des bas blancs, une chemise à dentelle, faute d'autre, deux autres pareilles par-dessus, des mouchoirs et des bas dans mes poches, et je jetai dans un coin tout le reste. Je mis mon beau manteau sur les épaules du moine, et le malheureux avait l'air de me l'avoir volé. Je devais ressembler assez bien à un homme qui, après avoir été au bal, aurait passé la nuit dans un cabaret où il aurait été échevelé. Les bandages qu'on voyait à mes genoux déparaient seuls mon intempestive élégance.

Ainsi paré, mon beau chapeau à point d'Espagne d'or et à plumet blanc sur la tête, j'ouvris une fenêtre. Ma figure fut d'abord remarquée par des oisifs qui se trouvaient dans la cour du palais et qui, ne comprenant pas comment quelqu'un fait comme moi pouvait se trouver de si bonne heure à cette fenêtre, allèrent avertir celui qui avait la clef de cet endroit. Le concierge crut qu'il pouvait y avoir enfermé quelqu'un la veille et, étant allé prendre les clefs, il vint.

J'étais fâché de m'être fait voir à la fenêtre, ne sachant pas qu'en cela le hasard m'avait servi à souhait. Je m'étais assis près du moine, qui me disait des sottises, lorsqu'un bruit de clefs vint frapper mon oreille. Tout ému, je me lève et, collant mon œil contre une petite fente qui heureusement séparait les deux ais de la porte, je vis un homme seul, coiffé d'une perruque, sans chapeau, qui montait lentement l'escalier avec un gros trousseau de clefs à la main. Je dis au moine d'un ton très sérieux de ne pas ouvrir la bouche, de se tenir derrière moi et de suivre mes pas. Je prends mon esponton, que je tiens de la main droite caché sous mon habit, et je vais me placer à l'endroit de la porte par où je pourrais sortir dès qu'elle serait ouverte et enfiler l'escalier. J'envoyais des vœux à Dieu pour que cet homme ne fît aucune résis-

---

1. Petit sac de soie noire dans lequel les hommes renfermaient, par derrière, leurs cheveux tressés en queue.

tance ; car dans le cas contraire je me serais vu forcé de le terrasser et j'y étais déterminé.

La porte s'ouvrit, et, à mon aspect, ce pauvre homme demeura comme pétrifié. Sans m'arrêter, sans mot dire, profitant de sa stupéfaction, je descends précipitamment l'escalier, et le moine me suit. Sans avoir l'air de fuir, mais allant vite, je pris le magnifique escalier appelé des Géants; méprisant la voix du P. Balbi, qui ne cessait de me crier : « Allons dans l'église, » je poursuivis mon chemin. La porte de l'église n'était qu'à vingt pas de l'escalier ; mais les églises n'étaient déjà plus, à Venise, des lieux de sûreté pour les criminels, et personne ne s'y réfugiait plus. Le moine le savait ; mais la peur lui ôtait la mémoire.

L'immunité que je cherchais était au delà des frontières de la très sérénissime République, et je commençais à m'y acheminer. Je me dirigeai droit vers la porte royale du palais ducal, et, sans regarder personne, moyen d'être moins observé, je traverse la Piazzetta[1], je vais au rivage et j'entre dans la première gondole que je trouve, en disant au gondolier :

« Je veux aller à Fusine : appelle vite un autre rameur. »

Pendant qu'on détache la gondole, je me jette sur le coussin du milieu, tandis que le moine se place sur la banquette. La figure bizarre de Balbi, sans chapeau, ayant un beau manteau sur ses épaules, mon accoutrement hors de saison, tout dut me faire prendre pour un charlatan ou pour un astrologue.

Dès que nous eûmes doublé la Douane, les gondoliers commencèrent à fendre avec vigueur les eaux du canal de la Giudecca[2]. Lorsque je me vis à moitié du canal, je mis la tête dehors, et je dis au rameur de poupe :

« Crois-tu que nous soyons à Mestre avant quinze heures[3] ?

— Mais, monsieur, vous m'avez dit d'aller à Fusine.

— Tu es fou, je t'ai dit d'aller à Mestre. »

Le second rameur me dit que je me trompais, et mon sot de moine, zélé chrétien et grand ami de la vérité, ne manqua pas de répéter que j'avais tort. J'avais envie de lui lâcher un coup de pied pour le punir d'être si bête ; mais, réfléchissant que n'a pas de bon sens qui veut, je me mis à rire aux éclats, convenant que je pouvais m'être trompé, mais ajoutant que mon intention était d'aller à Mestre. On ne me répliqua pas, et un instant après le gondolier me dit qu'il était prêt à me conduire en Angleterre si je le voulais.

« Bravo ! va à Mestre.

— Nous y serons dans trois quarts d'heure, répondit-il ; car nous avons pour nous le vent et le courant. »

1. Prolongement de la place Saint-Marc.
2. Ainsi appelé du nom de l'île qu'il sépare de Venise.
3. Huit heures et demie du matin. Mestre est à huit kilomètres de Venise.

Arrivé à Mestre, je ne trouvai pas de chevaux à la poste ; mais il y avait bon nombre de voituriers qui vont aussi vite, et je fis mes accords avec l'un d'eux pour qu'il me menât en cinq quarts d'heure à Trévise. En trois minutes les chevaux furent mis, et, supposant le P. Balbi derrière moi, je me retournai pour lui dire : « Montons » ; mais il n'était pas là. Je dis à un garçon d'écurie d'aller le chercher, décidé à le réprimander, quelle que fût la cause de son absence. On vint me dire qu'on ne le trouvait pas. J'étais furieux. L'idée me vint de l'abandonner ; je le devais : un sentiment d'humanité me retint. Je descends, je m'informe : tout le monde l'a vu, mais personne ne sait me dire où il est ni où il peut être. Je parcours les arcades de la grande rue, et m'avisant, par instinct, de mettre la tête à la fenêtre d'un café, j'aperçois ce malheureux dans la salle, debout et prenant du chocolat. Il me voit et m'engage à prendre une tasse de chocolat, en me disant de payer la sienne, parce qu'il n'avait pas le sou. Réprimant mon indignation·

« Je n'en veux pas, lui dis-je, et dépêchez-vous. »

En même temps, je lui serrai le bras de façon à le faire pâlir de douleur. Je paye, et nous sortons. Je tremblais de colère.

Nous arrivons, nous montons en voiture ; mais à peine avions-nous fait six pas, que je rencontre un habitant de Mestre, nommé Balbi Tommasi, bon homme, mais ayant la réputation d'être un des familiers du Saint Office inquisitorial de la République. Il me connaissait, et, s'approchant, il me crie :

« Comment, monsieur ! vous ici ? Je suis charmé de vous voir. Vous venez donc de vous sauver ? Comment avez-vous fait ?

— Je ne me suis pas sauvé, monsieur : l'on m'a donné mon congé.

— Cela n'est pas possible, car hier soir encore j'étais à la maison de M. Grimani, et je l'aurais su[1]. »

Lecteur, il vous sera plus facile de deviner l'état où je devais me trouver en ce moment qu'il ne me le serait de vous le peindre. Je me voyais découvert par un homme que je croyais payé pour m'arrêter, qui, pour cela, n'avait besoin que de cligner de l'œil au premier sbire, et Mestre en était plein. Je lui dis de parler bas, et, descendant de voiture, je le priai de venir un peu de côté. Je le menai derrière la maison ; là, me trouvant seul avec lui, et près d'un fossé au delà duquel on est en rase campagne, je m'arme de mon esponton et je le prends au collet. Voyant mon intention, il fait un effort, il m'échappe et franchit le fossé. Aussitôt, sans se détourner, il se mit à courir à toutes jambes en ligne droite. Dès qu'il fut un peu éloigné, ralentissant sa course, il tourna la tête et m'envoya des baisers en signe de souhaits de bon voyage. Quand je l'eus perdu de vue, je rendis grâce à Dieu

---

1. On verra pourquoi un peu plus loin.

que cet homme, par son agilité, m'eût préservé de commettre un crime ; car j'allais l'assommer, et il paraît qu'il n'avait pas de mauvaises intentions.

Morne comme un homme qui vient d'échapper à un grand péril, j'adressai un coup d'œil de reproche au moine qui voyait à quel danger il nous avait exposés, et je remontai dans la chaise. Je pensai au moyen de me délivrer de ce malotru qui n'osait pas ouvrir la bouche.

Nous arrivâmes à Trévise sans autre rencontre, et je dis au maître de poste de me tenir prêts deux chevaux et une voiture pour dix-sept heures [1] ; mais mon intention n'était pas de continuer ma route en poste, d'abord parce que je n'en avais pas le moyen, et puis parce que je craignais d'être poursuivi. L'aubergiste me demanda si je voulais déjeuner ; j'en avais besoin pour me conserver la vie, car je mourais d'inanition ; mais je n'eus pas le courage d'accepter. Un quart d'heure de perdu pouvait m'être fatal.

Je sortis par la porte Sain-Thomas, comme en me promenant, et, après avoir fait un mille sur le grand chemin, je me jetai dans les champs avec l'intention de ne plus en sortir aussi longtemps que je me trouverais dans les États de la République. Le plus court était de passer par Bassano ; mais je pris par le plus long, parce qu'il n'était pas impossible qu'on m'attendît au débouché le plus voisin, tandis qu'il était probable qu'on ne s'imaginerait pas que, pour sortir de l'État, je prisse par le chemin de Feltre, qui, pour se rendre dans la juridiction de l'évêque de Trente, était la ligne la plus longue.

Après avoir marché trois heures, je me laissai tomber par terre, n'en pouvant plus. J'avais besoin de quelque nourriture, ou bien il fallait se disposer à mourir là. Je dis au moine de mettre le manteau près de moi, d'aller à une ferme que je voyais, pour se procurer, en payant, quelque chose à manger et de me l'apporter.

Quoique la maison ne fût pas une auberge, la bonne fermière m'envoya par une paysanne un dîner suffisant qui ne me coûta que trente sous de Venise. Après avoir bien satisfait mon appétit, sentant que le sommeil allait me gagner, je me hâtai de me mettre en marche. Quatre heures plus tard, je m'arrêtai derrière un hameau, et je sus que j'étais à vingt quatre milles [2] de Trévise. J'étais rendu, j'avais les chevilles enflées et les souliers déchirés, je n'avais plus qu'une heure de jour. M'étant étendu au milieu d'un bouquet de bois, je fis asseoir le P. Balbi près de moi, et je lui tins ce discours :

« Nous allons chercher le salut à Borgodi Val Sugana : c'est la première ville qu'on trouve au delà des frontières de la République. Là nous serons aussi en sûreté qu'à Londres, et nous pourrons nous reposer ; mais, pour y parvenir,

---

1. Dix heures et demie du matin.
2. Un peu plus de 43 kilomètres.

nous avons besoin d'user de précautions essentielles, et la première est de nous séparer. Vous irez par les bois de Mantello, moi par les montagnes; vous par la voie la plus facile et la plus courte, moi par la plus longue et la plus difficile; enfin, vous avec de l'argent et moi sans un sou; je vous fais présent de mon manteau que vous troquerez contre une capote et un chapeau. Voilà tout l'argent qui me reste des deux sequins du comte Asquin: ce sont dix-sept livres; prenez-les. Vous serez à Borgo après-demain au soir et j'y arriverai vingt-quatre heures plus tard. Vous m'attendrez à la première auberge à main gauche et vous pouvez compter de m'y voir arriver. Je suis sûr qu'actuellement on nous cherche partout et que nos signalements sont si bien donnés, qu'on nous arrêterait dans toute auberge où nous oserions entrer ensemble. Vous voyez le triste état où je me trouve et le besoin indispensable que j'ai de me reposer dix heures. Adieu donc, allez-vous-en et laissez-moi m'en aller seul de mon côté. Je trouverai un gîte dans ces alentours.

— Je m'attendais à ce que vous venez de me dire, me répondit Balbi; mais pour toute réponse je ne vous rappellerai que ce que vous m'avez promis lorsque je me suis laissé persuader de vous aider à sortir de votre cachot. Vous m'avez promis que nous ne nous séparerions plus; ainsi n'espérez pas que je vous quitte: votre destinée sera la mienne, la mienne sera la vôtre. Nous trouverons un bon gîte pour notre argent et nous n'irons pas aux auberges; on ne nous arrêtera pas.

— Vous êtes donc déterminé à ne pas suivre le bon conseil que la prudence me fait vous donner?

— Oui, très déterminé.

— Nous verrons. »

Je me levai, non sans efforts, je pris la mesure de sa taille et je la transportai sur le terrain; puis, tirant mon esponton de ma poche, je me courbe, presque couché sur mon côté gauche, et je commence une petite excavation avec le plus grand sang-froid.

« Je vais vous enterrer ici mort ou vif, lui dis-je, et, si vous êtes plus fort que moi, ce sera vous qui m'enterrerez. Voilà l'extrémité à laquelle me réduit votre brutale obstination. Vous pouvez cependant vous sauver, car je ne courrai pas après vous. »

Voyant qu'il ne me répondait pas, je me remis à l'ouvrage.

« Je vais faire tout ce que vous voulez, me dit-il enfin. »

Aussitôt je l'embrasse, et, lui ayant donné tout l'argent que j'avais, je lui réitérai la promesse de l'aller rejoindre à Borgo.

Dès que je le vis assez loin, je me levai et, ayant aperçu à peu de distance un berger qui gardait un petit troupeau sur une colline, je me dirigeai vers lui.

« Mon ami, lui dis-je, comment s'appelle ce village ?
— Val de Piene, monsieur. »
J'en fus surpris, car j'avais fait plus de chemin que je ne croyais. Je lui demandai alors le nom des maîtres de cinq ou six maisons que je voyais à la ronde et, par hasard, tous ceux qu'il me nomma étaient des personnes de ma connaissance, chez qui je ne devais pas aller porter le trouble par mon apparition. Lui ayant demandé le nom d'un palais que je voyais :
« C'est le palais Grimani, » me dit-il.
Le doyen de cette famille était inquisiteur d'État et devait se trouver en ce moment à sa campagne ; il fallait donc bien me garder de m'y montrer. Enfin le berger m'indiqua une dernière maison comme celle du chef des sbires...

L'idée vint à Casanova d'aller loger là plutôt que partout ailleurs. Il entre dans la cour, demande à un enfant qui y jouait où est son père ; l'enfant appelle sa mère, qui prie l'étranger de lui dire ce qu'il veut à son mari, s'excusant de son absence.

« Je suis fâché que mon compère n'y soit pas, autant que charmé de faire la connaissance de sa belle épouse.
— Votre compère ? Je parle donc à Son Excellence M. Vetturi ? Mon mari m'a dit que vous aviez eu la bonté de lui promettre d'être le parrain de l'enfant dont nous attendons la naissance. Mon mari sera au désespoir de ne pas s'être trouvé chez lui.
— J'espère qu'il ne tardera pas à rentrer ; car je veux lui demander à coucher pour cette nuit ; je n'ose aller nulle part dans l'état où vous me voyez.
— Vous aurez le meilleur lit de la maison et je vous procurerai un assez bon souper. Mon mari ira remercier Votre Excellence de l'honneur que vous nous faites, aussitôt qu'il sera de retour. Il est parti il y a une heure et je ne l'attends que dans deux ou trois jours.
— Pourquoi restera-t-il donc si longtemps, ma charmante commère ?
— Vous ne savez donc pas que deux prisonniers se sont échappés des Plombs ? L'un est un praticien, l'autre un particulier nommé Casanova ; mon mari a reçu de Messer Grande l'ordre de les chercher. »

Après avoir expliqué l'état de ses genoux par une chute de cheval à la chasse, ce qui fut cru avec beaucoup de naïveté par cette jeune femme du policier, il fut livré par elle aux soins de sa mère, vénérable dame qui le pansa en l'appelant son fils. Complètement remis par douze heures de sommeil, il partit à six heures du matin sans dire adieu à personne. Il marcha pendant cinq heures à travers les bois et les montagnes, sans rencontrer personne que quelques paysans. Vers midi, le son d'une cloche attire son attention sur une petite église, dans un fond de vallée. C'était le jour des Morts : l'idée lui vint d'entendre la messe. Il entre dans l'église et y voit un homme qu'il croyait son ami, Marc-Antoine Grimani, le neveu de l'inquisiteur, avec sa femme. On se salue mutuellement. Après la messe, il sort et Grimani le suit seul.

« Que faites-vous ici, Casanova, lui demande-t-il, où et votre compagnon ?

— Je lui ai donné le peu d'argent que j'avais pour qu'il se sauvât par une autre route ; si Votre Excellence voulait me donner quelque secours, je me tirerais plus facilement d'affaire.

— Je ne puis rien vous donner ; mais vous trouverez sur votre chemin des ermites qui ne vous laisseront pas mourir de faim. Cependant contez-moi donc comment vous vous êtes échappé des Plombs.

— Ce serait fort intéressant, mais trop long ; pendant ce temps les ermites mangeraient leurs provisions. »

Après avoir marché tout le jour, Casanova trouva une hospitalité désintéressée dans une maison isolée, puis dans un couvent de capucins ; enfin il arriva chez un de ses amis, qui, tout épouvanté de voir un fugitif dans sa demeure, refusa de lui donner même un verre d'eau. Casanova n'avait pas cru devoir user de violence envers le comte Asquin ; mais cette fois il n'avait pas affaire à un vieillard : il obtint par la menace, son esponton à la main, qu'on lui donnât six sequins, puis continua sa route. Enfin, après avoir passé la nuit chez un paysan, il acheta de vieux vêtements et loua un âne sur le dos duquel il passa la frontière sans que les hommes du poste lui fissent l'honneur de lui demander son nom. Dès lors il était en sûreté.

LE GOUVERNEUR FAIT FEU SUR BENIOWSKI QUI VENAIT POUR LE SAUVER.

Un Roman en Sibérie
L'Évasion d'un Patriote Polonais
(1771)

Les aventures de Beniowski ont été plusieurs fois portées au théâtre; elles ont même, chez nous, fourni le sujet d'un opéra-comique dont notre charmant Boieldieu écrivit la musique. Elles présentent en effet un côté tout à fait chevaleresque et séduisant. On sait que, lorsque Catherine II, unie par un traité secret à Frédéric II, roi de Prusse, prétendit pour la première fois intervenir dans les affaires de Pologne, les patriotes polonais se soulevèrent contre cette ingérence et formèrent plusieurs confédérations, notamment la célèbre confédération de Bar. Celle-ci compta Beniowski parmi ses chefs. Il devint par là même l'une des premières victimes des guerres de l'indépendance polonaise. Fait prisonnier par les Russes, il fut déporté au Kamtchatka. C'est de là qu'il réussit à s'enfuir. Il a lui-même raconté l'histoire de son héroïque et romanesque évasion dans ses Voyages et Mémoires, et c'est son récit que nous résumons.

Dès le lendemain de son arrivée, après un voyage long et pénible, dans la petite ville de Bolcha ou Bolchérietsk, qui lui était assignée comme résidence, le comte Beniowski avait déjà réuni sept de ses compagnons d'exil dans un complot d'évasion. Il ne s'agissait encore que de se procurer un navire pour s'enfuir; plus tard, les choses devaient suivre une bien autre marche.

Beniowski n'avait pas trente ans; aux avantages physiques, la force, l'adresse, l'élégance, il joignait une culture d'esprit qui le mettait au premier rang parmi les exilés; aussi devint-il leur chef sans conteste. Le gouverneur, de son côté, le chargea de donner des leçons de langues à ses trois filles, dont la plus jeune, Aphanasie, devint éperdument éprise de son maître. Beniowski devait se servir habilement de sa passion pour mener à bonne fin ses projets.

Mais tout d'abord, les conjurés, dont le nombre peu considérable au début s'était vite augmenté, avaient besoin d'argent pour mener à bien leur entreprise; le hasard et la cupidité de leurs gardiens vinrent heureusement à leur aide.

Les trois principaux personnages de Bolcha étaient le gouverneur, le chancelier et l'hetman des Cosaques. Ces deux derniers, ayant reconnu l'habileté de Beniowski aux échecs, imaginèrent de le faire jouer avec les plus riches marchands du pays, qu'il gagnait presque toujours. Il fut obligé, dans l'intérêt de son entreprise et de ses compagnons, de se prêter à ces manœuvres dirigées contre la bourse des convives de l'hetman et du chancelier, qui prélevaient la part du lion sur le gain; on dut bientôt aussi faire la part du gouverneur. Malgré cela, la caisse des conjurés contenait déjà douze mille roubles[1] environ, quand le dépit d'un joueur faillit faire tout découvrir.

Un marchand, nommé Casarinow, qui avait perdu de fortes sommes à ce jeu, fit présent à Beniowski d'une certaine quantité de sucre empoisonné. Le 1er janvier 1771, les principaux conjurés se rassemblent pour prendre le thé, et à peine en ont-ils avalé quelques tasses qu'ils sont pris d'affreuses douleurs. Un d'entre eux mourut dans la nuit; les autres, échappés par miracle, essaient le sucre sur des animaux, reconnaissent qu'il est empoisonné et, apprenant par là quel est le coupable, ils le dénoncent au gouverneur.

On mande Casarinow; le gouverneur lui propose, en présence d'une nombreuse réunion, de prendre le thé. Il accepte.

« Voyez quel bon cœur ont ces exilés! dit le gouverneur en faisant offrir du sucre à Casarinow; ils m'ont fait hier cadeau de ce pain de sucre qu'ils avaient eux-mêmes reçu en présent. »

Casarinow pâlit, se plaint d'un malaise subit, veut se retirer; on le retient, et, succombant sous l'évidence des faits qu'on lui reproche, il dit avoir voulu faire périr Beniowski pour le punir du complot qu'il a formé : il se

---

1. Plus de 32 000 francs.

propose en effet d'armer les exilés et de s'emparer d'un vaisseau pour sortir avec eux du Kamtchatka. C'est, ajoute le marchand, un conjuré, Pianitsine, qui lui a tout révélé.

Trop irrité pour tenir compte de cette inculpation, le gouverneur fait enfermer Casarinow et donne ordre au chancelier de procéder à la confiscation des biens du coupable et à son envoi aux mines, suivant la loi contre les empoisonneurs. Mais Beniowski avait assisté à la scène, caché dans un cabinet; car la loi défendait aux fonctionnaires et même aux simples citoyens d'avoir aucun rapport avec les exilés: on a vu par ce qui précède comment cette loi était observée; quelquefois cependant, dans les circonstances officielles, il fallait bien en tenir compte au moins en apparence. Beniowski avait donc entendu la déposition de Casarinow. De retour chez lui, il assemble le conseil des conjurés et leur dénonce la trahison de Pianitsine, qui était présent. L'assemblée condamne ce perfide d'une voix unanime et lui accorde trois heures seulement pour se préparer à la mort. Un prêtre, qui était du complot, reste seul avec lui; puis, le soir, il est conduit hors du village et fusillé.

Quelque temps après, les autorités se rappelèrent la déposition de Casarinow; mais on chercha vainement Pianitsine, et Casarinow fut convaincu d'avoir fait une fausse déposition pour se justifier.

Nous ne pouvons raconter en détail les différents épisodes de cette histoire de quatre mois, pendant lesquels le complot fut plusieurs fois découvert. Les conjurés durent leur salut à la présence d'esprit de leur chef, et surtout à l'ineptie ou à la corruption de leurs gardiens. Peu s'en fallut cependant qu'eux-mêmes ne perdissent tout, par suite de soupçons qu'ils conçurent contre Beniowski lui-même.

Quelques jours après l'affaire de Casarinow, la pauvre Aphanasie, en présence de son père et d'une foule de personnes invitées à une fête, déclara sa passion pour le comte. Grande fureur du père, qui se calme bientôt quand on lui fait observer que de lui seul dépend la liberté de Beniowski. Tout s'arrange: Beniowski se trouve en faveur plus que jamais et déclaré libre séance tenante. Le bruit s'en répand aussitôt, et, quand Beniowski rentre chez lui, il y trouve quatre des principaux conjurés qui lui enjoignent d'un air sombre de se rendre à l'assemblée générale. Il y va et, en entrant, il voit la porte gardée par deux hommes, le sabre à la main; une coupe de poison est sur la table, au milieu de la chambre. On l'accusait d'avoir acquis sa liberté en trahissant ses compagnons. Il se justifia sans peine, et son accusateur fut le premier à l'embrasser avec effusion en se reprochant de l'avoir soupçonné.

Bientôt Beniowski obtint du gouverneur que tous les exilés fussent déclarés libres et qu'ils pussent se réunir pour former une colonie au pays de Lopatka.

10

Mais, pendant qu'il avançait ainsi vers son but, la femme du gouverneur, Mme Milow, insistait pour que le mariage de sa fille eût lieu prochainement. D'autre part, un des conjurés, nommé Stephanow, s'éprit d'Aphanasie, devint jaloux jusqu'à la fureur, voulut tuer Beniowski et révéla presque le complot. On lui fit peur et on lui pardonna, tout en s'assurant de sa personne.

Les conjurés étaient en effet parfaitement organisés ; ils avaient des armes et des munitions. Enfin, malgré bien des obstacles, on n'attendait que la rupture des glaces pour s'embarquer sur un vaisseau préparé par des affidés, quand de nouveaux soupçons rendirent les autorités plus défiantes. Beniowski, reconnaissant alors à des signes nombreux que tout pouvait être compromis d'un instant à l'autre, engagea la jeune Aphanasie, qu'il avait mise dans le secret du complot, à lui envoyer un morceau de ruban rouge en cas de danger imminent. Tous les conjurés se tinrent prêts et armés.

Le surlendemain, Aphanasie envoyait le ruban rouge, tandis que le gouverneur dépêchait de son côté un sergent à Beniowski, pour l'engager à déjeuner. On juge si l'avis de la fille lui donnait envie d'accepter l'invitation du père. Il prétexta une indisposition et remit la visite au lendemain. Le sergent eut la sottise de lui dire de venir de bonne grâce s'il ne voulait être emmené par force ; Beniowski lui répondit que, si on le chargeait encore d'un pareil message près de lui, il eût soin d'aller à confesse avant de s'en acquitter.

A midi l'hetman arriva et fut reçu poliment ; mais son air confidentiel, sa bonhomie, ses finesses, assez maladroites il est vrai, tout échoua devant le bon sens de Beniowski. Sur son refus de se rendre au fort, le pauvre hetman s'emporta et le menaça de ses Cosaques. Beniowski lui rit au nez ; l'hetman, furieux, appelle ses hommes ; Beniowski siffle : cinq de ses compagnons paraissent ; l'hetman et ses deux Cosaques sont désarmés et mis en lieu sûr.

A cinq heures, le gouverneur envoie à Beniowski un message pour lui conseiller de recourir à la clémence du trône, et le menacer de la peine capitale s'il ne remet pas l'hetman en liberté. Le comte répond par écrit pour amuser le gouverneur et, cependant, fait enlever, à défaut du chancelier, qu'on ne put prendre, son neveu et deux autres personnages dont il redoutait les avis. L'affaire était engagée.

Le lendemain, le gouverneur envoie quatre hommes et un caporal pour arrêter le comte : mais c'est le comte au contraire qui s'empare d'eux sans coup férir, sous prétexte de les faire boire, et les enferme dans sa cave.

Bientôt c'est un détachement tout entier qui s'avance vers sa maison, dont avait fait une forteresse bien gardée. Il marche vers le détachement, lui tue trois hommes et les autres se sauvent.

On lui envoie alors un autre détachement avec un canon. L'officier commandant laisse Beniowski approcher à quinze pas sous prétexte de parlementer; arrivés à cette distance, les conjurés font feu, leurs ennemis s'enfuient ou se jettent la face contre terre, et le canon passe au parti de l'insurrection. Tous les conjurés sont alors rassemblés en un quart d'heure ; le canon leur sert à se frayer la route jusqu'au fort; la sentinelle, en les voyant venir avec cette pièce, les prend pour le détachement même qui l'avait emmenée le matin, et baisse le pont-levis.

Beniowski et les siens entrent dans le fort; le comte se rend aussitôt à l'appartement du gouverneur pour le sauver; mais celui-ci lui tire un coup de pistolet, lui saute à la gorge, et Beniowski allait se voir obligé de faire usage de ses armes, quand un autre conjuré casse la tête d'un coup de pistolet au malheureux gouverneur et délivre le comte.

Cependant la nuit était venue, et les Cosaques marchaient sur le fort pour lui donner l'assaut; heureusement, leurs échelles se trouvèrent trop courtes; le feu de leurs fusils servit aux conjurés à diriger le pointage de leurs canons, qui firent beaucoup de mal aux assiégeants, tandis que les assiégés ne perdirent pas un homme.

Le lendemain, les exilés enfermèrent dans l'église de la ville les femmes et les enfants, au nombre d'environ un millier, puis ils signifièrent aux huit cents Cosaques qui bloquaient le fort que, s'ils ne se soumettaient pas à eux en déposant les armes et en donnant des otages, ils mettraient le feu à l'église. Les Cosaques acceptèrent ces conditions, et les conjurés furent maîtres de la place. Ils avaient perdu neuf hommes et sept d'entre eux étaient blessés grièvement.

Quelques jours après, les exilés s'emparaient de la corvette de guerre *Saint-Pierre-et-Saint-Paul*, et, après avoir rendu les derniers devoirs au pauvre gouverneur et renvoyé les otages, Beniowski montait à bord, arborait le pavillon de la Confédération de Pologne, qui fut salué par les canons de la corvette, et quittait le Kamtchatka, non pas comme un prisonnier qui s'évade, mais comme un souverain qui parcourt son empire.

Les Évasions de Latude

(1750-1756-1765)

De tous les prisonniers de la Bastille dont l'histoire a conservé le nom, il n'en est pas de plus célèbre que Latude. Objet de sympathies ardentes, à la fin du règne de Louis XVI, honoré par l'Assemblée législative comme un martyr du despotisme, il est, après sa mort, devenu l'un des héros favoris du mélodrame populaire. Mais voici que des recherches plus récentes nous ont fait connaître le personnage au naturel et nous ont forcés d'avouer qu'il était tout autre chose qu'un modèle de modestie, de sincérité et de délicatesse.

Né en 1725 d'une pauvre paysanne languedocienne, Jeanne Aubrespy ou Daubrespy, il ne revendiqua bien longtemps lui-même d'autre nom que celui de Jean Danry. Ce n'est que beaucoup plus tard, après la mort, survenue en 1761, d'un certain chevalier Henri Vissec de La Tude, lieutenant-colonel d'un régiment de dragons, qu'il se prétendit le fils de ce gentilhomme, et que, joignant encore à son nom le nom d'une terre située en pays languedocien, il se fit appeler le vicomte de La Tude.

Il nous apparaît d'ailleurs comme un de ces hommes incapables d'accepter le sort obscur auquel semblent les condamner l'humilité de leur naissance et la médiocrité de leurs mérites. Il était « garçon chirurgien des armées », lorsqu'il conçut, dans l'espérance de se tirer de pair et de faire fortune, une idée tout à fait singulière. Il imagina d'envoyer à Mme de Pompadour une boîte parfaitement inoffensive, mais qu'on pouvait supposer dangereuse, et d'aller en même temps lui dénoncer un prétendu complot qu'il aurait surpris par hasard et dont elle devait être la victime. Cette machination enfantine révèle un esprit tout ensemble naïf et assez malsain, et si, la supercherie découverte, l'aventurier se fût vu frapper, en vertu d'un texte de loi, de quelques mois de prison, la punition eût été justifiée. Mais quand on pense que sa ridicule tentative fut la seule faute de Latude, et que, traité dès lors en criminel d'État, il dut subir, sans avoir encouru aucune condamnation régulière et par l'effet d'une suite de décisions arbitraires, une captivité de trente-cinq années, on se sent devenir un peu plus indulgent pour la tradition populaire qui fit de Latude un martyr et de son histoire un symbole. C'en est assez pour justifier l'intérêt qu'inspirent encore, quoiqu'il y ait lieu bien souvent de les contrôler par des documents plus véridiques, ses Mémoires, auxquels nous emprunterons le récit de ses trois évasions.

A la suite de sa tentative pour capter la confiance de Mme de Pompadour, Latude avait été enfermé à la Bastille le 1er mai 1749, et trois mois plus tard transféré à Vincennes. C'est de là qu'il s'évada le 15 juin 1750. Laissons-le raconter dans quelles circonstances et par quels moyens.

Mon courage ne s'était soutenu que par l'espoir que je pourrais un jour reconquérir ma liberté; je conçus que je ne devais l'attendre que de moi-même; dès lors je ne m'occupai que des moyens d'y parvenir.

Je voyais tous les jours un ecclésiastique âgé se promener dans un jardin qui fait partie du château. J'appris qu'il y était enfermé depuis longtemps pour cause de jansénisme. L'abbé de Saint-Sauveur, fils d'un ancien lieutenant du roi à Vincennes, avait la liberté de venir causer avec lui dans ce jardin, et il en profitait souvent. Notre janséniste, d'ailleurs, enseignait à lire et à écrire aux enfants de plusieurs officiers du château; l'abbé et les enfants allaient et venaient sans qu'on y fît beaucoup attention. L'heure à laquelle se faisaient ces promenades était à peu près celle à laquelle on me menait dans un jardin voisin, qui est aussi dans l'enclos du château. M. Berryer[1] avait ordonné qu'on m'y laissât deux heures par jour pour prendre l'air et rétablir ma santé. Deux porte-clefs venaient me prendre et me conduisaient; quelquefois le plus âgé allait m'attendre au jardin et le plus jeune venait seul ouvrir les portes de ma prison : je l'habituai pendant quelque temps à me voir descendre l'escalier plus vite que lui; et, sans l'attendre, je rejoignais son camarade; arrivé au jardin, il me trouvait toujours avec ce dernier.

Un jour, résolu, à quelque prix que ce fût, de m'échapper, il eut à peine ouvert la porte de ma chambre que je m'élançai sur l'escalier; j'étais en bas de la tour avant qu'il eût pensé à me suivre; je fermai au verrou une porte qui s'y trouve pour rompre toute communication entre les deux porte-clefs pendant que j'exécuterais mon projet.

Il y avait quatre sentinelles à tromper : la première était à une porte qui conduisait hors du donjon, et qui était toujours fermée. Je frappe; la sentinelle ouvre; je demande l'abbé de Saint-Sauveur avec vivacité :

« Depuis deux heures, dis-je, notre prêtre l'attend au jardin; je cours après lui de tous côtés sans pouvoir le rencontrer.... »

En disant cela, je continuai toujours à marcher avec la même vitesse. A l'extrémité de la voûte qui est au-dessous de l'horloge, je trouve une seconde sentinelle; je lui demande s'il y avait longtemps que l'abbé de Saint-Sauveur était sorti; elle me répond qu'elle n'en sait rien et me laisse passer; même question à la troisième, qui était de l'autre côté du pont-levis, et qui m'assure qu'elle ne l'a pas vu :

« Je l'aurai bientôt trouvé ! » m'écriai-je.

Transporté de joie, je cours, je saute comme un enfant; j'arrive dans cet état devant une quatrième sentinelle qui, bien éloignée de me soupçonner un prisonnier, ne trouve pas plus surprenant que les autres de me voir courir après l'abbé de Saint-Sauveur : je franchis le seuil de la porte, je m'élance, je me dérobe à leurs regards; je suis libre.

Je courus à travers les champs et les vignes en m'écartant le plus que

---

[1]. Lieutenant de police.

je pouvais du grand chemin; je vins m'enfermer à Paris, dans un hôtel garni, et jouir enfin du bonheur de me retrouver libre après quatorze mois de captivité[1].

Libre, l'imprudent Latude écrit au docteur Quesnay, médecin du roi, qui est venu le voir plusieurs fois pendant sa détention et qui a paru s'intéresser à lui. La lettre est saisie par la police et Latude est arrêté et ramené à la Bastille, où il est tenu dix-huit mois au cachot. A la fin de 1751, on l'en tire pour lui donner une chambre qu'il doit partager bientôt avec un autre prisonnier, Antoine Allègre, qui, lui aussi, s'était vu enfermer en 1750 pour une faute à peu près semblable à celle de Latude.

Il ne devait, dans de semblables circonstances, rester à des jeunes gens que deux partis : mourir ou se sauver. Pour tout homme qui a eu la plus légère idée de la situation de la Bastille, de son enceinte, de ses tours, de son régime..., le projet, l'idée seule de s'en échapper ne peut paraître que le fruit du délire.... J'étais cependant maître de mes esprits en m'y arrêtant; et l'on va juger qu'il fallait une âme peu commune, et peut-être même très forte pour concevoir, méditer et exécuter un semblable projet.

Il ne fallait pas penser à s'évader de la Bastille par les portes : toutes les impossibilités physiques se réunissaient pour rendre cette voie impraticable; restait donc la ressource des airs. Nous avions bien dans notre chambre une cheminée dont le tuyau aboutissait au haut de la tour; mais, comme toutes celles de la Bastille, elle était pleine de grilles, de barreaux, qui, en plusieurs endroits, laissaient à peine un passage libre à la fumée. Fussions-nous arrivés au sommet de la tour, nous avions devant nous un abîme de près de deux cents pieds de hauteur[2]; au bas, un fossé dominé par un mur très élevé qu'il fallait encore franchir.

Tant d'obstacles, tant de dangers ne me rebutèrent pas; je voulus communiquer mon idée à mon camarade : il me regarda comme un insensé. Je dus m'occuper seul de ce dessein...; il fallait grimper au haut de la cheminée, malgré les grilles de fer : il fallait, pour descendre du haut de la tour dans le fossé, une échelle de cent quatre-vingts pieds au moins; une seconde, nécessairement de bois, pour en sortir; il fallait, dans le cas où je me procurerais des matériaux, les dérober à tous les regards, travailler sans bruit, tromper la foule de mes surveillants

---

1. Voir l'intéressant ouvrage de M. Funck-Brentano (*Légendes et Archives de la Bastille*, VI, II (Hachette, éditeur). D'après M. Funck-Brentano les choses se seraient passées plus simplement : « Étant descendu au jardin, dit-il, à l'heure de la promenade, il y trouva un épagneul noir qui faisait des bonds. Il arriva que le chien se dressa contre la porte d'entrée et la poussa de ses pattes. La porte était ouverte. Danry sortit et courut droit devant lui, jusque vers Saint-Denis.

2. Exagération : les tours de la Bastille semblent n'avoir mesuré en hauteur, du parapet au fond du fossé, que quatre-vingt-quinze pieds, ou 30 m. 85.

Le premier objet dont je devais m'occuper, c'était de découvrir un lieu où nous pussions cacher nos outils et nos matériaux. A force de rêver, je m'arrêtai à une idée qui me parut heureuse. J'avais habité diverses chambres à la Bastille et, toutes les fois que celles qui se trouvaient au-dessus ou au-dessous de moi étaient occupées, j'avais parfaitement distingué le bruit qu'on faisait dans l'une ou dans l'autre. Pour cette fois, j'entendais tous les mouvements du prisonnier qui était au-dessus et rien du tout de celui qui était au-dessous. J'étais sûr cependant qu'il y en avait un. A force de calculs je crus entrevoir qu'il pourrait bien y avoir un double plancher, séparé peut-être par quelque intervalle. Voici le moyen dont j'usai pour m'en convaincre.

Il y avait à la Bastille une chapelle où tous les jours on disait une messe, et, le dimanche, trois. La permission d'assister à la messe était une faveur spéciale que l'on n'accordait que très difficilement. M. Berryer nous en faisait jouir ainsi que le prisonnier qui occupait la chambre n° 3, c'est-à-dire celle au-dessous de la nôtre.

Je résolus de profiter, au sortir de la messe, du moment où celui-ci ne serait pas encore renfermé pour jeter un coup d'œil sur sa chambre. J'indiquai à Allègre un moyen de me faciliter cette visite; je lui dis de mettre son étui dans son mouchoir, de faire en sorte que l'étui tombât le long des degrés et de dire au porte-clefs d'aller le ramasser.

Tout ce petit manège se pratiqua à merveille. Pendant que Daragon courait après l'étui, je monte vite au n° 3, je tire le verrou de la porte, je regarde la hauteur du plancher, je remarque qu'il n'avait pas plus de dix pieds et demi de hauteur; je referme la porte, et, de cette chambre à la nôtre, je compte trente-deux degrés; je mesure la hauteur de l'un d'eux et je trouve qu'il y avait entre le plancher de notre chambre et le plancher de celle au-dessous, un intervalle de cinq pieds et demi. Il ne pouvait être comblé ni par des pierres, ni par du bois, le poids aurait été énorme; j'en conclus qu'il devait y avoir un vide de quatre pieds entre les planchers.

« Mon ami, dis-je à Allègre, nous sommes sauvés : nous pouvons cacher nos cordes et nos matériaux.

— Des cordes, des matériaux? Où sont-ils? Où nous en procurerons-nous?

— Des cordes, nous en avons plus qu'il ne nous en faut; cette malle (en lui montrant la mienne) en contient plus de mille pieds.

— Votre malle, dites-vous? Je sais comme vous ce qu'elle contient : il n'y en a pas un pouce.

— Eh quoi? N'ai-je pas une quantité de linge, douze douzaines de chemises,

---

1. Le porte-clefs.

beaucoup de serviettes, de bas, de coiffes et autres choses ? Nous les effilerons et nous en aurons des cordes. »

Nous avions une table pliante soutenue par deux fiches de fer ; nous leur fîmes un taillant en les repassant sur un carreau du plancher ; d'un briquet nous fabriquâmes, en moins de deux heures, un bon canif avec lequel nous fîmes deux manches à ces fiches dont le principal usage devait être d'arracher les grilles de fer de notre cheminée.

Le soir, après que toutes les visites de la journée furent faites, nous levâmes, au moyen de nos fiches, un carreau du plancher et nous nous mîmes à creuser de telle sorte qu'en moins de six heures nous l'eûmes percé ; nous vîmes alors que nos conjectures étaient fondées et nous trouvâmes entre les deux planchers un vide de quatre pieds. Nous remîmes le carreau, qui ne paraissait pas avoir été levé.

Ces premières opérations faites, nous décousîmes deux chemises, et nous en tirâmes les fils l'un après l'autre ; nous les nouâmes tous et nous en fîmes un certain nombre de pelotons que nous réunîmes ensuite en deux grosses pelotes : chacune avait cinquante filets de soixante pieds de longueur[1] ; nous les tressâmes, ce qui nous donna une corde de cinquante-cinq pieds de long environ, avec laquelle nous fîmes une échelle de vingt pieds, qui devait nous servir à nous soutenir en l'air pendant que nous arracherions les barres et les pointes de fer dont la cheminée était armée. Cette besogne fut la plus pénible et la plus embarrassante : elle nous demanda six mois d'un travail dont l'idée fait frémir. Nous ne pouvions y travailler qu'en pliant le corps et en le torturant par les postures les plus gênantes ; nous ne pouvions résister plus d'une heure à cette situation et nous ne descendions qu'avec les mains ensanglantées. Ces barres de fer étaient scellées dans un ciment extrêmement dur que nous ne pouvions amollir qu'en soufflant de l'eau avec notre bouche dans les trous que nous pratiquions.

Qu'on juge de tout ce que cette besogne avait de pénible, en apprenant que nous étions satisfaits quand, dans une nuit entière, nous avions enlevé l'épaisseur d'une ligne[2] de ce ciment ! A mesure que nous arrachions une barre de fer, il fallait la replacer dans son trou pour que, dans les visites que nous essuyions, on ne s'aperçût de rien et de manière à pouvoir les enlever toutes au moment où nous serions dans le cas de sortir.

Après six mois de ce travail opiniâtre et cruel, nous nous occupâmes de l'échelle de bois qui nous était nécessaire pour monter du fossé sur le parapet et de ce parapet dans le jardin du gouverneur. Il lui fallait vingt ou vingt-cinq pieds de longueur. Nous y consacrâmes le bois qu'on nous donnait

1. Rappelons que le pied équivaut à 0 m. 324.
2. La ligne équivaut à 0 m. 00225.

Pendant qu'Allègre, du haut de la tour, tenait la corde, Latude se laissait glisser le long de la muraille à pic.

pour nous chauffer; c'étaient des bûches de dix-huit à vingt pouces[1].

Il nous fallait aussi des moufles[2] et beaucoup d'autres choses pour lesquelles il était indispensable de nous procurer une scie ; j'en fis une avec un chandelier de fer, au moyen de la seconde partie du briquet dont j'avais transformé la première en canif ou petit couteau.

Avec ce morceau de briquet, cette scie et les fiches, nous dégrossissions nos bûches ; nous leur faisions des charnières et des tenons pour les emboîter les unes dans les autres, avec deux trous à chaque charnière et à son tenon pour y passer un échelon et deux chevilles pour l'empêcher de vaciller.

Nous ne fîmes à cette échelle qu'un bras ; nous y mîmes vingt échelons de quinze pouces chacun ; le bras avait trois pouces de diamètre, par conséquent chaque échelon excédait ce bras de six pouces de chaque côté. A chaque morceau de cette échelle nous avions attaché son échelon à sa cheville avec une ficelle, de manière à pouvoir la monter facilement pendant la nuit. A mesure que nous avions achevé et perfectionné un de ces morceaux, nous le cachions entre les deux planchers.

C'est avec ces outils que nous garnîmes notre atelier. Nous nous procurâmes compas, équerre, règle, dévidoir, moufles, échelons, etc., etc., tout cela, comme on le comprend, soigneusement caché dans notre magasin.

Il y avait un danger auquel nous ne pouvions nous soustraire qu'avec les précautions les plus attentives. J'ai déjà prévenu qu'indépendamment des visites très fréquentes que faisaient les porte-clefs et divers officiers de la Bastille au moment où on s'y attendait le moins, un des usages du lieu était d'épier les actions et les discours des prisonniers. Nous pouvions nous soustraire aux regards en ne faisant que la nuit nos principaux ouvrages et en évitant avec soin d'en laisser apercevoir les moindres traces ; car un copeau, le moindre débris pouvait nous trahir : mais il fallait aussi tromper les oreilles de nos espions. Nous nous entretenions nécessairement sans cesse de notre objet ; il fallait donc éviter de donner des soupçons ou les détourner en confondant les idées de ceux qui pouvaient nous entendre. Pour cela nous fîmes un dictionnaire particulier. Nous appelions la scie *faune*, le dévidoir *Anubis*, les fiches *Tubalcaïn*, le trou que nous avions fait à notre plancher *Polyphème*, l'échelle de bois *Jacob*, échelons *rejetons*, cordes *colombes*, à cause de leur blancheur, peloton de fil *petit frère*, canif *toutou*, etc. Nous étions sans cesse sur nos gardes et nous fûmes assez heureux pour tromper la surveillance de tous nos argus.

Les premières opérations dont j'ai parlé plus haut étant achevées, nous

---

1. Le pouce, douzième partie du pied, équivalait à 0 m. 027.
2. On verra plus loin que Latude entend improprement par ce mot une espèce de poulie sans roue.

nous occupâmes de la grande échelle. Elle devait avoir au moins cent quatre-vingts pieds de longueur. Nous nous mîmes à effiler tout notre linge, chemises, serviettes, coiffes, bas, caleçons, mouchoirs, tout ce qui pouvait nous fournir de la soie ou du fil. A mesure que nous avions fait un peloton, nous le cachions dans Polyphème, et lorsque nous en eûmes une quantité suffisante, nous employâmes une nuit entière à tresser cette corde ; je défierais le cordier le plus adroit d'en fabriquer une avec plus d'art.

Autour de la Bastille, à la partie supérieure, était un rebord saillant de trois ou quatre pieds, ce qui nécessairement devait faire flotter et vaciller notre échelle pendant que nous descendrions ; c'était plus qu'il n'en eût fallut pour troubler et bouleverser la tête la mieux organisée. Pour obvier à cet inconvénient et empêcher qu'un de nous ne tombât en descendant, nous fîmes une seconde corde de trois cent soixante pieds de longueur. Cette corde devait être passée dans une moufle, c'est-à-dire une espèce de poulie sans roue, pour éviter que celui qui descendrait ne se trouvât suspendu en l'air sans pouvoir descendre davantage. Après ces deux cordes, nous en fîmes plusieurs autres de moindre longueur pour attacher notre échelle à un canon et pour d'autres besoins imprévus.

Quand toutes ces cordes furent faites, nous les mesurâmes ; il y en avait quatorze cents pieds. Ensuite nous fîmes deux cent huit échelons, tant pour l'échelle de corde que pour celle de bois. Un autre inconvénient qu'il fallait prévoir, c'était le bruit que produirait le frottement des échelons sur la muraille, au moment où nous descendrions. Nous leur fîmes à tous un fourreau avec les doublures de nos robes de chambres, de nos vestes et de nos gilets.

Nous employâmes dix-huit mois entiers d'un travail continuel pour tous ces préparatifs ; mais ce n'était pas tout encore. Nous avions bien pourvu au moyen d'arriver en haut de la tour et de descendre dans le fossé ; pour en sortir nous n'avons que deux ressources : l'une de monter sur le parapet, de ce parapet dans le jardin du gouverneur et de là descendre dans le fossé de la porte Saint-Antoine ; mais ce parapet qu'il fallait traverser était toujours garni de sentinelles. Nous pouvions choisir une nuit très obscure et pluvieuse : alors les sentinelles ne se promènent pas, et nous serions parvenus à leur échapper ; mais il pouvait pleuvoir à l'instant où nous monterions dans notre cheminée, et le temps, devenir calme et serein au moment où nous arriverions sur le parapet. Nous pouvions nous rencontrer avec les rondes major qui à chaque instant le visitent ; ils nous eût été impossible de nous cacher à cause des lumières que ces rondes portent toujours, et nous étions perdus à jamais.

L'autre parti augmentait les difficultés, mais il était moins dangereux :

il consistait à faire un passage à travers la muraille qui sépare le fossé de la Bastille de celui de la porte Saint-Antoine.... Pour cela il nous fallait une virole[1], au moyen de laquelle nous ferions des trous dans le mortier pour engrener les pointes de deux barres de fer que nous pourrions prendre dans notre cheminée ; avec ces deux barres nous pouvions arracher des pierres et nous faire un passage. Il fut décidé que nous préférerions ce parti. Nous fîmes donc une virole avec la fiche d'un de nos lits, à laquelle nous attachâmes un manche en forme de croix.

... Nous fixâmes le jour de notre fuite au mercredi 25 février 1756, veille du jeudi gras; alors la rivière était débordée : il y avait quatre pieds d'eau dans le fossé de la Bastille et dans celui de la porte Saint-Antoine, où nous devions chercher notre délivrance. Je remplis un portemanteau de cuir que j'avais d'un habillement complet pour chacun de nous, afin de pouvoir nous changer si nous étions assez heureux pour nous sauver.

A peine nous eut-on servi notre dîner que nous montâmes notre grande échelle de corde, c'est-à-dire que nous y mîmes les échelons ; nous la cachâmes sous nos lits afin que le porte-clefs ne pût l'apercevoir dans les visites qu'il devait nous rendre encore pendant la journée ; nous accommodâmes ensuite notre échelle de bois en trois morceaux, nous mîmes nos barres de fer, nécessaires pour percer la muraille, dans leur fourreau, pour empêcher qu'elles ne fissent du bruit ; nous nous munîmes d'une bouteille de scubac[2] pour nous réchauffer et nous rendre des forces quand nous aurions à travailler dans l'eau jusqu'au cou pendant plus de neuf heures. Toutes ces précautions prises, nous attendîmes l'instant où on nous aurait apporté notre souper ; il arriva enfin.

Je montai le premier dans la cheminée. J'avais un rhumatisme au bras gauche ; mais j'écoutai peu cette douleur. J'en éprouvai bientôt une autre plus aiguë : je n'avais employé aucune des précautions que prennent les ramoneurs ; je faillis être étouffé par la poussière de la suie ; je fus écorché aux coudes et aux genoux ; le sang ruisselait sur mes mains et sur mes jambes. C'est dans cet état que j'arrivai au haut de la cheminée.

Dès que j'y fus parvenu, je fis couler une pelotte de ficelle dont je m'étais muni ; Allègre attacha à l'extrémité le bout d'une corde à laquelle tenait mon portemanteau, je le tirai à moi, je le déliai et je le jetai sur la plate-forme de la Bastille ; nous montâmes de la même manière l'échelle de bois, les deux barres de fer et tous nos autres paquets ; nous finîmes par l'échelle de corde, dont je laissai descendre une extrémité pour aider Allègre à monter, pendant que je soutenais le reste au moyen d'une grosse cheville que nous

1. Mot impropre : l'instrument qui sert à percer s'appelle *tarière*.
2. Eau-de-vie de grains parfumée de safran et d'aromates.

avions préparée exprès. Je la fis passer dans la corde et la posai en croix sur le tuyau de la cheminée ; par ce moyen mon compagnon évita de se mettre en sang comme moi. Cela fini, je descendis du haut de la cheminée où j'étais dans une posture fort gênante, et nous nous trouvâmes tous les deux sur la plate-forme de la Bastille.

Arrivés là, nous disposâmes tous nos effets ; nous commençâmes par faire un rouleau de notre échelle de cordes, ce qui fit une masse de quatre pieds de diamètre et d'un pied d'épaisseur. Nous la fîmes rouler sur la tour appelée *la tour du Trésor*[1], qui nous avait paru la plus favorable pour faire notre descente ; nous attachâmes un des bouts de l'échelle à une pièce de canon et nous la fîmes couler doucement le long de la tour, ensuite nous attachâmes notre moufle et nous y passâmes la corde, qui avait trois cent soixante pieds de longueur ; je m'attachai autour du corps la corde passée dans la moufle ; Allègre la lâchait à mesure que je descendais ; malgré cette précaution, je voltigeais dans l'air à chaque mouvement que je faisais ; qu'on juge de ma situation d'après le frissonnement que cette idée seule fait éprouver. Enfin j'arrivai sans aucun accident dans le fossé. Sur-le-champ, Allègre me descendit mon portemanteau et tous les autres objets ; je trouvai heureusement une petite éminence qui dominait l'eau dont le fossé était rempli et je les y plaçai. Ensuite mon compagnon fit la même chose que moi : mais il eut un avantage de plus : je tins de toutes mes forces le bout de l'échelle, ce qui l'empêcha de vaciller autant. Arrivés tous deux au bas, nous ne pûmes nous défendre d'un léger regret d'être hors d'état d'emporter avec nous notre corde et les objets dont nous nous étions servis.

Il ne pleuvait pas, nous entendions la sentinelle qui se promenait à quatre toises[2] au plus de nous ; il fallait donc renoncer à monter sur le parapet et à nous sauver par le jardin du gouverneur. Nous prîmes le parti de nous servir de nos barres de fer.... Nous allâmes droit à la muraille qui sépare le fossé de la Bastille de celui de la porte Saint-Antoine, et sans relâche nous nous mîmes au travail. Dans cet endroit précisément était un petit fossé d'une toise de largeur et d'un pied et demi de profondeur, ce qui augmentait la hauteur de l'eau. Partout ailleurs nous n'en aurions eu que jusqu'au milieu du corps ; là nous en avions jusqu'aux aisselles. Il dégelait seulement depuis quelques jours, en sorte que l'eau était encore pleine de glaçons ; nous y restâmes pendant neuf heures entières, le corps épuisé par un travail excessivement difficile et les membres engourdis par le froid.

A peine avions-nous commencé que je vis venir à douze pieds au-dessus

---

1. Ainsi appelée « parce qu'elle avait reçu, en maintes circonstances, notamment sous Henri IV, la garde des deniers publics. » (Funck-Brentano.)
2. Un peu moins de 8 mètres. La toise valait six pieds.

de nos têtes une ronde major dont le falot éclairait parfaitement le lieu où nous étions ; nous n'eûmes pas d'autre ressource pour éviter d'être découverts que de faire le plongeon. Il fallut recommencer cette manœuvre toutes les fois que nous reçûmes cette visite, c'est-à-dire chaque demi-heure. Enfin, après neuf heures de travail et d'effroi, après avoir arraché les pierres les unes après les autres avec une peine que l'on ne peut concevoir, nous parvînmes à faire dans une muraille de quatre pieds et demi d'épaisseur un trou assez large pour pouvoir passer ; nous nous traînâmes tous deux au travers.

Déjà notre âme commençait à s'ouvrir à la joie, lorsque nous courûmes un danger que nous n'avions pas prévu et auquel nous faillîmes succomber. Nous traversions le fossé Saint-Antoine pour gagner le chemin de Bercy : à peine eûmes-nous fait vingt-cinq pas, que nous tombâmes dans l'aqueduc qui est au milieu, ayant dix pieds d'eau au-dessus de nos têtes et deux pieds de marais qui nous empêchaient de nous mouvoir et de marcher pour aller gagner l'autre bord de l'aqueduc qui n'a que six pieds de largeur. Allègre se jeta sur moi et faillit me faire tomber ; si ce malheur était arrivé, nous étions perdus ; il ne nous restait pas assez de forces pour nous relever et nous périssions dans ce bourbier. Me sentant saisir, je lui donnai un violent coup de poing qui lui fit lâcher prise, et, du même mouvement, je m'élançai et je parvins à sortir de l'aqueduc. J'enfonçai alors mon bras dans l'eau, je saisis Allègre par les cheveux et le tirai de mon côté : bientôt nous fûmes hors du fossé, et, au moment où cinq heures sonnaient, nous nous trouvions sur le grand chemin.

Transportés du même sentiment, nous nous précipitâmes dans les bras l'un de l'autre, nous nous tînmes étroitement serrés, et tous deux nous nous prosternâmes pour exprimer au Dieu qui venait de nous arracher à tant de périls notre reconnaissance.

Ce premier devoir rempli, nous pensâmes à changer de vêtements. C'est alors que nous vîmes combien il était heureux que nous eussions pris la précaution de nous munir d'un portemanteau qui en contenait de secs ; l'humidité avait engourdi nos membres, et, ce que j'avais prévu, nous sentîmes le froid bien plus que nous ne l'avions fait pendant les neuf heures consécutives que nous avions passées dans l'eau et dans la glace : chacun de nous eût été hors d'état de s'habiller et de se déshabiller lui-même, et nous fûmes obligés de nous rendre mutuellement ce service. Nous nous mîmes enfin dans un fiacre, et nous nous fîmes conduire chez M. de Silhouette, chancelier de M. le duc d'Orléans. Je le connaissais beaucoup ; malheureusement il était à Versailles.

Ils trouvèrent un asile chez des amis, Languedociens comme eux, et, après être restés cachés un mois, ils partirent séparément pour Bruxelles. Allègre, arrivé le premier, fut immédiatement arrêté par les agents français. On le ramena en France, et, quinze ans après, Latude le retrouva à Charenton : il était devenu fou. Quant à Latude, il évita, en Belgique, les pièges que lui tendirent les agents de la police française; mais il fut arrêté à Amsterdam et réintégré à la Bastille, où il fut maintenu au cachot pendant trois ans et trois mois (juin 1756-septembre 1759). Huit ans plus tard, il était transféré à Vincennes. Il y fut traité moins durement : il obtint même la permission de se promener deux heures chaque jour dans les jardins du château.

Ce que je trouvai de plus précieux dans cette faveur, ce fut l'espoir qu'elle me procurerait, tôt ou tard, les moyens de m'échapper encore. Pendant huit mois je ne pus parvenir à le faire ; j'étais surveillé avec tant de soin qu'il m'était impossible d'exécuter mon projet.... Ce n'était qu'au hasard que je pouvais devoir ma liberté. Il s'en présenta un auquel j'étais loin de pouvoir m'attendre.

Le 23 novembre 1765, je me promenais sur les quatre heures du soir, le temps était assez serein : tout à coup, il s'élève un brouillard épais ; l'idée qu'il pouvait favoriser ma fuite se présente sur-le-champ à mon esprit : je m'y arrête ; mais comment me délivrer de mes gardiens ? Sans parler de plusieurs sentinelles qui fermaient les passages, j'en avais deux à mes côtés avec un sergent ; ils ne me quittaient pas une seconde. Je ne pouvais pas les combattre ; je ne pouvais me glisser furtivement et m'éloigner d'eux, leurs fonctions étaient de m'accompagner et de suivre tous mes mouvements.... Je m'adresse impudemment au sergent, je lui fais remarquer ce brouillard qui venait de s'élever subitement

« Comment, lui dis-je, trouvez-vous ce temps ?

— Fort mauvais, monsieur »

Je reprends à l'instant avec le ton le plus calme et le plus simple :

« Et moi je le trouve excellent pour m'échapper. »

En prononçant ces mots, j'écarte, avec chacun de mes coudes, les deux sentinelles qui étaient à mes côtés ; je pousse avec violence le sergent, et je vole ; j'avais déjà passé près d'une troisième sentinelle qui ne s'en était aperçue que lorsque je fus loin. toutes se réunissent, on entend crier de tous côtés : *Arrête! Arrête!* A ce mot, les gardes s'assemblent, on ouvre les fenêtres ; tout le monde court ; chacun crie et répète : *Arrête! Arrête!* Je ne pouvais échapper.

A l'instant je conçois l'idée de profiter de cette circonstance pour me frayer un passage à travers la foule de ceux qui s'apprêtaient à m'arrêter. Je crie moi-même plus fort que les autres. *Arrête! Au voleur! au voleur! Arrête!* Je fais avec ma main le geste qui indique que le voleur est devant ; tous, trompés par cette ruse et par le brouillard qui la favorisait, m'imitent, courent et poursuivent avec moi le fuyard que je paraissais indiquer.

Je devançais beaucoup les autres, je n'avais plus qu'un pas à franchir; déjà j'étais à l'extrémité de la cour royale; il ne restait qu'une sentinelle; mais il était difficile de la tromper, parce que nécessairement le premier qui se présenterait devait lui paraître suspect, et son devoir était de l'arrêter. Mon calcul n'était que trop juste. Aux premiers cris qu'elle avait entendus, elle s'était mise au milieu du passage, qui était à cette place très étroit. Par surcroît de malheur, cet homme me connaissait; il se nommait Chenu. J'arrive, il me barre le chemin en me criant d'arrêter ou qu'il me passerait sa baïonnette au travers du corps.

« Chenu, lui dis-je, vous me connaissez; votre consigne est de m'arrêter et non de me tuer. »

Je ralentis ma course, je l'abordai lentement; lorsque je fus près de lui, je m'élançai sur son fusil; je le lui arrachai avec tant de violence, que ce mouvement, auquel il ne s'attendait pas, le fit tomber par terre; je sautai par-dessus son corps en jetant son fusil à dix pas de lui, dans la crainte qu'il ne tirât sur moi; et cette fois encore je fus libre. Je me cachai facilement dans le parc : je m'étais écarté du grand chemin; je sautai par-dessus le mur et j'attendis la nuit pour entrer dans Paris.

Ce fut, cette fois, la dernière évasion de Latude. Repris au bout de très peu de temps il fut ramené à Vincennes, où il resta jusqu'en 1775. A cette époque, on le transfère « pour cause de dérangement de tête » à Charenton. Enfin, au mois de juin 1777, il est mis en liberté, mais à condition qu'il partira sans retard pour le Languedoc. Deux mois après cependant, il est arrêté de nouveau, comme prévenu d'extorsion de fonds, et enfermé à Bicêtre, où il devait rester sept ans encore. Ce n'est en effet qu'en 1784 que, grâce à une sorte de soulèvement des bonnes volontés, grâce surtout à l'infatigable dévouement d'une humble marchande de Paris, Mme Legros, il fut définitivement rendu à la liberté. Il était âgé de cinquante-neuf ans : il en avait vingt-quatre quand il avait été pour la première fois incarcéré à la Bastille.

Une Victime des Lettres de Cachet
L'Évasion du Chevalier de Pontgibaud
(1775)

La lettre de cachet est assurément restée dans la mémoire populaire comme un des plus fâcheux souvenirs de l'ancien régime. Que de flots d'encre elle a fait verser ! Et dans combien de romans, dans combien de mélodrames nous est-elle apparue comme le nœud d'une intrigue sinistre et compliquée, comme le mystérieux instrument dont le traître de l'histoire se sert pour persécuter la faiblesse et l'innocence !

Qu'était-ce donc qu'une lettre de cachet ? C'était un ordre scellé du sceau privé du roi, et par lequel le souverain faisait connaître aux magistrats sa volonté personnelle : en vertu d'une lettre de cachet, il pouvait arriver qu'un homme se vît tout d'un coup, sans procès, sans jugement, arrêté, puis emprisonné ou banni. On s'explique dès lors aisément la mauvaise réputation de cet ancien moyen de gouvernement. Aucune pratique ne répugne davantage au respect de la liberté individuelle, qu'on regarde avec raison, dans les sociétés modernes, comme le fondement de toutes les libertés.

Quelques historiens ont pourtant essayé de justifier l'emploi de la lettre de cachet. « L'intérieur des familles, disent-ils, et surtout des grandes familles, peut être troublé par des drames secrets qu'un éclat rendrait encore plus douloureux. Un jeune homme s'est laissé détourner du bon chemin ; tous les moyens employés pour le ramener à la vertu ont échoué. Déjà l'on peut prévoir qu'il arrivera, si rien ne l'arrête, aux pires extrémités : c'est, pour toute sa famille, le déshonneur certain. Le père, le chef de cette famille, va trouver le roi, qui est, lui, le chef suprême de la grande famille formée par toutes les familles françaises, le père de tous ses sujets, et, pour éviter à cet honnête homme le malheur qui le menace, le souverain délivre une lettre de cachet : le jeune homme est arrêté, sans procès retentissant, avant toute erreur irréparable ; il sera gardé, aux frais de son père, dans une prison d'État, jusqu'à ce que celui qui l'a fait enfermer juge équitable ou opportun de réclamer son élargissement. »

On objecterait facilement à ces apologistes qu'utiles et paternelles en principe, les lettres de cachet ont dû présenter des avantages sans doute, mais aussi tous les inconvénients du pouvoir arbitraire : si peut-être elles ont rendu service à quelques particuliers dans des situations désespérées, à combien d'abus, à quelles obscures intrigues ont-elles pu donner lieu! Que de basses cupidités, que de lâches vengeances ont pu, par elles, arriver à se satisfaire! Non sans doute que le roi se soit fait sciemment l'instrument de ces passions ; mais que de fois des lettres de cachet ont dû partir de son cabinet sans qu'il ait été personnellement ou très exactement informé des vrais motifs qui les faisaient solliciter! D'ailleurs l'autorité paternelle elle-même peut s'égarer sur ses propres droits. Pénétrés de leur responsabilité et animés par les intentions les plus honnêtes, certains chefs de famille ont été, dans leur intérieur, de véritables despotes Tel fut par exemple le père de Mirabeau, et sans doute les lettres de cachet qu'il lança contre son fils, les emprisonnements qu'il lui fit subir n'ont pas peu contribué à *développer dans l'âme du grand orateur la haine de l'arbitraire, la passion de la liberté et les ardeurs réformatrices dont il devait plus tard se montrer animé.*

Le héros de l'histoire qu'on va lire est beaucoup moins célèbre que Mirabeau. Mais il fut, dans sa jeunesse, victime des mêmes abus. Il était le second fils d'un noble d'Auvergne, le comte de Pontgibaud. Confié, à Paris, aux soins d'une famille qui, s'il faut l'en croire, ne s'occupa guère de lui, il ne profita de sa liberté, ses études achevées, que pour faire des folies. Folies excusables peut-être chez un jeune homme de seize ans, à peu près abandonné à lui-même. Mais ces mêmes parents, qui s'étaient trop désintéressés de sa surveillance, s'inquiétèrent de ses débordements. La lettre de cachet s'offrait à eux comme un excellent moyen de mettre à couvert l'honneur de la famille en dégageant leur propre responsabilité, et c'est ainsi que notre héros se trouva conduit, au mois de février 1775, au château de Pierre-en-Cize, à Lyon. A vrai dire, six mois ne s'étaient pas écoulés qu'il réussissait à s'évader, et c'est par le récit de cette évasion que s'ouvrent ses Mémoires. Récit singulièrement amusant, plein de verve et d'entrain, et qui peut se comparer aux meilleures pages de certains romans de cape et d'épée ; — récit sans prétention d'ailleurs, et parfois sans correction, mais non pas sans couleur : avec ses exclamations pathétiques et ses citations littéraires, il porte bien la marque de ce XVIIIe siècle finissant où les sentiments les plus sincères et les plus généreux paraissent s'unir naturellement à la rhétorique la plus déclamatoire, comme la grâce la plus raffinée à l'héroïsme le plus tranquille et le plus assuré.

Ajoutons que le chevalier de Pontgibaud — plus tard le comte de Moré — devait, une fois rendu à la liberté, aller prendre du service en Amérique auprès de La Fayette, et démentir ainsi les fâcheux pronostics d'une famille sans doute trop prompte à s'alarmer.

Les Mémoires du comte de Moré *auxquels sont empruntées les pages qui vont suivre ont été publiés par la* Société d'histoire contemporaine *(Picard, éditeur).*

A PRÈS ma sortie du collège de Juilly, mon oncle fut censé se charger de moi : dans la vérité, personne ne prit ce soin ; pour le monde, qui ne regarde rien, je paraissais être au sein et sous les yeux de ma famille, tandis que réellement j'étais dans l'abandon de conseils, sur ma bonne foi, et, à seize ans, livré à moi-même. Dans ce moment critique, on ne me disait pas ce qu'on désirait que je fusse, on ne me demandait pas ce que je voulais être ; je n'en savais rien moi-même, je n'y pensais pas. J'avais seize ans, et j'étais mon maître au milieu de Paris. Adolescent, fort, ardent, curieux, ne connaissant la valeur de rien ; condamné, comme tout le monde, à acquérir de l'expérience à mes dépens ; n'ayant ni guides, ni amis, il aurait fallu que j'eusse *un cœur de citrouille fricassée dans de la neige* pour ne commettre aucune faute, ne fût-ce que par oisiveté et par désœuvrement. Des yeux malveillants m'épiaient, me suivaient, m'attendaient à la première légèreté, sûrs qu'elle serait accompagnée de plus d'une autre, parce que les inconséquences s'appellent toutes chez un jeune écolier de seize ans, et ma belle-tante se chargeait du soin actif et journalier d'envenimer mes actions, de grossir mes fautes, de m'en faire des crimes aux yeux de mon oncle, et par suite à ceux de mon père, qui habitait à cent lieues de la capitale.

J'étais donc, à seize ans, sous le coup de ces inconcevables préventions, et c'est dans cette aimable disposition des esprits que, d'après les sollicitations de mon père, et sur son ultimatum, le conseil de famille s'assembla, sans qu'on m'entendît : on me laissa, je le déclare, tout le plaisir de la surprise. Je fus accusé, jugé, condamné par tous mes grands-parents.... Ma belle-tante, soufflant dans la coulisse, et l'autorité de l'indignation paternelle planèrent sur la délibération. Mon cousin, le marquis de Moges, jeune militaire accoutumé aux conseils de guerre, mais sachant proportionner les peines aux délits, fut le seul qui refusa de signer aussi légèrement la réclusion, peut-être pour la vie, d'un enfant de seize ans. Je dois à tous mes autres grands-parents la justice de reconnaître qu'ils en ont été bien fâchés après : ils me l'ont tous prouvé depuis, sauf ma belle-tante, qui ne m'en a jamais rien dit, et à qui je ne l'ai pas demandé. Devant Dieu soit son âme!

Il n'en est pas moins vrai que, par les soins de tous mes bons parents, dont chacun eût été au désespoir de faire tort ou injustice à qui que ce fût, voici l'ordre royal dont je fus l'objet et la victime.

« 1er février 1775.

« Le sieur chevalier de Pontgibaud, d'*un caractère violent et farouche, qui ne veut s'adonner à aucun genre d'occupation*, sera conduit à Saint-Lazare aux dépens de son père. »

Mais en marge de l'ordre royal, j'ai vu sur le registre aux archives : *Transféré à Pierre-en-Cize, le 19 février 1775!* Il est vrai que la lettre de cachet, vu la date, dut être signée *La Vrillière*; car son successeur immédiat, M. de Malesherbes[1], certes, eût refusé d'y apposer le sceau de son nom.

Où étiez-vous, justice des hommes, sagesse des pères de famille, cri de la nature, voix du sang! Et pourtant, je l'atteste en toute vérité, mes parents, placés dans les rangs élevés de la société, étaient tous les plus honnêtes gens du monde, pleins d'aménité, de loyauté et de bonté, — il m'est pourtant bien permis de le dire, — sauf envers moi, sauf ce jour-là. Funeste effet de la prévention! Ayez donc pour juges des gens de bien : ils se trompent comme d'autres; ils ne frappent pas toujours juste; mais ils frappent toujours fort.

En attendant, vous voyez que, sur la seule accusation d'avoir, à seize ans, *un caractère violent et farouche, et de ne vouloir m'adonner à aucun genre d'occupation*, je me trouvai, le 19 février 1775, sur la route de Paris

---

1. Il fut nommé ministre de la maison du roi en remplacement de La Vrillière le 21 juillet.

à Lyon, ou, pour parler plus nettement, sur la route de Pierre-en-Cize. L'enfant avait à ses côtés sa bonne, c'est-à-dire un exempt de maréchaussée, et la douce perspective de rester enfermé pendant toute sa vie.

Je sais que tout le monde a lu ces vers de Boileau :

> Un auteur, quelquefois trop plein de son sujet,
> Jamais sans l'épuiser n'abandonne un objet ;
> S'il rencontre un palais, il m'en dépeint la face ;
> Il me promène après de terrasse en terrasse ;
> Ici s'offre un perron, là règne un corridor.....

Il est pourtant indispensable, pour l'intelligence et dans l'intérêt de mon récit, que j'entre un peu dans le genre descriptif au sujet du château de Pierre-en-Cize, ma nouvelle demeure à bail emphytéotique, ou plutôt à terme indéfini ; car je n'y étais pas de mon consentement. Il faut donc que je donne des détails sur les localités.

On lit dans Piganiol de La Force (Voy. sa *Description de la France*) : « Pierre-en-Cize, ou Pierre-Scise, château de France et prison d'État, proche de la Saône, vis-à-vis de Lyon. Il y a dans ce château un capitaine entretenu, une compagnie de trente hommes d'infanterie, un lieutenant et un sergent. »

Voilà tout ce que pouvait dire de Pierre-en-Cize un historien, un voyageur ou un poète à qui il n'était pas donné de le voir de trop près. Pour en bien parler, il faut ce qui s'appelle y avoir été, y avoir été domicilié, y avoir été enfin prisonnier d'État, et, sous ce rapport, personne ne m'enviera l'avantage d'avoir été favorisé pour connaître les êtres.

Le château de Pierre-en-Cize était la maison de plaisance des archevêques de Lyon ; aussi le séjour en lui-même, quant à la vue, n'offrait rien de sinistre et d'attristant. Ce n'était pas le château de Lourdes, entouré de pics nébuleux, placé comme un cyprès au milieu d'une nature bouleversée où l'on croirait que les Titans viennent de combattre ; ce n'était pas le mont Saint-Michel, d'où vous voyez la moitié de l'année, à six heures d'intervalle, les vagues de la mer battre les murs de votre prison ; les tempêtes sont à vos pieds, et l'écho des naufrages retentit dans les cachots. Sans prévention, je conviendrai que, pour la vue, Pierre-en-Cize est infiniment plus agréable. Mais il n'y a pas de belle prison, et, tout considéré, l'aspect même des prairies, des moissons, des forêts, des troupeaux, des hommes qui vont et viennent librement, ce délicieux tableau, quand on est sous les verrous, n'est qu'un supplice de plus.

Voici, de ma façon et d'après mes propres yeux, la description de Pierre-en-Cize, topographique et pittoresque, à l'intérieur et à l'extérieur. On peut l'accepter de confiance ; je peux dire : *j'ai vu*.

Le château est situé sur le quai de la Saône, en entrant à Lyon par le faubourg de Vaise : il est sur un rocher élevé et escarpé ; on y monte par des marches taillées dans le roc. A la porte d'entrée se trouvait un corps de garde composé alors d'une compagnie franche du régiment de Lyonnais, en partie vétérans, mais néanmoins d'un bon nombre de jeunes soldats admis par faveur. Ainsi nulle combinaison d'évasion n'était possible sur ce point ; les prisonniers n'avaient d'ailleurs la permission de se promener que dans une partie de la cour : le factionnaire les eût arrêtés s'ils avaient dépassé les limites, un gros marronnier que je vois encore.

Le château est un bâtiment carré, ayant à l'angle qui se trouve vers le nord-ouest une très grosse tour au fond de la cour à droite. Toutes les murailles sont fort élevées, la partie du château qui regarde le faubourg de Vaise est au nord-est, et n'est accessible que par une route pratiquée dans la montagne pour y faire arriver les provisions, comme bois, vin et autres denrées nécessaires, le tout à dos de mulets ; aussi y avait-il de ce côté des portes d'entrée ; mais lorsqu'il s'agissait d'introduire ces sortes d'objets, la garde entière prenait les armes et se divisait moitié en dehors, moitié en dedans des portes, momentanément ouvertes. D'après ces observations, je me formai une idée de la nature du terrain sur le côté extérieur du château qui m'était inconnu, puisque j'étais arrivé par celui qui domine la Saône, jugé impraticable pour une évasion, ainsi que je l'ai dit plus haut.

Après avoir gravi le roc, on me fit traverser la cour en question : je me trouvai au pied de la grosse tour dont j'ai précisé l'emplacement. On me fit monter par son escalier tournant, sur une galerie en bois, et je fus enfermé dans la chambre n° 1, attenante à la tour même, de telle sorte que son demi-cercle en occupait une partie. Je rencontrai dans cet agréable domicile le mobilier obligé : un mauvais grabat, accolé au mur demi circulaire de la tour, une chaise, une table et la grande cruche d'eau de rigueur ; le jour me venait de la cour intérieure, par une fenêtre bien grillée, et donnant sur la galerie.

Telle était la disposition des lieux et tels étaient les obstacles qu'ils offraient à surmonter pour en sortir ; mais je n'eus pas plutôt mis le pied dans la tour intérieure que je pris la résolution de tout entreprendre pour m'évader, et cela le plus tôt que je pourrais. Les combinaisons, la patience, le travail, la hardiesse de mon évasion en plein jour et à main armée m'ont rendu ce qui s'appelle célèbre dans l'histoire de Pierre-en-Cize ; le château a été détruit en 1791 révolutionnairement ; mais il est de fait que, depuis 1777 jusqu'à la démolition de cette forteresse, si l'on avait demandé à un jeune prisonnier, ainsi qu'au grand Condé : « Voulez-vous l'*Imitation de Jésus-*

Christ? » Il aurait répondu, non pas comme le prince : « Ouvrez-moi l'Imitation de M. de Beaufort » ; mais : « Donnez-moi l'Imitation de Pontgibaud ». Tout est relatif, et, pour un jeune seigneur de dix-huit ans, vous allez voir s'il n'y a pas de quoi se vanter.

Un disciple de Vauban ne fait pas plus de calculs et d'observations pour entrer dans une place forte que je n'en fis pour sortir de la mienne. Je me dis d'abord : « Ce château est accessible sur le point où je l'habite, je dois donc percer le coin de mur attenant à la tour. La construction n'est pas du même temps : si le revêtement est en pierres de taille, en pierres dures, le milieu doit être en moellons, et mon angle de muraille ne se lie point à la tour qui est ronde ; il ne faut donc que du temps et de la patience ; on en aura. »

Le prisonnier qui m'avait précédé possédait le talent de la botanique : il s'était amusé à peindre toutes sortes de fleurs sur les murs, et, ce qui m'a été très favorable, il avait mis en bleu foncé tout le pourtour de notre appartement à deux pieds et demi de hauteur. Admirez d'ailleurs cette bizarrerie du hasard : mon prédécesseur, à un long intervalle, était M. Pecquet, un des plus proches parents de ma belle-tante ; je ne dis pas qu'elle fut pour quelque chose dans cette incarcération-là, dont je n'ai jamais demandé ni su les motifs ; mais enfin, la position sociale des deux prisonniers donnait à mon domicile l'air d'une chambre de famille. L'achat d'une certaine quantité de papier bleu, de ce papier qui enveloppe la poudre à friser, entra donc dans mes préparatifs ; car il fallait un mantelet au sapeur.

Avant tout, il me manquait de l'argent. « L'argent est le nerf de la guerre, » a dit Trivulce : il est le nerf de toutes les grandes entreprises, et, certes, il n'y en avait pas de plus grande à mes yeux que celle qui absorbait toutes mes pensées. Virgile a dit :

..... *Quid non mortalia pectora cogis,*
Auri sacra fames ?...

S'il avait été à ma place, il aurait dit avec moi : *Sacra fames libertatis*. Je recevais cinquante francs par mois pour suppléer à ma mauvaise nourriture, et pour louer des livres. Je trouvai le moyen d'augmenter ce pécule : le jour je copiais de la musique. Les Amphions de Lyon ont eu des partitions de ma main, et j'ai eu de leur argent ; ils sont, sans le savoir, mes libérateurs de compte à demi. Je me procurai du carton, dont je fis des volets à ma fenêtre, parce qu'à dix heures du soir le factionnaire nous ordonnait d'éteindre nos lumières ; j'achetai, sous divers prétextes, de petits couteaux, et, comme nous avions du bois pour l'hiver, je fabriquai avec les maîtres brins de mes fagots de courts leviers destinés à démolir le mur, sans le plus petit bruit, en les plaçant entre les pierres. Je me procurai enfin, par l'intermédiaire de ma blanchisseuse, des balles, de la poudre et un pistolet à deux coups. Fiez-vous aux femmes, vous ne vous en repentirez pas. Si elles consentent à vous servir, elles ne vous trahiront jamais ; elles garderont votre secret comme elles gardent le leur....

Je n'eus donc plus qu'à mettre la main à l'œuvre. L'angle du mur et de la tour était caché par mon lit. Je travaillai en arche de pont, ayant bien soin de ne pas dépasser la hauteur de la peinture bleue ; mon papier de même couleur recouvrait et masquait mon chemin de sape : je travaillais quatre heures par nuit. J'avais le soin de bien balayer, et de reposer mon papier bleu devant ma porte de salut. Quant aux décombres, je les mettais soigneusement dans des mouchoirs, et j'allais les jeter, le plus facilement du monde, dans les lieux d'aisances à l'usage des prisonniers. Ces lieux étaient situés au bas de l'escalier intérieur de la tour. Je demeurais au n° 1, et, vu la grande proximité, je pouvais y descendre vingt fois par jour sans être remarqué ; enfin, par un autre hasard, cette espèce de puits était d'une singulière profondeur.

Une circonstance facilita beaucoup mon travail ; le mur se trouva, comme je l'avais espéré, désuni de la tour d'environ deux ou trois pouces, et, dans toute cette démolition de neuf à dix pieds d'épaisseur[1], je n'ai trouvé qu'une très grosse pierre ; elle me causa une profonde affliction et me plongea dans de longues réflexions. Cette énorme pierre me présentait un angle aigu ; je l'attaquai sans confiance par la circonvallation. Jugez de ma joie lorsque je sentis qu'elle branlait sous mes faibles leviers comme une dent, j'eus le bonheur de la déchausser et de la sortir enfin de mon petit chemin de taupe ; je ne songeai pas à la briser ou à la diviser ; je la cachai tout entière dans ma paillasse ; on la retrouva plus tard : elle a figuré dans le procès-verbal de mon évasion ; mais, pendant mon opération, elle n'en a pas rendu mon lit meilleur.

Le début avait été difficile, parce que neuf à dix pouces de plâtre m'empêchaient de reconnaître la vraie position des pierres qu'il fallait attaquer avec ménagement pour ne pas dépasser la peinture bleue. Je creusai, je creusai de manière qu'en entrant ventre à terre je pouvais retirer mes jambes, et m'asseoir au milieu de mon trou comme un garçon tailleur. Je travaillais, éclairé tant bien que mal par des pots de pommade que j'avais convertis en lampions, en y mettant du suif et une mèche.

La solution de continuité du mur avec la tour commençait à me permettre de respirer l'air extérieur, ce qui était un grand soulagement pour moi. Je calculais que j'avais près de quatre pieds encore à démolir ; j'étais à moitié de

---

1. Rappelons que le pied équivaut à 0 m., 324, et que le pouce en est la douzième partie.

mon travail, lorsque, sur les onze heures ou minuit, j'entends une voix prononçant ces mots terribles :

« Papa, regarde donc : une lumière aux pieds de la tour du château ! »

C'était un enfant, le fils du jardinier. Mes sens se glacèrent ; je mis la main sur ma petite lampe. J'en fus quitte pour me brûler ferme et pour la peur : le bonhomme crut que son fils s'était trompé, et cet incident, qui devait me perdre, n'eut aucune suite.

Mon travail est achevé, et il ne m'a coûté de temps que quarante-cinq nuits. Que de réflexions m'arrivent en foule ! Ce mur de dix pieds d'épaisseur n'est plus pour moi qu'une cloison de quelques pouces : d'un coup de pied, d'un coup d'épaule je vais renverser la faible barrière qui me sépare de la société, de la liberté !... Mais que deviendrai-je ? Je suis dénué de tout ; je n'ai pas six francs dans ma poche.... Sortirai-je seul ? N'est-il pas plus honorable de donner la liberté à tous mes compagnons d'infortune aussi bien qu'à moi ! Ils doivent tous être innocents, ils le disent. Quelle obligation ils m'auront toute leur vie ! et de plus, si nous sommes attaqués, nous serons en force pour nous défendre.

Je m'arrête à cette noble idée.... Mais je ne veux rien dire d'avance..., car si j'étais trahi !...

Je suspendis tout travail le lendemain, et, au moment où l'on nous faisait rentrer pour nous renfermer dans nos chambres, je dis à cinq d'entre eux de venir au n° 1, à l'instant où l'on ouvrirait leurs portes, que je leur communiquerais un projet d'évasion certain.

Je ne pouvais pas les faire sauver la nuit ; il aurait fallu percer tous les murs de communication d'une chambre à l'autre, avec toutes les chances d'être découverts ou trahis. Le régime de la prison favorisait mon autre calcul.

On nous ouvrait à sept heures précises du matin, et l'on apportait les vivres à dix heures ; il y avait donc trois heures pendant lesquelles personne ne s'occupait de nous.

La nuit qui précéda l'évasion, il me fut impossible de fermer l'œil ; j'attendais l'heure indiquée avec tant d'inquiétude, avec tant d'impatience !... Je l'avouerai même, plusieurs fois il me vint la pensée de me sauver seul ; mais je sus y résister. La brèche ouverte, j'ignorais de quelle hauteur j'aurais à descendre ; je coupai donc, dans la nuit, et mes draps et mon linge pour me faire une corde au besoin.

Enfin l'heure sonne : les verrous s'ouvrent ; le geôlier me souhaite le bonjour comme à l'ordinaire. Mes cinq camarades entrent : l'un d'eux me dit d'un ton moqueur :

« Eh bien ! voyons ce beau projet. »

Je leur dis :

« Le projet, il est là dans cet angle, derrière ce mur qui est de papier ; dépêchons-nous.

— Est-il possible? s'écrient-ils. Il a trouvé ce trou tout fait ; il n'est pas fini...; la belle avance !

— Il n'est pas fini..., il va l'être d'un seul coup ; qui m'aime me suive. »

Nous attachons mes draps aux pieds de mon lit ; je prends le bout de ce cordage de mon invention et j'entre dans l'étroit passage. J'étais en veste de nankin ; j'avais dans une poche six cartouches, un pistolet à deux coups et un fort couteau à ressort. Je ne saurais peindre mon émotion. L'espérance, la crainte m'agitaient d'un tremblement nerveux universel. Derrière moi on me criait

« Dépêchez-vous. »

En peu d'instants je fis écrouler la muraille, devenue une mince cloison de pierres ; mais la fente était si étroite que mon épaule se trouva engagée deux ou trois minutes.... C'étaient deux ou trois siècles pour mon impatience, car il n'y avait pas un moment à perdre. Au bruit de l'éboulement, le jardinier, qui travaillait dans le bas, court à sa petite maison adossée au château, sonne la cloche d'alarme : la garde sort et va prendre position sur le seul point par lequel j'étais obligé de passer, car il me fallut huit à dix minutes pour descendre du pied de la tour ; j'allais donc me trouver entre la garde et les portes du château.

Un seul prisonnier, M. de L..., osa me suivre ; les autres reculèrent à la vue du danger ; mais le camarade n'était armé que d'un manche à balai pointu par les deux bouts.... Le tocsin sonne..., toutes les croisées donnant sur ce côté se remplissent de monde. Le major du château arrive jambes nues et en caleçon ; il crie

« Chargez les armes! »

Il m'ordonne de rentrer, et me menace de faire tirer sur moi.... Pour toute réponse, je lui présente mon pistolet, et lui ordonne de rentrer lui-même. M. le major se sauve en criant :

« Feu sur ces scélérats ! »

Ici je vois encore le vieux sergent, qui était de ma connaissance, me prier, son fusil en joue et tremblant dans ses mains, de vouloir bien rentrer. Je n'en tins compte. Nous étions à quinze pas les uns des autres... Je m'avance avec résolution....; dix ou douze coups de fusil partent en même temps...; je réponds par un seul, et je me précipite en fureur au milieu d'eux : j'entends de toutes parts : *Bravo ! bravo !* et des applaudissements aux fenêtres. Je suis assailli de coups de crosse, de bourrades, qui ont marqué longtemps sur mes côtes ; ma veste, mes cheveux me sont arrachés.... L..., mon pauvre camarade, est renversé, blessé, après avoir crevé l'œil d'un des

En caleçon et sans habit, le major du château où était enfermé le chevalier de Pontgibaud, criait : « Feu, feu sur ces scélérats! »

soldats, et coupé le doigt d'un autre avec ses dents ; tous se jettent sur lui.... Je suis sauvé !

Incidit in Scyllam[1] : je me trouve sur un chemin assez étroit, entre deux murailles ; je n'osais les franchir, étant poursuivi de près par les plus jeunes de la troupe, qui criaient derrière moi : « *Arrête! Arrête!* » Je présentai mon arme à tout ce qui voulait s'opposer à mon passage ; et, ainsi je reçus plus de révérences et de coups de chapeau que je n'en ai et n'en aurai reçu dans toute ma vie.

Mais ce chemin, souvent tortueux, avait près d'un quart de lieue, à ce qu'il m'a semblé. N'entendant plus crier : *Arrête! Arrête!* je prends le temps de me reposer un moment, et de recharger mon pistolet, lorsque tout à coup apparaissent, à dix pas de moi, quatre de ces soldats qui me poursuivaient pour gagner la récompense. J'étais adossé à la muraille : ils s'arrêtent tout court :

« Eh bien! monsieur, me dit l'un d'eux, vous voilà repris ; vous ne pouvez pas aller plus loin ; vous avez fait une belle action en voulant faire sauver les autres ; il ne leur a manqué que d'être aussi braves que vous ; vous auriez réussi, mais ce sont des poltrons. Rentrez, monsieur, vous ne risquez rien ; vos parents vous feront sortir. Au surplus, vous n'avez blessé personne, vous : les deux nôtres l'ont été par le marquis de L.... »

J'écoutai tranquillement jusqu'au bout, parce que j'avais besoin de reprendre haleine ; je ne tardai pas à répondre :

« Retirez-vous ; ce n'est point à vous que j'en veux ; mais apprenez qu'il n'y a pas de puissance humaine capable de m'arrêter vivant ; vous êtes quatre : je réponds d'en tuer deux. »

Et je leur présentai d'une main mon pistolet et mon couteau de l'autre. Ils se regardèrent et me dirent :

« Adieu, vous êtes un brave : bon voyage et bonne chance. »

Et ils se retirèrent.

Je m'éloignai sans savoir où j'allais précisément. Le son du tocsin, le bruit de la fusillade, les cent voix de la Renommée qui avaient articulé dans tout le faubourg de Vaise les noms de prisonnier et d'évasion, la nouvelle plus ou moins vague de cette alerte avaient devancé mes pas, ma fuite, ma course ; je voyais les femmes aux portes, aux fenêtres, disant sans le savoir :

« Qu'est-ce que c'est? Entrez, monsieur, entrez à la maison, nous vous sauverons. »

Je n'avais garde de m'arrêter, j'étais trop près du terrible donjon, je n'en courais que mieux ; mais ces voix de femme m'allaient à l'âme ; sans les regarder, je les trouvais toutes charmantes ; elles me plaignaient, elles voulaient secourir un malheureux! Marcellines, Suzannes, ou comtesses

---

[1]. Il tombe [de Charybde] en Scylla (proverbe latin)

Almaviva, je les voyais des yeux du cœur, je les aurais embrassées toutes..., mais je n'avais pas le temps.

Les habitations ne se touchaient plus du côté où j'allais, sans savoir où ; et, toujours marchant, toujours courant, je me trouvai près d'un petit bois très fourré ; je m'y jetai comme dans un asile ; son enceinte renfermait quelques toises de pré ; mon premier besoin fut de m'étendre sur l'herbe et de prendre quelque repos.

Un profond silence régnait autour de moi ; je jouissais délicieusement du plaisir de respirer cet air si pur, cet air libre si nouveau pour moi. Au milieu de toutes mes pensées, une idée dominante était une certaine idée d'orgueil ; je me disais que cet événement ferait du bruit, appellerait l'intérêt sur moi, et serait peut-être utile à mon avenir dans la carrière des armes ; mais toutes mes réflexions me ramenèrent à ma situation du moment. Que vais-je devenir?....

Je ne savais pas où j'étais ; je n'avais pour vêtement qu'une mauvaise veste de nankin, déchirée dans le combat, point de chapeau sur ma tête ; mes jambes étaient abîmées par les ronces au milieu desquelles j'avais sauté en bas de la tour, et hérissaient le chemin en glacis qu'il m'avait fallu traverser avant d'arriver au champ de bataille. Tout ce désordre de ma personne, ces lambeaux ensanglantés me donnaient l'apparence d'un misérable qui vient de faire un mauvais coup.

Mon bon ange me fit apercevoir une maison bourgeoise à peu de distance, et en même temps un particulier qui se promenait assez près pour me laisser supposer qu'il en était le propriétaire. Il pouvait être neuf heures du matin, et, comme nous étions au mois de juillet, il commençait à faire très chaud. Je me décide sur-le-champ, et je vais à la rencontre de mon inconnu qui se trouve, par bonheur pour moi, le plus brave homme du monde, M. Bontems, négociant, rue Mercière, à Lyon ; j'ai été assez heureux pour reconnaître depuis le service qu'il m'a rendu.

Il ne m'aperçut que quand je me trouvai à huit ou dix pas de lui. Il avait une belle figure, beaucoup de couleurs ; à mon aspect inattendu, le pauvre homme devint d'une pâleur mortelle, tout tremblant, les yeux fixés sur la crosse de mon pistolet, qui sortait de ma poche ; il demeura immobile sans pouvoir proférer une parole.

« De grâce, mon bon monsieur, lui dis-je, rassurez-vous ; écoutez-moi ; oubliez un instant l'horrible état dans lequel vous me voyez ; je suis le plus heureux des hommes : je viens de conquérir ma liberté ; ce tocsin qui sonne là-haut, et que vous entendez distinctement, il sonne à cause de moi ; je sors de Pierre-en-Cize ; mon corps doit être noir comme celui d'un nègre des coups que j'ai reçus dans mon combat contre la garde du château. Cette habitation est sans doute à vous ; donnez-moi asile jusqu'à la nuit ; je suis exténué de fatigue et de besoin ; je vous remettrais sur-le-champ l'arme qui vous effraie si je ne craignais encore d'être surpris sans moyens de défense, et si vous avez l'humanité de me recevoir, faites-moi entrer par quelque issue où je ne sois aperçu par personne de votre maison. »

Ma confiance et mes paroles touchèrent cet excellent homme ; il m'indiqua un passage par son jardin et je pénétrai chez lui sans être vu de qui que ce fût. M. Bontems m'introduisit dans une pièce du rez-de-chaussée, où se trouvait sa bonne vieille mère. Elle ne parut pas effrayée comme son fils ; mais elle se mit à pleurer au récit de mon aventure. On m'apporta des rafraîchissements ; j'en avais grand besoin.

Mon hôte, pendant ce temps, avait eu la précaution très naturelle d'envoyer à Lyon et aux environs du château savoir la cause du tocsin ; les rapports furent conformes ; il n'y avait même qu'une voix sur l'intérêt que l'on prenait à moi, comme ayant failli être victime de ma générosité pour les autres prisonniers. Alors, M. Bontems, parfaitement rassuré, me fit toutes les offres possibles de service ; il voulait me cacher chez lui ; je n'acceptai pas ce dernier acte de bonté ; je le priai seulement de me donner quelques vêtements et un chapeau, de me procurer un cheval et un guide, pour que je pusse partir cette nuit même par la vieille route de Lyon, qui n'était pas fréquentée, et par laquelle je n'avais que trente lieues à faire pour retrouver la maison de mon père. M. Bontems me procura ce que je demandais, ainsi que tout l'argent nécessaire, et je vous laisse à penser avec quelle effusion nous échangeâmes nos adieux, sans oublier sa bonne mère.

Je quittai ce toit hospitalier, et je m'acheminai vers Clermont.

L'avenir était devant moi ; je ne retournai pas la tête ; j'aurais vu ce château maudit, dont le souvenir me faisait frissonner ; car un retour de la pensée sur un danger passé fait plus d'impression que la présence du danger même. Excepté quelques inquiétudes vagues, dont je ne pus me défendre, je fis paisiblement la route ; mais je réfléchis que mon père, n'étant pas préparé à ma première vue, je courais, indépendamment d'autres risques, celui de lui causer un saisissement dangereux, vu son grand âge, et j'aurais été inconsolable de ce malheur. Je crus prudent de m'arrêter chez un ami de ma famille, qui demeurait à deux lieues de Pontgibaud.

Le jour de mon arrivée au château d'A..., il y avait un monde fou. Mon aventure n'était connue de personne encore en Auvergne ; assurément on ne m'attendait pas, et je tombais des nues ; car on savait que j'étais à Pierre-en-Cize, et que mon pauvre père commençait de temps en temps à demander pourquoi.

Ce fut un vrai coup de théâtre ; les domestiques, cette seconde famille chez nos parents et nos amis dans les provinces éloignées, m'entourèrent, et j'arrivai au milieu d'eux dans le salon. Il était rempli ; je ne savais à qui répondre, hommes, femmes, jeunes et vieux ; les uns riaient de mon accoutrement ; quelques voisines pleuraient à mon récit ; tout le monde y prenait intérêt ; cela faisait tableau ; j'offrais le pendant de Télémaque racontant ses aventures dans la grotte de Calypso, avec cette différence qu'il n'y avait rien de fabuleux dans mon histoire....

On m'approuva d'avoir eu la prévoyance de ne pas me présenter chez mon père sans qu'il fût prévenu ; le maître de la maison se chargea de ce soin. La plus riante perspective s'ouvrit pour moi dans la même soirée : j'appris qu'il y avait guerre entre l'Angleterre et ses colonies continentales d'Amérique ; j'appris que M. le marquis de La Fayette, qui était de notre province, faisait déjà parler de lui ; on me dit que je ferais fort bien d'aller servir sous ses ordres. Je saisis cette idée avec enthousiasme, et mon plénipotentiaire partit pour aller négocier auprès de mon père.

M. d'Allagnat se présenta, conduisit son récit par gradation, et amena son vieil ami à être parfaitement au fait de mon aventure dans ses plus petits détails.

... La paix fut conclue, tous les articles furent accordés, sauf l'entrevue, à laquelle mon père se refusa ; mais ce fut par un tout autre motif que celui de la colère, qui était singulièrement calmée. Mon père était un vieux militaire qui connaissait les ordonnances ; il fit observer que j'avais tiré sur les troupes du roi, qu'il pourrait en résulter des poursuites, et qu'il ne voulait point avoir le désagrément de voir la maréchaussée entrer dans son château pour faire des visites à mon sujet.

Il fut décidé que je partirais pour l'Amérique du Nord, que mon père me paierait une pension de cent louis, et que deux mille écus me seraient comptés au port où je m'embarquerais.

Je partis de suite pour la Rochelle.

(Extrait des Mémoires du Comte de Moré, publiés par la Société d'Histoire Contemporaine).

(Picard et fils, éditeurs, Paris.)

Épisodes du Temps de la Révolution

L'héroïsme de Geoffroy Saint-Hilaire

(1792)

Tout le monde connaît le nom de Geoffroy Saint-Hilaire, l'un des plus grands qui soient dans l'histoire des sciences naturelles. Il n'y a pas lieu de retracer ici la carrière du savant. Rappelons seulement qu'en 1792 Geoffroy Saint-Hilaire n'avait que vingt ans. Mais déjà sa carrière s'était dessinée, sous l'inspiration de l'abbé Haüy, l'illustre minéralogiste, frère du bienfaiteur des aveugles. Haüy lui-même avait été jadis gagné à l'étude de la botanique, qu'il avait cultivée d'abord, par Lhomond, l'aimable et célèbre pédagogue.

Le récit qui va suivre est emprunté à l'histoire que le fils de notre héros, Isidore Geoffroy Saint-Hilaire, a publiée, en 1848, de la vie et des travaux de son père.

Le 13 août 1792, Haüy, Lhomond et les autres professeurs du collège du Cardinal-Lemoine furent arrêtés comme prêtres non assermentés et renfermés au séminaire de Saint-Firmin, converti en prison. Près de là demeurait un jeune étudiant qui devait bientôt devenir une des gloires de la France. C'était Geoffroy Saint-Hilaire. Il avait fait ses études au collège du Cardinal-Lemoine, et, non moins dévoué à ses maîtres que passionné pour la science, sans s'occuper du danger auquel il s'exposait lui-même en ce moment de réaction terrible, il résolut de sauver Haüy et ses compagnons d'infortune.

A force de démarches, il détermina les membres de l'Académie des sciences à réclamer en faveur d'Haüy[1]. Un ordre de mise en liberté fut accordé. Geoffroy l'emporta en toute hâte, et, quelques jours après, Haüy obtint de Tallien[2] pour Lhomond la liberté que Geoffroy et l'Académie lui avaient fait rendre à lui-même.

Mais plusieurs des collègues d'Haüy restaient encore sous les verrous. On était à la veille des massacres de septembre, et, sans que rien de ces projets atroces fût officiellement connu du public, après le manifeste de Brunswick, on s'attendait à quelque chose de terrible.

Geoffroy veut, à tout prix, arracher ses maîtres au péril qui les menace. Le 2 septembre, au moment où déjà les massacres commençaient à l'Abbaye et à la Force, il prend le costume d'un commissaire des prisons, parvient

---

1. Qui faisait partie de cette compagnie depuis 1783.
2. Qui avait été l'élève de Lhomond et qui était, depuis le 10 août, secrétaire de la commune de Paris.

ainsi jusqu'aux détenus et leur fait part des moyens qu'il a préparés pour faciliter leur évasion.

« Non, répond l'un d'eux, l'abbé de Keranran, non, nous ne quitterons pas nos frères ; notre délivrance rendrait leur perte plus certaine. »

Ce sublime refus désola Geoffroy sans le décourager. La nuit venue, il se rend avec une échelle à Saint-Firmin, à un angle de mur que, le matin même, il avait, afin de tout prévoir, indiqué à l'abbé de Keranran et à ses compagnons. Il passa là plus de huit heures sans que personne se montrât. Enfin un prêtre parut et fut bientôt mis hors de la fatale enceinte. Plusieurs autres se succédèrent. L'un d'eux, en franchissant le mur avec trop de précipitation, fit une chute et se blessa au pied. Geoffroy le prit dans ses bras et le porta dans un chantier voisin. Puis il courut de nouveau au poste que son dévouement lui avait assigné, et d'autres prêtres s'échappèrent encore avec son aide.

Douze victimes avaient été arrachées à la mort, lorsqu'un coup de fusil fut tiré du jardin sur Geoffroy et atteignit ses vêtements. Il était alors sur le faîte du mur, et, tout entier à ses généreuses préoccupations, il ne s'apercevait pas que le soleil était levé. Il lui fallut descendre et s'éloigner, à la fois heureux et désespéré ; car ceux qu'il n'avait pu tirer de leur prison, il ne devait plus les revoir.

Sauvé de la Guillotine

Le héros de l'histoire qu'on va lire est tout à fait obscur. Mais son extraordinaire aventure valait sans doute la peine d'être rapportée. Elle est racontée dans les Mémoires du comte de Vaublanc, qui était député royaliste à l'Assemblée législative, et qui, proscrit sous la Terreur, devint plus tard préfet de l'Empire, et, sous la Restauration, ministre de l'intérieur.

Un gentilhomme, nommé M. de Châteaubrun, avait été condamné à mort par le tribunal révolutionnaire ; il avait été mis sur le fatal tombereau et conduit au lieu de l'exécution, place de la Révolution. — Après la Terreur, il est rencontré par un de ses amis, qui pousse un cri d'étonnement, ne peut en croire ses yeux, et lui demande l'explication d'une chose si étrange. Il la lui donna, et je la tiens de son ami.

Il fut conduit au supplice avec vingt autres malheureuses victimes. Après douze ou quinze exécutions, une partie de l'horrible instrument se brisa ; on fit venir un ouvrier pour le réparer. Le condamné était avec les autres victimes auprès de l'échafaud, les mains liées derrière le dos.

La réparation fut longue. Le jour commençait à baisser; la foule très nombreuse des spectateurs était occupée du travail qu'on faisait à la guillotine bien plus que des victimes qui attendaient la mort; tous, et les gendarmes eux-mêmes, avaient les yeux attachés sur l'échafaud. Résigné, mais affaibli, le condamné se laissait aller sur les personnes qui étaient derrière lui. Pressées par le poids de son corps, elles lui firent place machinalement; d'autres firent de même, toujours occupées du spectacle qui captivait tant leur attention. Insensiblement, il se trouva dans les derniers rangs de la foule, sans l'avoir cherché, sans y avoir pensé.

L'instrument rétabli, les supplices recommencèrent; on en pressa la fin. Une nuit sombre dispersa les bourreaux et les spectateurs. Entraîné par la foule, il fut d'abord étonné de sa situation; mais il conçut bientôt l'espoir de se sauver.

Il se rendit aux Champs-Élysées; là, il s'adressa à un homme qui lui parut être un ouvrier. Il lui dit en riant que des camarades, avec qui il badinait, lui avaient attaché les mains derrière le dos et pris son chapeau, en lui disant de l'aller chercher. Il pria cet homme de couper les cordes. L'ouvrier avait un couteau et les coupa, en riant du tour qu'on lui racontait. M. de Châteaubrun lui proposa de le régaler dans un des cabarets qui sont aux Champs-Élysées. Pendant ce petit repas, il paraissait attendre que ses camarades vinssent lui rendre son chapeau; ne les voyant pas arriver, il pria son convive de porter un billet à un de ses amis qu'il voulait prier de lui apporter un chapeau, parce qu'il ne pouvait pas traverser les rues tête nue. Il ajoutait que cet ami lui apporterait de l'argent, et que ses camarades avaient pris sa bourse en jouant avec lui. Ce brave homme crut tout ce que lui disait M. de Châteaubrun, se chargea du billet et revint une demi-heure après avec cet ami.

Les Déportés de Fructidor

On sait qu'à la suite du coup d'État du 18 fructidor an V (4 septembre 1797), la majorité du Directoire fit déporter à la Guyane un grand nombre de personnages politiques convaincus ou soupçonnés d'être d'accord avec le parti royaliste. A Cayenne, puis à Sinnamary, beaucoup de ces malheureux succombèrent aux influences du climat. C'est alors que plusieurs des survivants, et parmi eux, Pichegru, l'adjudant général Ramel, Barthélemy, membre du Directoire, Aubry et de Larue, membres du conseil des Cinq-Cents, résolurent de s'enfuir et de gagner la Guyane hollandaise. — *Nous empruntons au* Journal *de Ramel le récit de cette évasion.*

Nous nous promenions souvent sur le rempart, le long de la rivière; nous regardions en soupirant la côte de l'ouest, mais nous n'apercevions rien, ni sur les eaux, ni dans les bois, qui pût nous inspirer une idée secourable.

Il y avait au pied de ce bastion, en dehors du fort et au bord de la rivière, une petite pirogue qui servait à transporter à la redoute de la pointe la garde montante et à ramener l'ancienne. Cette petite pirogue avec ses agrès était consignée au factionnaire qui était placé sur l'angle flanqué du bastion, dans l'intérieur duquel se trouvait le corps de garde. Nous avions souvent regardé la pirogue avec des yeux d'envie, mais ce ne fut que peu à peu et poussés par le désespoir que nous nous accoutumâmes à l'idée de nous hasarder en pleine mer sur un si frêle esquif ; aucun de nous ne savait conduire un bateau et surtout une pirogue, dont la manœuvre est difficile et périlleuse. Nous n'avions point de boussole : il fallait nous confier à quelque Indien ou à quelque matelot.

Une première tentative échoua. Pichegru ayant essayé de séduire un Indien qui venait vendre des légumes dans le fort, celui-ci répandit les soupçons que cette demi-ouverture lui avait donnés. Une personne qui se trouvait dans le fort et que Ramel ne désigne pas autrement donna aux déportés des renseignements précieux sur la route à suivre et sur les mesures propres à assurer leur fuite. Ils se procurèrent des passeports sous des noms supposés et mûrirent leurs projets, en les cachant soigneusement à ceux de leurs compagnons d'infortune qui n'étaient pas du complot, et dont plusieurs leur inspiraient une méfiance très fondée.

Un capitaine de corsaire, nommé Poisvert, avait capturé un bâtiment américain commandé par un certain Tilly, qui était propriétaire de la cargaison. Poisvert amena sa prise à Sinnamary et mit dans le fort l'équipage américain et son capitaine. Celui-ci n'eut rien de plus pressé que de venir trouver Pichegru, Ramel et leurs compagnons pour leur donner des nouvelles de leurs familles et de leurs amis. C'était eux qu'il venait chercher à Sinnamary pour les faire évader sur son bâtiment, quand le corsaire, sans lequel il avait compté, avait mis brusquement fin à son entreprise. Ils lui dirent leurs projets et lui montrèrent la pirogue. Après avoir cherché à leur démontrer l'impossibilité de tenir la mer et de faire une navigation de plusieurs jours dans une pareille embarcation, les voyant résolus à périr plutôt que de rester plus longtemps à Sinnamary, Tilly voulait associer sa destinée à la leur, quand on apprit qu'il allait être immédiatement transféré à Cayenne. Il partit, leur laissant pour le remplacer, son pilote Barrick. Toutefois, dans la crainte d'une délation, Barrick resta caché dans les bois voisins pendant trente-six heures. Il avait été convenu que le surlendemain, 3 juin, à neuf heures du soir, il se trouverait au bord de la rivière, sous le bastion, et sauterait dans la pirogue en voyant paraître les fugitifs

Tout semblait favoriser le complot ; le capitaine Poisvert donnait à dîner, à bord de la prise américaine, au commandant du fort, et le vin commença bientôt à couler à flots dans le fort comme sur le bâtiment ; soldats, officiers, déportés même, tous étaient de la fête. Tous furent bientôt ivres, sauf nos huit conjurés, qui se contentèrent de feindre l'ivresse et de se disputer entre eux pour détourner les soupçons.

La nuit approchait ; nous vîmes rentrer chez lui le commandant Aimé, tout à fait ivre et qu'on portait comme un homme mort. Le silence avait succédé aux chants, aux cris des buveurs ; les soldats et les nègres étaient couchés çà et là, le service oublié, le corps de garde abandonné.

Elle sonna cette dernière heure de notre séjour à Sinnamary : à neuf heures, chacun de nous fut averti par l'ami qui veillait. Nous sortîmes et nous nous rassemblâmes vers la porte du fort, dont le pont n'était pas encore levé. Tout dormait d'un sommeil profond. Je monte avec Pichegru et Aubry sur le bastion du corps de garde et je vais droit au factionnaire : c'était un misérable tambour qui nous avait causé tous les ennuis possibles. Je lui demande l'heure qu'il est ; il lève les yeux vers les étoiles : je lui saute à la gorge ; Pichegru le désarme ; nous l'entraînons en le serrant à la gorge pour l'empêcher de crier. Nous étions sur le parapet : l'homme se débat vivement, nous échappe et tombe dans la rivière[1].

Nous rejoignons nos camarades au pied du rempart et, n'apercevant personne dans le corps de garde, nous courons y prendre des armes et des cartouches. Nous sortons du fort, nous volons à la pirogue : Barrick était là ; il vient au-devant de nous, il nous aide, il nous porte dans la pirogue. Barthélemy, infirme et moins agile que nous, se laisse tomber et s'enfonce dans la vase. Barrick le saisit d'un bras vigoureux, le retire, le met dans la pirogue ; le câble est coupé. Barrick tient le gouvernail ; immobiles, silencieux, nous nous laissons aller au fil de l'eau. Les courants et la marée entraînant le léger esquif, nous écoutons et n'entendons que le murmure des eaux et la brise de terre, qui bientôt enfle notre petite voile. Nous cessons de voir le tombeau de Sinnamary.

Quand nous approchâmes de la redoute de la Pointe qu'il fallait passer, nous amenâmes la voile afin d'être moins aperçus. Nous savions que les huit hommes de garde à la redoute avaient reçu leur bonne part des largesses du capitaine Poisvert et qu'ils devaient s'être enivrés comme leurs camarades. Nous ne fûmes point hélés : la marée nous porta au delà de la barre ; nous laissâmes à notre droite le navire de notre brave ami Tilly et passâmes près de la goélette la *Victoire* qui venait d'arriver de Cayenne, et que nous savions être commandée par le capitaine Brachet que notre fuite a dû bien réjouir et qui certainement ne s'y serait pas opposé.

La brise fraîchit, la mer était belle ; mais, en gagnant le large, nous risquions de nous égarer, et, si nous suivions la côte de trop près, nous pouvions nous briser sur les écueils dont elle est parsemée jusqu'à Iracoubo. La lune perça tout à coup comme pour éclairer notre marche ; ce moment fut délicieux : nous nous félicitâmes, nous remerciâmes la Providence et notre généreux pilote Barrick qui était dans un état affreux, tout enflé par les piqûres des moustiques.

Nous voguions heureusement depuis environ deux heures, lorsque nous

---

1. Il n'est pas fait mention de cet épisode du factionnaire dans le récit qu'a laissé de cete évasion un autre déporté, de Larue (*Histoire du 18 fructidor*. Paris, 1821).

entendîmes trois coups de canon, deux du fort de Sinnamary et un de la redoute de la Pointe ; bientôt après, le poste d'Iracoubo répéta les trois coups de canon ; nous ne pûmes douter que notre fuite ne fût découverte ; nous ne craignions déjà plus les poursuites directes de Sinnamary, où il n'y avait pas un seul bateau qui pût être armé ; nous avions d'ailleurs assez d'avance.

Nous n'avions donc à redouter que le détachement d'Iracoubo, que nous savions être composé de douze hommes. Ils ne pouvaient venir à notre rencontre que dans un bateau à peu près comme le nôtre, avec huit ou dix hommes. Nous continuâmes de longer la côte, préparant nos armes et bien déterminés à nous défendre si nous étions attaqués ou si l'on cherchait à nous barrer le passage sous le fort d'Iracoubo.

A quatre heures du matin, deux coups de canon se firent entendre dans l'est, et aussitôt il y fut répondu par un coup qui partit presque à nos oreilles : nous étions devant le fort. Il était nuit encore : rien ne parut. Nous marchions bien et, quand le jour se fit, nous nous trouvâmes sous le vent d'Iracoubo. Nous n'avions plus à craindre d'être poursuivis[1] !

1. Les évadés abordèrent, après huit jours d'une navigation assez dangereuse, sur le territoire de la Guyane hollandaise.

SUZANNET ROULA LE LONG DU ROCHER, ENTRAÎNANT AVEC LUI LES PIERRES
AUXQUELLES IL CHERCHAIT A S'ACCROCHER.

Les Chouans
D'Andigné & Suzannet

C'est en vain qu'on avait, à plusieurs reprises, de 1795 à 1800, proclamé la soumission et la pacification de la Vendée; les entreprises des Chouans n'avaient pas cessé de s'y succéder. A la fin de l'année 1800, notamment, la police consulaire avait été fort inquiète et avait fait surveiller de près les chefs royalistes les plus connus. L'attentat de la machine infernale (24 décembre 1800) vint prouver que ces craintes n'étaient pas exagérées. Des arrestations en masse furent alors ordonnées, et l'on redoubla de sévérité à l'égard des Chouans dont on s'était précédemment assuré. Au nombre de ces derniers se trouvaient le marquis d'Andigné et le comte de Suzannet, qui avaient commandé les rebelles, l'un dans l'Anjou, l'autre dans le Bas-Poitou. Enfermés d'abord au Temple, à Paris (décembre 1800), ils avaient été transférés ensuite à Dijon (juillet 1801); c'est de là qu'on les dirigea peu après sur le fort de Joux, près de Pontarlier. D'Andigné a laissé dans ses Mémoires le récit de leur captivité et de leur évasion à tous deux. C'est ce récit que nous leur empruntons.

Le 15 août 1801, à une heure du matin, une brigade de gendarmerie entra dans notre casemate, tandis que trente-cinq hommes d'infanterie, dont les armes furent chargées devant nous, restaient à la porte. Tous nos effets furent visités avec soin ; on ôta ce qu'on jugeait dangereux de nous laisser, canifs et rasoirs. Nos scies, l'objet le plus vif de notre sollicitude, étaient entre le maroquin et le feutre de nos chapeaux. Toute autre recherche m'était indifférente ; mais, je l'avoue, je ne fus pas très à l'aise quand je vis un gendarme arracher mon chapeau de dessus ma tête et le visiter dans tous les sens. Je ne perdais pas de vue ce chapeau, et cependant je ne voulais pas paraître y mettre de l'intérêt. Je ne devins parfaitement tranquille que lorsqu'il me fut rendu, et je le remis sur ma tête avec une vraie satisfaction.

Nous descendîmes à la ville vers deux heures du matin par un sentier humide où nous étions parfois dans la boue jusqu'à mi-jambes. L'infanterie et les gendarmes nous escortaient. Une même chaîne nous attachait, Suzannet et moi, par le cou, une seconde par le corps. Un gendarme tenait le bout de ces chaînes ; nous marchions comme si nous avions été menés en laisse. Au bas du fort, on nous fit monter dans un char à bancs ; une troisième chaîne fut placée de manière à nous y fixer. Je fis observer au gendarme qui attachait cette dernière chaîne que, pour plus de sûreté, il aurait dû y suspendre quelques boulets ; cette plaisanterie lui parut très mauvaise. Dix gendarmes à cheval, plus de trente fantassins avec un officier nous escortèrent pendant toute la route. Nous avions à faire sept grandes lieues de pays pour nous rendre à Pontarlier — deux journées d'étapes : nous n'eûmes cependant qu'une courte halte, non pour arriver plus promptement, mais parce qu'on ne jugea pas que la prison de la première étape fût assez sûre pour nous garder.

Il était trois heures après midi lorsque nous arrivâmes à Pontarlier. On nous arrêta au milieu de la ville. La renommée nous avait devancés : aussi nous fit-on une réception telle qu'un consul de la République l'eût à peine obtenue. La ville entière s'assembla pour nous. Chacun faisait des conjectures sur ce que nous pouvions être : quelques personnes, n'osant croire que nous fussions des Français, voulurent nous parler dans des langues étrangères. Les gendarmes de notre escorte, loin de chercher à diminuer le brouhaha qui se faisait autour de nous, l'augmentaient encore en imitant par dérision les cris de guerre usités en Vendée. Une demi-heure s'était déjà écoulée au milieu de ce tumulte quand M. le commandant de l'arrondissement, qui avait mis ce jour-là son habit brodé et qui avait emprunté un cheval de selle bien harnaché, prit la tête d'un fort détachement et nous conduisit au fort de Joux, situé sur la frontière de la Suisse, à trois kilomètres de Pontarlier.

Une compagnie de fantassins, divisée par sections, marchait moitié devant, moitié derrière nous ; les sous-officiers et les gendarmes à cheval étaient sur les ailes. Les derniers enrageaient de toute leur âme de ce qu'après une forte journée on voulait encore leur faire gravir le fort. L'escorte qui nous conduisait devait paraître suffisante pour deux hommes enchaînés ; le commandant n'en avait pas jugé ainsi : car nous trouvâmes, dans le fort destiné à nous servir de demeure, la garnison entière sous les armes. Tous les ponts-levis étaient bordés de soldats ; nous traversâmes le fort dans toute son étendue, entre deux haies ; en un mot, pour nous recevoir, on avait mis quatre cents hommes sur pied.

Le fort de Joux, placé sur un rocher en forme de pain de sucre, a cinq enceintes qui s'élèvent les unes au-dessus des autres. Notre char à bancs s'arrêta à la troisième. Quelques instants après, on vint nous prier d'entrer chez le commandant ; les officiers y étaient tous réunis. On nous reçut avec politesse ; nous n'y étions plus habitués et nous en fûmes surpris. M. Baille, commandant du fort et de l'arrondissement, était un vieillard sexagénaire, gentilhomme du Nivernais, et officier de l'ancien régime. Il en avait conservé le ton et les manières ; mais il avait aussi les manières d'un homme bien né qui, ayant toujours fléchi devant la Terreur, s'est fait de la peur une habitude. La crainte de se compromettre l'a souvent fait nous tourmenter. Aussi m'a-t-il, par sa conduite, confirmé cette vérité, dont je me suis bien pénétré, que, dans les temps difficiles, il vaut mieux avoir affaire à un coquin hardi qu'à un poltron honnête homme.

Je commençai par remercier M. Baille des honneurs qu'il avait bien voulu nous rendre, ajoutant que je ne pouvais prendre pour une mesure de sûreté vis-à-vis de deux hommes enchaînés l'appareil qu'il avait déployé pour nous recevoir. Il fut un peu embarrassé de mes remerciements, et il nous assura qu'il ferait tout ce qui dépendrait de lui pour adoucir notre sort. Nos chaînes, cependant, nous restaient toujours ; il hésita même lorsque je lui demandai s'il comptait nous les laisser ; il n'osa prendre sur lui de nous les ôter qu'après s'être bien assuré que nous n'en avions pas dans le lieu d'où on nous avait tirés pour nous conduire à son fort. Il nous retint quelque temps dans son logement, nous y laissa même dîner tout à notre aise ; puis, après beaucoup de compliments, il finit par nous mener dans une cour obscure fermée d'une porte de fer et nous laissa là, avec beaucoup d'excuses de ne pouvoir nous mettre ailleurs.

Cette tour était connue sous le nom de *Tour de Grammont*, du nom d'une femme qui y avait été enfermée jusqu'à sa mort. On ne pouvait y lire en plein midi ; pendant les trois jours que nous y sommes restés, il fallut conserver de la lumière toute la journée. Un lit de camp assez passable nous avait été préparé ; on nous procura quelques livres : mais les yeux ne pouvaient résister à lire sans cesse dans ce lieu. L'exercice nous était nécessaire, et il ne nous était pas facile d'en faire . à force d'étudier le terrain, nous trouvâmes le moyen de faire six pas droit devant nous avant de nous retourner ; mais, pour cela, il fallait suivre avec soin la courbure de la muraille.

On disposait de nouveaux logements, où nous fûmes transférés le troisième jour de notre arrivée. C'étaient deux casemates contiguës de vingt-quatre pieds de longueur sur douze de largeur. Leurs voûtes noires et enfumées les rendaient un peu sombres ; du reste, elles étaient saines et bien aérées. Chacune de ces casemates était éclairée d'une fenêtre percée dans un mur de cinq pieds d'épaisseur. Les fenêtres étaient garnies de deux rangs de barreaux de fer, éloignés de quatre pieds l'un de l'autre ; celui du devant avait, outre les barreaux, six traverses. Les barreaux avaient été posés à notre intention, ainsi qu'un treillage de fils de fer, qui avait été mis en dehors depuis peu. Ce bâtiment était à l'abri de la bombe : nous étions entre deux voûtes, dont la supérieure était chargée de sept pieds de terre. Cette partie formait, au besoin, une plate-forme destinée, en cas de siège, à porter une batterie. Les casemates que nous habitions devaient être, dans ce cas, converties en hôpital ; elles étaient fermées d'une double porte de cinq pouces d'épaisseur, barrée par des verrous énormes. On avait pratiqué, en avant, dans l'intérieur, un tambour fait en barreaux de bois de quatre pouces carrés ; ce tambour était couvert de planches ; là se plaçait la garde pendant qu'on faisait nos chambres. Les vivres et autres objets qu'on nous envoyait devaient passer au travers de ces barreaux ; ce qui ne fut jamais pratiqué.

Le corps de logis dans lequel nous nous trouvions formait l'enceinte supérieure du fort. On y montait par un escalier qui traversait le bâtiment et qui donnait dans une cour sur laquelle s'ouvrait la porte d'entrée de nos casemates. Nos fenêtres s'ouvraient de l'autre côté sur la cour de l'enceinte inférieure . nous étions de plain-pied avec la cour d'entrée, et nos fenêtres étaient à vingt pieds au-dessus de la cour inférieure. En face de nos croisées était le corps de garde qui veillait sur nous ; la garde, au début, était composée d'un sergent et de quatorze soldats ; la garnison étant devenue moins nombreuse par la suite, elle fut diminuée. Ce corps de garde fournissait trois factionnaires : un à notre porte, un sous nos fenêtres, le troisième à une poudrière dans une enceinte inférieure. La seule vue dont nous pouvions jouir, de nos fenêtres, était bornée par une montagne éloignée de trois cents toises[1]. Le sommet de cette montagne était couvert de sapins ; ses flancs étaient un rocher uni. Pendant cinq mois et demi, nous eûmes la satisfaction de voir cette montagne entièrement couverte de neige.

1. Un peu moins de 600 mètres. La toise, six fois plus grande que le pied, équivalait exactement à 1 m. 949.

Ce local, la manière dont nous y étions gardés nous laissaient peu d'espoir de nous évader : nous crûmes d'abord la chose impossible, et nous n'y songeâmes point. Notre liberté nous était promise pour le 1er vendémiaire[1] ; nous y comptions peu ; mais un léger espoir, dont il est toujours impossible de se défendre, nous faisait supporter notre sort avec plus de patience que si on ne nous eût rien promis.

Dans les premiers jours, il ne nous fut pas permis de prendre l'air. Lorsque le commandant eut écrit au général de la division et reçu de lui une douzaine de lettres, il crut enfin pouvoir prendre sur lui, sans se compromettre, de nous laisser promener quelques heures par jour. La cour qui était sous nos pieds fut désignée à cet effet ; elle faisait face à deux des côtés du corps de logis que nous habitions. Ce bâtiment était carré : deux des côtés donnaient sur la cour, et les deux autres étaient assis sur des rochers effrayants à regarder. Une tour, nommée *Tour de Mirabeau*, du nom du député qui l'avait habitée dans sa jeunesse, formait l'angle du bâtiment sur la cour ; elle était terminée à une extrémité par la tour de Grammont. Une batterie, commandant les routes de Genève et de Neuchâtel, qui se réunissent au pied du fort, était à l'autre extrémité. Lorsque nous nous promenions, cette batterie était gardée par une sentinelle, qui nous en défendait l'approche ; une autre sentinelle, placée près du corps de garde, protégeait l'entrée de l'escalier qui descendait dans l'enceinte inférieure. La batterie dont on nous empêchait d'approcher était placée sur des rochers dont la pente était plus ou moins rapide, suivant les accidents : le soin qu'on mettait à ne pas nous laisser approcher nous faisait croire que ces rochers étaient praticables.

Les officiers de la garnison, qui nous parlaient quelquefois, ne le croyaient pas ; ils n'avaient pas mis assez d'intérêt à les considérer pour s'apercevoir que des enfants, en jouant, avaient essayé de suivre un sentier qui les amenait jusqu'au pied du fort. Une sentinelle m'en avertit un jour et me laissa considérer cet endroit à loisir. Dans quelques instants où la surveillance était négligée, dans d'autres où on nous témoignait une trop grande confiance, j'y jetai encore les yeux, et je parvins à connaître assez le terrain pour m'en servir au besoin.

Un officier nous accompagnait pendant notre promenade dans les premiers jours ; les sentinelles avaient alors leurs armes chargées. Les uns et les autres se relâchèrent peu à peu. On nous témoignait beaucoup d'égards ; malgré les tracasseries qu'on nous a fait souvent essuyer, on n'a jamais cessé de nous en montrer. Jean de Bry, préfet du Doubs[2], sous l'inspec-

---

1. C'est-à-dire pour le premier jour de la nouvelle année (22 septembre), suivant le calendrier républicain.
2. Ancien membre de la Législative, de la Convention et du conseil des Cinq Cents, il fut le seul des trois plénipotentiaires envoyés par la France au congrès de Rastadt qui survécut

tion duquel nous avions le malheur de nous trouver, eût voulu nous traiter différemment. Dans un voyage qu'il fit à Pontarlier, un sentiment de curiosité, probablement, l'amena dans nos casemates. En entrant, il avait pris un air gracieux ; mais cet air céda bientôt à l'accueil froid et réservé que nous lui fîmes et qu'il devait attendre. Jamais il n'a oublié cette réception, et il a toujours écrit depuis, contre nous, des lettres fulminantes.

Afin d'arriver à bien connaître le fort, nous avions cherché à nous procurer des renseignements par tous les moyens possibles ; ceux qui nous avaient approchés y avaient tous contribué à leur insu : des questions détournées, des regards jetés à la dérobée, avaient quelquefois amené des découvertes précieuses. Longtemps les avis du dehors nous avaient été d'un faible secours : ce ne fut qu'au bout de huit mois que nous parvînmes à nous procurer un plan du fort un peu exact et que nous eûmes recueilli assez de lumière pour nous diriger dans les entreprises que nous voudrions tenter. Dans l'Ouest de la France, nous aurions eu tout cela en huit jours.

A toutes nos questions on avait répondu longtemps : « Tant que vous aurez le fort pour prison, il sera impossible de vous sauver. » C'était désespérant. Nos premières relations avaient été très difficiles à établir. Le cantinier du fort faisait nos chambres et nous donnait, pour beaucoup d'argent, un dîner détestable. La figure malheureuse dont il était porteur nous le faisait juger un fripon, et nous ne nous trompions pas beaucoup. Nous n'osions nous ouvrir à lui ; mais que ne fait pas un coquin pour de l'argent? Le domestique de Suzannet, qui nous avait suivis à Pontarlier, réussit à le séduire. Un jour, à notre grand étonnement, nous trouvâmes un paquet de lettres déposé dans un de nos lits ; nous mîmes un autre paquet à la même place : il parvint à son adresse. Ce fut notre première boîte aux lettres. Il nous parut bientôt incommode de ne faire tenir des lettres qu'une fois par jour et nous cherchâmes de nouveaux moyens d'en envoyer et d'en recevoir. Quelquefois on glissait les paquets sous les serviettes, en mettant le couvert ; d'autres fois, on les donnait de la main à la main, lorsque le caporal détournait les yeux. Ma tâche était d'amuser ce caporal, pendant que Suzannet prenait ou remettait les dépêches. C'était le bonheur de notre journée ; nous ne négligions rien pour nous l'assurer.

Des difficultés imprévues rendaient parfois plus piquante cette manière de correspondre. Elles furent toujours surmontées, et jamais on ne s'aperçut de rien. Un caporal, excessivement bête, avait, un jour, les yeux attachés sur le cantinier. Malgré ce que j'avais pu lui dire, je n'avais pas réussi à les lui

à l'odieux guet-apens dont ils furent l'objet (28 avril 1799). Membre du Tribunat en 1800, il venait, depuis moins de quatre mois, d'être nommé préfet du Doubs quand d'Audigné et Suzannet furent amenés au fort de Joux.

faire détourner un seul instant. Suzannet avait un gros paquet à remettre ; je craignais qu'il ne pût y parvenir. Je saisis le caporal par la queue, et, sous prétexte de considérer la plaque de cuivre qui y était appliquée et sur laquelle était gravé le numéro de chaque demi-brigade, je tins la tête de cet homme tournée du côté opposé assez de temps pour remettre tous les paquets du monde.

Le plaisir de tromper un geôlier, un concierge, ou même un commandant de château, doit nécessairement avoir un certain attrait, car il venait peu de personnes nous visiter sans qu'il y eût quelques lettres ou billets pour nous. Dans les différentes prisons que nous avons habitées, les moyens seuls que nous avons employés pour nos correspondances feraient la matière d'un volume. Le vieux chirurgien du fort, entre autres, nous donnait quelquefois des billets, en feignant de nous tâter le pouls. Un jour qu'il voulait détourner l'attention du commandant qui l'avait accompagné, il fit avec lui le pari qu'il ne ferait que six pas dans la longueur de notre casemate, tandis que l'autre ne pourrait la parcourir en moins de huit. Un spectateur indifférent eût ri aux larmes en voyant ces deux grands corps se disloquer les membres par leurs contorsions, et il ne se fût pas douté que le but de ce jeu était de nous donner une lettre, que le bon chirurgien remit à Suzannet en passant près de lui. Un des frères de ce chirurgien, ci-devant chanoine, nous rendit aussi quelques services de ce genre.

Les habitants de Pontarlier, ainsi que les habitants de la partie montagneuse de la Franche-Comté, étaient généralement religieux et royalistes très prononcés. Presque tous nous ont témoigné le plus vif intérêt ; un grand nombre auraient désiré nous servir, mais très peu savaient les moyens à prendre pour le faire.

Le fort de Joux est à une lieue de la frontière. Le rocher sur lequel il est placé est presque inaccessible. Le Doubs, qui traverse un petit lac à une lieue au-dessus, baigne, d'un côté, le pied de ce rocher. Une rampe douce permet aux voitures d'en atteindre le sommet ; un sentier plus court et plus rapide y conduit les piétons. Les routes de Genève et de Neuchâtel se joignent au pied du fort. Une grille de fer, posée sur le grand chemin, sert de porte de frontière ; la rampe tombe en dehors ; le sentier pour les piétons, en dedans. Cette porte était gardée par un concierge ; elle était ouverte le jour et fermée la nuit. Une réunion de cinq enceintes forment le fort de Joux ; elles se commandent toutes, en sorte que l'on pourrait soutenir autant de sièges qu'il y a d'enceintes. Presque tout est voûté et casematé dans l'intérieur.

Pour sortir du fort par l'intérieur, il nous fallait d'abord, de l'enceinte la plus élevée où nous habitions, descendre deux escaliers, dont l'un était couvert et habituellement fermé, et passer deux ponts-levis, dont l'un celui de l'entrée, se levait seul pendant l'hiver. A cette époque de l'année, les neiges et les glaces empêchaient également la porte de l'escalier couvert de se fermer : il y avait peu d'obstacles à rencontrer pour gagner la première enceinte.

Nous apprîmes qu'une brèche, ouverte dans les murs de celle-ci, en rendait l'accès praticable ; elle était fréquentée par ceux des soldats qui arrivaient lorsque la retraite était battue, le premier pont-levis étant toujours levé à cette heure.

Pendant l'hiver que nous avons passé dans ce lieu, les montagnes furent couvertes de huit pieds de neige. Les sentinelles ne pouvaient résister pendant la nuit ; aussi le service s'était relâché, au point de ne les poser que pendant le jour.

Le 1er vendémiaire était passé depuis longtemps. Les préliminaires de paix avaient été signés avec l'Angleterre le 1er octobre. On nous renvoyait à la paix définitive ; or, nous étions loin de pouvoir nous flatter d'être libres à cette époque. Nous songions donc sérieusement aux moyens de nous évader, ce qui pouvait difficilement se faire sans y mettre beaucoup de temps.

Nos fenêtres nous semblaient d'abord le seul endroit par où nous pussions sortir de nos chambres. Pour nous y faire jour, il nous fallait couper deux rangs de barreaux et faire sauter le treillage de fils de fer. Les grands vents, qui sont habituels dans ces montagnes, les masses de neige qui tombent sans cesse des toits, faisaient assez de bruit pour qu'on ne nous entendît pas au moment où nous serions descendus de nos casemates. La garde ne fournissait alors de sentinelle pendant la nuit qu'à la poudrière ; cette sentinelle n'était pas chargée de surveiller les allants et venants. Une fois hors de nos casemates, nous pouvions donc aisément sortir du fort ; mais, pour gagner la ville, il nous fallait descendre par la grande rampe et faire ouvrir les portes de la frontière, ce qui n'était pas sans inconvénient. Le sentier qui tombait au dedans était trop dangereux, à cause des neiges, pour oser s'y risquer dans la nuit.

Si nous avions bien su nous servir de nos scies, et si nous avions eu des limes pour les réparer, elles auraient été plus que suffisantes pour le but que nous en attendions. Malheureusement, nous ne savions ni les monter ni les employer ; aussi nous en avions cassé plusieurs par maladresse. Les autres s'émoussaient ; nous n'avions aucun moyen d'y remédier. Nous enlevâmes cependant assez facilement un barreau de la grille du dedans ; il nous avait fallu couper celui-ci en deux endroits et le plus proche possible des traverses, afin d'avoir plus d'espace : cela nous donnait un passage de quinze pouces de largeur sur dix à onze de hauteur [1]. Pour atteindre le barreau du dehors que nous devions couper, il nous fallait passer par cette première ouverture ; puis, lorsque nous voulions rentrer dans l'intérieur, remettre le barreau du dedans en place. Celui qui coupait le barreau du dehors se trouvait ainsi dans une cage de quatre pieds [2] de longueur en face du corps de garde ; il ne voyait point à son travail, et il avait à le faire le plus souvent dans une position très incommode.

Cette cage était remplie de neige tous les matins ; nous l'ôtions, devant le caporal, sous prétexte d'éloigner l'humidité qu'elle nous attirait. Nous avions soin aussi de faire disparaître toutes les traces de notre passage pendant la nuit. Ce qui nous demandait le plus de temps et d'attention, c'était de rétablir le barreau déplacé, de manière qu'il eût de la solidité et que sa coupure ne fût pas apparente. Après plusieurs essais, nous atteignîmes parfaitement ce double but. Nous placions sur chaque extrémité du barreau coupé un morceau de papier brouillard, de la grandeur du morceau enlevé ; il y était fixé avec de la colle de poudre à friser : cette colle sèche plus promptement que la colle de farine. Quand cette première colle était sèche, nous remettions le barreau en place : il était fixé avec de la colle qui tenait le papier brouillard inférieur et supérieur, et avec de petites cales de bois ou des morceaux de scies cassées. Un mélange de cire, de suif, de charbon et de suie couvrait les coupures. Ce mélange était fait et placé avec tant de soin qu'il était impossible de distinguer ce barreau des autres. La colle devenue sèche, il tenait si solidement qu'il fallait le secouer avec beaucoup de force pour l'arracher. Nous jetions ensuite de l'eau dessus pour le rouiller, et nous avions soin de le frotter avec la rouille des autres barreaux, afin qu'il ne parût pas avoir été touché.

Nous avions l'habitude de jouer tous les jours au tric-trac depuis dix heures du soir jusqu'à onze ; nous continuâmes à le faire pour ne pas attirer les soupçons. Nous éteignions nos lumières, une fois notre partie achevée ; nous conservions peu de feu, et une couverture déployée empêchait ses rayons de se porter vers la fenêtre. Le morceau de barreau était enlevé, et l'un de nous se mettait à l'ouvrage, tandis que l'autre restait auprès du feu.

Il faisait alors un froid extrême. Celui de nous qui travaillait conservait le plus de vêtements possible ; il ne pouvait, néanmoins, rester au travail plus d'une heure et demie ; il rentrait même souvent tout couvert de givre. Il nous fallait ensuite replacer le barreau à tâtons Un long usage nous avait fait le poser très droit ; le matin, avant l'heure où l'on venait faire nos chambres et nous apporter à déjeuner, notre cirage était placé, si bien qu'on ne voyait jamais aucune trace de ce que nous avions fait.

[1]. 40 centimètres et demi sur 27 à 29 et demi.
[2]. 1 m. 30.

Cet ouvrage allait très lentement. On n'y voyait point : on sciait tout de travers ; le fer était gelé ; la fatalité qui nous accompagnait faisait que le barreau extérieur, placé du temps de Louis XVI, était de fer aigre, très dur à couper. Celui-ci n'avait besoin d'être scié que dans un seul endroit : cependant nous y passâmes, en détail, plus de quatre-vingts heures, alors que huit heures nous avaient suffi pour couper chaque partie du barreau intérieur. Nous n'étions encore qu'à moitié, que toutes nos scies étaient émoussées ou brisées, et qu'il fallut songer à nous en procurer de nouvelles.

Notre cantinier s'était engagé à favoriser notre évasion. A la réflexion, le courage lui manqua. Le domestique de Suzannet était allé à Besançon nous acheter des scies ; il les avait remises à ce cantinier, qui prétexta les avoir jetées dans la rivière et déclara que désormais il ne nous passerait aucun paquet.

Cette défection devait causer une grande gêne aux prisonniers. Pour y mettre fin et pour se débarrasser d'un homme dont la vue leur était désagréable, ils font naître un sujet de querelle entre eux et lui et demandent d'être servis désormais par une cafetière qui demeurait dans un village situé au pied du fort.

Ce changement souffrit moins de difficultés que nous ne l'avions craint. Nous devions, à la vérité, redouter les propos de l'homme que nous avions éconduit ; car il était très sensible à la perte de notre pratique et à l'humiliation d'être chassé ; mais la crainte d'être poursuivi pour les services qu'il nous avait rendus le détourna de faire une dénonciation ouverte. Quelques bruits sourds parvinrent aux oreilles du commandant. Quoique le froid fût encore très vif, les sentinelles furent rétablies à leurs premiers postes, et la surveillance devint plus active qu'elle ne l'avait été depuis longtemps.

L'entrée de nos appartements était interdite à notre cafetière. Un vétéran faisait nos chambres ; un caporal très exact l'accompagnait ; celui-là seul était chargé de nos commissions au dehors. Nous ne pouvions nous ouvrir à cet homme ; notre correspondance était donc à jamais, interrompue, si la cafetière ne se prêtait à la favoriser. Une salade d'abord, un étui dans le corps d'une volaille ensuite, nous apportèrent quelques lettres. Même cette femme nous fit passer des scies de cette manière ; mais elles étaient si mal trempées qu'elles ne pouvaient couper le fer. D'ailleurs, nous ne pouvions nous en servir aussi longtemps qu'on ne se relâcherait pas des nouvelles précautions qu'on avait prises.

Nos lettres nous parvenaient ; mais nous ne pouvions répondre. Un panier à double fond, fait à Besançon, nous en fournit les moyens. Ce panier nous portait tous les jours notre dîner. Le caporal nous le montait lui-même ;

sans s'en douter, il a servi notre correspondance jusqu'au dernier instant.

Le plaisir de correspondre avec nos amis nous procurait quelques douceurs; mais le temps se passait, la paix définitive ne se faisait point. Il fallut bientôt revenir à de nouvelles tentatives d'évasion.

A mesure qu'on voyait le moment de notre sortie approcher, on nous gardait avec moins de soin. Nous en profitâmes pour reconnaître quelques parties du fort qui nous avaient toujours été celées. Nous vîmes que l'enfoncement de la cheminée de la casemate voisine diminuait l'épaisseur du mur qui nous en séparait. Nous sondâmes le mur de notre côté; nous y trouvâmes du vide, et bientôt nous nous aperçûmes que le tuyau de la cheminée de la casemate qui était au-dessous de la nôtre diminuait encore l'épaisseur de ce mur, de sorte qu'il n'y avait réellement que treize ou quatorze pouces en deux murs de six à sept pouces chacun, qui séparaient les deux tuyaux des casemates (inférieure et supérieure), et que nous pourrions aisément nous y ouvrir un passage en levant deux pierres de taille, placées vis-à-vis l'une de l'autre dans chacun des petits murs de séparation des deux tuyaux. Nous levâmes la pierre qui était de notre côté, et nous ouvrîmes un petit jour sur la casemate voisine. Dans la crainte de ne pouvoir la replacer, nous n'osâmes pas déranger la pierre de la cheminée de la casemate voisine; mais nous avions acquis la certitude que deux heures nous suffiraient désormais pour nous y ouvrir un passage.

Que de peines et d'inquiétudes nous eût évitées cette découverte, si nous l'avions faite plus tôt! Les fenêtres de cette casemate s'ouvraient sur la cour où nous nous promenions; elles avaient, en outre, des embrasures au-dessous desquelles le rocher formait un plateau. Pour gagner ce plateau, il y avait à descendre soixante-dix pieds des murailles du fort; puis on pourrait se laisser glisser sans danger par un éboulement qui formait un talus très rapide. En mettant bout à bout nos draps, nos couvertures et nos rideaux, nous pouvions faire une corde de cent cinquante pieds. On pouvait, du dehors, nous monter des cordes, si nous en avions besoin; même on nous le proposait. Les bouts de ficelle qui avaient attaché tout ce qu'on nous avait apporté, ramassés avec soin, nous auraient servi à monter les cordes qu'on nous aurait apportées, si nous n'avions pas cru devoir nous confier simplement à nos draps et à nos rideaux.

Cependant la paix d'Amiens est signée (25 mars 1802). Bonaparte a promis pour cette époque la liberté des prisonniers. Ceux-ci, sans perdre de vue leurs projets d'évasion, veulent donc espérer qu'ils n'auront pas besoin d'y avoir recours.

Bonaparte avait promis notre liberté à la paix définitive. Lorsqu'elle fut signée, il fit plus : il prévint nos familles que nous serions en liberté dans quinze jours. Un mois s'était déjà écoulé ; nous n'entendions plus parler de rien ; nous commencions à revenir à l'idée que nous ne devrions jamais notre liberté qu'à nous-mêmes, quand un événement imprévu obstrua la voie de salut que nous regardions comme assurée.

Un officieux avertit un jour le chef de la gendarmerie que nous devions nous évader dans la nuit. L'officier en prévint le commandant, qui se rendit au fort, où il venait rarement. Cette dénonciation était vague et sans fondement. Il nous signifia néanmoins que nous ne quitterions nos chambres que sur de nouveaux ordres du préfet. Le plus fâcheux, c'est qu'il donna l'ordre de tenir ouverte la porte de la casemate contiguë à la nôtre, par laquelle notre évasion était préparée ; la sentinelle placée à notre porte devait surveiller cette casemate. Nous ne nous étions ouverts de notre projet à personne ; le hasard seul avait décidé cette mesure. Nous n'en sentîmes que plus vivement les inconvénients, quand on nous signifia, quelques jours après, qu'on ne voulait plus nous mettre en liberté et qu'on avait l'intention, au contraire, de nous envoyer passer six ans dans l'Inde, en nous laissant seulement le choix du lieu où nous serions déportés. C'était le moment de recueillir le fruit de nos travaux : l'alarme donnée au commandant les avait rendus inutiles. Des recherches secrètes sur le prétendu plan d'évasion ne produisirent rien, parce qu'il n'existait rien. Cependant la promenade nous fut interdite.

Nous devions nous-mêmes demander à être déportés et fixer le lieu où nous serions conduits. Nous demandâmes l'un et l'autre à pouvoir rester à l'île de France. Nous n'avions nul désir de nous y rendre, mais nous espérions que la route nous offrirait quelques moyens de nous échapper.

Dans la lettre que j'écrivais, je disais : « J'aimerais mieux être au Monomotapa, en Cochinchine, dans la terre des Papous, que de rester où je suis ; la méchanceté d'un côté, la faiblesse de l'autre se sont réunies pour nous tourmenter. » Cette lettre devait passer par M. Baille ; il me fit demander si je serais bien aise qu'il l'envoyât à Jean de Bry. Je lui répondis que je lui aurais une véritable obligation de le faire. Jean de Bry fut dans une colère horrible ; il fit tenir cependant ma lettre à la police pour qu'elle fût remise à son adresse.

On nous surveillait avec la plus sévère exactitude. Le commandant força même le domestique de Suzannet à s'éloigner de Pontarlier. Une digne femme restait notre seule correspondante. Cette femme respectable était peu fortunée ; dans un pays où on aime l'argent, elle mettait à nous servir un courage et un désintéressement dont la vraie vertu est seule capable. Le secret de notre panier n'avait point été découvert ; nos relations n'étaient point interrompues, elles étaient notre seule consolation. Nous avions manifesté le désir de ne plus voir le commandant. Les gens honnêtes de Pontarlier l'accusaient d'avoir inventé un projet d'évasion pour avoir un prétexte de nous tourmenter : il en était peiné et honteux. Il voulut tenter quelques avances vers nous : elles furent reçues avec froideur, et, pour ne pas lui avoir d'obligation, nous continuâmes à garder nos chambres.

Cet état durait depuis six semaines, lorsque mon frère cadet obtint la permission de venir passer quelques jours avec moi. Nous ne nous étions pas vus depuis onze ans : son séjour fut le temps le plus heureux de ma détention. M. Baille nous laissa la liberté de nous promener comme par le passé, tant que resta mon frère. Mais, aussitôt après son départ, on ne nous permit plus de sortir qu'une fois par jour ; nous eûmes seulement le choix de le faire le soir ou le matin.

Il s'éleva à cette époque de légers mouvements insurrectionnels dans le pays de Vaud. La demi-brigade qui fournissait la garde eut l'ordre de s'y rendre. Durant quelques jours, nous fûmes confiés aux seuls vétérans. Peu à peu ils furent remplacés par une compagnie d'une demi-brigade piémontaise. Les soldats qui la composaient étaient presque tous d'anciens soldats du roi de Sardaigne, qui détestaient cordialement Bonaparte et la République française. Dès le jour même de leur arrivée, je remarquai un soldat de cette compagnie, fort dégourdi, déserteur de plusieurs puissances, dont je crus pouvoir tirer parti. Nous ne pouvions plus passer par la casemate voisine sans avoir deux sentinelles à nous : une qui était sous nos fenêtres, l'autre qui était à notre porte. Si nous étions d'accord avec deux soldats, il nous était donc possible de nous sauver. Mon homme m'aborda deux ou trois jours après son arrivée ; il me dit qu'il comptait déserter, le soir même, avec sept de ses camarades ; qu'ils iraient à Neuchâtel, où ils prendraient du service chez les Prussiens. Je l'engageai à différer, afin de faciliter notre évasion. L'heure de rentrer était venue ; je ne pus lui parler qu'un instant. J'appris, le lendemain, que quatre de ces soldats avaient déserté ; comme mon homme ne se montra point, je crus qu'il était du nombre. Je m'abouchai, le même jour, avec un autre qui me parut intelligent : il convint avec moi de rester en faction le soir même, à notre porte, depuis neuf heures jusqu'au lendemain matin, à une heure. La sentinelle qui était sous nos fenêtres étant relevée à minuit, nous pourrions, après cette heure, passer devant le corps de garde sans danger et nous rendre au rocher par lequel nous comptions descendre. Pour gagner du temps, nous voulûmes essayer de dégager une nouvelle pierre. Malgré les précautions que nous avions prises, nous fûmes entendus : la sentinelle avertit le sergent de garde, le commandant fut prévenu, et le porte-clés fut envoyé pour s'assurer du fait. Celui-ci prêta l'oreille quelque temps et n'entendit rien. Suzannet, qui avait l'oreille très fine, s'était heureusement aperçu de ce qui se passait. Tout avait été promptement réparé : nous ne redoutions point une visite ; mais l'homme qui avait promis de nous aider avait été sans doute effrayé de cette découverte, car il ne donna pas le signal convenu et il nous évita soigneusement depuis.

Le soldat sur lequel j'avais compté, et que je croyais déserteur, reparut le lendemain : il me dit que lui et deux de ses camarades étaient restés exprès pour faciliter notre évasion, et me proposa de l'arranger pour le soir même. Il nous donna, vers neuf heures du soir, le signal qui indiquait qu'il était maître des deux sentinelles ; elles tinrent réellement leur poste depuis neuf heures du soir jusqu'à une heure du matin. Mais l'alerte de la veille nous avait un peu intimidés ; nous n'avions pas assez de temps, d'ailleurs, pour nous concerter avec cet homme, et, dans la crainte d'un malentendu nous ne tentâmes pas de sortir. Les dispositions que nous avions vu prendre à cet homme nous avaient, du moins, donné de la confiance pour l'avenir ; nous étions bien décidés à en profiter, si la chose pouvait se renouer. Un hasard nous empêcha de sortir à midi, comme nous avions coutume de le faire. Nous entendîmes plusieurs fois la voix de notre homme, qui nous avait attendus tout le matin. Le soir, nous apprîmes qu'il venait de déserter avec un de ses camarades.

Ce contre-temps nous affligea, mais ne nous rebuta pas. Le lendemain même, je m'adressai à la sentinelle qui nous avait attendus la veille et n'avait pas déserté. Je sus que le soldat auquel j'avais parlé nous avait attendus quelques heures, la veille au soir, et qu'alors, persuadé que nous ne pourrions sortir de nos chambres, il avait pris le parti de déserter sans nous. Nous avions promis cinquante louis à ceux qui nous auraient aidés à nous évader ; je les promis à cet homme, s'il voulait nous servir. Presque tous ces Piémontais étaient maçons : j'engageai celui-ci à visiter le dedans de la cheminée dans la casemate contiguë à la nôtre. Je lui avais indiqué la pierre qu'il fallait lever pour nous ouvrir un passage : il la considéra de près, l'ébranla avec sa baïonnette, et m'assura qu'il la ferait sauter dans un quart d'heure. Cinq minutes suffisaient pour lever celle qui était de notre côté ; notre évasion, d'après cela, devait être très prompte. Nous convînmes avec lui que, le lendemain, à neuf heures du soir, il serait de faction à notre porte, qu'il se serait assuré de celui de ses camarades qui serait sous nos fenêtres et qu'à neuf heures et demie nous serions tous partis. Comme il nous l'avait promis, nous l'entendîmes arranger sa faction avec son camarade. Nous attachâmes alors nos draps et nos rideaux par les angles ; nous voulions nous en servir comme d'une corde pour descendre le rocher.

Tout était déjà disposé pour notre départ, quand la garde fut relevée tout à coup par des vétérans. Nous comptions mettre la dernière main à l'œuvre vers neuf heures, et cette garde fut changée à huit heures trois quarts. Une compagnie de troupes de ligne était arrivée de Pontarlier et devait monter au fort le lendemain. Le capitaine de la compagnie piémontaise, qui avait déjà vu déserter une partie de son monde, craignait de voir sa compagnie diminuer encore s'il passait une nuit en ville. Il demanda que sa compagnie fût relevée le soir même, afin de pouvoir la faire partir de grand matin pour Besançon. Avec beaucoup d'intelligence ces Piémontais nous donnèrent des preuves d'une discrétion peu commune : sept d'entre eux avaient été dans notre secret, il ne fut pas connu un instant ; nous ne nous ouvrîmes, depuis, qu'à un seul soldat français, qui nous dénonça.

Nos espérances, cette fois, avaient été trompées d'une manière d'autant plus pénible que jamais nous n'avions été aussi près de les voir se réaliser. Cependant nous ne nous décourageâmes pas, et nous résolûmes de pratiquer quelques soldats de la nouvelle compagnie qui avait pris la garde du fort. Celle-ci était peu nombreuse : elle appartenait à une demi-brigade qui avait fait la campagne d'Égypte. Parmi les soldats qui la composaient se trouvait un jeune Marseillais né de parents honnêtes, qui avait fait partie des compagnies de royalistes connues dans le midi sous le nom de compagnies du Soleil. Il aurait bien voulu que sa position lui eût permis de nous aider ; mais, pour le préserver de la déportation, sa famille l'avait cautionné d'une forte somme : outre la crainte de faire perdre à ses parents le prix de leur cautionnement, il redoutait encore de leur occasionner de nouvelles tracasseries. En nous exprimant le regret de ne pouvoir nous servir, il nous avertit de mettre peu de confiance dans ses camarades, plus capables de nous tromper que de nous aider. Déjà, malheureusement, Suzannet s'était ouvert à un autre Provençal, auquel il avait indiqué le chemin par lequel nous voulions sortir.

Un banquier de Pontarlier avait l'ordre de nous fournir tout l'argent dont nous aurions besoin ; le commandant lui avait fait défendre, depuis longtemps, de nous remettre plus de trois cents francs à la fois. Mon frère, heureusement, m'avait apporté cent louis qu'on ne nous connaissait pas. Suzannet en promit cinquante à ce Provençal, en lui disant, toutefois, qu'il ne les paierait qu'à Lyon ou dans toute autre ville où il pourrait se procurer de l'argent. Pour l'encourager, il lui en avait donné un d'avance. La bonne correspondante que nous avions en ville veillait sur nous : elle nous prévint que ce soldat, buvant au cabaret avec un de ses camarades, était convenu avec lui de favoriser notre sortie de nos chambres et de nous livrer lorsqu'ils auraient pu nous tirer le plus d'argent possible. Ce Provençal s'approcha le lendemain de Suzannet, qui lui dit avoir renoncé à toute idée d'évasion vu qu'il la regardait comme impossible. Son camarade chercha également à capter notre confiance ; mais nous étions sur nos gardes.

Le projet de ces gens et les relations qu'ils avaient eues avec nous avaient transpiré : car nous entendîmes, peu de jours après, beaucoup de bruit dans la casemate voisine. Le commandant, les officiers du fort et le garde des fortifications s'y étaient réunis ; tous visitaient notre bienheureuse cheminée. Elle fut murée dès le lendemain ; on mit aussi des barreaux de fer à tous les jours de ces casemates. Comme nous nous étions attendus à cette mesure, le coup fut moins sensible ; il ne parut pas toutefois que l'on crût le travail commencé de notre côté, car le mur intérieur ne fut pas visité et notre ouvrage ne fut point aperçu.

M. Baille, pour le coup, avait raison de se plaindre. Il fit grand bruit, mais non tout le mal qu'il pouvait nous faire. Il ne vint point nous voir ; seulement il nous fit dire par l'officier des vétérans que, cette fois, il avait acquis le droit de nous surveiller de très près. Je répondis à celui-ci :

« Vous pouvez dire à M. le commandant que des prisonniers politiques sont toujours en état de guerre avec l'officier qui les garde. C'est à M. Baille de nous garder, s'il le peut ; à nous de nous échapper, s'il nous est possible. Du reste, dites-lui bien qu'il a été un temps où nous n'avons pas voulu nous évader, dans la crainte de le compromettre, mais que, depuis, nous avons été si mécontents de lui que nous avons cherché tous les moyens de le faire, et que, si nous en trouvions maintenant l'occasion, nous la saisirions avec plaisir pour lui jouer un mauvais tour, quand même nous aurions l'assurance que notre liberté nous serait rendue trois jours après. »

Jean de Bry l'avait pressé plusieurs fois de nous séparer ; il n'avait jamais voulu y consentir. Cette fois, il reçut du ministre de la Police l'ordre de prendre toutes les mesures qu'il jugerait convenable pour nous conserver. Il parla d'abord de nous resserrer dans la seconde de nos casemates et de placer un corps de garde dans la première. Différentes autres mesures l'occupèrent tour à tour. Puis il finit par se borner à ne plus nous laisser sortir et à nous faire surveiller plus exactement que par le passé.

Les difficultés qui s'élevaient ne faisaient que nous piquer au jeu ; nous fermer une voie de salut était nous donner le désir d'en ouvrir une nouvelle. Les cheminées de nos casemates, adossées l'une à l'autre, avaient un tuyau commun, séparé par un petit mur de sept pouces d'épaisseur. Si nous pouvions défaire ce mur jusqu'à la hauteur de quinze pieds et percer sa partie extérieure, qui était en briques, nous nous trouverions sur la plate-forme qui couvrait nos casemates, d'où il nous serait facile de descendre sur le plateau par des embrasures semblables à celles des casemates contiguës aux nôtres. C'était un travail de géants ; mais que ne font pas des prisonniers pour briser leurs fers ? Nous entreprîmes cet ouvrage avec zèle.

Le dîner terminé, nous éteignions le feu et nous nous mettions à la besogne.

Les murs de ce canton sont tous bâtis en pierre calcaire. Celui-ci s'était durci au feu ; les pierres et le ciment formaient un ensemble si solide qu'il eût valu autant les briser que les démolir. Nous nous servions, à cet effet, de clous de dix pouces de longueur, qui tenaient le tambour à l'entrée de nos casemates ; nous enlevions ces clous tous les jours et nous les remettions sans que cela parût. Ils s'émoussaient promptement ; il nous fallait les aiguiser à chaque instant sur le carreau ou sur une cruche de terre. Au bout d'un moment, nous étions couverts de suie et de sable ; nous passions un temps considérable à nous nettoyer. Le quatrième jour, nous fûmes obligés de renoncer à ce travail : nous n'étions pas, alors, plus avancés que le premier.

La patience, ce dernier refuge des malheureux, était notre unique ressource. Le temps, qui est un grand maître, allait bientôt nous rendre de nouvelles espérances. Nous aperçûmes quelque relâchement dans le service. Le commandant avait quitté le fort pour retourner à la ville ; un excès de précaution lui avait fait ordonner, en partant, de lever tous les soirs le pont-levis qui séparait la deuxième enceinte de la troisième. Or l'officier des vétérans chargé de nos clefs habitait la première. Jusque-là, il avait fait des rondes de nuit très exactes ; elles lui étaient devenues impossibles. Arrivait-il quelque chose chez nous lorsque le pont était levé, il fallait réveiller l'officier qui en avait les clefs, — il demeurait à la troisième enceinte, — baisser le pont et avertir l'officier des vétérans qui commandait le fort. Tout cela demandait du temps et rendait très difficile de nous surprendre. La garde, certaine de ne pas être surveillée, se négligeait ; la faiblesse de la garnison du fort l'avait fait diminuer ; aussi ne mettait-elle plus de sentinelles sous nos fenêtres pendant la nuit. Le barreau une fois coupé, il nous était donc possible de descendre dans la cour et de regagner les rochers que commandait la batterie qui était à l'extrémité.

Nous étions dans les jours les plus longs de l'année. Les nuits, dans les montagnes, sont claires et sonores, ce qui rendait périlleux de travailler à cette époque. Nos scies étaient brisées par morceaux, et notre cafetière n'eût jamais consenti à nous en passer de nouvelles ; mais, sans le savoir, elle nous fit tenir une petite lime triangulaire, de sorte que nous pûmes réparer les morceaux les mieux conservés de nos scies et reprendre nos travaux de nuit. Nous ne pouvions guère les commencer avant onze heures ; à une heure, il fallait les terminer. Ce qui était extérieur était, sur-le-champ, réparé. Le matin, lorsqu'on entrait chez nous, toute trace de notre travail était entièrement disparue. Le jour, nous n'avions qu'à nous reposer et à réparer nos bouts de scies, ce qui demandait peu de temps.

Il nous fallait une circonspection extrême ; la sentinelle qui était à notre porte surveillait plusieurs points à la fois. Les hommes de garde sortaient souvent pour prendre l'air. En outre, nous étions très près de la tour de Mirabeau. Elle servait de salle de discipline ; abandonnée pendant l'hiver, parce qu'elle n'avait point de fenêtres, l'été, elle n'en devenait que plus dangereuse. Il y avait peu de jours où elle ne renfermât des hommes en punition. L'intérieur de la cage où nous nous placions pour travailler demandait aussi une grande attention : le mortier qui en faisait la base avait été réduit en terre par le temps. Un pissenlit y avait pris racine ; ce fut longtemps la seule plante à notre disposition. Aussi le plus bel oranger d'une serre royale n'eut jamais des soins plus suivis. Il était devenu superbe ; nous le ménagions, autant par attachement pour lui que pour éloigner les soupçons. Celui qui montait dans la cage en attachait les feuilles ensemble ; il les déliait lorsqu'il sortait et les arrosait pour leur rendre leur fraîcheur.

Quelques précautions que nous pussions prendre, nous fûmes un jour entendus. Notre ouvrage touchait à sa fin ; la pleine lune approchait ; elle nous commandait de terminer. Un sergent, qui surveillait peu, devait être de garde le surlendemain ; nous voulions être prêts pour ce jour-là. La nuit était très calme. Je travaillai probablement avec trop de force ; car la sentinelle qui était à la porte m'entendit et vint sous la fenêtre où j'étais occupé. J'avais bien cru percevoir quelque chose ; je prêtai l'oreille : rien ne bougeait ; je crus m'être trompé et je continuai. La sentinelle descendit, peu après, l'escalier et se dirigea vers le corps de garde.

« Voulez-vous entendre les prisonniers scier leurs barreaux ? » dit-elle au sergent.

La garde sortit et s'établit devant la fenêtre. Le jour approchait ; je craignais d'être aperçu dans cette position. Je masquai avec précaution la coupure du barreau extérieur, je descendis sans bruit, je remis le barreau intérieur en place et je gagnai mon lit sur la pointe du pied. Suzannet avait quitté le sien ; il demeura jusqu'au jour en observation. La sentinelle assurait nous avoir entendus couper les barreaux du dehors. L'impossibilité de prévenir l'officier des vétérans sans réveiller plusieurs officiers et sans baisser le pont-levis empêcha de visiter nos casemates aussitôt. De plus, un seul homme m'avait entendu, et les autres ne le croyaient pas entièrement. Le sang-froid et l'air d'assurance pouvaient seuls nous sauver. Jamais nous n'avions mis autant de soin à réparer notre ouvrage, et jamais nous ne réussîmes aussi parfaitement.

On entra chez nous à l'heure ordinaire. La fenêtre était toute grande ouverte. Un miroir masquait ordinairement le barreau coupé ; Suzannet détacha ce miroir devant le caporal porte-clefs et me le remit en me priant d'y faire une légère réparation. L'officier des vétérans entra peu après. Je me promenai longtemps de long en large avec lui, le laissant considérer la fenêtre tout à son aise ; je le fis même s'appuyer quelque temps dessus. Le caporal porte-clefs y revenait sans cesse ; il tint les yeux plus d'un quart d'heure à trois doigts du barreau coupé. Ils sortirent enfin. Le caporal dit, en passant, à la garde :

« J'ai bien regardé ; il n'y a rien de touché. »

L'officier des vétérans, M. Chauveau, qui eût été fort aise de nous savoir dehors, dit à la garde qu'il ne paraissait rien, que la sentinelle s'était trompée, que, du reste, nous ne pourrions jamais nous échapper par là si la surveillance était exacte, et il recommanda de surveiller cette fenêtre avec soin.

Pendant quelques jours, on y regarda de très près. Cette alerte, toutefois, fut bientôt oubliée : les soldats finirent par en plaisanter entre eux, et ils attribuèrent généralement le bruit qu'on avait entendu aux feuilles de fer-blanc qui couvraient le sommet des toits, lesquelles avaient dû être agitées par le vent.

Une fausse alerte, donnée quelque temps auparavant, avait rendu les gens de garde crédules sur les rapports de ce genre ; elle nous servit merveilleusement dans la circonstance. La garde, en entier, entre chez nous à dix heures du soir. Nous étions à jouer au trictrac. Les soldats avaient pris le bruit des dames pour un mouvement de pierres et s'étaient persuadé que nous étions occupés à démolir un mur. M. Chauveau les amena tous pour les détromper, et nous pria de jouer un instant devant eux.

Nous n'avions perdu que du temps ; mais le temps, dans notre position, était précieux. La lune commençait à éclairer les nuits ; elle nous condamna quinze jours au repos. Un seul jour d'orage nous permit de travailler quelques heures.

Nous nous remîmes à l'ouvrage aussitôt que la lune eut disparu. La leçon que nous avions reçue nous fit redoubler de précautions. Pendant que je travaillais, Suzannet surveillait les mouvements de la sentinelle : si elle bougeait, une ficelle attachée à mon bras m'avertissait de me tenir sur mes gardes. Nous étions même parvenus à ouvrir et fermer la porte du tambour sans qu'on s'en aperçût ; Suzannet, moyennant cela, pouvait tenir l'oreille auprès de la porte où était la sentinelle. Mais cette opération faisant quelque bruit, il nous fallait veiller au mouvement du soldat, attendre le moment où on le relevait, ou encore saisir l'instant où l'horloge venait à sonner.

Un jour, on ouvrit notre porte beaucoup plus matin qu'à l'ordinaire. Nous n'étions pas levés, et la porte du tambour était encore toute grande ouverte. Nous courûmes la fermer, ce qui fut fait pendant que le bruit des verrous empêchait de nous entendre. L'officier de vétérans, le garde des fortifications et le serrurier du fort entrèrent successivement et allèrent droit à nos fenêtres. L'œil exercé d'un ouvrier pouvait découvrir ce que des soldats n'avaient pas vu. Ils pouvaient, en outre, faire résonner nos barreaux ; la fraude était alors reconnue. Quelques propos vagues de M. Chauveau ne contribuèrent pas à nous rassurer. Mais nos craintes cessèrent quand il nous dit avoir reçu l'ordre de préparer des logements pour de nouveaux prisonniers et que les ouvriers venaient prendre la mesure de nos grilles. Ces grilles ne furent pas jugées suffisantes ; on en fit de plus fortes, qui furent bientôt placées à la fenêtre de la casemate qui était au-dessous des nôtres.

Ces prisonniers devaient arriver prochainement. Il était évident, dès lors, que la garde serait renforcée et qu'il y aurait toujours une sentinelle sous nos fenêtres. Nous étions alors sans ressources : il nous fallait prévenir leur arrivée.

Le barreau extérieur avait été scié tellement de travers que nos scies ne pouvaient plus entrer dans l'entaille. Il restait peu de chose à couper ; le seul moyen était de le briser. Un morceau de bois, long de quatre pieds, me servit de levier. Nous nous plaçâmes un soir tous les deux dans la cage : je tenais le levier, Suzannet tenait un morceau de bois dont je me servais comme arc-boutant. Le barreau fit, en se brisant, le bruit d'un fort coup de fouet. La lune nous éclairait de ses rayons. La partie supérieure du barreau, qui n'était plus soutenue, s'abaissa tout à coup. Dans le même instant, le hasard fit sortir le sergent de son corps de garde. Suzannet était descendu promptement ; il joua seul au tric-trac dans la casemate voisine. Aussitôt que le sergent fut rentré, je remis tout en place, et nous attendîmes en repos le jour où nous croirions devoir fixer notre départ.

A cette époque, on nous proposa de nous donner le fort de Joux pour prison si nous voulions donner notre parole d'honneur de n'en pas sortir. C'était une prison plus douce, mais éternelle, au lieu d'une prison plus austère de laquelle nous avions le droit de nous arracher. M. de Calonne avait obtenu cette concession de Fouché. Le commandant eût désiré nous voir accepter un marché qui eût mis sa responsabilité à couvert. Nous lui fîmes répondre simplement que nous y réfléchirions.

Un orage subit, une nuit sombre étaient désormais le terme de nos vœux : le temps, jusqu'alors la chose la plus indifférente pour nous, devenait chaque matin la première pensée de notre réveil : savoir s'il pleuvait ou s'il ne pleuvait pas était la question la plus importante de la journée. Notre respectable correspondante était prévenue que nous saisirions la première nuit sombre ; un léger orage qui survint lui fit passer une nuit au pied du rocher. Nos préparatifs étaient achevés ; il ne nous restait qu'à faire sauter les fils de fer. Mais un maudit caporal, plus défiant que les autres, resta sous nos fenêtres tout le temps de la pluie et nous força de différer encore.

Le temps était devenu superbe. Un matin, on nous annonça les prisonniers qu'on attendait pour le soir ou le lendemain. Il n'y avait plus à délibérer. La garde de ce jour était peu attentive. Le corps de garde s'ouvrait en face de nos fenêtres ; soit défiance, soit par l'effet de l'extrême chaleur, la porte en restait souvent ouverte une partie de la nuit : nous la vîmes se fermer dès neuf heures du soir.

Nous commençâmes alors nos préparatifs, attachant nos rideaux par les angles, et faisant ainsi une corde de cinquante pouces à laquelle nous ajoutâmes celle de vingt pieds que j'avais faite avec tous les bouts de ficelle et de fil que nous avions pu ramasser. J'avais voulu prendre également nos draps, ce qui nous eût donné cent cinquante pieds. Suzannet s'y opposa ; cela faillit nous coûter cher. Nos comptes de dépenses se faisaient ordinairement tous les dix jours; nous les réglâmes d'avance ; ce que nous devions fut placé dans un sac, avec un billet qui en désignait l'emploi. Tout cela fini, nous nous mîmes à l'ouvrage.

Suzannet commença son tric-trac à dix heures. Il jouait dans une des casemates ; je faisais sauter, dans l'autre, le treillage de la fenêtre. J'avais à couper cent trente-cinq mailles de fil de fer ; une pièce de mon petit couteau anglais, que j'avais cassé à cette fin, me tint lieu de bec-de-corbin. Une maille conservée à chaque angle devait maintenir le treillage en place jusqu'au dernier instant. Suzannet faisait beaucoup de bruit pendant que je travaillais : il jouait et parlait comme si nous avions été réunis. Je m'observais avec soin et je pris toutes les précautions que la prudence pouvait me dicter. Il ne me restait plus que quelques mailles à rompre au moment où le sergent vint à sortir du corps de garde. Je ne sais si la vue de la lumière, ou le bruit qu'il entendait dans une casemate où nous n'avions pas l'habitude de nous tenir lui donna quelques soupçons : tant il y a qu'il resta, sans bouger, une grande demi-heure sous la fenêtre.... Il se retira enfin, et j'achevai mon ouvrage.

Onze heures et demie sonnaient lorsque tout fut terminé. Nous éteignîmes nos lumières ; nous brûlâmes le double fond de notre panier, afin qu'il ne compromît pas ceux qui avaient servi notre correspondance. Ce ne fut pas sans peine que nous nous séparâmes de ce messager fidèle et discret : nous lui avions dû longtemps toutes les consolations dont nous avons joui ; si notre entreprise avortait, nous restions sans relations d'aucune espèce. Nous hésitâmes quelque temps à nous défaire de ce double fond ; nous l'approchions du feu, nous le retirions. Enfin, le sacrifice fut décidé.

Je montai dans la cage où j'avais mis préalablement tout ce dont nous avions besoin. La célérité et le silence dans l'exécution devaient désormais assurer notre liberté : je mis tous mes soins à ce que rien ne pût nous retarder. Je passai les rideaux en double autour d'un barreau de fer, que j'avais garni d'un torchon afin qu'ils pussent glisser dessus plus facilement.

Les rideaux formaient un des doubles, la corde l'autre ; en sorte que, tirant d'en bas sur les rideaux et lâchant la corde, nous devions aisément attirer le tout à nous. Suzannet devait les tenir réunis pendant que je descendrais ; rendu en bas, je les tiendrais pour lui à mon tour.

Ces préparatifs étaient dans mon rôle. Le rôle de Suzannet était de surveiller la sentinelle. Si nous n'étions bien assurés de sa position, nous courions de grands dangers : elle pouvait se trouver proche de ce lieu et nous voir ou nous entendre. Le soldat qui faisait faction dans ce moment était d'une tranquillité vraiment alarmante : depuis onze heures jusqu'à minuit et demi, on n'entendait pas le moindre mouvement ; il ne poussa pas un seul soupir. Au bout de ce temps, il lui échappa, le dirai-je ? un... Ce bruit bienheureux nous tira d'une angoisse horrible. Suzannet vint me l'annoncer avec l'expression du plus parfait bonheur ; et, dans mon ravissement, je fis sauter un des chaînons qui tenaient encore le treillage.

Cependant Suzannet voulut attendre un instant encore pour mieux connaître où se trouvait cette sentinelle. Une heure sonna. Nous ne pouvions plus partir que la sentinelle ne fût relevée. Le sergent sortit, puis rentra, disant qu'il n'était que la demie ; la sentinelle de la poudrière, qui s'ennuyait d'attendre, monta au corps de garde pour prévenir le sergent de son erreur. Nous reconnûmes alors que le soldat dont nous avions redouté longtemps la surveillance était constamment resté assis auprès de la porte : il s'y était endormi, et il est à présumer qu'il ne se réveilla pas au bruit qui flatta si sensiblement l'oreille de Suzannet. Un excès de prudence nous avait fait perdre deux heures précieuses. Ce n'était pas le moment de se livrer à des regrets. Aussi le caporal ne fut pas plus tôt rentré, après avoir fait une courte ronde, que nous nous disposâmes au départ.

Lorsque nous fûmes l'un et l'autre dans la cage, je voulus enlever le barreau coupé qui était encore tenu par du plomb fondu dans la pierre de taille de la partie inférieure de la fenêtre ; je l'avais senti remuer et je n'avais pas cru qu'il pût offrir une grande résistance. En cela, je m'étais trompé : je ne parvins à l'arracher qu'après de violents efforts, qui me mirent en nage. Cela terminé, je fis sauter les derniers chaînons qui tenaient encore le treillage. Je laissai couler en dehors les cordes, je passai par la fenêtre, et je descendis sur-le-champ dans la cour.

J'étais encore à dix pieds de terre, lorsque les rideaux craquèrent ; je les lâchai machinalement, et je tombai sur les marches de l'escalier, d'où je roulai dans la cour, de manière que ma tête faillit enfoncer la porte du corps de garde. J'étais un peu étourdi de ma chute ; je me relevai toutefois promptement, et je saisis les rideaux et les cordes pour les empêcher de se dédoubler pendant que Suzannet descendrait. La secousse que j'avais donnée en descendant avait fait baisser la partie supérieure du barreau coupé ; Suzannet fut obligé de la relever avant de descendre, ce qui le retint un instant. Aussitôt qu'il fut dans la cour, une forte saccade, donnée aux rideaux en lâchant la corde, les attira à nous. Quelques bouts de fil de fer s'y étaient accrochés ; ils firent un peu de bruit en se détachant. Mais, cette fois, la fatalité avait cessé de nous poursuivre.

Une heure et demie venait de sonner. La lune était dans son plein ; il faisait presque jour. Nous étions à cinq pas du corps de garde, où les hommes de service causaient entre eux sur leur lit de camp. Cette situation était périlleuse : un rien pouvait nous perdre. Nous courûmes promptement au rocher, portant ou traînant nos rideaux. Je n'avais pas achevé de les attacher à la gouttière d'une poudrière à pic sur le rocher que Suzannet était à trente pieds au-dessous de moi. Je le suivis promptement. Trois minutes s'étaient à peine écoulées depuis que j'avais fait sauter la dernière maille du treillage, et déjà nous étions hors de toute atteinte. Nous nous arrêtâmes un instant sur le rocher où le mur qui soutenait la batterie était appuyé.

Ce fut alors seulement que nous fûmes bien convaincus que nos cordes étaient insuffisantes ; mais il n'y avait plus à reculer. Nous descendîmes encore trente pieds ; nous nous trouvions alors sur un talus qui, bien que rapide, nous permit de nous arrêter un instant. La descente était encore longue, mais elle devenait moins escarpée : elle présentait des pointes de rocher où il était possible de se retenir. Nos cordes étaient à leur fin ; celle que j'avais faite avec les morceaux de fil et de ficelle avait cassé sous mon poids.

Nous délibérions sur ce que nous avions à faire, lorsque Suzannet m'échappa tout à coup ; il tenait à la main une poignée d'orties, qui lui resta entre les doigts, et il roula l'espace de soixante ou quatre-vingts pieds, entraînant avec lui les pierres et la terre qui se trouvaient sur son passage. Je l'avais entièrement perdu de vue ; l'écho de la montagne m'avertit seul de la durée et de la fin de sa chute. Je le croyais en pièces. J'éprouvai donc une satisfaction bien vive lorsque je l'entendis m'appeler. Un silence prolongé suivit son premier cri ; je le crus évanoui, je me hâtai pour lui porter secours. Il me fallait prendre la même route ; je la suivis avec des précautions extrêmes. Je m'étendis sur le dos, les jambes écartées, les bras tendus, de manière que mes pieds, mes mains et mes coudes pussent s'accrocher aux pointes de rocher qui se trouveraient sur mon chemin. Je ne glissai jamais plus de trois ou quatre pieds sans être arrêté par quelque obstacle ; j'arrivai ainsi au bas du rocher, n'ayant pour tout mal que de légères contusions et quelques parties de vêtements déchirées.

Suzannet était moins maltraité que je ne l'avais redouté. Au pied de la montagne, nous vidâmes une petite fiole de kirsch-wasser, que j'avais réservée pour ce moment. Un paysan allant à ses travaux était arrêté à l'embranchement des deux routes de Genève et de Neuchâtel. Deux hommes, tombant des nues, faisant rouler après eux des charretées de pierres, lui avaient probablement semblé chose fort nouvelle. Nous désirions obtenir de lui quelques renseignements sur la nature du pays. Mais ce pauvre homme n'avait pas encore bien classé dans sa tête de quelle nature nous pouvions être ; une frayeur horrible le saisit à notre approche, et il s'enfuit à toutes jambes.

Nous nous acheminâmes vers la ville. La grille de la frontière était déjà ouverte ; nous la passâmes.

(Extrait des *Mémoires du Général d'Andigné*, publiés par Ed. Biré.)
(Plon, éditeur.)

Cadix & Cabrera
(1809-1813)

De toutes les guerres de Napoléon, il se peut que la moins justifiable ait été cette guerre d'Espagne, par laquelle il a prétendu réduire non pas seulement les armées d'un roi ou d'un empereur, mais l'âme même d'un peuple jaloux de sauvegarder son indépendance nationale ; mais c'est à elle aussi que se rattache l'un des souvenirs les plus pénibles de cette glorieuse période. La capitulation du général Dupont à Baylen (juillet 1808) fut, moralement et matériellement, un désastre. Dix-huit mille Français furent par elle livrés aux Espagnols, qui se montrèrent impitoyables : nos soldats furent envoyés aux pontons de Cadix et sur les rochers de Cabrera, l'une des Baléares, où la faim, les maladies contagieuses et le défaut de soins leur firent endurer d'inexprimables souffrances. Dans les années qui suivirent, les Espagnols continuèrent d'y interner ceux de nos compatriotes qui furent faits prisonniers sur les différents champs de bataille. Un grand nombre de ces malheureux trouvèrent la mort dans cette horrible captivité. Quelques-uns purent s'évader, non sans courir les plus grands dangers : tels les héros des récits qui vont suivre.

Évasions de Quelques Marins Français
(1809)

L'auteur auquel nous empruntons, en les resserrant un peu, les détails de la narration qui va suivre, est un jeune soldat qui, compris dans la capitulation de Baylen, alla rejoindre à Cabrera les marins français victimes du même malheur et précédemment déportés dans cette île[1].

1. *Mémoires d'un conscrit de 1808*, recueillis et publiés par Philippe Gille, Paris, 1892 (Victor Havard, éditeur).

Revêtus de leur grande tenue, les marins de la garde impériale s'élancèrent dans l'embarcation, tandis que les Espagnols, saisis de peur, se jetaient à la mer.

Le 4 août 1809, l'on vit arriver une petite barque qui nous apportait de l'eau douce. Cette heureuse nouvelle se répandit dans l'île ; les fourriers se réunirent pour assister à la répartition et se transportèrent sur le rivage avec des hommes de corvée munis de vases pour recevoir ce qui leur reviendrait de cette eau tant désirée.

Par extraordinaire, la chaloupe canonnière qui nous gardait, et qui ne s'était jamais éloignée un seul instant, était sortie de la baie et se trouvait alors à plus de deux lieues de distance.

Cette circonstance imprévue fit concevoir aux marins de la garde impériale le projet de se rendre maîtres de la barque qui venait d'arriver et d'aller gagner la côte de France la plus voisine. Tous se mirent en grande tenue et s'approchèrent de nous ; nous étions loin de nous douter de leur dessein. Ils attendirent que les quarante barils fussent débarqués ; puis, comme l'on procédait au partage, on les vit tout à coup s'élancer sur la barque. L'un d'eux accrocha d'un bras vigoureux le grappin qui servait d'amarre, pendant que les autres hissaient les voiles sous un vent favorable.

Les marins espagnols se jetèrent précipitamment à la mer et se sauvèrent à la nage, à l'exception du patron, qu'on saisit et que l'on attacha au pied du mât. Un soldat français de la cinquième légion qui était à fond de cale pour aider les Espagnols à débarquer diverses marchandises destinées à être vendues aux prisonniers, en entendant le bruit qui se faisait, fut saisi de frayeur et remonta sur le pont ; il allait, lui aussi, sauter à la mer pour regagner le rivage, quand un marin de la garde impériale l'arrêta en lui disant :

« Puisque tu es ici, partage notre bonheur. »

Nous restions immobiles d'étonnement et nos entreprenants camarades se trouvaient déjà au milieu de la baie que nous n'étions pas encore revenus de notre surprise. Comme le vent les favorisait, ils s'éloignèrent rapidement en faisant retentir l'air de cris de « Vive l'Empereur ! » Bientôt ils disparurent emportant avec eux les vœux que faisaient tous leurs compagnons d'infortune pour le succès de leur audacieuse surprise.

Cependant les matelots espagnols se mirent à courir vers le château dans l'espoir de voir arriver la canonnière qui aurait arrêté les fugitifs ; de son côté, le prêtre espagnol qui résidait avec nous, instruit de l'événement, se mit à courir dans la même direction en poussant des cris épouvantables. Quand il fut arrivé sur la plate-forme la plus élevée, il se défit de sa soutane, l'attacha au bout d'une perche et l'agita en l'air, comme un signal d'alarme, avec l'espoir qu'elle serait aperçue de la chaloupe canonnière.

Ce fut en vain ; alors le prêtre alluma un feu ; mais le soleil qui était dans toute sa force en absorbait la clarté par l'éclat de ses rayons.

La chaloupe ne rentra que longtemps après ; aussitôt avisé, son commandant se mit à la poursuite des fugitifs : mais il était trop tard. Les matelots de la garde impériale avaient une avance considérable qui leur permit d'échapper à la poursuite de leurs geôliers.

Les Prisonniers du Ponton l'« Argonaute »
(1810)

Blaze (Marie-Sébastien), né à Cavaillon le 13 novembre 1785 était pharmacien aide-major en 1808 à l'armée d'Espagne.

Attaché, avec cette fonction, à l'hôpital militaire de Madrid, il est laissé dans la ville, évacuée par les troupes françaises après la capitulation de Baylen, et que réoccupent aussitôt les Espagnols. Traité en prisonnier de guerre, il est interné sur les pontons qui se trouvent en rade de Cadix, sur le Terrible d'abord, puis sur la Vieille-Castille, qui sert de prison aux officiers, puis sur l'Argonaute, décimé par la maladie. Au milieu de leurs effroyables misères, l'idée d'une évasion hante l'esprit de tous nos malheureux compatriotes, d'autant plus que, de leurs prisons flottantes, ils voient sur le rivage s'élever les retranchements français et flotter dans les airs le drapeau tricolore.

C'est ainsi que Blaze conçut avec quelques-uns de ses compagnons le plan hardi de s'emparer du personnel de l'Argonaute, de couper les amarres du bâtiment et de le jeter à la côte, un jour de tempête, par un vent favorable.

Il a laissé de cette entreprise le récit émouvant qu'on va lire[1].

Trois fois nous avions laissé échapper l'occasion favorable ; notre captivité devait être éternelle. Cependant un nouveau projet fut formé, plus téméraire que les autres : il s'agissait d'enlever notre forteresse flottante, le ponton l'*Argonaute*. Les Anglais nous avaient privés du secours des marins et du plus grand nombre des hommes valides[2]. L'absence de cette troupe d'élite rendait l'exécution de notre plan infiniment plus difficile... Mais notre position était plus cruelle ; le désespoir doublait la force et le courage des misérables captifs.

Nous avions toujours à bord MM. Castagner[3] et de Montchoisy[4]. Le nombre des bien portants qui faisaient le service d'infirmiers s'élevait à trente-sept ; cinq chirurgiens et moi. Voilà notre corps de bataille que complétait une centaine de convalescents.

1. Dans ses *Mémoires d'un Aide-Major sous le premier Empire*.
2. En les expédiant en Angleterre. Nous n'avons pas besoin de rappeler que la France trouvait devant elle, en Espagne, les Anglais unis aux Espagnols.
3. Officier de marine.
4. Officier de cuirassiers.

Pour ne pas recommencer les mêmes fautes on s'assembla de nouveau. Il fut décidé que nous profiterions du premier coup de vent.... Afin de ne pas donner de soupçons au sergent espagnol, on distribua les rôles, de manière qu'à un signal convenu chacun fût prêt à agir de son côté. Castagner, suivi de dix hommes, se portait aux ancres, les coupait et les larguait. Montchoisy, accompagné de quinze sous-officiers ou soldats, devait s'emparer de la garde, la désarmer et distribuer les fusils et les cartouches à sa troupe. Quant à moi, je fus chargé de me rendre maître du sergent. Les choses ainsi disposées, chaque acteur étant bien pénétré de son rôle, nous attendîmes patiemment que la Providence eût encore une fois pitié de nous. Cet heureux jour ne se fit pas désirer longtemps.

Il fallait seulement différer le départ jusqu'au moment où la marée serait favorable. Elle devait l'être à quatre heures après midi, selon le calul des marins. Ainsi, nous étions obligés de passer en plein jour sous les batteries meurtrières.

Le vent se renforça le 26 mai au matin....

L'heure fatale approchait, quand une voix retentissante appela le sergent de l'*Argonaute*. Cette voix, dont un cornet acoustique triplait les sons, partait de la canonnière qui nous gardait. Le seigneur sergent, muni de son porte-voix, s'avança sur la proue pour écouter ce qu'on avait à lui dire. On lui crie de faire attention au vent, de mettre des factionnaires aux câbles et de prendre garde aux armes. Le sergent rentra dans sa chambre, posa son porte-voix sur la table, prit un soldat armé de sa baïonnette, et les deux alguazils descendirent pour faire leur ronde dans les batteries, afin de s'assurer qu'il n'y avait ni rassemblement, ni complot.

Je ne perdais pas de vue le sergent et le soldat. Je marchais sur leurs talons, prêtant l'oreille afin d'entendre le signal. Je les suivis à la batterie de dix-huit, puis à celle de trente-six. Enfin ils entraient dans le faux pont quand un grand bruit se fit entendre sur notre tête. Aussitôt je m'élançai vers le soldat. Je lui arrachai des mains sa baïonnette et faisant deux pas en arrière, je menaçai les deux Espagnols de les percer de cette arme s'ils ne se rendaient pas mes prisonniers.

Le sergent avait trop maltraité nos malheureux infirmes pour se croire en sûreté parmi eux. Il redoutait leurs justes ressentiments. Il pâlit, se jeta à mes pied et me pria de l'épargner. Je promis la vie sauve au sergent et à son compagnon. Ils allèrent se cacher dans les ténèbres de la cale après m'avoir adressé leurs remerciments.

Montchoisy et sa troupe avaient désarmé la garde. Les câbles largués par Castagner et ses marins n'opposaient plus aucune résistance aux efforts du vent et de la marée.

Tout avait été fait avec la rapidité de l'éclair. Les fusils enlevés aux soldats espagnols furent distribués aux plus déterminés, et surtout aux meilleurs tireurs. Les femmes, les enfants descendirent à fond de cale. Ils s'y trouvaient en sûreté et pouvaient nous servir dans ce poste. Une chaîne s'établit à l'instant pour monter les pierres, les boulets et les gueuses qui formaient le lest du vaisseau. On enleva tous ces projectiles pour en faire des tas auprès de chaque sabord de la batterie de dix-huit. La batterie basse fut fermée.

Notre navire avait à peine changé de place que l'amiral anglais s'en aperçut et donna le signal du bombardement. Douze chaloupes montées par des soldats arrivèrent sur nous à pleines voiles. Elles étaient suivies par six chaloupes canonnières qui se mirent à une demi-portée du canon de l'*Argonaute*. Les premières chaloupes s'approchèrent après nous avoir donné l'ordre de nous rendre. Elles firent un feu de mousqueterie terrible pour dégarnir les ponts et préparer l'abordage.

Des pierres, des boulets, des gueuses qu'on lançait avec la main dans les embarcations ; dix fusils bien servis et le courage du désespoir, telles étaient les armes que nous avions à opposer à la fureur des Anglais et des Espagnols réunis pour nous écraser, à douze chaloupes remplies de gens armés jusqu'aux dents, à six canonnières chargées de l'artillerie la plus formidable.

Nous étions trop avancés pour reculer.... Il fallait vaincre ou mourir.

Le premier choc fut terrible. Les Anglais voulaient absolument nous prendre à l'abordage. Nous nous défendîmes en désespérés. Nos fusiliers tiraient rarement, pour ne pas perdre leurs munitions. Mais ils ajustaient à bout portant et faisaient souvent coup double. La première attaque nous fit perdre cinq hommes, deux sous-officiers et trois soldats. Mais vingt-trois hommes et un enseigne de vaisseau tombèrent sous nos coups et plus de cinquante furent mis hors de combat.

Étonné de cette résistance si meurtrière, l'ennemi recula devant nous et les premières chaloupes se retirèrent. Les six canonnières qui s'étaient embossées à demi-portée commencèrent alors leurs feux. La *Sainte-Lucie*, vaisseau à trois ponts, le fort du Pontal, à une demi-lieue des remparts de Cadix, se joignirent bientôt aux chaloupes et dirigèrent sur nous des myriades de projectiles. Boulets, bombes, mitraille, boulets incendiaires et tout ce que l'artillerie a de plus destructeur fut employé ce jour-là contre un hôpital peuplé de mourants, contre un asile de misère et de douleur, que l'ennemi le plus acharné respecte toujours en portant ses coups sur une ville assiégée.

Cependant la nuit approchait, la marée commençait à descendre.

Notre vaisseau, bien qu'il eût marché, se trouvait encore loin de la côte et nous ne savions pas s'il était échoué. Un roulis presque imperceptible me faisait craindre qu'il ne le fût pas.

« Nous sommes perdus, dis-je à Castagner ; le vaisseau n'est pas échoué. La marée descend et va nous emporter au milieu de l'escadre anglaise. »

Castagner s'était aperçu du roulis avant moi, sans oser en parler ; il tâcha même de me rassurer à cet égard. Le roulis néanmoins continuait, devenait plus sensible.

Pour mieux connaître tous les dangers qui nous restaient à courir, nous prîmes un point de repère, et, au bout de quelque temps, nous vîmes que notre position ne changeait pas. Alors nous fûmes rassurés. L'*Argonaute* touchait et il roulait encore en creusant son lit dans le sable.

L'abordage n'était plus à craindre, puisque les Anglais tiraient toujours des coups de canon et continuaient à lancer des bombes peu redoutables.

Les boulets étaient plus à redouter. Ils fracassaient les flancs du vaisseau, le traversaient de part en part, tandis que les bombes tombaient à droite et à gauche dans la mer. L'une d'elles cependant, frappant d'aplomb sur notre bord, descendit dans l'intérieur et vint éclater dans la cale au milieu des infortunés qui s'y étaient réfugiés.

Ce fut un ravage épouvantable. On ne saura jamais le nombre des victimes qui restèrent ensevelies dans le fond de cet horrible tombeau. Un sergent de grenadiers, sa femme et ses enfants furent mis en pièces. Les prisonniers que la bombe avait épargnés ou qui, du moins, n'étaient pas blessés grièvement, se hâtèrent de remonter. Les autres périrent étouffés par la fumée.

Heureusement une batterie française établie derrière les ruines du fort Matagorda dirigea ses coups sur les canonnières. Nous étions placés entre deux feux ; mais cette diversion nous fut très utile.

Condamnés à recevoir le feu de l'ennemi sans pouvoir lui riposter en aucune manière, il nous fallait attendre la mort dans une inaction affreuse. Cette position était désespérante. Aussi beaucoup de nos compagnons, affaiblis par la maladie, en perdirent la raison. Je la conservai heureusement au milieu de ce désastre et ne perdis pas mon sang-froid.

Nous passâmes la nuit dans une alerte perpétuelle sans nous livrer au sommeil de crainte d'être surpris.

« Je ne me suis jamais trouvé à pareille fête, disait le marin Castagner.
— Ni moi.... J'ai employé bien des pilules, mais jamais de ce calibre-là ! »

Les boulets, les bombes, la mitraille continuaient à cribler l'*Argonaute* en passant sur nos têtes, marquant leur route comme un sillon lumineux, un véritable feu d'artifice.

Je n'avais plus à craindre que l'administration espagnole vînt examiner ma comptabilité. Aussi le vin chaud fut-il prodigué à nos combattants. Il restait encore une bouteille d'eau-de-vie que je plaçai sur le porte-haubans pour Castagner et moi

Nous passâmes le reste de la nuit dans une perplexité cruelle. Au point du jour, nous entendîmes battre la diane dans le camp français. L'ennemi ne tirait plus.

On monta sur le pont et chacun s'occupa de faire des radeaux. Nous vîmes une foule de gens venir sur le bord de la mer. Ils apportaient une chaloupe; on la mit à flot. Trois matelots, une rame à la main, s'embarquèrent, prirent le large et vinrent vers nous. On se figure aisément notre impatience. Chacun voulait partir le premier. Le pont du vaisseau était couvert de gens prêts à se précipiter dans la chaloupe.

Afin de mettre de l'ordre dans le débarquement et pour récompenser en quelque sorte les braves qui s'étaient sacrifiés pour le bien général, nous ordonnâmes que les blessés seraient embarqués les premiers. Il fallait éviter la confusion et faire exécuter rigoureusement cette mesure. Deux factionnaires furent placés au bas de l'échelle avec la consigne de ne laisser passer que les blessés. La chaloupe avançait peu à peu. Elle fut bientôt assez près de nous pour nous permettre de distinguer qu'elle contenait un baril d'eau-de-vie, douze fusils et des cartouches. Quand elle arriva contre le vaisseau, nos deux factionnaires jetèrent les armes à la mer et s'élancèrent les premiers dans l'embarcation. Tant de gens s'y précipitèrent en même temps que les matelots furent obligés de prendre le large dans la crainte que la barque ne coulât à fond. Non seulement il leur fut impossible de nous donner les armes, mais encore pour comble de disgrâce, on jeta dans l'eau ces objets précieux, afin d'alléger la chaloupe.

Six hommes se sauvèrent dans cette embarcation. Plusieurs s'étaient mis à l'eau dans l'espoir d'en profiter aussi. Ils ne purent l'atteindre et se noyèrent en cherchant à rentrer sur l'*Argonaute*. La chaloupe avait à peine déposé sur le rivage les prisonniers qu'elle portait que nous la vîmes revenir accompagnée de deux autres. Notre joie fut extrême. Les plus pressés partirent à la nage pour aller à la rencontre des barques de salut; mais, hélas! le vent, qui s'était calmé, reprit toute sa violence et souffla plus fort que jamais. Les chaloupes, ne pouvant surmonter les efforts du vent et de la marée, retournèrent au rivage et les malheureux nageurs trouvèrent la mort dans les flots.

Les Anglais avaient recommencé leur feu, persuadés que nous ne pouvions leur riposter. Ils amenèrent leurs chaloupes canonnières si près de nous que les boulets traversaient de part en part les flancs pourris du vaisseau et tombaient encore assez loin dans la mer. Criblé par des boulets lancés à portée de pistolet, saccagé, fracassé par la mitraille, l'*Argonaute* ne pouvait plus supporter le poids de tant d'infortunés qui faisaient retentir l'air de leurs cris de douleur et de désespoir. Le pont était couvert de cadavres. On ne pouvait faire un pas sans marcher dans le sang et sur les membres épars des prisonniers hachés par le canon.

Cette grêle de boulets n'était pas ce que nous redoutions le plus. Une bombe pouvait mettre le feu au vaisseau ; alors tout espoir était perdu. Que devenir, que faire? Battus par la tempête et l'artillerie, nous ne pouvions attendre aucun secours des Français tant que le vent conserverait sa violence.

Chacun alors se mit à l'ouvrage pour construire un petit radeau. Les planches, les tonneaux, les débris du navire, les cordes des hamacs, les clous, les crampons, tout fut enlevé. Tout le monde s'occupait de réunir, attacher, clouer des fragments de bois pour former la charpente de son radeau. Mais chacun travaillait pour lui-même. Je fis comme les autres. J'allai chercher sur la dunette, dans les ruines du plat-bord, de quoi me préparer une bouée de sauvetage. Je trouve une masse de liège qu'un boulet avait ébranlée et mise à découvert. Je l'arrachai tout à fait. Après l'avoir fortement attachée avec une corde, pour lui donner plus de solidité, je réservai ce moyen de salut pour échapper au naufrage, résolu à ne l'employer qu'à la dernière extrémité.

Je revins dans ma chambre : assis sur mon liège devant le sabord, les yeux fixés sur le rivage, j'attendis avec sang-froid que le péril fût assez pressant pour me forcer à me jeter à l'eau.

Tout le monde n'eut pas la même constance. La plupart de nos gens se crurent perdus quand ils virent que les embarcations françaises, repoussées par le vent, ne pouvaient plus arriver à nous. Dès que les radeaux furent construits, on les descendit à la mer avec des cordes. Les malheureux s'y précipitaient. Les radeaux n'étaient pas assez solides. Les pièces mal liées se détachaient à l'instant et le navigateur téméraire se noyait. D'autres se lançaient dans la mer, vêtus de leurs dégoûtantes guenilles, emportant sur leur dos un havresac rempli de haillons enlevés à leurs camarades morts. A peine étaient-ils dans l'eau, qu'ils demandaient du secours. Personne ne pouvait leur prêter assistance. Gênés par leurs habits mouillés, entraînés par le poids de leurs bagages, ils périssaient tous misérablement.

Nous aurions tous péri comme nos malheureux camarades si la tempête avait continué. Mais la Providence prit pitié de nos maux.

Le vent s'étant calmé vers quatre heures après-midi, les trois chaloupes qui depuis le matin restaient attachées au rivage furent mises à flot et vinrent l'une après l'autre nous apporter des secours. Les dangers qu'avait courus la chaloupe venue au point du jour rendirent les marins plus prudents. Sans arriver jusqu'au vaisseau ils s'approchèrent assez près pour **qu'on pût les** joindre à la nage.

« Jetez-vous, criaient-ils, nous vous recueillerons. »

Tous les nageurs se précipitent aussitôt. Les marins les **saisissent** l'un après l'autre, et, quand le chargement est complet, la chaloupe prend le large pour retourner à la côte : les nageurs qui n'ont pu prendre place dans la barque se rapprochent alors du vaisseau, se cramponnent aux cordages, aux radeaux en attendant le retour du convoi.

J'étais debout sur le porte-haubans; je m'apprêtai à descendre dans la première embarcation qui viendrait à bord. Je me déshabillai. J'attachai à ma ceinture un mouchoir, j'y plaçai mes finances et mes papiers (mes finances s'élevaient à trois piastres) et je me disposai à nager vers les chaloupes lorsqu'elles reviendraient. Quand je les vis quitter le rivage, je descendis à la batterie basse afin de ne pas sauter dans la mer de cette hauteur : mais les sabords en étaient fermés; on n'y voyait entassés que des morts et des mourants.

Saisi d'horreur à cet affreux spectacle je reviens sur mes pas. A ce moment un boulet passe à côté de moi, coupant en deux un petit enfant! Le projectile fracasse l'escalier sur lequel je me trouvais et me renverse au milieu de la batterie. Le coup avait été si violent que je portai mes yeux sur ma cuisse gauche croyant qu'elle était emportée.... Le boulet ne m'avait pas touché, mais un éclat de bois s'était incrusté dans ma peau. Je me hâtai de l'extraire avec mes doigts.

La blessure était profonde. Mon sang coulait et, pour comble d'horreur, j'étais couvert des débris du pauvre enfant qui venait de périr à mes côtés. Je me relevai cependant, surmontant ma douleur. Je revins dans ma chambre. Après avoir bandé sommairement ma plaie, je passai par le sabord. Enfin j'étais dans l'eau.

Une chaloupe était près du vaisseau. Elle partit pendant que je plongeais, et quand je reparus, elle était déjà loin. Je n'avais pas assez de force pour tenter de la suivre; je m'approchai du vaisseau, je m'accrochai à une corde qui pendait, et là, ballotté par les vagues, j'attendis encore une fois le retour des chaloupes. Tandis que j'étais dans cette position, un malheureux se laissa glisser le long de la corde et descendit près de moi. La violence des vagues l'épouvanta. Je m'aperçus bientôt qu'il avait perdu la raison. Dans l'excès de sa frayeur il me prit les bras avec ses mains, tandis qu'il me serrait le corps avec ses jambes. Persuadé que nous allions nous noyer tous les deux si je le laissais faire, je me dégageai brusquement et j'allai me placer sur un des radeaux attachés le long du bord. J'abandonnai la corde à cet homme, il ne sut pas s'y maintenir. Sa tête était perdue. Il disparut un moment après : la lame l'emporta.

Je restai trois quarts d'heure sur mon radeau en conservant toujours mon sang-froid et l'espérance de me sauver. Quand une forte vague arrivait sur moi, je me couchais en avant : elle passait sur ma tête. Je me relevais ensuite;

après avoir craché et toussé, je me frottais les yeux et me préparais à un nouvel assaut.

Les chaloupes reviennent enfin. Dès qu'elles ont parcouru la moitié de l'espace, j'abandonne le radeau, je m'élance dans la mer. Je suis englouti dans l'abîme. La vague me relève pour m'y replonger et m'enlever encore dans les airs. Je ne me trouble pas ; je combine mes mouvements avec ceux de la lame ; je me plie à ses ondulations en coupant toujours vers la chaloupe la plus proche. J'arrive enfin auprès d'elle ; j'allonge le bras... Dieu ! quel transport ! Ma main a touché le bord : elle l'a saisi. Je tiens le bord à deux mains et j'essaie de monter dans la chaloupe ; vains efforts ! Le froid, la fatigue avaient épuisé mes forces. Les matelots viennent à mon secours ; deux quittent la rame ; l'un me prend par le bras, l'autre par la jambe, et je tombe sans mouvement au milieu de l'embarcation. Ils ramassent encore quatre hommes qu'ils jettent sur moi et se dirigent vers la côte.

Je restai sur place et dans la même immobilité jusqu'au moment où j'entendis les matelots nous dire :

« Mes amis, vous êtes libres ! »

Ces mots magiques me tirèrent tout à fait de l'anéantissement où je me trouvais et me donnèrent de nouvelles forces. Je me jetai de nouveau à la mer et je fus accueilli par quatre soldats qui étaient dans l'eau jusqu'à la ceinture. On les avait placés là pour nous aider. Ils m'offrirent de l'eau-de-vie qu'ils portaient dans une outre. J'en bus avec avidité et je m'empressai de gagner le rivage.

En arrivant sur la grève, je tombai à genoux. J'embrassai cette terre chérie, depuis si longtemps l'objet de mes vœux, et je remerciai avec effusion de cœur le Dieu tout puissant qui m'avait sauvé à travers tant de périls.

C'est ainsi que se termina pour moi cette journée affreuse et mémorable. Elle n'eut pas de semblables résultats pour tous. Nous étions cinq cent quatre à bord le 26 au matin ; deux cent cinquante environ sont venus à à terre. Le canon a fait un ravage terrible sur le ponton ; beaucoup de prisonniers se sont noyés et les Anglais, en mettant le feu à l'*Argonaute*, ont détruit le reste. On ne peut trop louer la conduite des marins qui vinrent à notre secours. Lorsque le ponton s'embrasa, ces braves montèrent à bord. Ils enlevaient les malades et les jetaient dans la mer. D'autres marins les ramassaient pour les embarquer. Ces marins appartenaient à la garde impériale. Le généreux, le vaillant capitaine Grivel[1] les commandait.

---

1. Capitaine des marins de la garde, et, depuis, vice-amiral, Grivel, prisonnier sur le ponton la *Vieille-Castille*, s'était, au mois de février précédent, emparé, avec quelques-uns de ses compagnons, d'un petit navire espagnol destiné au ravitaillement du ponton, et avait, par cette action d'éclat, réussi à s'évader.

En arrivant sur la plage, je vis deux officiers qui se promenaient et qui paraissaient diriger le débarquement. Je volai vers eux. J'embrassai le premier que je rencontrai : c'était M. Grivel. Il me serra dans ses bras et me renvoya en disant qu'il était à son poste et que le mien devait être plus loin. Je me mis à courir jusqu'à ce que je fusse hors de la sortie des bombes et des boulets.

Les soldats espagnols qui nous gardaient sur le ponton furent mis à terre avec nous. On les retint prisonniers ; mais leur captivité n'offrait aucune des rigueurs de la nôtre. Ils étaient d'ailleurs si peu surveillés que tous ceux qui voulurent retourner à Cadix s'échappèrent.

Après notre évasion, les autres pontons furent gardés avec tant de soin que toute nouvelle tentative de ce genre devint impossible. On transporta les prisonniers en Angleterre : ils n'en sont revenus qu'en 1814.

Évasion de Bernard Masson et de Ses Camarades (1813)

Le mois de mars 1811 fut l'un des plus terribles et des plus meurtriers de toute la campagne d'Espagne. C'est le 17 de ce mois, en défendant un poste français, que le héros, d'ailleurs obscur, du récit qu'on va lire, fut fait prisonnier. Avec ses camarades, il fut envoyé à Cabrera. Au mois d'août 1813, il parvint à s'évader, et il nous a raconté lui-même les péripéties de ce dramatique épisode.

Avec quel désespoir n'apprîmes-nous pas toute l'étendue de notre malheur? Nous savions que plus de trois mille de nos frères d'armes nous avaient précédés dans cette affreuse prison et y avaient déjà succombé.

L'île de Cabrera, située au sud de Mayorque, a quatre ou cinq lieues de circonférence. C'est un vaste rocher recouvert d'un peu de terre de la plus absolue stérilité. On n'y trouve pas d'arbres à fruits, aucune espèce de légumes, ni rien de ce qui peut entrer dans les besoins de la vie humaine. Le blé même ne peut y prendre racine. On n'y aperçoit aucune verdure, seulement quelques misérables pins sur un sombre rideau de bruyères. Ses arides montagnes ne recèlent aucune bête fauve ; quelques rats sont les seuls hôtes de ces tristes lieux.

On ne trouve dans toute l'île aucun vestige d'habitation, excepté un vieux **fort** inhabitable et abandonné.

Déposés sur le rivage, nous nous répandîmes dans l'île pour y chercher la position la plus convenable.

Deux plateaux, l'un plus grand, l'autre plus petit, étaient les seuls points sur lesquels on pût s'établir avec quelque avantage ; nous construisîmes des cabanes sur le plus grand. Les Espagnols ayant laissé à notre disposition quelques outils, on s'en servit pour creuser la terre et les rochers et faire des trous capables de loger, en attendant, huit ou dix personnes. Les branches recouvertes de terre formaient une toiture qui les mettait à l'abri de la pluie et des ardeurs du soleil.

Ces précautions prises contre les intempéries, nous eussions voulu pouvoir en trouver contre la famine. Quelques-uns de nous semèrent des légumes, mais leurs essais furent infructueux. Les rations que le gouvernement espagnol accordait aux prisonniers étaient si modiques qu'elles ne suffisaient même pas à la moitié de leurs besoins.

Je passais un jour sur la plage en vue de la frégate qui observait l'île. Je vis la chaloupe amarrée à ses flancs. Il me sembla que c'était une ressource que la Providence nous réservait et que nous ne pouvions être sauvés que par elle. Je fus tenté d'aller l'enlever la nuit suivante ; mais je me rappelai qu'un gendarme s'était noyé en essayant d'exécuter le même projet. Je savais aussi que les Espagnols avaient pris des précautions contre le retour d'une pareille entreprise en enlevant tous les soirs les agrès, qu'ils emportaient sur le pont de la frégate. Or, que faire de la chaloupe sans les agrès ? Nous n'avions rien encore qui pût leur être substitué.

Avant de me livrer à un découragement prématuré ou à une espérance présomptueuse, je crus, pour toute prudence, que je devais aller moi-même à la nage visiter cette chaloupe et prendre ensuite une détermination conforme aux résultats de cette visite. J'avoue que le sort du gendarme me donnait à penser, mais je me crus meilleur nageur que lui, et je comptais un peu sur ma bonne étoile. Il fallait, du reste, ne tenter cette aventure que dans une nuit bien obscure, pour ne pas être aperçu, et par une mer un peu houleuse, afin que le bruit des vagues pût couvrir celui que je ferais en nageant.

Il se présenta bientôt une nuit telle que je pouvais la désirer. Je partis à minuit et j'arrivai sans accident. Je vis que la chaloupe était réellement dégarnie de ses agrès et amarrée à la frégate par un gros câble, ce qu'il importait fort de savoir ; car si elle eût été amarrée avec une chaîne, l'enlèvement eût été impossible. Je m'en revins satisfait.

Préalablement à toutes démarches, je crus devoir faire confidence de mon dessein au sergent Maillé, mon camarade de cabane. C'était un homme ferme, capable d'exécuter une entreprise périlleuse quand il avait une fois pris son parti, mais prudent et difficile à mettre en mouvement, d'ailleurs plein d'honneur et de courage.

Le projet d'enlever la chaloupe ne lui parut pas exécutable; il n'en vit d'abord que le danger et la difficulté de se procurer deux mâts, deux voiles, le gouvernail, les rames et les cordages nécessaires, et cela dans un lieu où tout manquait et dans lequel nous étions environnés d'une surveillance continuelle. Ces considérations étaient puissantes, mais je les avais prévues, et, par le détail que je fis à mon camarade des ressources que nous pouvions nous procurer, je l'amenai tout à fait à mon opinion.

Il fut convenu que nous mettrions dans nos projets quelques prisonniers d'une cabane voisine, au nombre de quatorze, dont nous étions sûrs et auxquels les Espagnols, pour un mince salaire, faisaient décorder de vieux câbles qu'ils réduisaient en étoupes pour calfater les bâtiments, à la seule condition qu'ils fourniraient les étoupes nécessaires à la fabrication des cordages dont nous avions besoin.

Quant aux voiles, voici quelle était notre ressource. On avait formé dans les salles délabrées du vieux fort dont nous avons parlé une espèce de mauvais hôpital. Les prisonniers en étaient eux-mêmes, ou du moins quelques-uns d'entre eux, médecins, directeur et infirmiers. La générosité espagnole ne s'était pas mise en grands frais pour ses approvisionnements. Elle s'était bornée à fournir quelques paillasses dont pouvait disposer, en sa qualité d'économe, le sieur Mauzac, sergent-major du 67e régiment. Nous l'associâmes à notre projet à la charge de soustraire de son magasin deux paillasses pour servir à la confection des voiles qui ne furent achevées qu'au moyen de pièces et de morceaux de toutes sortes d'étoffes.

Quoique par ces dispositions nous fussions assurés des cordages et des voiles nécessaires, il s'en fallait bien que notre tâche fût remplie et que nous fussions quittes de soucis. Le plus difficile nous restait à faire. Il fallait se procurer des mâts, des rames et un gouvernail, et l'île était entièrement dépourvue de bois propre à la fabrication de ces objets. J'imaginai de faire servir à cet usage les pièces de bois de notre cabane et de la démolir sous prétexte de vouloir la reconstruire dans une autre partie de l'île. Je me logeai provisoirement, ainsi que mon camarade Maillé, dans la cabane d'un de nos voisins et je pus disposer du bois de la nôtre.

J'assignai à chacun sa part de travail. Chacun de ces travaux s'exécutait dans une même cabane, dont les habitants avaient le plus grand soin de veiller à ce qu'aucune personne étrangère ne pût y pénétrer.

La corde fut tout ce qu'il y a de plus difficile à fabriquer. Aucun de nous ne parvenant à la faire, nous y suppléâmes par une tresse de

280 brasses[1], longueur que j'avais cru être celle de la frégate au rivage.

Dans la visite faite de la chaloupe, j'avais eu le temps d'en prendre assez exactement les dimensions. Je pus diriger la construction du gouvernail, des mâts et des voiles avec assez de justesse pour être assuré que l'embarcation pourrait être manœuvrée. Au bout de quarante-six jours tout était prêt.

Il y avait à l'est de l'île une grotte assez spacieuse et obscure; nous y déposâmes les mâts et les voiles et tout ce que chacun avait pu se procurer de vivres pour la traversée. Cette grotte était d'autant plus commode que, située au bord de la mer, hors de vue et de portée de la frégate, nous pouvions y conduire la chaloupe et travailler, sans danger d'être entendus, à la garnir de ses agrès et embarquer les provisions.

Quant aux rames et au gouvernail, nous les cachâmes dans les rochers sur les points les plus rapprochés du lieu où la chaloupe devait d'abord être amenée.

Jusqu'ici, je n'avais pas cru devoir associer plus de vingt-quatre personnes à notre évasion. Je pensais qu'il était dangereux d'en mettre un plus grand nombre dans la confidence. Cependant, ayant reconnu que la chaloupe pouvait contenir quelques personnes de plus, je jetai les yeux sur douze de nos camarades choisis de préférence parmi ceux qui étaient en position de se procurer des vivres. Parmi eux se trouvait M. Fillatraud, lieutenant de dragons, que je ne connaissais presque pas, mais auquel il me semble que je devais cette préférence parce qu'il était seul officier dans l'île et qu'il avait été séparé de ses camarades par suite d'une tentative d'évasion du belvédère de Palma[2], où étaient détenus les officiers.

Il ne s'agissait plus que de consommer l'entreprise par l'enlèvement de la chaloupe. Il fut convenu que nous profiterions de la première nuit assez obscure. Cette nuit arriva bientôt.

Le 19 août 1813, il pleuvait à torrents, la mer était courroucée et le ciel tellement obscur à dix heures du soir qu'on ne voyait pas à deux pas de distance. Je réunis tous mes gens derrière les cabanes du petit camp. Je commençai à envoyer au lieu où se trouvaient les vivres, les mâts et les voiles, quinze hommes dirigés par le sergent Maillé avec ordre de disposer les objets qui y étaient déposés à l'entrée de la grotte.

Je me rendis avec un autre camarade sur la pointe d'où je devais sortir à la nage. Là, j'indiquai le lieu où avaient été cachés les rames et le gouvernail que quatre hommes furent chercher. Le caporal Rosier de Romans, habile nageur, se chargea de me suivre.

1. 456 mètres.
2. Palma est le chef-lieu de l'île de Majorque et de tout l'archipel des Baléares.

Nous nous étions munis de la corde ou tresse dont j'ai parlé pour servir à fixer la chaloupe sur le rivage. Il fut arrêté que, l'un des bouts restant à cet effet aux mains de nos camarades, Rozier attacherait l'autre à la chaloupe pendant que je couperais le câble qui l'amarrait et que, ces deux opérations terminées, nous en préviendrions ceux du rivage par un fort mouvement imprimé à la corde, ce qui serait pour eux le signal de tirer. Ces conventions faites, je me dépouille de mes habits, j'attache à mon corps un gros couteau bien affilé ; je prends un bout de la corde entre mes dents et je me lance à la mer, Rozier me suivant à quelque distance.

Notre but fut bientôt atteint. Arrivé près du câble que je devais couper et sous la poupe même de la frégate, j'entends ouvrir un des sabords et je vois de la lumière. Je restai anéanti, craignant d'avoir été aperçu. Heureusement que ce sabord se referma aussitôt. Je repris l'usage de mes sens et me remis de suite à l'ouvrage. Pensant que le poids de mon corps rendrait plus facile l'action du couteau, je me plaçai sur le câble à califourchon et je sciai de de mon mieux. Ce travail fut beaucoup plus long que je ne l'avais cru, le couteau ayant bientôt perdu son fil sur le goudron dont le câble était recouvert. Il dura plus de trois quarts d'heure. Du moins, les sentinelles qui crient chaque quart d'heure me firent entendre trois fois le cri terrible de *Alerta !*

Jusque-là, je ne sentais point de fatigue, tout allait à merveille et rien ne troublait la douce espérance d'avoir bientôt brisé nos fers et de servir de nouveau ma patrie quand, tout à coup, cette douce pensée dut faire place aux plus accablantes réflexions.

Le câble une fois coupé, je me portai vers la poupe de la chaloupe où je comptais trouver Rozier pour faire avec lui le signal convenu. En vain je nage tout autour : je ne trouve personne. Rozier avait-il disparu ? S'était-il noyé ? Ou bien la vue du sabord entr'ouvert l'avait-elle effrayé et fait gagner le rivage ? Dans ce cas même n'était-il pas à craindre qu'il eût fait entendre aux autres conjurés que l'expédition était manquée et qu'il fallait se retirer ? Que serais-je devenu après l'enlèvement de la chaloupe, crime que les Espagnols m'eussent fait expier par les plus horribles tourments et par la mort ?

Au milieu de ces cruelles pensées, ne sachant quel parti prendre, je m'approchais de la poupe de la chaloupe quand je m'aperçus que la corde avait été attachée. Une légère espérance me ranima. Je tire la corde aussi fortement que je puis et à plusieurs reprises ; mais personne ne répond au signal. Il me vint alors dans l'idée que le mouvement donné à la corde, vu la distance du rivage et l'agitation de la mer, pouvait bien ne pas arriver jusqu'au bout. Moins effrayé, mais pas du tout rassuré, je me décidai à nager vers le rivage.

Cependant les terribles émotions que je venais de subir avaient tellement agité mes sens que, dans la profonde obscurité, je ne savais de quel côté chercher la plage. Il me vint donc l'idée de placer la corde sur mon épaule pour me servir de guide. Je restai ainsi entre la crainte et l'espérance jusqu'au moment où je crus avoir parcouru la moitié du trajet. J'essayai encore une seconde fois de tirer la corde, mais sans plus de succès. Je ne doutai plus alors de la vérité de mes pressentiments. Je fus persuadé qu'ayant mis plus de temps qu'on ne croyait à couper le câble, Rosier avait pensé que je m'étais noyé comme le gendarme l'avait fait l'année précédente en essayant le même enlèvement, que, pénétré de cette idée, il l'avait fait partager aux autres qui avaient cru alors n'avoir rien de mieux à faire que de se sauver.

Dans quelle perplexité me trouvais-je en ce moment ! Je vis perdus pour jamais tous les biens que je venais de conquérir avec tant de peine, et suspendus au-dessus de ma tête des traitements affreux qui devaient être le prix d'un dévouement dont j'avais espéré pouvoir m'honorer un jour. Dans ces désolantes réflexions, sans aucun projet arrêté, je nageais machinalement comme par instinct quand, tout à coup, me trouvant près de terre, j'entends mes camarades causer à voix basse sur le rocher. Aussi, dans le délire de ma joie et sans faire attention qu'on pouvait m'entendre de la frégate, je leur criai de toutes mes forces :

« Tirez donc, malheureux que vous êtes : il y a plus d'une heure que la corde est détachée. »

Ce fut de bon cœur que les camarades réparèrent le temps perdu en tirant du mieux qu'il leur fut possible. Mais un incident que nous n'avions pas prévu vint nous causer encore un moment de retard et m'imposer une nouvelle peine. La corde se rompt et le vent rejette la chaloupe vers la frégate. Le besoin était urgent et, personne ne se présentant, je me jette encore à la mer, la corde entre les dents afin d'en renouer les bouts. En ce moment seulement Rosier reparut, blotti dans la chaloupe où il avait grimpé après avoir attaché la corde. Revenu à terre, et sans avoir le temps de m'habiller, je fus encore obligé d'aller indiquer, dans le lieu où je les avais cachés, les rames et le gouvernail qu'on n'avait pu trouver sur les indications données. Ces objets arrivés, on s'embarqua le plus vite possible, et bientôt douze bonnes rames eurent éloigné l'embarcation des lieux où se trouvait la frégate et la canonnière d'où l'on aurait pu voir ce qui se passait pour peu que le temps se fût éclairci.

Nous fîmes prendre la barre à un nommé Caillot, qui, sans être marin, ayant travaillé longtemps dans un port de mer, se connaissait un peu plus que les autres à cette espèce de manœuvre. Nous ne tardâmes pas à arriver à la grotte où nous étions attendus.

Ici nous devions trouver de nombreux obstacles. Je suis confus en pensant que les nombreuses difficultés que rencontre nécessairement l'exécution d'un projet hardi peuvent sembler avoir été amenées pour l'intérêt de la narration. On n'en jugera pas ainsi si l'on veut justement reconnaître que, dans notre malheureuse position, dénués de toute ressource, nous étions le plus souvent réduits à n'employer que des moyens insuffisants.

L'amadou s'étant trouvé de mauvaise qualité, il avait été impossible aux hommes que j'avais envoyés à la grotte de faire du feu, en sorte qu'elle leur avait été tout à fait impraticable à cause de son obscurité. Il y régna pendant longtemps une si grande confusion que chacun s'était alarmé. C'étaient des chutes, c'étaient des plaintes ; tout le monde criait à la fois. Par bonheur, sur ces entrefaites on parvint à faire prendre l'amadou et l'on put trouver les voiles qu'on avait soigneusement cachées dans un trou.

La chose en était là, quand nous arrivâmes avec la chaloupe. La grotte ayant été éclairée au moyen de grandes allumettes préparées exprès, je grimpai promptement, accompagné d'un camarade qui devait me soutenir au moment où je retirerais les voiles du trou. Malheureusement, soit par le peu de liberté dans mes mouvements, soit par la précipitation que je mis à les jeter en bas, elles tombèrent sur les allumettes qu'elles éteignirent soudain. Je tombai à mon tour de rochers en rochers entraînant avec moi mon camarade qui se fracassa la mâchoire. Par une espèce de miracle, j'en fus quitte pour quelques contusions.

Pendant que la grotte avait été éclairée j'avais eu le temps de m'orienter. Cela me mit à même de trouver les deux mâts dans le coin où ils avaient été cachés. On les fit passer sur la chaloupe où tous les camarades étaient déjà réunis et sur laquelle je pris aussi place.

Cependant le jour allait bientôt paraître et renouveler nos dangers. Tout ce que nous avions eu à souffrir et le pressentiment de tout ce qui nous menaçait encore commençaient à jeter le découragement parmi nous. Trois de nos camarades demandaient à retourner à terre. Pour empêcher que cet exemple ne fût suivi et pressé par l'approche du jour, je fis aussitôt pousser l'embarcation au large. Cette mesure réussit parfaitement, car personne ne songea plus au danger.

On arma tous les avirons et, pendant que seize hommes ramaient vigoureusement, aidés de ceux qui s'y entendaient le mieux, je m'occupai à dresser les mâts en les assujettissant avec des coins faits d'une rame que nous sacrifiâmes. Ensuite, nous hissâmes les voiles que nous tendîmes au moyen de mauvais cordages qui nous avaient servi à l'enlèvement de la chaloupe. Aussitôt un vent impétueux éloigna si rapidement cette frêle embarcation que, lorsque le jour commença à paraître, nous eûmes la consolation de n'apercevoir l'île de Cabrera que dans un lointain et comme un épais brouillard et celle de penser qu'il n'était plus possible de voir de cette île la direction que la chaloupe avait prise.

Mais le même vent qui nous favorisait en doublant la rapidité de notre course nous donna bientôt des craintes sérieuses. La mer était tellement agitée que l'embarcation dirigée par des mains inhabiles et sans expérience se remplissait d'eau et pouvait sombrer d'un moment à l'autre. Déjà l'imminence de ce danger commençait à modérer le plaisir de notre sortie de l'île. Cependant, au moyen de deux barils que je fis scier par le milieu, nous eûmes de suite les récipients qui nous suffirent pour vider l'eau. Mais nous avions sacrifié une grande partie de l'eau potable que nous emportions.

Jusqu'ici le besoin de surmonter les nombreuses difficultés dont j'ai rendu compte avait absorbé toute mon attention. Je m'étais peu occupé des vivres. Je voulus savoir quelles étaient nos ressources à cet égard. Mais, grand Dieu, quelle fut ma surprise ! Je ne trouvai que soixante-deux biscuits entiers et à peu près la valeur d'une dizaine en morceaux. Ce fut alors que j'appris que des misérables avaient pillé nos provisions avant le départ. Il nous restait deux barils d'eau. Je calculai que tout cela pouvait suffire pendant trois jours.

Nous étions partis dans la matinée du 20 ; pendant toute cette journée et les deux suivantes, nous eûmes un gros vent du nord qui nous poussait rapidement vers les côtes de Barbarie. Le 23, au lever du soleil, le vent tomba insensiblement, le temps devint calme, mais la mer resta houleuse. Le 24, calme plat, désespérant jusqu'à trois heures de l'après-midi ; alors, un vent du nord s'éleva jusqu'à la tombée de la nuit. Dans ce moment, on croit découvrir des montagnes tout à fait dans la direction du vent. Grande joie dans l'équipage, car l'eau et les biscuits étaient achevés depuis la veille et chacun commençait à se désoler.

La nuit fut obscure et venteuse. Lorsque le jour parut, désolation nouvelle ; plus de montagne en vue. La brume qui se levait sur la mer était si épaisse qu'elle empêchait entièrement de la voir. Cette circonstance mit dans la consternation jusqu'aux plus résolus en faisant craindre que le vent n'eût varié pendant la nuit et poussé la chaloupe à une grande distance de la côte.

Heureusement, il n'en était pas ainsi. Vers dix heures du matin, le soleil dissipa le brouillard et nous vîmes de nouveau les montagnes qu'on avait aperçues la veille.

Le même soir, 24 août 1813, vers les quatre heures, nous prîmes terre sur un rivage plat et recouvert de gros cailloux.

Il est plus facile de sentir que d'exprimer par des mots toute notre joie à la fin d'une traversée entreprise avec une témérité que la nécessité seule rendait excusable, et dont nous n'avions pu nous dissimuler les dangers de toute nature [1]....

(Extrait de : *Évasion et enlèvement des prisonniers français de l'île de Cabrera*, par Bernard MASSON, prisonnier de guerre. Marseille 1839.)
(Librairie Nicolas.)

Prisonnier des Anglais
Le Colonel de Richemont
(1809)

En 1807, le baron de Richemont, colonel français, fut pris par un corsaire anglais avec le navire qui, de l'île de France, l'amenait en Europe. La ville de Chesterfield lui fut assignée pour résidence. Il y avait environ dix-huit mois que Richemont était en Angleterre, toute proposition d'échange avait été rigoureusement refusée, et sa captivité semblait devoir se prolonger indéfiniment, lorsqu'un matin il trouva dans son journal une nouvelle qui fit sur lui une impression profonde. Mais nous lui laissons ici la parole [2].

Je venais de lire et de relire à deux fois que le colonel anglais Crawford s'était sauvé de Verdun, où il était prisonnier sur parole, et que, ne voulant pas reprendre le commandement de son régiment sans que sa conduite eût été approuvée au vu et au su de tout le monde, il avait réclamé un jury, lequel avait déclaré qu'étant retenu prisonnier contre le droit des gens, il avait légitimement agi en rompant la prétendue obligation qui lui avait été imposée.

Cet article m'absorba tout entier, et je le relus une troisième fois avec une profonde attention. J'y trouvai les détails de son évasion, c'est-à-dire le moyen que lui avait suggéré le sentiment de son droit, d'après son appréciation, et la ruse à laquelle il avait eu recours pour assurer sans danger le

---

1. Bernard Masson et ses compagnons avaient débarqué sur la côte d'Afrique, à Cherchell, et peu de temps après ils parvenaient à regagner la France.
2. *Mémoires du général Camus, baron de Richemont*, dans la *Correspondance littéraire*, février 1859.

succès de son entreprise. Il avait sollicité du gouvernement français la permission d'aller prendre les eaux à Spa, sous promesse de revenir se constituer prisonnier à Verdun, et il avait profité de cette faveur, accordée avec la confiance qu'inspire la parole d'un galant homme, pour retourner en Angleterre.

On devine toutes les pensées qu'un tel événement fit surgir dans mon esprit. J'étais aussi retenu en violation du droit des gens, et ma position était bien autrement constatée que celle du colonel anglais dont parlait le journal ; car c'était un jugement de la haute cour de l'amirauté qui avait proclamé la neutralité du bâtiment sur lequel j'avais été arrêté. J'avais protesté officiellement de toutes les manières possibles contre l'iniquité de ma détention et, certes, il ne pouvait me venir à l'idée de solliciter un permis de voyage pour faciliter ma fuite. Je devais d'ailleurs me trouver relevé de toute espèce d'engagement par la déclaration du jury qui avait prononcé l'absolution du colonel Crawford ; je ne pouvais plus être retenu par le moindre scrupule de délicatesse.

Sa détermination une fois prise, Richemont s'associa un Français, officier de marine, qui déjà lui avait proposé de s'enfuir. Leur plan arrêté, il écrivit aux autorités maritimes une lettre où il leur déclarait son intention de sortir d'Angleterre et leur exposait les motifs et le verdict du jury anglais qui l'y déterminaient. Cette lettre fut mise à la poste deux heures après que les deux fugitifs eurent quitté Chesterfield. Se faisant passer pour Espagnols, la bourse d'ailleurs bien garnie, ils gagnèrent heureusement Londres, puis Folkestone, où se trouvait certain contrebandier sur lequel Richemont s'était procuré les renseignements les plus précis. A peine arrivé, il se rendit chez lui.

Je frappe et j'entre ; la fille qui m'avait ouvert la porte me conduit dans un petit parloir fort propre et très confortablement meublé, où je trouvai mon homme seul et fumant tranquillement sa pipe devant un verre de grog. Je le saluai d'un signe de tête et lui demandai si j'avais l'honneur de parler à maître W. G.

— *Yes sir*, me dit-il, *I am the man*[1].

Alors, abordant sans détour le sujet qui me préoccupait tant, je lui dis que nous étions ici deux Français qui avions compté sur lui pour rentrer en France.

« Pour qui me prenez-vous ? cria-t-il d'un ton courroucé.

— Maître, repris-je aussitôt, ne nous emportons pas, parlons froidement ; si vous avez à vous plaindre de moi, vous serez toujours libre de faire ce qu'il vous plaira ; mais écoutez-moi d'abord. Nous sommes deux gentlemen

1. Oui, Monsieur, c'est moi

honnêtes et discrets, qui désirons traiter amiablement avec vous, et je dois vous dire que j'ai pris mes précautions pour vous contraindre, au besoin, ou vous faire payer cher un refus obstiné : car je me suis muni de tous les documents et de tous les témoignages qui établissent avec une pleine certitude qu'à telle époque vous êtes venu à Chesterfield prendre le capitaine X..., que vous l'avez emmené dans votre chaise de poste, que vous l'avez gardé tant de jours caché chez vous et que vous l'avez transporté de l'autre côté du détroit. A présent, j'ai cent beaux *pounds*[1] à vous offrir et de plus la reconnaissance et l'amitié de deux hommes de cœur et de loyauté.

— Quand on parle comme ça, me dit-il en me prenant la main qu'il secouait vivement, on est servi dans tous les pays du monde. Votre manière me plaît : il y a franchise et résolution dans vos paroles. Soyez le bienvenu ; je suis votre homme et vous conserverez bon souvenir de moi. Soyez sans crainte, c'est nous qui sommes les maîtres de la mer, et non pas *the ships of the royal navy*[2].

— C'est vrai, » lui dis-je, et je lui serrai cordialement la main. « C'est chose faite, ajoutai-je ; il faut à présent nous entendre pour l'exécution. »

Alors je lui fis connaître où nous étions descendus, que la chose importante était de pouvoir attendre en sûreté un temps décidément favorable, et de pourvoir à tout pendant notre séjour.

« C'est bien, me dit le maître, tout sera fait et bien fait. A telle heure de la soirée venez me prendre ici, et je vous conduirai en lieu sûr, où vous pourrez boire, fumer et dormir tout à votre aise, sans vous occuper de rien. »

A l'heure indiquée, nous nous rendîmes chez le *smuggler*[3], qui nous attendait. J'acquittai entre ses mains les cent *pounds* convenus, et lui dis qu'il devait s'attendre à voir placarder contre les murs une affiche avec promesse de récompense à celui qui nous arrêterait.

« *Never mind*[4], s'écria-t-il vivement : on m'offrirait la couronne d'Angleterre, qu'une lâcheté, une trahison ne seront jamais reprochées à W. G. »

Nous nous mettons en route, et nous entrons dans une maison d'assez mesquine apparence, vrai repaire de contrebandiers, maison à trente-six portes ou trappes. On serait venu pour nous prendre qu'il y avait chance de se sauver par la dixième ou la douzième issue. La maison était éclairée, et par conséquent habitée. Nous trouvâmes en effet une femme d'un certain âge qui nous fut présentée comme notre servante et notre cuisinière ; nous

---

1. Le *pound* (livre sterling) vaut 25 fr. 22 de notre monnaie.
2. Les vaisseaux de la marine royale.
3. Contrebandier.
4 Peu importe.

vîmes un buffet garni d'une copieuse vaisselle, bonne provision de charbon tant pour le parloir que pour la cuisine installée à l'anglaise avec ses fourneaux en fonte.

« Vous n'aurez qu'à donner vos ordres, nous dit maître W...; le marché est bien fourni ; la bière, le porter, le vin se trouvent en abondance, et vous pourrez choisir les meilleurs. »

Il nous conduisit dans deux chambres à coucher qui avaient chacune leur lit, une table et quelques chaises. Dans l'une se trouvait un secrétaire avec encre et papier....

Installés et traités avec plus de soins et d'attentions que ne le comportent les bons offices de l'hospitalité, tandis que nous ne pouvions prétendre qu'à trouver sécurité dans le plus humble réduit, nous en exprimâmes nos remerciements et nous serrâmes affectueusement la main à notre libérateur, qui prit congé de nous en riant et en nous souhaitant bonne nuit.

Il y avait déjà sept à huit jours que nous cherchions à tromper les ennuis et les anxiétés de la solitude, lorsque maître W... se présente à nous tout radieux et nous annonce que le vent est devenu on ne peut plus favorable, qu'il est bien établi et qu'il y a toute chance pour sa fixité; qu'ainsi, vers les dix heures du soir, il arrivera avec des habits de matelots et que nous mettrons à la voile sous les meilleurs auspices. Quelle heureuse nouvelle ! Nous terminons toutes nos petites affaires et soldons nos comptes. Nous remercions et rémunérons notre cuisinière comme elle le méritait; nous satisfaisons en un mot à toutes les exigences de l'équité et d'une généreuse libéralité, et nous attendons le moment solennel.

Il arrive enfin. Nous entrons tout vêtus dans les pantalons et les larges vestes de matelot qui nous avaient été apportés et nous sortons, un brûle-gueule entre les dents. Nous arrivons sur la plage où nous trouvons une gentille et légère embarcation de quinze ou seize pieds de quille et non pontée, que nous mettons à l'eau. Nous guindons son mât, installons sa voile et son foc, remontons son gouvernail et nous sautons dedans avec les deux matelots fournis par maître W... Nous poussons au large, la voile se gonfle et nous voilà partis.

Un bâtiment de la douane était en surveillance dans le port; il nous aperçoit et fait le signal de venir raisonner à son bord ; mais nous n'en tenons aucun compte, et, avant qu'il eût pu descendre et armer son canot, nous étions déjà loin ; car notre esquif était un fin marcheur et la nuit nous enveloppait de son ombre épaisse. Nous étions tous les quatre marins et chacun avait son poste : l'un au gouvernail, une autre à l'écoute de la voile, le troisième à l'avant de la barque, et le quatrième, armé d'une lunette de nuit, avait mission d'explorer l'horizon pour y découvrir la croisière et la surveiller.

Il soufflait bonne brise et la mer était belle ; en moins de deux heures nous étions sous le cap Gris-Nez. Nous longeâmes la côte en descendant au sud, et chaque fois qu'une batterie nous faisait un signe de reconnaissance, nous y répondions par un signal ami ; car nous étions pourvus de tous les signaux correspondant à ceux de la côte. La croisière était loin, et notre embarcation se projetant sur la terre échappait à sa vue ; d'ailleurs, au premier mouvement suspect, nous pouvions gagner la côte et aborder malgré tous ses canots.

Au point du jour, nous donnons hardiment dans le petit port de Vimereux, et je saute lestement à terre. Le commandant du poste, qui faisait une ronde matinale de surveillance, arriva au moment où je m'étais élancé.

« Si je m'étais trouvé présent, vous ne seriez pas descendus, nous dit-il de mauvais humeur.

— Monsieur le commandant, lui répondis-je, si S. M. l'empereur, auquel je suis dévoué de corps et d'âme autant qu'homme de France, eût voulu m'interdire le sol de la patrie, j'y fusse descendu malgré lui et sa vaillante garde, malgré vous et votre garnison. Je suis le colonel de Richemont ; faites votre rapport. »

Richemont se rendit promptement à Boulogne, y obtint la liberté des deux matelots anglais qui les avaient amenés, son compagnon et lui, et les récompensa généreusement.

Évasion d'un Français Prisonnier en Angleterre
(1810)

Le héros du récit qui va suivre n'appartient pas à l'histoire comme Richemont Il n'est pas seulement obscur : il est anonyme. Ses aventures n'en sont pas pour cela moins intéressantes, et le récit plein de verve qu'il en a laissé lui-même peut passer pour une sorte de petit chef-d'œuvre. Il avait été publié en 1827 par le New Monthly Magazine, *et le* Carnet historique et littéraire[1] *a eu récemment (1900) la bonne idée de le reproduire.*

---

1. Chez Émile Paul, éditeur.

Le 1er août 1809, de jeunes amis m'engagèrent à les suivre dans une partie de plaisir qu'ils préparaient avec joie et qui devait nous être fatale. Il s'agissait d'aller de Marseille à Nice, en longeant les côtes et en trompant la vigilance des croisières anglaises, dont la mer était couverte. Je cédai à regret aux importunités de mes amis, et nous partîmes sur un petit bâtiment appartenant à mon père, armateur à Marseille.

Nous avions doublé les îles d'Hyères; la mer était bonne et le vent assez frais. Un cutter anglais nous fit la chasse; nous essayâmes en vain de lui échapper; il nous atteignit, et toute résistance devint inutile. Il fallut amener les voiles et se soumettre. Dès le premier coup de canon, j'avais prévu notre malheur et caché dans mes poches et ma ceinture tout mon argent et les objets les plus précieux que j'eusse emportés. Le cœur gros, et maudissant les parties de plaisir, j'attendis le sort que nous réservaient les vainqueurs auxquels cette capture coûtait si peu.

On nous conduisit à bord du cutter, où l'on ne nous maltraita point; mais, le jour suivant, nous fûmes obligés de passer sur un autre vaisseau destiné à nous débarquer en Angleterre, et où notre situation devint affreuse. Entassés à fond de cale, nous respirions à peine, et l'atmosphère, comprimée et épaissie, ne suffisait plus pour soutenir notre existence. Je fis observer au capitaine que je n'étais pas un matelot. Il me répondit rudement que *tel était le sort des armes; aujourd'hui pour nous, demain contre nous.* Après ce discours consolateur, on ne daigna plus me parler.

Cependant, nous ne fûmes pas fusillés; on me laissa mon argent et mon linge. J'étais vêtu comme un matelot, et mon extérieur grossièrement simple n'était pas de nature à exciter la cupidité.

En entrant dans la baie de Biscaye, le vent devint terrible, et la bourrasque fut si violente pendant quelques jours que les hommes roulaient sur le pont, et que l'on commençait à désespérer du salut du cutter. Notre position était affreuse : confinés dans l'entrepont, nous y manquions d'air, ou plutôt nous y étouffions; les secousses du navire nous brisaient les uns contre les autres, et aux horreurs d'un naufrage imminent se joignaient les douleurs du mal de mer et le supplice de la prison mobile où nous étions à la fois ballottés et pressés. Enfin l'habileté maritime des Anglais triompha du courroux de l'Océan, et le cutter échappa aux flots et aux vents, sans éprouver aucun dommage. On nous permit de remonter sur le pont. Je m'assis, et je vis les côtes de France s'éloigner à mes regards. Peu de jours après, nous abordâmes en Angleterre.

Au moment même du débarquement, on nous fit repartir dans des chaloupes pour la ville de Lynn, port de mer du comté de Norfolk; de là on nous dirigea sur Norman-Cross, situé à cinquante lieues environ dans les terres.

C'est là que se trouve le dépôt des prisonniers de guerre. Notre troupe se composait de près de cent prisonniers ; la gaîté nationale ne nous abandonnait pas ; nous continuions notre triste voyage en chantant de vifs et joyeux refrains....

On nous fit subir un long examen, après lequel on nous écroua sur un grand registre consacré à cet usage.

La prison et les casernes des soldats qui nous gardaient à vue étaient situées sur une élévation qui dominait toutes les campagnes environnantes. Le chemin de Londres à Édimbourg passe auprès de la prison ; de là nous voyions les diligences anglaises, qui, avec leur rapidité extraordinaire, brûlaient le pavé de la grande route et offraient à nos regards attristés l'image la plus vive et la plus désolante d'une liberté dont nous ne jouissions pas.

Notre prison n'était qu'un camp retranché. Au lieu de remparts, c'étaient des hommes qui s'opposaient à notre fuite. Ces sentinelles sans cesse relevées, ces patrouilles qui passaient et repassaient, laissaient bien peu de chances au prisonnier qui essayait de fuir. Beaucoup le tentèrent ; l'adresse et l'audace échouèrent souvent dans une entreprise que mon *génie* me permit d'accomplir.

L'espace destiné à recevoir les prisonniers se composait de quatre quadrangles ou divisions égales dont chacune était elle-même subdivisée en quatre parties. Au centre de chaque subdivision s'élevait un grand bâtiment couvert de tuiles rouges, qui nous servait de dortoir et de réfectoire. Au lieu de lits, nous avions des hamacs dans lesquels on nous suspendait chaque nuit, les uns au-dessus des autres, avec une horrible régularité trop semblable à celle des tombeaux.

L'hôpital et la pharmacie occupaient un des quatre quadrangles. Une des divisions d'un autre quadrangle était réservée aux officiers, que l'on traitait un peu moins mal que les simples soldats, parmi lesquels on m'avait malheureusement classé.

Dans une autre subdivision était une école extrêmement bien tenue. Des Anglais de distinction venaient souvent s'asseoir sur les bancs et se mêler aux enfants pour y apprendre le français ; presque tous les officiers anglais attachés à la prison suivaient ce cours fort assidûment.

Au centre de la prison s'élevait un rempart de briques, qui entourait les casernes des soldats anglais, quelques corps de garde et les logements des officiers civils et militaires : des canons de petit calibre, placés dans les embrasures du rempart circulaire protégeaient nos gardiens et dominaient les quatre quadrangles qu'ils pouvaient foudroyer au premier signal.

Notre situation était pénible ; notre vie, dure, et notre entassement dans un si petit espace, insupportable ; notre nourriture était peu délicate, mais suffisante.

L'industrie des prisonniers avait su pourvoir à leurs plaisirs. Nous avions plusieurs billards, où les officiers anglais venaient souvent jouer, quand ils n'étaient pas de garde. Notre plus grand malheur était d'être en grand nombre dans un lieu resserré, livrés à tous les ennuis du désœuvrement, à toutes les calamités qu'il entraîne. Chaque jour était marqué par des disputes et des duels atroces. A défaut d'épées, on s'armait de couteaux attachés au bout de cannes; je fus témoin d'un combat de ce genre qui me laissa une impression ineffaçable, et dont les deux acteurs tombèrent morts sous mes yeux....

Une année s'écoula; je vis, pendant cet espace de temps, mourir plus de deux cents prisonniers.

L'espérance de voir finir mon supplice reculait chaque jour devant moi et bientôt même elle s'éteignit. Je préférai la mort à l'existence misérable où je languissais. Je me déterminai donc à essayer tous les moyens possibles d'opérer mon évasion, entreprise périlleuse qui avait coûté la vie à plusieurs de mes compagnons d'infortune et dont l'exécution semblait impossible. Les barrières de bois qui entouraient les quadrangles n'offraient pas un obstacle insurmontable; mais en dehors régnait un premier cordon de sentinelles postées à quelques pas les unes des autres. Au delà s'élevait un mur bâti en briques et extrêmement haut. Une seconde ligne de sentinelles l'environnait à l'extérieur. Au moyen d'une échelle ou d'une corde, on pouvait franchir le mur et les palissades; mais le double rempart d'hommes armés, toujours prêts à donner l'alarme, laissait à peine aux fugitifs une seule chance favorable contre vingt chances de mauvais succès.

Je rêvai pendant plusieurs semaines à mon plan d'évasion; avant de rien tenter, il fallait faire quelques préparatifs indispensables et les tenir dans le plus grand secret. Ce fut par degrés et avec difficulté que je parvins à changer une partie de ma monnaie de France contre de la monnaie anglaise. Plusieurs de mes camarades faisaient de petits ouvrages en paille dont le produit était considérable. L'un d'eux surtout, remarquable par son adresse et son économie, avait accumulé pendant quatre ans plus de trois cents livres sterling [1], fruits de son industrie. Ce même homme, qui changea la plus grande partie de mes napoléons contre des guinées [2], me procura, pour un louis, une bonne carte d'Angleterre qu'il avait dessinée lui-même, et sur laquelle il avait marqué la route la plus favorable à l'évasion d'un prisonnier. L'exécution de cette carte était parfaite, l'exactitude étonnante. Les noms des villes et des villages, la distance des lieux, les routes de traverse, y étaient notés avec une admirable précision. Il avait déjà vendu plusieurs de ses cartes à quelques

1. Plus de 7500 francs.
2. Le *napoléon* était la même chose que le *louis* et valait 20 francs. La guinée anglaise valait 26 fr. 45 de notre monnaie.

prisonniers qui nourrissaient en secret la vague espérance de briser leurs chaînes, mais qui n'osèrent jamais le tenter. Je passai les nuits et les jours à examiner attentivement ma carte, puis je cherchai à prononcer les noms des différents endroits par lesquels je devais me diriger; mais je trouvais tant de difficultés à répéter les accents gutturaux et les syllabes sifflantes dont se composaient ces mots, que je finis par y renoncer. Mon parti fut pris; je me décidai à soutenir le rôle de muet pendant toute la route : règle de conduite dont je ne me départis point et qui assura le succès de ma tentative.

La route indiquée aboutissait à un point de la côte de l'est située dans le comté de Norfolk. Mes instructions portaient que, dans ce village, quelques pêcheurs ou contrebandiers pourraient se charger de moi et me conduire en Hollande. On m'avait communiqué le nom d'un de ces derniers avec des indications précises sur la demeure qu'il habitait et sur la manière de me faire connaître à lui. Je savais qu'en Angleterre on voyage sans passeport, et que personne n'avait le droit de me demander où j'allais ni ce que je faisais.

Je réunis environ cent livres sterling en petite monnaie anglaise, et cachai dans mes vêtements trente louis d'or et quelques guinées. Par une prescience singulière, je me procurai une petite boîte d'amadou, ustensile dont je ne m'étais jamais servi. J'achetai encore plusieurs autres objets d'utilité, et entre autres un dictionnaire français-anglais. Mon équipement une fois complété, je n'attendis plus qu'une occasion favorable de tenter l'aventure.

Les jours, les semaines, les mois se passèrent sans offrir à ma vive anxiété l'instant que j'attendais avec une impatience sans égale. Enfin l'heure de la délivrance sonna pour moi Ce fut pendant une des nuits orageuses et sombres du mois de février que la fortune servit mon espoir. La pluie était tombée par torrents pendant toute la journée; un déluge de neige avait commencé vers le soir; le vent le plus violent ébranlait les toitures de nos quadrangles : les ténèbres, la fureur de l'orage, tout m'était propice. Résolu à tout risquer, je tirai des endroits où je les avais cachés les objets qui m'étaient le plus nécessaires une serpette pour couper la palissade, et une grosse corde que j'avais tissée moi-même avec du coton et au bout de laquelle se trouvait un crochet de fer qui devait m'aider à franchir le rempart. Je mis un ou deux biscuits dans ma poche avec une chemise et une paire de bas. Ma jaquette et mon pantalon large de matelot, faits de grosse serge bleue se trouvaient remplis de tout l'attirail que je viens de décrire. J'avais aussi une excellente paire de souliers dont la solidité ne contribua pas peu à ma délivrance.

Je ne communiquai mon dessein qu'à un seul de mes camarades, celui qui m'avait vendu la carte d'Angleterre, et qui avait renoncé à toute espérance de sortir de prison. Chaque matin, un inspecteur venait faire l'appel dans chacun des quadrangles, appel qui se répétait le soir Si quelque prisonnier manquait, l'alarme était aussitôt donnée. Je chargeai cet ami de répondre à ma place le lendemain de ma fuite.

Il était nécessaire de commencer mon entreprise immédiatement après l'appel du soir. Dès que la nuit fut tombée, je commençai mes opérations en tremblant et en silence. Mon ami plaça auprès de la cloison qui servait de muraille à notre logement un grand banc et une table : je me cachai sous le banc et m'occupai à scier une des planches de la cloison pendant que mon ami, assis à la table, paraissait absorbé dans son travail. Je réussis mieux que je ne l'avais espéré à détacher la planche, et je me glissai lentement sur mes mains et sur mes genoux à travers l'ouverture que je venais de pratiquer. Je remis aussitôt la planche, sans faire de bruit, et j'allai me cacher sous un amas de fagots qui se trouvait dans la cour.

Plus la nuit avançait, plus la neige, la pluie et le vent se déchaînaient avec rage. Bientôt tout fut couvert de ténèbres dont aucun rayon ne traversait la profonde horreur. Enseveli sous la masse épineuse qui me couvrait, engourdi par le froid et l'humidité, l'espérance seule de conquérir ma liberté pouvait me faire soutenir une situation si cruelle. J'entendais, au milieu des hurlements du vent et du bruit de la pluie battante, le pas mesuré des sentinelles et le frémissement de leurs armes. Quelquefois même je distinguais leurs voix. Leur proximité me faisait trembler, l'espérance fuyait de mon cœur ; mais je m'étais avancé trop loin pour reculer. Dans cette anxiété épouvantable, j'attendis que l'horloge sonnât minuit. J'avais choisi comme la plus favorable à mon projet cette heure où les sentinelles, fatiguées d'avoir veillé longtemps, semblaient devoir être moins sur leurs gardes. Je quittai lentement ma cachette ; mes membres étaient glacés ; je pouvais à peine me mouvoir ; mais bientôt la circulation du sang s'étant rétablie, je sentis mon courage renaître avec ma force.

La première palissade m'offrait à peine un obstacle. Après avoir écouté avec attention pendant quelques secondes, je coupai doucement quelques-uns des morceaux de bois qui la composaient, et je m'avançai en rampant sur mes pieds et sur mes mains aussi vite et aussi loin que je pus. Personne ne m'interrompit ; sans doute que les sentinelles étaient enfoncées dans leurs guérites.

Mon premier succès m'inspira beaucoup de confiance ; je savais que j'avais déjà passé le premier cordon de sentinelles. L'ouragan redoublait de fureur et m'encourageait par sa violence. J'arrivai au pied de la muraille et je lançai ma corde, dont le crochet s'attacha, dès le premier jet, au sommet du rempart et fit très peu de bruit ; je prêtai l'oreille un moment et, tirant la corde de toute ma force, je commençai par l'essayer ; j'y montai ensuite : effort désespéré qui me causa une fatigue extrême et que l'ardent désir de la liberté pouvait seul me rendre possible.

Je parvins à atteindre le haut du mur, et je passai lentement et prudemment la tête. Après avoir écouté avec une inquiétude et une attention que je n'ai pas besoin de décrire, je commençai à placer mon genou sur le mur, quand une porte s'ouvrit au-dessous de moi. Je me couchai le long de la muraille, et j'entendis distinctement les pas du soldat qui montait la garde sur le rempart. Je restai quelques minutes dans cette posture, et je me croyais perdu quand le factionnaire, après avoir passé et repassé plusieurs fois, rentra dans sa guérite et en ferma la porte. Je saisis le moment favorable, je retirai doucement ma corde et je descendis de l'autre côté. Alors j'ôtai mes souliers et je traversai sur la pointe des pieds la seconde ligne de sentinelles. Après l'avoir dépassée, je fis encore quelque chemin, et, m'arrêtant pour reprendre haleine, je me jetai sur la terre couverte de neige.

J'avais triomphé des difficultés les plus grandes, mais je n'avais pas de temps à perdre. Je repartis, et je m'étais déjà approché de la ligne de lampions que je devais passer, quand j'aperçus devant moi un piquet ou une patrouille de cinq ou six hommes; je restai quelque temps immobile et glacé d'effroi; et aujourd'hui même je ne puis encore penser sans frémir à ce moment terrible; mais mon heureuse étoile l'emporta : les lampions, dont la lueur, me rejetant dans l'ombre, me montrait ce que je devais éviter, favorisaient beaucoup ma fuite. Je choisis les endroits les plus obscurs, je m'avançai pas à pas avec la plus grande précaution, et j'atteignis enfin le fossé extérieur que je passai sans difficulté. Je me trouvai alors sur la grande route; à peine pouvais-je croire à ma bonne fortune.

Je remis mes souliers, et je courus de toute ma force en me dirigeant vers le nord, malgré le vent et la pluie qui continuaient à se déchaîner avec la plus grande violence. J'arrivai à un carrefour auquel quatre routes aboutissent. A la porte d'une maison de poste était une diligence avec des lanternes, dont j'évitai soigneusement la lumière. Je me tapis sous le buisson qui bordait la grande route, et je tournai à gauche sans savoir de quel côté je me dirigeais.

Après avoir couru pendant deux heures sans prendre haleine, mes craintes s'apaisèrent, je commençai à sentir de la fatigue et je ralentis le pas. J'avais traversé deux ou trois villages sans rien rencontrer, et j'arrivais à un pont d'une longueur extraordinaire qui conduisait à la ville d'Oundle. Les horloges sonnaient trois heures : je m'assis un moment sur les marches de l'escalier de l'octroi. Je ne savais si je devais passer par la ville ou prendre une route de traverse sur la gauche. Je choisis le premier parti, et je m'engageai dans les rues sales, étroites et longues d'Oundle, sans m'arrêter et sans rencontrer personne. Je traverse un autre pont; la lune brillait dans le ciel, le vent s'était apaisé : je vis au milieu d'un champ un petit hangar ou une hutte, vers laquelle je me dirigeai, accablé de lassitude et dans l'espoir d'y trouver un asile et un peu de repos qui m'était si nécessaire après tant de fatigues.

Heureusement la porte était ouverte ; je m'y élançai.

Dans le hangar, attachée à un râtelier, se trouvait une vache avec son veau. Elle commença par s'alarmer de la présence d'un étranger ; mais je la flattai, elle s'apprivoisa sans peine et je parvins à la traire. Son lait, avec un morceau de biscuit que j'avais emporté, fut pour moi un repas des dieux ; la coiffe de mon bonnet me servit de jatte.

Enfin la pluie cesse et le soleil paraît. Les chemins étaient encore impraticables : cependant il n'y avait pas à balancer, il fallait quitter mon refuge et continuer ma fuite. Mes habits tout mouillés et ma fatigue ne me permirent pas de courir ; je marchai aussi vite que je pus et ne réussis pas à me réchauffer. Je découvris, après quelques heures de marche, à peu de distance de moi, une meule de foin, vers laquelle je me dirigeai. Placée au milieu d'une prairie, elle semblait faite exprès pour me protéger et me cacher. Comme elle était entamée, je n'eus pas de peine à me préparer un bon lit, où je me couchai avec délices en tirant de son étui ma carte d'Angleterre.

Je m'endormis si profondément que l'astre était sur son déclin quand je m'éveillai. Surpris et un peu effrayé de mon long stage, je développai ma carte pour reconnaître exactement ma position. Comme, en Angleterre, les noms des villages et des bourgs sont inscrits en gros caractères sur les bornes qui marquent les milles et sur des poteaux placés de distance en distance, je n'eus pas de peine à retrouver sur la carte les noms que j'avais observés pendant mon voyage ; à mon grand chagrin, je m'aperçus que j'avais pris précisément la route opposée à celle que je voulais suivre. Cependant je ne perdis pas courage ; mes vêtements avaient séché : frais et dispos, je repartis ; je ne m'attendais guère au nouveau désappointement qui m'était réservé.

Je marchais d'un pas ferme et hardi, toujours soigneux d'éviter les maisons et de me tenir à une distance respectueuse de la route ; trois heures s'étaient passées, et je croyais avoir laissé loin de moi mes persécuteurs et ma prison, quand tout à coup, levant les yeux, j'aperçus le plus affreux des spectacles : c'était la prison même que je croyais fuir ! Elle était là, devant moi, dans toute l'horreur de ses murailles noires et bronzées, que je connaissais si bien : je voyais avec effroi ces briques, ces palissades, ces toits couverts de tuiles rouges, et ces nombreuses ouvertures pratiquées par les prisonniers ensevelis dans ce tombeau et privés de l'air vital. Dans ma course rapide et à travers champs, ne trouvant aucune indication qui pût m'orienter, j'étais revenu, par une erreur cruelle, au lieu même d'où j'étais parti.

Je ne puis rendre l'impression terrible que me fit cet événement....

Heureusement, en allant devant moi, je heurtai contre une pierre et je tombai. Le choc, en m'ébranlant avec violence, me rendit l'usage de mes sens. Aussitôt je me retournai, et je me mis à courir comme si tous les démons de l'enfer eussent été à ma poursuite. La terreur me prêtait des ailes. Je ne m'arrêtai que devant le grand pont d'Oundle, auprès duquel se trouvait le hangar qui m'avait servi d'asile.

Je m'y réfugiai une seconde fois. La vache et son veau n'y étaient plus.

Affamé, exténué de fatigue, je m'étendis de nouveau sur le lit de paille ; la nuit était close et il pleuvait à verse. Rien, pendant toute cette nuit, ne vint troubler mon repos. La pluie continuait, et les prairies qui m'environnaient formaient comme un lac autour de moi.

Vers les onze heures du matin, je pensai que ma situation était dangereuse, et pourtant je ne pouvais quitter mon asile par le temps qu'il faisait. J'examinai attentivement l'intérieur du hangar, et je vis que sur les solives qui formaient le plancher on avait jeté une vieille porte et quelques bottes de foin. Je grimpai sur les solives, et, plaçant le foin dans l'endroit le plus obscur du toit, je parvins à me ménager une retraite sûre, une espèce de nid où j'allai me blottir. Je redescendis pour voir s'il était possible de me découvrir d'en bas, et lorsque j'eus la certitude que rien ne me trahirait, je remontai dans cet asile, et je fis un trou à la vieille porte et un second à la toiture, pour observer à mon aise ce qui se passait sur la grande route et dans le hangar.

Le carillon de l'église venait de sonner midi, quand, j'perçus trois soldats, la baïonnette au bout du fusil, s'avançant vers le hangar. Leur uniforme était celui d'un des corps chargés de la surveillance de la prison.

Je me sentis défaillir, et je me regardai comme perdu. Deux des soldats, qui ne voyaient qu'un hangar, ne soupçonnèrent pas qu'on eût pu s'y cacher et sortirent aussitôt sans s'arrêter; mais le troisième, qui entra après eux, frappa du bout de sa baïonnette la vieille porte sur laquelle je me trouvais ; il la perça et m'effleura le mollet de la jambe gauche. Par un nouveau miracle, il se trompa comme les deux premiers, ne soupçonna pas ma présence, et se retira avec eux. Si ces hommes m'avaient pris, ou j'aurais été fusillé, ou le plus affreux cachot m'aurait rendu la vie insupportable. Je remerciai Dieu d'un bonheur auquel je pouvais à peine ajouter foi ; et, quoique tourmenté par la faim, je repris encore une fois mon courage et ma gaieté.

Résolu à ne voyager que la nuit, j'attendis avec impatience que la journée finît et me permît de quitter un poste dangereux et voisin de ma prison. Mon plan était de faire un long détour au nord et d'atteindre le point de la côte qui m'était indiqué.

Il fallait passer par Peterborough, ville que j'avais plus d'un motif de

*Coiffé d'un mouchoir rouge, le fugitif sortit du tas de paille où il était caché
et apparut soudain aux yeux du paysan terrifié.*

redouter : d'abord parce qu'elle était proche de notre prison, ensuite parce qu'elle était remplie de soldats. Cependant il n'y avait pas à hésiter. Les indications jointes à ma carte me recommandaient surtout de ne pas m'engager dans le pays marécageux par lequel il m'aurait fallu passer, si j'avais voulu échapper aux dangers de Peterborough. Ma résolution fut prise, et, avant de partir, je commençai par graver dans ma mémoire tous les noms des villages que je devais rencontrer sur ma route.

A neuf heures, je quittai mon asile, et je m'acheminai vers Oundle, dont je repassai le grand pont ; les rues étaient plongées dans les ténèbres, et je profitai de cette obscurité pour les traverser avec célérité.

Je suivis de mon mieux les instructions de ma carte, que j'avais apprises par cœur, et, quelques milles plus loin, j'entrai dans Peterborough, dont la cathédrale gothique jetait sur moi son ombre épaisse et gigantesque.

L'horloge sonnait trois heures ; sentant qu'il n'y avait pas de temps à perdre, je continuai ma route sans m'arrêter un seul instant et je m'engageai dans le labyrinthe de ces rues étroites, dont les détours m'égarèrent plusieurs fois. Après avoir longtemps erré dans ce dédale, je trouvai enfin une issue. La grande route que je cherchais se présenta à mes regards . je n'avais plus qu'à côtoyer la rivière Nen et à suivre son cours, qui décrit une ligne presque directe, pour atteindre le but de mes désirs.

Pour la première fois depuis mon évasion, je me crus certain du succès. J'étais bien sûr que la prison était derrière moi ; je commençais à me fier au sort : c'était de l'espérance, c'était presque du bonheur.

Suivant toujours le plan que j'avais formé, je continuai à voyager la nuit et à me reposer le jour. Au lever de l'aurore, j'aperçus dans un champ, sur ma droite, une grange isolée où j'allai me cacher. Je me recouvris de paille, et je dormis jusqu'au soir. Vers les cinq heures, un homme entra dans la grange, une fourche à la main. Son intention apparente était d'enlever de la paille pour la donner à des bœufs qui se trouvaient dans une cour voisine ; je me cachai et je n'eus que le temps de me tapir sous la paille ; malheureusement, il dirigea sa fourche précisément vers l'endroit où j'étais blotti ; et, quand je vis qu'il allait me toucher, et peut-être me blesser, je soulevai lentement ma tête, toute couverte de chaume. J'étais coiffé d'un mouchoir de poche rouge et, soit que le paysan ait cru voir une tête ensanglantée, ou qu'il m'ait pris pour un fantôme, il s'offrit à mes yeux sous des traits que je n'oublierai de ma vie. Les cheveux hérissés, les yeux hors de la tête, la fourche immobile, il semblait pétrifié de surprise et d'effroi. Je devinai ce qui se passait chez lui, et, continuant le mouvement lent et progressif qui l'avait épouvanté, j'essayai d'augmenter sa terreur en poussant le cri le plus lugubre que jamais homme ou animal ait proféré. A cet exploit se joignit un mouvement majestueux et solennel de la main gauche, mouvement qui ordonnait au paysan de sortir. Il réunit alors tout ce qui pouvait lui rester de forces ; il s'élança comme un trait, franchit trois ou quatre fossés sans regarder derrière lui, et, toujours courant avec la rapidité du lévrier le plus agile, disparut à mes yeux.

Ce grotesque incident m'amusa quelques minutes, tout en m'avertissant du danger de mon asile et de la nécessité d'en sortir ; après une courte délibération, je quittai la grange et je continuai ma route, observant attentivement tout ce qui m'entourait. Cette partie de l'Angleterre, avec ses quais, ses jetées, ses levées, ses canaux et ses digues, ressemble beaucoup à la Hollande. Le terrain était sans accident ; d'un côté s'étendaient les eaux de la Nen ; de l'autre des marais et des prairies immenses.

Pour atteindre la ville de Wisbeach, j'avais encore près de seize milles à faire. Je ménageai mon temps et calculai mes pas de manière à n'y arriver que le soir.

Wisbeach est une petite ville maritime, quoiqu'elle soit située à quelque distance de la côte. En traversant le pont, j'entrevis les mâtures de plusieurs vaisseaux, et mon cœur tressaillit de joie quand je pensai que chaque minute m'approchait de la mer. Plusieurs matelots se trouvaient dans les rues, et leurs regards curieux s'attachèrent sur moi avec une attention marquée qui me causa quelque inquiétude. Aussi ne songeai-je plus qu'à en sortir.

Quelques soldats qui passèrent auprès de moi rendirent mes alarmes plus vives encore. Je ne tardai cependant pas, grâce aux excellentes instructions de ma carte, à me trouver hors de danger ; devant moi s'ouvrait une route excellente. Cependant, mes frayeurs duraient toujours, et, dès que j'eus passé la barrière de l'octroi, je me mis à courir pendant plusieurs milles, jusqu'au moment où l'excès de la fatigue et de la faim me força de ralentir mon pas. Je traversai heureusement quelques bourgades, et je me trouvai sur une nouvelle jetée qui côtoyait un canal.

Il était environ neuf heures du soir, quand je parvins à l'extrémité d'un village dont la dernière maison était construite sur le penchant de la jetée, de manière que je pouvais, de la grande route, toucher les fenêtres du second étage. J'admirai quelque temps cette construction singulière ; mais ce qui fixa bien plus sérieusement mon attention, ce fut l'étalage de la boutique (car c'en était une) : longtemps, je contemplai avidement les pains et les fromages qui s'y trouvaient exposés et offerts à la curiosité des acheteurs. Il y avait dans la chambre une lumière qui éclairait à mes yeux tous les objets qui s'y trouvaient ; je restai les bras croisés devant la fenêtre, regardant avec anxiété ces objets, d'ailleurs vulgaires, mais qui excitaient si vivement ma convoitise et mon appétit.

Je réfléchissais profondément depuis un quart d'heure sur la manière d'approprier à mon usage les aliments que je n'avais pas goûtés depuis trois jours. J'aurais volontiers donné un louis pour un morceau de pain. Pendant cette délibération épineuse, un matelot passa près de moi, descendit par un petit sentier et entra dans la maison. Je vis bientôt mon matelot monter dans la chambre du second, accompagné d'un autre personnage. Il se jeta silencieusement sur une chaise, et, faisant un signe à l'autre homme, lui montra du doigt son visage et son menton, pour lui indiquer qu'il avait besoin d'être rasé ; ce matelot, qui soutenait si bien l'honneur de la taciturnité anglaise, se prêta sans dire un mot à l'opération du barbier. Une serviette, jadis blanche, fut jetée sur ses épaules, et bientôt, je vis s'éclaircir cette face hérissée, qui appelait instamment le secours du *frater*. Je suivais de l'œil tous leurs mouvements, et je pensais à ma propre barbe qui avait déjà dépassé les dimensions ordinaires et qui pouvait éveiller le soupçon.

Ce spectacle, intéressant pour moi, était d'ailleurs comique : Je vois encore ce petit barbier maigre, chauve, au poil grisonnant, au nez camard qui n'avait pas plus l'air de faire attention à l'automate qu'il rasait que s'il se fût chargé de frotter de la pierre ou de polir du marbre ; quant au matelot, un bloc de granit reste moins immobile sous le ciseau du sculpteur, que lui sous l'instrument qui complétait sa toilette. Les regards fixés sur cette pantomime, je vis, après l'opération, le matelot se lever et jeter deux pièces de monnaie sur le comptoir. Toujours silencieux, il s'avança vers la fenêtre, y prit un pain, deux ou trois harengs, et traça du bout du doigt une ligne sur un morceau de fromage. Aussitôt, le barbier coupa ce morceau, le pesa ; ensuite, jetant une demi-couronne, l'acheteur reçut quelques pièces de monnaie en échange et sortit de la boutique sans avoir dit un mot.

C'était là une excellente occasion pour moi : je résolus d'en profiter et de jouer à mon tour le rôle de matelot muet. J'entrai bravement dans la boutique. Il n'y avait personne au rez-de-chaussée. Je montai deux étages, je me jetai sur la chaise qu'avait occupée mon prédécesseur, et je répétai gravement tous les signes que j'avais observés.

Comme je m'en étais douté, la même scène silencieuse suivit ma demande taciturne. La même serviette sale entoura mon cou, et l'on vit figurer dans nos rôles respectifs le même cuir, le même rasoir, la même pièce d'argent.

Je commençais à me sentir brave, et je m'avançai hardiment vers la fenêtre où je me proposais de choisir des provisions suffisantes pour le reste de ma route. Après avoir étalé quelques pièces d'argent sur le comptoir, je crus assurer mieux ma contenance en me mettant à siffler d'un air négligent.

J'avais soupçonné le barbier d'être muet ; cependant, quand il me vit choisir et mettre de côté différents articles, il parla, ou plutôt il fit des efforts pour parler. Sa bouche, s'ouvrant à peine, laissa échapper quelques syllabes sourdes qui semblaient sortir des profondeurs d'un abîme. Je ne savais pas ce qu'il disait, et je continuais, non pour offenser ce respectable personnage, mais faute de pouvoir lui répondre. Alors, se résignant à l'obstination de mon silence, il s'assit paisiblement à son comptoir, appuyant son menton pointu sur le pain que j'avais choisi. Qu'on imagine l'extase de ma joie, quand je sortis de la boutique possesseur de deux pains de froment, de deux fromages, de quatre harengs, d'une pipe et d'une provision de tabac. Je commençai mon repas tout en marchant, et lorsque je trouvai une étable, dont le toit m'offrit un lieu de repos, je m'y établis pour achever ce festin délicat, juste compensation de ma longue diète.

Quand j'eus terminé mon repas, je m'enfonçai dans les terres, où je rencontrai bientôt une petite hutte absolument isolée, où il n'y avait rien. Je ramassai dans les champs de la paille et des herbages, dont je me formai une espèce de couche rustique. Pour dernière jouissance, je chargeai ma pipe, et la petite boîte d'amadou dont j'ai déjà parlé vint alors à mon secours. Le sommeil, auquel je me livrai sans crainte, rafraîchit ensuite mes membres et leur rendit la vigueur.

Le lendemain, je me sentais un nouvel homme, et la perspective d'un bon déjeuner complétait la félicité inattendue dont je jouissais avec confiance.

Le canton de l'Angleterre où je me trouvais est à peine peuplé ; je ne rencontrai que deux ou trois personnes pendant toute la journée. Quelques groupes de saules jetés çà et là protégeaient de chétives fermes, situées à de très grandes distances l'une de l'autre. On se serait cru au milieu d'une savane de l'Amérique septentrionale plutôt que sur une côte d'Angleterre. Dans ma complète solitude, je profitai de l'occasion qui s'offrait pour faire ma toilette. Je lavai une paire de bas et je les suspendis au soleil pour les faire sécher. Grâce au soin que je pris de ma personne, je me trouvai bientôt dans un état de propreté qui ne pouvait faire soupçonner ni ma situation, ni ma périlleuse entreprise. Ma carte m'indiquait deux routes pour atteindre la côte. L'une fort dangereuse, parce qu'il fallait traverser la ville de Lynn, l'autre un peu plus longue, qui s'éloignait davantage des bords de la mer, et passait par les bourgs de Swastham et de Fakenham. Ce fut cette dernière que je choisis ; mais un nouveau désappointement m'attendait.

Je repartis vers neuf heures du soir ; à minuit j'étais à Ownham : le temps changea et la pluie commençait à tomber, quand je me trouvai sur le port ; j'essayai de me rappeler exactement toutes les indications que ma carte contenait, et, de détour en détour, je parvins, à travers l'obscurité la plus profonde, jusqu'à une route que je suivis directement. Le soleil se levait lorsque j'aperçus une ville fortifiée . hélas! je m'étais trompé; c'était Lynn qui se trouvait devant moi, Lynn dont mes instructions m'ordonnaient de m'écarter autant que possible.

Mon succès, pendant la première partie de mon voyage, m'inspirait une confiance qui m'aveugla. Au lieu de regretter le hasard et l'obscurité qui me jetaient dans un péril si évident, je me félicitai de cette erreur qui, m'amenant dans un port de mer, me donnait, à ce que j'espérais, l'occasion de m'embarquer aussitôt pour la Hollande. La vue de la rade et des agrès des navires qui s'élevaient au-dessus des toits des édifices, et dans lesquels les premiers rayons du soleil paraissaient se jouer, encourageaient cette folle espérance; je sentais l'odeur de la poix et du goudron que le vent apportait jusqu'à moi, comme pour achever de me séduire.

Au milieu de cette espèce d'hallucination bizarre, je conservai assez de bon sens pour ne pas demeurer, en plein jour, dans l'intérieur de la ville ; et une meule de foin que je découvris dans la campagne me servit, comme à l'ordinaire, de campement jusqu'à la nuit suivante. De mon poste, j'admirais à loisir les créneaux et les bastions qui donnaient à Lynn l'apparence d'une place forte.

La première nuit, je me proposais d'aller reconnaître la place et préparer mes moyens de fuite définitive. En effet, à minuit précis, je quittai mon asile, et j'entrai dans Lynn, que je parcourus sans obstacle. Le silence et le sommeil régnaient sur la ville ; je n'aperçus qu'un seul factionnaire placé à la porte d'un hôtel et les *watchmen*[1] inévitables que l'on rencontre dans toutes les cités d'Angleterre. D'ailleurs, malgré l'état de guerre acharnée où l'Europe se trouvait alors, nulle précaution ne semblait prise pour protéger les habitants contre les hostilités possibles : à la tête de la rade, un fort démantelé s'élevait et ne supportait pas même de phare. Un corsaire audacieux aurait pu, sans peine, venir brûler les navires du port, et la ville même.

Cette négligence m'encouragea, je traversai tous les quartiers et la plupart des rues, et me trouvai enfin sur les bords d'une espèce de canal, à l'extrémité septentrionale de Lynn. Une cinquantaine de barques et de chaloupes de pêcheurs y étaient amarrées ; le long du canal, des espèces de tanières à portes basses et couvertes cachaient les misérables possesseurs de ces esquifs. Tout reposait, riches et pauvres ; rien ne m'eût été plus facile que de couper le câble de ces embarcations ; mais je n'avais ni boussole ni rames, et je courais risque d'aller échouer, du premier coup, contre quelques-uns des nombreux atterrissements dont cette partie du havre était semée. Ces réflexions combattirent heureusement le projet insensé que je formais déjà

---

1. Gardes de nuit.

de me livrer au cours des eaux et de tenter seul la fortune sur cette mer inconnue.

Après avoir vainement cherché des yeux quelque matelot auquel j'espérais offrir un salaire assez considérable pour l'engager à me prendre à bord, je regagnai sagement la meule de foin, où je passai la journée suivante.

Mes provisions baissaient et j'avais hâte de frapper un coup plus décisif. La seconde nuit, je me hasardai à sortir vers les dix heures ; beaucoup de boutiques étaient encore ouvertes, et mon imprudente hardiesse me conduisit vers une grande place située au milieu de la ville et à laquelle aboutissait un grand quai. Il y avait du monde dans les rues ; on ne prit pas garde à moi, et j'allai m'asseoir sur un banc, devant une maison qui faisait face au havre. Peu à peu, la foule s'écoula et je restai dans la solitude jusqu'au moment où six ou sept hommes, vêtus comme des matelots, et portant de gros bâtons, passèrent près de moi, me regardèrent fixement et s'en allèrent. Un officier de marine, l'épée nue à la main, marchait devant eux. Quelques instants après ils revinrent ; l'un de ces hommes me frappa sur l'épaule, et prononça quelques mots que je ne compris pas, mais qu'accompagnait un geste que je ne pus méconnaître, et qui m'intimait l'ordre formel de le suivre.

Tout était perdu sans ressource et je sentais le cœur me manquer. L'un d'eux, voyant que j'hésitais à me lever, me saisit par le collet et m'entraîna. Irrité de cette violence, et sans penser aux suites de cet acte de désespoir, je déchargeai sur l'agresseur et sur ses compagnons plusieurs coups bien assénés avec un gourdin dont je m'étais muni. Je les vis tomber; mais, à l'instant même, un coup de bâton fit voler mon arme à quelques pas, et un autre tomba sur ma tête et me renversa. Je vis que toute résistance était inutile ; et, me laissant soulever par ces hommes, je les suivis au milieu des *goddam* épouvantables dont ils prodiguaient, en marchant autour de moi, toutes les variations anglaises.

Je ne savais encore à qui j'avais affaire : les figures de mes guides étaient horribles, leur manière de me traiter était barbare ; l'officier qui se trouvait à leur tête n'avait rien de plus distingué ni de plus rassurant que ses subordonnés. Nous traversâmes plusieurs rues, et nous arrivâmes à une petite auberge, où on me fit entrer. L'officier nous quitta ; l'un des homme m'accompagna seul, et je me trouvai vis-à-vis de lui dans une assez jolie chambre qu'il eut soin de fermer. Je m'étonnai de ce qu'au lieu de me mener en prison, l'on me conduisit dans une auberge ; et je supposais que cette scène du drame, où je jouais un si triste rôle, ne tarderait pas longtemps à s'expliquer pour moi.

Le matelot chargé de ma surveillance s'assit au coin du feu, devant moi. Il prit sans doute mon silence pour une marque d'abattement et de désespoir, et me répéta souvent ces paroles, que je comprenais, pour les avoir entendues à bord du navire qui m'avait débarqué en Angleterre : *Cheer up, my lad, cheer up, my hearty*[1] ! Je ne répondais rien, et la tête appuyée sur mon coude, le coude appuyé sur la table, je mesurais par la pensée toute l'étendue de mon malheur. Mon geôlier, qui avait fait apporter du grog et une pipe pour ses menus plaisirs, contemplait le prisonnier taciturne de l'air du plus souverain mépris; de temps à autre, après m'avoir toisé, il murmurait quelque chose entre ses dents, laissant échapper un *dam !* de la plus forte espèce, et retombait dans son silence.

Pendant cette conversation ou ce monologue, je me livrai à la profonde amertume de mes réflexions. Je maudissais Lynn, sa police, et plus encore la folie qui m'avait précipité dans ce péril que j'étais venu chercher. Si près du but, si voisin du lieu de ma délivrance, perdre le fruit de toutes mes peines, et le perdre par ma propre faute! Mon désespoir était au comble. Un coup d'œil jeté sur mon gardien me suffit pour m'ôter l'espérance et la pensée de le gagner à prix d'argent ou de l'émouvoir en ma faveur. Ce front bronzé, ces regards durs et menaçants, cette bouche serrée et dédaigneuse annonçaient un homme que nulle pitié ne pouvait atteindre.

La table sur laquelle je m'appuyais était fort grande, et deux feuilles qui retombaient jusqu'à terre l'agrandissaient encore quand on voulait la développer. A la fenêtre, qui donnait sur la rue au rez-de-chaussée, était adaptée une persienne à ressort. L'idée de m'échapper ne m'avait pas encore abandonné, et je pensai que, si je pouvais me rapprocher de la fenêtre, il me restait encore quelque chance de salut. Ce frivole espoir me ranimait et j'attendais le moment où mon compagnon s'endormirait, quand nous entendîmes un grand bruit dans la chambre voisine : c'était une violente querelle, dont les autres habitants de l'hôtellerie étaient les auteurs. On appela plusieurs fois mon gardien par son nom; et, se levant après avoir observé toute la chambre et m'avoir dit quelques mots, il saisit son bâton, sortit et ferma la porte en dehors.

Le moment de tenter la fortune était arrivé : je m'élance vers la fenêtre, je fais remonter la persienne, et je me dispose à sortir, quand mon homme pousse les verrous de la porte qu'il ouvre et rentre dans la chambre. Craignant que sa brutalité ne m'accablât de coups à la vue de la persienne de la fenêtre ouverte, je me réfugie sous la table, dont les deux feuilles repliées me protègent. Aussitôt, il s'aperçoit de ma disparition, saute par la fenêtre en jurant, et court après moi dans la rue.

Surpris et charmé de cet heureux hasard, je sors de ma cachette et je le suis des yeux ; puis, m'élançant à mon tour, je me sauve à toutes jambes

---

[1] Bon courage, mon garçon! Bon courage, mon vieux !

dans une direction opposée à la sienne. Je courais toujours sans savoir où j'allais, et j'espérais trouver les portes de la ville et me réfugier enfin dans mon asile ordinaire, quand, au détour d'une allée, j'aperçus la meute de mes persécuteurs, qui, réunie à ma poursuite, courait en poussant les hurlements les plus terribles. Ils me reconnurent et se précipitèrent pour me saisir : je tournai une rue, et, apercevant la porte d'une maison entr'ouverte, je m'y glissai sans que personne me vît, je fermai doucement la porte et, tremblant, sans haleine, sans mouvement, j'attendis mon sort. Quelques secondes après, leurs cris féroces retentirent à mon oreille ; ils passèrent devant la porte sans se douter de ma retraite, et je ne sais ce qu'ils devinrent. Certes, si je fusse tombé dans leurs mains après tant d'agitations et de fatigues, je crois que mon cadavre aurait été leur seule capture. La terreur, la lassitude me firent tomber presque inanimé au seuil de la porte.

Dans la chambre où j'étais entré, une femme âgée, vêtue de noir, était assise au coin du feu et jouait avec un chat qu'elle tenait sur ses genoux. D'abord elle manifesta de la surprise, et étendit la main vers un cordon de sonnette comme pour appeler à son secours. Puis, devinant apparemment ma situation, surtout quand elle entendit les cris des gens qui me poursuivaient, elle me fit signe de me taire, en plaçant l'index sur sa bouche et en me disant très bas : *Husch ! husch*[1] *!* mot qu'elle répéta deux ou trois fois de suite.

Quand la troupe eut quitté la rue, cette femme s'approcha de moi, me dit quelques paroles, d'une voix douce et émue, qui pénétrèrent jusqu'à mon cœur. Les accents de la pitié se font comprendre dans tous les idiomes. J'entendis aisément ce langage et mes regards la remercièrent. Elle me fit asseoir, et compensa bientôt par la volubilité de son discours le silence obstiné que je gardais. Son doigt indiquait la route qu'avaient suivie mes persécuteurs, et elle répétait d'un ton de colère : *Press gang*[2] *! press gang !* Je ne savais que répondre à ces mots que je ne comprenais pas, et je me contentais de répéter : *Press gang, Madame, press gang*. J'appris par la suite que les gens qui m'avaient si maltraité n'étaient point des officiers de police, mais de simples matelots chargés de *presser*, c'est-à-dire d'enrôler de force dans le service de la marine anglaise tous les hommes qu'ils rencontrent dans les rues après dix heures du soir.

J'étais épuisé, comme je l'ai déjà dit, par la variété des souffrances qui m'avaient accablé depuis quelques heures. La femme généreuse qui venait de me prendre sous sa protection s'en aperçut bientôt et me versa un verre

---

1. Chut ! Chut !
2. C'est la presse (nom donné aux bandes de gens armés qui étaient chargées d'exercer la *presse*, c'est-à-dire le recrutement forcé de la marine).

d'eau-de-vie ; mais, avant de pouvoir le recevoir de sa main, un nuage obscurcit ma vue, je crus que la chambre tournait autour de moi, et, me sentant près de m'évanouir, je n'eus que le temps d'ôter mon bonnet et de montrer ma tête blessée.

J'ignore combien de temps je restai dans cet état ; mais quand je revins à moi-même, ma tête était appuyée sur un oreiller qu'elle avait placé sur la table, et la bonne femme était occupée à bassiner la contusion avec une liqueur spiritueuse qui répandait le plus doux parfum. En voyant mes yeux se rouvrir, elle me donna de l'eau-de-vie que j'eus à peine la force de porter à mes lèvres, tant la faiblesse et l'inquiétude m'avaient accablé. Après avoir bu, je me sentis soulagé et je relevai ma tête en poussant un profond soupir. Mais je n'eus pas la force de me soutenir plus longtemps ; ma tête retomba sur l'oreiller et, aussi prudente que bonne, elle me fit signe de me taire. J'obéis facilement, et, peu après, je m'endormis.

Je ne m'éveillai que le lendemain matin : pendant quelques minutes mes idées étaient si confuses que je ne savais ni où j'étais, ni ce qui m'était arrivé ; la mémoire me revint bientôt, et avec elle mes espérances et mes craintes. Je souffrais beaucoup de ma blessure, et la fièvre me dévorait. Mon ange gardien (c'est ainsi que j'appelai l'excellente femme qui, avec une générosité si désintéressée et si vraie, me reçut, me protégea et me soigna) ne me perdit pas de vue un seul instant. Elle passa la nuit à me veiller en lisant une Bible placée sur une table à côté d'elle. Le matin, elle ne me parut point fatiguée et s'occupa, dès huit heures, de préparer le déjeuner. Du pain et du beurre avec du thé excellent, composèrent notre repas. Ces preuves multipliées de compassion et de bonté de la part d'une étrangère, et dans un tel moment de ma vie, m'émurent au point que je versai un torrent de larmes ; la bonne femme, touchée d'une émotion sympathique en me voyant pleurer, essuya plus d'une fois ses yeux au coin de son tablier noir. Elle semblait surprise de mon silence, et je crus prudent et convenable de lui découvrir enfin qui j'étais.

« Un étranger, madame, lui dis-je en mauvais anglais mêlé de français ; ah ! madame ayez pitié de moi ! »

Dès la première syllabe, elle avait deviné que je n'étais pas un Anglais. Elle me prit pour un matelot appartenant à l'un des vaisseaux stationnés dans le port. Mais, quand je lui expliquai que j'étais un pauvre *Frenchman*, un prisonnier français, sa physionomie changea tout à coup : elle recula involontairement, comme si l'antipathie nationale eût prévalu dans le cœur de cette excellente femme sur les inspirations de sa bienveillance naturelle. Mais ce ne fut qu'une impression momentanée : bientôt ses sentiments généreux et tendres reprirent le dessus.

Je tirai mon dictionnaire anglais de ma poche et, tant par signes que par le secours de quelques mots demi-anglais, j'essayai de lui faire comprendre ma situation, mes anxiétés et mes espérances. En même temps je vidai ma poche sur la table, en me jetant aux genoux de ma protectrice et en la suppliant de ne pas me trahir. Elle me dit alors d'un ton très ému, et en versant des larmes abondantes, qu'un de ses petits-fils, consolation de sa vieillesse et seul débris d'une famille nombreuse, était prisonnier à Verdun, en France.

« Vous trahir, ajouta-t-elle avec émotion, Dieu m'en préserve ! »

Elle me dit encore que, si je parvenais à m'échapper, la seule grâce qu'elle me demandait serait de prêter secours à son fils et de l'aider à sortir de prison. Quant à mon argent, elle le refusa vivement, et je ne pus la faire revenir sur ce premier refus.

Enfin nous nous entendions, et je me sentais soulagé d'un poids énorme. Ma bonne hôtesse me relégua dans un petit pavillon situé au fond de la cour, et où personne ne pouvait me découvrir. Cette cour, qui avait à peu près douze pieds carrés, était entourée de murs extrêmement élevés : aucune maison n'avait vue sur elle. Le sort nous servait bien ; car les lois anglaises auraient puni l'hospitalité de ma libératrice, si l'on avait pu la convaincre d'avoir favorisé la fuite d'un prisonnier français.

Pendant que je restai caché dans cet asile, elle me prodigua tous les soins de la mère la plus tendre. Le coup que j'avais reçu à la tête fut longtemps à se guérir, et la force ne revenait que par degrés. Au bout de huit jours, cependant, j'éprouvai un mieux sensible. Je tenais ma porte toujours fermée ; quand on venait rendre visite à mon hôtesse, elle avait soin de congédier promptement les importuns, et telle fut la prudence avec laquelle elle se conduisit que ses plus proches voisins ne conçurent pas le moindre soupçon de ce qui se passait chez elle.

Nos entretiens étaient assez plaisants ; vers dix heures du soir, quand elle avait fermé ses volets et tiré les verrous de la porte, elle apportait son ouvrage dans mon pavillon et y préparait le thé et les tartines, espèce de collation pour laquelle je partage le goût des Anglais, et que je regarde comme extrêmement *confortable*. Quand je ne comprenais pas ce qu'elle me disait, je la priais de me l'écrire, et, le dictionnaire à la main, je cherchais les mots de sa phrase. Souvent j'ai vu les larmes mouiller les joues de cette excellente amie au récit de mes souffrances et de mon évasion.

La prudence et l'amitié ne me permettent pas de révéler le nom de celle à qui je dois tout. Elle entrait, m'a-t-elle dit, dans sa soixante-dixième année. Veuve d'un capitaine ou maître de vaisseau qui faisait le commerce sur la Baltique, elle avait perdu, peu d'années auparavant, son mari qui lui avait laissé une honorable indépendance et de quoi soutenir sa vieillesse. Tous ses enfants et petits-enfants étaient morts, excepté celui qui était prisonnier à Verdun et dont elle m'avait parlé. Ce dernier, pris par les Français sur un vaisseau britannique où il servait, n'avait pas donné de ses nouvelles depuis deux ans, et la pauvre dame n'avait pas de plus grand chagrin au monde. Je lui promis que, dès mon retour en France, mon premier soin serait de m'informer de la situation où se trouvait son petit-fils, et d'employer tout le crédit de ma famille, dont les relations sont fort étendues, à opérer son échange contre un prisonnier français, ou du moins à rendre son sort moins fâcheux.

Nous parlâmes ensuite, comme on le pense bien, de mon plan d'évasion définitive, et, pour en préparer le succès, mon amie me fit présent d'un vêtement complet qui avait appartenu à son fils le matelot, de deux belles chemises, d'un chapeau et d'autres articles également nécessaires, qu'elle me pria de garder en souvenir d'elle, à la charge de rendre à son petit-fils le même service si l'occasion s'en présentait. Quand j'échangeai mes anciens vêtements contre ceux-ci, il me sembla que j'abdiquais la mauvaise fortune et que tout changeait pour moi ; la superstition du malheur me fit croire que mes périls étaient tous à leur terme. La connaissance parfaite que j'avais de la route qu'il me fallait suivre, et où personne n'avait le droit de venir me demander compte de mes intentions ultérieures, augmentait mes espérances. Quant à mon hôtesse, en me voyant paraître sous le costume de son enfant, elle s'émut, tomba dans un fauteuil et ne put retenir ses larmes. J'étais devenu moi-même comme son fils, et ses douleurs étaient les miennes. Je la consolai de mon mieux, et, quand elle revint à elle-même, elle me prit la main, essuya ses pleurs et pria Dieu de me rendre à ma famille, avec un ton de vérité et un accent dont le pathétique profond ne sortira jamais de ma mémoire.

Après quinze jours passés sous le toit hospitalier de celle qui m'avait sauvé la vie, je me décidai à la quitter et à ne pas lui causer plus longtemps cet embarras. Je ne pus lui faire accepter aucun dédommagement des dépenses que j'avais pu lui occasionner.

« Mettez tout cela, me disait-elle, sur le compte de mon enfant. Faites pour lui, si vous pouvez, ce que j'ai fait pour vous. »

Elle ne voulut recevoir de moi qu'un anneau de peu de valeur, mais qui m'était précieux comme souvenir de ma mère, qui avait fait graver à l'intérieur mes noms, ma demeure, le jour et l'année de ma naissance. Cette seconde mère, offerte à mon infortune sur une terre étrangère, me promit de le garder toujours ; je ne pus ajouter à ce mince cadeau que cinq ou six petites pièces d'argent espagnoles dont elle admirait l'empreinte et que je lui donnai pour servir de jetons au whist.

Après un bon déjeuner, vers huit heures du matin, je lui fis mes adieux ; elle m'embrassa en pleurant et me remit une lettre pour son petit-fils, lettre où se trouvait incluse une traite sur un banquier de Paris. Malgré mon émotion, j'essayai de sourire, en lui disant que j'espérais que son petit-fils, elle et moi, nous nous retrouverions bientôt dans de meilleures circonstances. Elle secoua la tête en répondant :

« Oh non ! non ! pas dans ce monde. »

Je ne pouvais quitter sa main que je couvrais de baisers en lui répétant tout ce que mon cœur sentait de profonde gratitude. Elle me remit encore un petit paquet contenant des aliments pour le voyage, me recommanda mille et mille fois de ne pas oublier son pauvre garçon, et nous nous quittâmes.... pour toujours.

Je ne me rappelle pas aujourd'hui sans être touché jusqu'aux larmes et les détails de mon séjour chez cette bonne dame et son hospitalité si généreuse ; j'eus la douleur de ne pas pouvoir lui rendre, même en partie, les services que j'avais reçus d'elle. Son petit-fils, de concert avec plusieurs autres prisonniers anglais, avait tenté de s'évader, et était mort d'un coup de feu qu'il avait reçu en se défendant contre des gardiens. Ma généreuse amie ne put survivre à cette nouvelle, que je lui donnai avec tous les ménagements possibles ; nous lui écrivîmes plusieurs fois sans recevoir de réponse ; nous lui adressâmes divers objets dont elle n'accusa pas réception. Enfin un de mes amis, chargé d'aller à Lynn savoir ce qu'elle était devenue m'écrivit que, depuis deux ans, la meilleure des femmes avait suivi son petit-fils au tombeau.

J'avais reçu d'elle toutes les instructions nécessaires pour sortir de la ville sans m'égarer. C'était jour de marché ; les rues étaient pleines de monde.... Je me trompai de rue une ou deux fois ; mais, après avoir traversé la grande place, je finis par me trouver sur la route qui me conduisait directement à la côte où j'espérais m'embarquer. Chaque pas que je faisais me rapprochait de ma patrie, et tout conspirait à me donner espoir et confiance. Je traversai Gaywood, joli village, et je continuai de marcher assez lentement : arrivé au sommet d'une colline, je m'assis sur une borne qui m'indiquait les quatre milles que je venais de franchir et d'où je voyais la ville de Lynn, séjour de ma libératrice, à laquelle je dis de loin, et en secret, mes derniers adieux.

J'arrivai le soir, à six heures, à Fakenham, ville fort propre et assez populeuse. Un mille plus loin, je fis élection de domicile dans une étable, et je m'y établis pour souper. Le lendemain matin, je repartis : mon intention était de n'arriver que le soir au lieu de ma destination et de prendre toutes les précautions que pourrait m'indiquer la prudence. Ce fut alors qu'une multitude de craintes vinrent m'assiéger ; je touchais au but et je pouvais le manquer encore. Si l'homme auquel j'étais prêt à me confier allait me trahir ! Si, par hasard, il n'était pas chez lui, ou s'il n'existait plus ! Il était sept heures quand j'atteignis le village de Langham, dont les petites maisons, ornées de chèvrefeuille et garnies d'églantiers, ont un aspect si élégant et si pittoresque.

En sortant de Langham, j'aperçus la mer. Son aspect inattendu me frappa d'étonnement, de crainte, d'espérance.....De beaux navires pavoisés étaient à l'ancre dans le port; les voiles de diverses embarcations glissaient au loin sur les flots. J'admirai ce spectacle, et j'écoutai le sourd et profond murmure des ondes qui se brisaient contre la barre de l'entrée du hâvre.

J'avais un mot de passe pour l'homme de confiance à qui je devais m'adresser, et dont les renseignements les plus minutieux m'indiquaient la maison. En dépit de l'assurance que l'on m'avait donnée que cet homme ne me trahirait pas, mon cœur battait violemment. Je me trouvais sur la pointe d'un roc extrêmement escarpé, qui dominait la mer et le rivage, où quelques huttes de pêcheurs étaient éparses, un peu isolées les unes des autres; je reconnus à mes pieds, mais à une distance énorme, la maison couverte de tuiles rouges qui appartenait à l'homme en question.

Mais comment parvenir jusqu'à cette maison? Je continuai à marcher pendant un demi-mille, le long du bord de ce précipice, et je désespérais de trouver une route qui communiquât avec la côte, lorsque tout à coup j'aperçus à ma gauche une petite ouverture qui ressemblait à une fondrière. Le roc s'était éboulé dans cet endroit, et l'excavation naturelle qui était résultée de cette dégradation avait formé le chemin que je cherchais.

J'entrai aussitôt dans ce chemin recouvert d'un beau sable blanc de la plus grande finesse, dans lequel mes pieds s'enfonçaient à chaque pas. Ce sentier n'avait pas plus d'une toise de largeur; des ronces, des épines, des genêts et des mûriers, qui l'obstruaient, s'opposaient à mon passage. Plus je descendais, plus cette voûte, presque souterraine, se plongeait dans les flancs de la montagne; au-dessus de ma tête, les plantes sauvages formaient une arche ténébreuse, d'où elles retombaient en guirlandes pittoresques, que Salvator Rosa eût admirées comme une beauté virginale, et que je maudissais comme un obstacle.

Ce sentier pouvait avoir un demi-mille de long : parvenu à peu près à la moitié de cette distance, je trouvai le sol moins friable; des deux côtés on avait creusé de petites cavernes, où des enfants avaient laissé des traces de leurs jeux.

Un âne à demi-mort de faim, appuyé sur ses pieds de derrière, essayait d'atteindre le repas que les chardons placés au-dessus de sa tête lui promettaient sans le lui donner : j'eus grand'peine à le forcer à me livrer passage. Enfin, en arrivant à une petite hauteur d'où la vue parcourait librement l'étendue jusqu'aux limites de l'horizon, je vis immédiatement sous mes pieds la petite habitation aux tuiles rouges; elle était un peu isolée du village, qui ne se composait que de quatre ou cinq cabanes, et s'élevait à peine de deux ou trois pieds au-dessus de la marée montante.

Quant à la maison que je cherchais, elle se trouvait seule sur le bord et au sommet d'un petit promontoire, à quatre ou cinq toises du rocher perpendiculaire dont j'ai parlé ; la route passait entre l'escarpement et la cabane. Un filet était suspendu à la porte, et une petite chaloupe ou *coble*[1] était amarrée à peu de distance : cette dernière circonstance me fit croire que le propriétaire du *coble* était chez lui. La cabane, un peu mieux construite que les autres annonçait plus d'aisance ; ce fut encore pour moi un heureux pronostic ; caché derrière un fragment de rocher, j'attendis patiemment la chute du jour, les yeux toujours fixés sur les fenêtres de la petite maison du pêcheur.

Enfin la nuit vint : on ferma les volets de la cabane ; je vis briller une lumière dans l'intérieur, et je m'avançai, le cœur palpitant. Trois écailles d'huîtres, signe que l'on m'avait indiqué d'avance, étaient clouées sur la porte ; une croix blanche, qui les surmontait, et que l'on m'avait également signalée, m'annonçait que le maître était à la maison. Suspendu entre la crainte la plus vive et l'espoir le plus enivrant, je soulevai le loquet, et, entrant d'un pas ferme et d'un air assuré, je remplis ponctuellement le rôle que mes instructions me traçaient et que j'avais appris par cœur.

Un homme vêtu en matelot, coiffé d'un bonnet de crin, et portant de grosses bottes de postillon, était assis devant le feu et accoudé sur une petite table, où étaient placés son verre et sa cruche de grog. Une vieille femme, qui paraissait toucher à la dernière décrépitude, filait du lin à la quenouille, et occupait l'autre côté du foyer. Enfin, un petit garçon de dix à douze ans, de la physionomie la plus maligne, perché sur une haute escabelle, habillé d'un bonnet de matelot, était à demi endormi. Je jetai sur cet intérieur un rapide coup d'œil, et je reconnus aussitôt le signalement de l'homme que je cherchais : une balafre depuis la tempe gauche jusqu'au bas de la joue droite, et un gros anneau d'argent à la main droite ; cet anneau est, suivant une superstition commune parmi les matelots anglais, un excellent préservatif contre les dangers qu'ils affrontent.

Le matelot m'observait d'un air soupçonneux : les vêtements neufs que je portais ne lui semblaient pas devoir appartenir à un prisonnier français qui s'évade. Je m'aperçus de sa défiance, et, m'approchant de la table, je levai les deux doigts de ma main gauche au-dessus de ma tête ; signe convenu, que l'enfant et la femme ne pouvaient voir, et qu'il comprit très bien. Il répondit à mon signe par un autre également convenu, et s'écria :

« Tout est en ordre.

---

[1]. Bateau rond dont les pêcheurs de Norfolk se servent communément.

— *Ware hawks and sharks to the true man*[1]*!* m'écriai-je, en répétant de mon mieux ce mot d'ordre ou cet argot.

— Ah! répliqua le pêcheur, en frappant la petite table de son poing fermé. *And cold iron and an ounce of lead to the false one*[2]*!* »

Cette longue conversation dépassait mes instructions, et, ne sachant plus que dire, je m'adressai à lui en français. Heureusement, il entendait cette langue, qu'il parlait assez bien.

« Asseyez-vous, me dit-il; mettez-vous à votre aise. Nous n'avons ici que des amis (en me montrant l'enfant et la femme); d'ailleurs, ils n'entendent pas le baragouin. »

Je m'étais assis; il continua :

« Je crois que vous êtes un brave, d'après votre figure. Si vous étiez un coquin d'espion, vous sauriez mieux votre métier. J'ai vu tout de suite que la frégate était de construction française, quoique équipée à l'anglaise. »

Il alla ensuite fermer la porte, qu'il barricada avec de gros morceaux de fer.

« Nous n'avons pas grand'chose à craindre, reprit-il; mais il vaut mieux prendre toutes ses précautions. Entonnez-moi ce verre d'excellente eau-de-vie; je vais vous chercher du pain pour garnir la Sainte-Barbe. Eh! qu'en dites-vous? vrai Hollande celui-là? »

Il plaça ensuite sur la table du pain et du bœuf salé, avec du beurre et quelques fruits, et trinquant avec moi, m'engagea à *lui conter tout cela*. Je lui fis brièvement mon récit, et j'ajoutai que, s'il pouvait m'aider à passer en Hollande, je lui offrais comme récompense de ce service telle somme qu'il lui plairait de fixer. Il m'écouta jusqu'au bout, sans m'interrompre, et sans prouver autrement l'intérêt qu'il prenait à mes infortunes que par la quantité plus ou moins dense de fumée qu'il faisait sortir de sa pipe; la colonne de vapeur devenait énorme quand un incident inattendu excitait sa sensibilité : un grand verre de grog, qu'il avalait par-dessus, achevait de témoigner son émotion.

Quand j'eus achevé, il me prit la main, la secoua rudement et me dit :

« Tout est en ordre; je ferai de mon mieux; mais il faut de la prudence : les vautours sont à la piste. Quant à présent, je ne vois pas de moyen de réussir. Attendez ici; vous serez chez moi comme chez vous. »

Ce délai calma un peu la vive anxiété de mes espérances, et nous convînmes qu'il me garderait chez lui jusqu'au moment favorable de ma délivrance. Je partageai son grog, et nous passâmes gaiement le reste de la soirée à deviser ensemble.

Mon hôte, que je nommerai Jack (sobriquet que lui donnaient ses cama-

---

1. Gare aux vautours et aux requins! Bonheur aux braves gens!
2. Et du fer froid avec une once de plomb pour le traître!

rades), pouvait avoir quarante-cinq ans. C'était encore un bel homme, malgré la balafre qui sillonnait son visage, et qu'il devait, me dit-il, à un coup de sabre français. La vie rude qu'il avait menée, les vents, les orages et la fumée de la poudre avaient noirci son front, et laissé leur empreinte indélébile sur sa figure martiale et hardie.

« Je n'étais pas plus haut que la quille d'une chaloupe, que je servais déjà comme mousse, » me dit-il.

Associé à tous les contrebandiers de la côte, il n'avait rien de leur féroce violence, ni dans le caractère, ni dans les traits. Sa manière de faire le *commerce libre*, comme il l'appelait, l'exposait à moins de dangers que les autres : jamais il ne débarquait ses pacotilles qu'à une distance assez considérable de sa cabane. Il m'apprit qu'il était l'homme de confiance d'une maison de commerce d'Amsterdam, liée avec d'autres maisons anglaises; que jamais il n'avait trahi cette confiance, et « qu'en mettant de côté les avaries causées par les vautours de terre et les orages de mer », il ne leur avait pas fait perdre un seul denier.

A ces détails donnés sur sa vie, et qui semblaient lui inspirer assez d'orgueil, il ajoutait, sans doute pour excuser le métier qu'il faisait, que, né à Rotterdam, de parents américains, il ne devait rien à l'Angleterre; qu'il n'avait rien gagné à la servir, si ce n'est ce bon coup de sabre, qui ne lui avait pas même valu un grand merci ; que les Français l'avaient bien payé, et qu'il était toujours à leur disposition . péroraison qu'il accompagna d'une pleine rasade. en me faisant signe de l'imiter.

Cette exhortation s'était reproduite si souvent, que je me sentais la nécessité du repos et du sommeil. Mon hôte ne voulait y consentir, et, après m'avoir longtemps supplié d'accepter « rien qu'une goutte », il me conduisit dans une chambre assez propre, et, me montrant une forte barre de fer, m'apprit à la placer transversalement de manière à fermer le passage ; il me donna aussi un mot d'ordre, et me recommanda de n'ouvrir qui si je l'entendais prononcer. Une ouverture imperceptible, pratiquée dans le mur, devait me servir à reconnaître ceux qui approchaient de la cabane. Il me promit de venir me voir le lendemain matin :

« Allons, serrez la voile, ajouta-t-il en me souhaitant le bonsoir, et dormez bien. »

Je suivis ses injonctions et je ne tardai pas à trouver le sommeil entre deux draps meilleurs et plus fins que ceux de la plupart des auberges de France.

Le lendemain, fidèle à sa parole, il frappa à ma porte, me donna le mot de passe, et me trouva déjà habillé. La vieille le suivit, me prépara un bon feu, plaça un panier de charbon de terre, auprès du poêle, et me fit signe de l'alimenter ; elle me servit ensuite à déjeuner, et nous laissa seuls. Nous réglâmes plusieurs détails indispensables pour ma sûreté et pour la sienne : il me défendit d'ouvrir ma fenêtre avant la nuit, dans la crainte que l'on m'aperçût du rivage ; il me recommanda bien de fermer le volet, dès que le jour tomberait, pour qu'on ne vît pas de lumière du dehors.

« La vieille que vous avez vue, continua mon hôte, et que vous avez prise pour une idiote, est toujours au guet et prête à donner l'alarme à la moindre apparence de danger ; sous cet air décrépit et presque imbécile, elle cache beaucoup de ruse et de caractère ; pour dernière sûreté, voyez cette ouverture pratiquée dans la muraille : en déplaçant cette pierre, vous pouvez vous y blottir, et je défie le diable en personne de découvrir où vous êtes. »

Il s'assit ensuite auprès de moi et, pendant une demi-heure, la conversation fut animée et fort amusante ; mais ses occupations ne lui permettant pas toujours de me tenir compagnie, cette nouvelle prison, où je fus obligé de rester caché pendant des semaines, m'ennuyait beaucoup quoique l'on me donnât tous les soins possibles et que chacun des membres de la famille s'empressât de prévenir mes désirs.

Quinze jours après mon arrivée chez le matelot, le moment du départ sonna enfin pour moi. Il y avait trois jours que mon hôte le contrebandier n'avait mis le pied chez lui, et la vieille femme, pour me rassurer, me disait que *sans doute il y avait quelque chose sous jeu*. A minuit précis, la lune traçait sur la mer un long sillon vacillant, et, avant de me mettre au lit, je fixais mes regards sur cette scène de repos et de grandeur quand je vis un esquif s'approcher du rivage : c'était le *coble* dont j'ai parlé plus haut. Il portait deux hommes et un enfant, que je reconnus être le jeune fils de mon hôte. Je respirais à peine.

Jack entre dans la cabane, ne me permet pas de dire adieu à la vieille, m'entraîne, me perche dans le *coble*, et à force de rames, secondé par l'autre matelot, fait fuir rapidement son esquif. Après deux ou trois heures de navigation, nous nous trouvâmes en vue d'un petit sloop hollandais qui nous attendait en panne et dont le capitaine me reçut très bien. Jack, qui m'avait suivi dans la cabine, m'apprit, avec tout le laconisme exigé dans une telle circonstance, que ce navire était un de ceux du *libre commerce*, que le capitaine, ayant consenti à me recevoir à bord, avait attendu le moment favorable pour approcher de la côte et m'enlever. Cependant le capitaine nous pressait ; je récompensai libéralement le brave Jack. Nous nous fîmes de mutuels adieux ; il me serra la main, descendit dans sa chaloupe et gagna le large.

Un vent frais souffla presque aussitôt, et, les côtes d'Angleterre s'effaçant graduellement à mes regards ravis, je ne vis plus que le phare de Cromer, dont la lueur tremblante se mêlait à d'épais tourbillons de fumée. Le capitaine me fit raconter mes aventures, en m'offrant encore le grog favori des Hollandais et des Anglais. Plusieurs vaisseaux nous firent la chasse; mais notre bonne fortune l'emporta, et, deux jours après son départ, le sloop entra dans le Texel.

Le lendemain matin, j'étais en route pour Paris. Le ministre de la marine me fit appeler; je lui donnai les renseignements minutieux qu'il me demanda.

A mon dernier voyage en Angleterre, après la paix continentale, je voulus rendre visite à mon ami Jack. Cabane, village, tout avait disparu. La mer avait balayé cette partie de la côte, et personne n'a pu me donner de renseignements précis sur la demeure nouvelle du contrebandier....

(Extrait d'un article du New Monthly Magazine, paru en 1827 et traduit dans le Carnet historique et littéraire, publié par M. le comte Fleury.)
(Émile Paul, éditeur.)

SUR LE QUAI, LE COMTE DE LAVALETTE APERÇUT SA FILLE JOSÉPHINE, LES MAINS JOINTES,
QUI PRIAIT DE TOUTE SON AME.

Le Comte de Lavalette

(1815)

Aide de camp de Bonaparte, créé comte de l'Empire et directeur des postes, Lavalette devait être au premier rang des victimes désignées par Fouché à la vengeance de la seconde Restauration. Le 8 juillet 1815, après l'abdication et le départ de Napoléon le roi était rentré dans sa capitale; le 18, Lavalette était arrêté comme prévenu d'avoir pris une part active au retour de l'île d'Elbe. Quelques jours après, il était écroué à la prison de la Conciergerie, et, le 20 novembre, condamné à mort. Vainement Mme de Lavalette alla se jeter aux pieds de Louis XVIII et de la duchesse d'Angoulême : le roi resta inflexible.

La courageuse femme conçut alors le plus audacieux des projets, celui de faire évader son mari en lui donnant ses propres vêtements et de prendre elle-même sa place dans sa prison. Elle avait en effet obtenu l'autorisation de venir chaque jour dîner avec le prisonnier. On était alors au mardi soir et l'exécution devait avoir lieu le jeudi. — Nous empruntons le récit qui va suivre aux Mémoires mêmes de Lavalette.

Ma femme vint à six heures dîner avec moi, accompagnée de sa parente, Mlle Dubourg. Quand nous fûmes seuls, elle me dit :

« Il paraît trop certain que nous n'avons plus rien à espérer, il faut donc, mon ami, prendre un parti et voici celui que je vous propose. A huit heures, vous sortirez couvert de mes vêtements, accompagné de ma cousine. Vous monterez dans ma chaise à porteurs qui vous conduira rue des Saints-Pères, où M. Baudus se trouvera avec un cabriolet et vous conduira dans une retraite qu'il vous a ménagée. Là, vous attendrez sans danger qu'on puisse vous faire sortir de France. »

Je l'écoutais et la regardais en silence ; son air était calme et le ton de sa voix assuré. Elle paraissait tellement convaincue du succès que j'hésitais à lui répondre. Cependant cette entreprise me paraissait folle ; il fallait bien le lui dire ; mais au premier mot, elle m'interrompit :

« Point d'objections : je meurs si vous mourez. Ainsi ne repoussez pas mon projet. Ma conviction est profonde, je sens que Dieu me soutient! »

En vain, je cherchai à lui représenter les nombreux geôliers qui l'entouraient chaque soir quand elle me quittait, le concierge qui lui donnait la main jusqu'à la chaise à porteurs, l'impossibilité d'être assez bien déguisé pour pouvoir leur donner le change, enfin ma répugnance invincible à l'abandonner aux mains des geôliers :

« Qu'arrivera-t-il quand ils découvriront que je suis parti? Ces brutaux dans leur fureur ne s'oublieront-ils pas jusqu'à vous maltraiter? »

J'allais continuer, mais je m'aperçus bientôt, à la pâleur de son visage et aux mouvements d'impatience qui commençaient à l'agiter, qu'il fallait cesser toute objection. Je gardai le silence pendant quelques minutes.

« Enfin, lui dis-je, je ferai ce que vous voudrez ; mais, si vous voulez réussir, souffrez au moins une seule observation. Le cabriolet est placé trop loin : à peine échappé on s'apercevra de ma fuite, et indubitablement on me rencontrera dans cette chaise ; car il faut près d'une heure pour aller à la rue des Saints-Pères ; je ne peux m'y sauver à pied sous vos habits. »

Cette réflexion la frappa.

« Changez, ajoutai-je, cette partie de votre plan ; la journée de demain doit m'appartenir encore ; je vous jure que le soir je ferai tout ce que vous voudrez.

— Eh bien! me dit-elle, vous avez raison, je ferai placer le cabriolet plus près d'ici. Donnez-moi votre parole de m'obéir, car il ne nous reste que cette ressource. »

Je lui pris la main. « Je ferai tout ce que vous voudrez et comme vous voudrez. »

Cette promesse la calma et nous nous séparâmes.

Le lendemain à cinq heures, ma femme arriva accompagnée de notre fille Joséphine, que je revis avec autant de surprise que de joie.

« Je crois, me dit-elle, qu'il vaut mieux prendre notre enfant pour vous accompagner. Je lui ferai faire plus docilement ce que j'ai en tête. »

Elle s'était couverte d'une robe de mérinos richement doublée de fourrures, et qu'elle avait continué de porter quand elle sortait du bal. Elle avait dans son sac une jupe en taffetas noir.

« Il n'en faut pas davantage, me dit-elle, pour vous déguiser parfaitement. »

Alors elle renvoya sa fille près de la fenêtre et me dit à voix basse :

« A sept heures sonnant vous serez habillé ; tout est bien préparé. Vous sortirez en donnant le bras à Joséphine ; vous aurez soin de marcher bien lentement ; en traversant la grande pièce du greffe vous mettrez mes gants, et vous vous couvrirez le visage de mon mouchoir. J'avais pensé à prendre un voile, mais malheureusement je n'ai pas pris l'habitude d'en porter en venant ici : il n'y faut donc pas penser. Ayez bien soin en passant sous les portes, qui sont si basses, de ne point accrocher les plumes du chapeau, car tout serait perdu. Je trouve toujours les geôliers dans le greffe, et le concierge à l'habitude de me donner la main jusqu'à la chaise à porteurs, qui est toujours placée près de la porte de sortie ; mais aujourd'hui elle sera dans la cour, au haut du grand escalier. Là, vous serez rencontré peu de temps après par M. Baudus, qui vous conduira jusqu'au cabriolet et vous indiquera votre cachette. Alors à la grâce de Dieu, mon ami.... Faites bien ce que je vous dis. Restez calme. Donnez-moi votre main : je veux vous tâter le pouls. Bien ! dit-elle. Prenez la mienne maintenant ; sentez-vous la plus légère émotion ? »

Je me convainquis qu'elle avait une forte fièvre.

« Surtout, ajouta-t-elle, point d'attendrissement ; nous serions perdus. »

Je lui donnai cependant mon anneau de mariage, sous le prétexte que, si j'étais arrêté dans ma course à la frontière, il ne fallait rien conserver qui pût me faire reconnaître. Elle fit ensuite approcher sa fille.

« Écoutez bien, mon enfant ce que je vais vous dire ; car vous allez me le répéter. Je sortirai aujourd'hui à sept heures, au lieu de huit ; vous passerez derrière moi, car vous savez que les portes sont étroites ; mais quand nous entrerons dans la grande pièce du greffe, ayez soin de vous mettre à ma gauche : le concierge a l'habitude de me donner le bras de ce côté et cela me déplaît. Quand nous serons sorties de la grille pour monter l'escalier du dehors, placez-vous alors à ma droite pour que ces vilains gendarmes du corps de garde ne viennent pas me regarder sous le nez, comme ils le font toujours. Avez-vous bien compris ? »

L'enfant répéta avec une grande fidélité.

Je regardais ma femme, je pensais à tous les obstacles qui pouvaient surgir, et une fatale idée vient me traverser la tête.

« Si vous alliez trouver le concierge, lui dis-je, et que vous lui proposassiez cent mille francs pour fermer les yeux quand je vais passer, peut-être consentirait-il et alors nous serions sauvés. »

Elle me regarda un instant en silence :

« Eh bien ! j'y vais », dit- elle.

Elle sortit effectivement et rentra quelques minutes après. Cependant, je me repentais déjà de cette démarche ; j'en voyais toute l'inutilité, toute l'imprudence. Mais en rentrant, elle me dit tranquillement :

« C'est inutile. Le peu de mots que j'ai tirés du concierge ont suffi pour me convaincre de sa probité ; ne changeons rien à notre plan. »

Enfin on servit le dîner. Au moment de nous mettre à table, une vieille bonne appelée Mme Dutoit, qui avait accompagné Joséphine, entra mourante dans ma chambre. Mme de Lavalette l'avait laissée au greffe dans l'intention de me faire suivre par elle. Mais l'extrême chaleur du poêle et l'émotion l'avaient rendue si souffrante, et elle avait tant insisté pour me voir une dernière fois, que le geôlier la fit entrer sans la permission du concierge. Loin de nous être utile, cette pauvre femme nous embarrassait. Sa tête pouvait s'égarer à la vue du déguisement. Mais que faire ? Maintenant, il fallait la contenir, et elle allait commencer ses gémissements, quand ma femme lui dit d'une voix contenue, mais ferme :

« Point d'enfantillages. Restez à table, ne mangez pas, ne dites pas un mot et respirez ce flacon d'odeur. Dans moins d'une heure, vous serez à l'air libre. »

Ce repas, qui devait être le dernier de ma vie, était effrayant. Les morceaux s'arrêtaient à la gorge ; nous n'échangions pas une parole ; et il fallait ainsi passer près d'une heure. Six heures trois quarts sonnèrent enfin.

« Il ne faut que cinq minutes ; mais je veux parler à Bonneville. »

Elle tira la sonnette, le valet de chambre entra ; elle le prit à part, lui dit quelques mots à l'oreille, et ajouta tout haut :

« Ayez soin que les porteurs soient prêts ; je vais sortir. Allons, me dit-elle, il faut vous habiller. »

J'avais fait placer dans ma chambre un paravent pour me faire un cabinet de garde-robe. Nous passâmes derrière. Tout en faisant ma toilette avec une adresse et une prestesse charmantes, elle me disait :

« N'oubliez pas de bien baisser la tête au passage des portes. Marchez lentement dans le greffe, comme une personne épuisée par la souffrance. »

En moins de trois minutes, la toilette était complète. Nous rentrâmes dans la chambre, et Émilie[1] dit à sa fille :

---

1. Mme de Lavalette.

« Comment trouvez-vous votre père ? »

Un sourire de surprise et d'incrédulité échappa à la pauvre petite.

« Sérieusement, ma fille, comment le trouvez-vous ? »

Alors, je me tournai et fis quelques pas.

« Mais, pas mal », dit-elle, et sa tête retomba de tristesse sur sa poitrine. Nous avançâmes donc tous en silence vers la porte.

« Le concierge, dis-je à Émilie, vient tous les soirs après votre départ. Ayez soin de vous tenir derrière le paravent et de faire un peu de bruit en remuant quelque meuble. Il me croira derrière et sortira pendant quelques minutes qui me sont nécessaires pour m'éloigner. »

Elle me comprit, et je tirai le cordon de la sonnette.

« Adieu, me dit-elle en levant les yeux vers le ciel. »

Je pressai son bras de ma main tremblante ; nous échangeâmes un regard ; nous embrasser, c'était nous perdre. Le geôlier se fit entendre. Émilie s'élança derrière le paravent. La porte s'ouvrit. Je passai le premier, ma fille ensuite ; Mme Dutoit fermait la marche.

Après avoir traversé le corridor, j'arrivai à la porte du greffe. Il fallait lever le pied et en même temps baisser la tête pour que les plumes du chapeau ne rencontrassent pas le haut de la porte. J'y réussis ; mais, en me relevant, je me trouvai dans cette grande pièce, en face de cinq geôliers, debout, le long de mon passage. Je tenais mon mouchoir sur mes yeux et j'attendais que ma fille se plaçât à ma gauche. L'enfant prit mon bras, et le concierge, descendant l'escalier de la chambre, vint à moi, et, plaçant la main sur mon bras, me dit :

« Vous vous retirez de bonne heure, madame la comtesse. »

Il paraissait fort ému et pensait sans doute qu'elle venait de faire un éternel adieu à son mari (on a dit que ma fille et moi, nous poussions des cris : nous osions à peine respirer). Enfin j'arrivai au bout de la pièce. Jour et nuit se tient là un geôlier, assis dans un grand fauteuil, dans un espace assez étroit pour avoir ses deux mains placées sur les clefs des deux portes, l'une en grille de fer, et l'autre, qui est externe, et qu'on appelle le premier guichet. Ce geôlier me regardait et n'ouvrait pas. Je passai ma main droite entre les barreaux pour l'avertir. Il tourna enfin les deux clés et nous sortîmes.

Une fois dehors, ma fille ne se trompa point et me prit le bras droit. Il y a douze marches à monter pour arriver dans la cour. Mais au bas de cet escalier est placé le corps de garde des gendarmes. Une vingtaine de soldats, l'officier en tête, s'étaient placés à trois pas de moi pour voir passer Mme de Lavalette. Enfin j'atteignis lentement la dernière marche et j'entrai dans la chaise, qui était à deux ou trois pas. Mais point de porteurs, point de domestiques. Ma fille et la vieille étaient debout à côté de la chaise, la sentinelle à six pas, immobile et tournée vers moi.

A mon étonnement se mêla un commencement d'agitation violente : mes regards étaient fixés sur le fusil de la sentinelle comme ceux du serpent sur sa proie. Je sentis, pour ainsi dire, ce fusil dans mes mains fermées. Au premier mouvement, au premier bruit, je m'élançais sur cette arme ; je me sentais la force de dix hommes, et très certainement j'aurais tué tout ce qui aurait voulu me saisir. Cette situation terrible dura environ deux minutes ; mais elle avait pour moi la longueur d'une nuit. Enfin j'entendis la voix de Bonneville qui me dit tout bas :

« Un des porteurs m'a manqué, mais j'en ai trouvé un autre. »

Et alors, je me sentis soulevé. La chaise traversa la grande cour et tourna à droite en sortant. Nous allâmes ainsi jusque sur le quai des Orfèvres, en face de la petite rue du Harlay. Alors la chaise s'arrêta, la porte s'ouvrit, et mon ami Baudus, me présentant le bras, me dit tout haut :

« Vous savez, Madame, que vous avez une visite à faire au président. »

Je sortis donc, et il me montra du doigt un cabriolet qui était à quelques pas dans cette rue obscure. Je m'élançai dans cette voiture, et le cocher me dit :

« Donnez mon fouet.

Je le cherchai en vain ; il était tombé.

« Qu'importe ? » dit mon compagnon.

Un mouvement des rênes fit partir le cheval au grand trot. En passant, je vis Joséphine sur le quai, les mains jointes, et qui priait Dieu de toute son âme. Nous traversâmes le pont Saint-Michel, la rue de la Harpe, et bientôt nous atteignîmes la rue de Vaugirard derrière l'Odéon. Là seulement, je commençai à respirer. En regardant le cocher du cabriolet, quel fut mon étonnement de reconnaître le comte de Chassenon, que je ne m'attendais guère à trouver là !

« Quoi ! c'est vous ? lui dis-je. »

— Oui, et vous avez derrière vous quatre pistolets doubles bien chargés ; j'espère que vous en ferez usage.

— Non, en vérité, je ne veux pas vous perdre.

— Alors, je vous donnerai l'exemple, et malheur à qui se présentera pour vous arrêter. »

Nous allâmes jusque sur le boulevard neuf, au coin de la rue Plumet. Là, nous nous arrêtâmes. Je plaçai mon mouchoir blanc sur le tablier du cabriolet. C'était le signal convenu avec M. Baudus. En chemin, je m'étais débarrassé de tout l'attirail féminin dont j'étais affublé, et je me couvris d'un carrick de jockey avec le chapeau rond galonné. M. Baudus arriva bientôt ; je pris congé de M. de Chassenon et je suivis modestement mon nouveau maître.

Il était huit heures du soir ; la pluie tombait à torrents, la nuit était pro-

Pour arriver à la chaise, M. de Lavalette, portant les vêtements de sa femme, dut passer devant les soldats de garde.

fonde et la solitude complète dans cette partie du faubourg Saint-Germain. Je marchais avec peine ; M. Baudus avançait rapidement, et ce n'était qu'avec effort que je pouvais conserver la distance. Bientôt, je perdis un de mes souliers ; il fallait marcher cependant. Nous rencontrâmes des gendarmes qui couraient au galop et qui ne se doutaient pas que j'étais là : car probablement c'était à moi qu'ils en voulaient. Enfin, après plus d'une heure de marche, harassé de fatigue, un pied chaussé, l'autre nu, je vis M. Baudus s'arrêter un instant rue de Gravelle, près de la rue du Bac.

« Je vais entrer, me dit-il, dans un hôtel ; pendant que je parlerai au suisse, avancez dans la cour. Vous trouverez un escalier à gauche ; montez-le jusqu'au dernier étage ; avancez dans un corridor obscur que vous trouverez à droite. Au fond est une pile de bois ; tenez-vous là et attendez. »

Nous fîmes alors quelques pas dans la rue du Bac, et une sorte de vertige me prit quand je le vis frapper à la porte du ministère des Affaires étrangères, occupé alors par M. le duc de Richelieu. M. Baudus entra le premier, et, pendant qu'il parlait au suisse, qui avait la tête hors de sa loge, je passai rapidement.

« Où va cet homme ? s'écria-t-il.

— C'est mon domestique »

Je gagnai l'escalier jusqu'au troisième étage, et j'arrivai à l'endroit qui m'avait été indiqué. A peine y étais-je que j'entendis le froissement d'une robe d'étoffe. Je me sentis prendre doucement par le bras ; on me poussa dans une chambre et la porte fut fermée sur moi.

J'avançai vers un poêle allumé et qui jetait une lueur fort incertaine. En plaçant, mes mains sur le poêle pour me chauffer, je trouvai un flambeau et un paquet d'allumettes. Je compris que je pouvais éclairer la chambre.

A l'aide d'une bougie, j'examinai mon nouveau domicile. C'était une chambre de médiocre grandeur à mansarde. Un lit fort propre, une commode, deux chaises et le petit poêle en faïence. Sur la commode était un papier sur lequel je trouvai écrit : « Point de bruit ; n'ouvrez la fenêtre que la nuit ; chaussez-vous de pantoufles de lisières, et attendez avec patience ». A côté de ce panier était une bouteille d'excellent vin de Bordeaux, plusieurs volumes de Molière et de Rabelais, et un joli panier qui renfermait des éponges, des savons parfumés, de la pâte d'amande et tous les petits instruments d'une toilette soignée.

Ces attentions délicates et la jolie écriture du billet m'indiquaient des hôtes qui joignaient aux plus généreux sentiments des mœurs élégantes et de bon goût. Mais pourquoi l'hôtel des Affaires étrangères ? Je n'avais jamais vu M. le duc de Richelieu. M. Baudus était, il est vrai, attaché à ce département, mais d'une manière fort indirecte. Je ne pouvais inspirer aucun intérêt au roi. D'ailleurs il eût été simple d'accorder la grâce. Si j'étais là par la volonté du ministre, pourquoi violer des devoirs sacrés, démentir la loyauté qu'il devait à son souverain, s'associer au parti de Bonaparte et à un criminel d'État condamné comme conspirateur?

M. de Lavalette était chez M. Bresson, caissier des Affaires étrangères, ami de M. Baudus.

M. Bresson, député à la Convention, s'était prononcé avec une grande énergie contre le procès et le jugement de Louis XVI. Il vota contre la mort et bientôt il fut proscrit et obligé de fuir. Sa femme et lui trouvèrent un asile au fond des montagnes des Vosges, chez de braves gens qui les cachèrent pendant près de deux ans avec une admirable fidélité.

Mme Bresson avait dès lors fait vœu de sauver à son tour un proscrit, si le hasard des événements voulait jamais qu'on lui demandât à elle-même un semblable service. M. Baudus qui connaissait ses sentiments était allé la trouver quand Mme de Lavalette s'était ouverte à lui de son projet.

Par prudence, Lavalette dut rester caché dix-huit jours. Enfin M. Baudus lui annonça que deux Anglais s'offraient à le sauver : c'étaient un M. Bruce et le général Wilson, qui avaient déjà tenté de sauver le maréchal Ney. Leur entreprise devait être cette fois plus heureuse. Revêtu d'un uniforme d'officier anglais, Lavalette fut conduit par ses libérateurs sur le territoire belge, d'où il passa en Allemagne. Il n'obtint sa grâce et ne rentra en France qu'en 1822. Quant à Mme de Lavalette, elle fut d'abord retenue à la Conciergerie; il fallut bien pourtant lui rendre la liberté; mais ses épreuves avaient alors pour jamais ébranlé sa raison.

En Sibérie
Rufin Piotrowski
(1846)

Nous n'avons pas à raconter l'histoire du soulèvement de la Pologne en 1831. Le parti national fut écrasé, on le sait, et la Pologne qui avait, au moins nominalement, à défaut d'indépendance, conservé son individualité, fut désormais déclarée partie intégrante de l'empire russe; plus de cinq mille familles furent déportées au Caucase; un grand nombre de patriotes s'exilèrent volontairement. Parmi ceux qui se réfugièrent en France se trouvait Rufin Piotrowski, que ses compagnons d'émigration envoyèrent comme émissaire en Russie en 1843. Piotrowski s'établit à Kamiéniec, le chef-lieu du gouvernement de Podolie, comme professeur de langues, sous nom supposé de Catharo, sujet anglais. Neuf mois après, il était reconnu comme

Polonais et déporté en Sibérie, où il fut attaché aux travaux de la distillerie d'Ekatérininski-Zavod, à 300 kilomètres au nord d'Omsk. Il dut se résigner d'abord au sort le plus pénible, aux besognes les plus rebutantes. Toutefois, au bout d'un an, il parvint à se faire employer dans les bureaux. Il lui fut plus facile dès lors de songer à quelque projet d'évasion. En 1846, il réussit en effet à recouvrer sa liberté. Comment il y parvint, c'est ce qu'il a raconté lui-même dans ses Souvenirs d'un Sibérien [1], *auxquels nous empruntons le récit qu'on va lire.*

Mon bureau était le rendez-vous de beaucoup de voyageurs qui arrivaient, soit pour la vente des grains, soit pour l'achat des spiritueux : paysans, bourgeois, commerçants, Russes, Tatars, Juifs, Kirghis. Je m'enquis, avec une curiosité qui ne se lassa jamais, auprès des étrangers de passage, de toutes les particularités de la Sibérie. Je parlais à des hommes dont les uns avaient été à Bérézov, les autres à Nertchinsk, aux frontières de la Chine, au Kamtchatka, dans les steppes des Kirghis, dans le pays de Boukhara. Sans sortir de mon bureau, j'arrivai ainsi à connaître toute la Sibérie dans ses moindres détails. Ces connaissances acquises devaient m'être plus tard d'une utilité immense dans mon entreprise d'évasion....

Un autre adoucissement à mon sort fut la permission, que m'accorda l'inspecteur, de quitter la caserne. Je pus abandonner cette habitation ordinaire des forçats et demeurer avec deux de mes compatriotes dans la maison d'un autre de nos amis, Siésicki. Ce dernier était parvenu à se construire peu à peu une petite maison en bois, grâce à son long séjour à Ékaterininski-Zavod et aux épargnes amassées sur sa faible paye. La maison n'était pas encore finie, le toit manquait complètement ; nous y transportâmes néanmoins nos pénates. Le vent sifflait par toutes les fentes ; mais, comme le bois ne coûtait presque rien, nous allumions chaque nuit un grand feu dans la cheminée : nous étions chez nous d'ailleurs et débarrassés de la hideuse compagnie des forçats ; les soldats seuls, que nous avions à payer, ne nous quittaient jamais. Nous passions les longues nuits d'hiver à causer, à nous rappeler ce qui nous était cher, à faire même des plans pour l'avenir. Ah ! si cette maison est encore debout, et si elle abrite quelque malheureux frère déporté, qu'il sache qu'il n'est pas le premier à y pleurer et à y invoquer la patrie absente !

J'avais assez vite monté du dernier jusqu'au premier degré auquel pouvait s'élever un forçat dans notre établissement des bords de l'Irtiche. Au commencement de 1846, je pouvais presque me faire illusion et me regarder comme une simple recrue de l'omnipotente bureaucratie, tristement reléguée dans des parages lointains et sous un climat inhospitalier. Combien

---

1. Traduits par Julien Klaczko.

ce temps ne différait-il pas de l'hiver terrible de 1844, alors que je balayais les canaux, portais ou fendais du bois et vivais sous le même toit avec le rebut du genre humain ! Combien de mes frères, hélas ! qui gémissaient en ce moment dans les mines de Nertchinsk ou dans les compagnies disciplinaires, combien même parmi ceux qui avaient été condamnés à une peine moins sévère que la mienne, ne se seraient-ils pas estimés heureux de la position qui m'était faite, et à laquelle pourtant j'étais résolu à me soustraire, au risque même d'encourir le knout et les cachots mystérieux d'Akatouïa !...

Dès l'été de 1845, je fis deux tentatives, un peu précipitées et irréfléchies, qui échouèrent au début même, sans cependant éveiller les soupçons. J'avais remarqué, au mois de juin, une petite nacelle qu'on négligeait souvent de retirer le soir du bord de l'Irtiche : j'imaginai de profiter de cet esquif et de me laisser porter par le fleuve jusqu'à Tobolsk ; mais à peine avais-je, par une nuit sombre, détaché le canot et donné quelques coups de rames, que la lune sortit des nuages, éclairant la contrée d'une dangereuse lumière ; en même temps, j'entendis du rivage les éclats de la voix du *smotritel*[1], qui se promenait en compagnie de quelques employés. Je regagnai doucement la terre. C'en était fait pour cette fois.

Le mois suivant, j'aperçus la même barque dans un endroit beaucoup plus favorable, sur un lac qui communiquait par un canal avec l'Irtiche, à un point assez éloigné de notre établissement. Un phénomène, très fréquent dans les eaux de la Sibérie pendant cette saison, mit un obstacle infranchissable à cette seconde entreprise. Par suite du refroidissement subit de l'air à la tombée de la nuit, il s'élève souvent des colonnes énormes de vapeur tellement rapprochées et tellement épaisses, qu'il devient impossible de rien distinguer à deux pas. J'eus beau pousser ma barque dans tous les sens pendant les heures mortellement longues de cette nuit pleine d'angoisses, le brouillard m'empêchait d'apercevoir le canal par lequel je devais descendre dans l'Irtiche. Ce ne fut qu'au point du jour que je découvris enfin l'issue si vainement cherchée ; mais il était déjà trop tard et je dus m'estimer heureux de pouvoir regagner ma demeure sans encombre J'abandonnai dès lors toute pensée de me confier encore aux flots si peu cléments de l'Irtiche, et je me mis à mieux mûrir et combiner mon plan d'évasion

Après avoir longuement réfléchi sur les différentes voies qui s'offraient à lui pour sortir de l'empire russe, Piotrowski résolut de chercher son salut par le nord, les monts Ourals, le steppe de Petchora et Archangel.

1. Inspecteur.

Lentement, péniblement, je réunissais les objets indispensables pour le voyage, parmi lesquels figurait en première ligne un passeport. Il y a deux sortes de passeport pour les habitants de la Sibérie, une espèce de billet de passe à courte échéance et pour les destinations rapprochées, puis un passeport bien autrement important, délivré par l'autorité supérieure sur papier timbré, le *plakatny*. Je parvins à me fabriquer l'un et l'autre.

Lentement, péniblement aussi, je me procurai les habits et les accessoires qui devaient servir à mon déguisement : au moral comme au physique, je travaillai à ma transformation en indigène, en *homme de la Sibérie* (*Sibirski Icheloviek*), comme on dit en Russie. J'avais laissé à dessein croître ma barbe, qui bientôt était devenue d'une longueur respectable et tout à fait orthodoxe. Avec de longs efforts, je devins aussi possesseur d'une perruque, mais d'une perruque sibérienne, c'est-à-dire faite d'une peau de mouton avec la fourrure retournée. Grâce à ces divers moyens, j'étais sûr de me rendre à peu près méconnaissable.

Enfin il me restait la somme de cent-quatre-vingts roubles en assignats[1], somme bien modique pour un si long voyage et qui devait encore être diminuée de beaucoup par un accident fatal.

Je ne me dissimulais nullement les difficultés de mon entreprise, ni les dangers auxquels elle m'exposait à chaque pas. Une chose me soutenait et, tout en aggravant ma situation, allégeait de beaucoup ma conscience : c'était le serment que je m'étais fait de ne révéler à personne mon secret avant d'être arrivé dans un pays libre, de ne demander ni aide, ni protection, ni conseil à aucune âme humaine, tant que je n'aurais pas franchi les limites de l'empire des tzars, et de renoncer plutôt à la délivrance que de devenir un sujet de péril pour mes semblables. J'avais pu envelopper dans mon triste sort plus d'un de mes pauvres compatriotes par mon séjour à Kamiéniec, alors que je croyais remplir une mission d'intérêt général ; mais il ne s'agissait plus désormais que de mon salut personnel, et je ne devais avoir recours qu'à moi seul. Dieu a daigné me soutenir jusqu'au bout dans cette résolution qui, après tout, n'était que simplement honnête, et peut-être est-ce en considération de ce vœu, fait dès le début, qu'il a étendu sur moi son bras protecteur.

Dans les derniers jours de janvier 1846, mes préparatifs étaient terminés, et l'époque me sembla d'autant plus favorable que bientôt devait avoir lieu la grande foire d'Irbite, au pied des monts Ourals, une de ces foires comme on n'en connaît guère que dans la Russie orientale.... J'espérais me perdre au milieu d'une telle migration de peuples, et j'eus hâte de profiter de la circonstance.

---

1. Environ deux cents francs.

Le 8 février, je me mis en marche. J'avais sur moi trois chemises, dont une de couleur par-dessus le pantalon de drap épais, sur le tout un petit burnous de peau de mouton, bien enduit de suif, qui me descendait jusqu'aux genoux. De grandes bottes à revers et fortement goudronnées complétaient mon costume. Une ceinture de laine blanche, rouge et noire, me serrait les reins et sur ma perruque se dressait un bonnet rond de velours rouge bordé de fourrure, bonnet que porte un paysan aisé de la Sibérie, aux jours de fête, ou un commis marchand. J'étais, de plus, enveloppé d'une grande et large pelisse, dont le collet, remonté et retenu par un mouchoir noué autour, avait pour but autant de me préserver du froid que de cacher mon visage. Dans un sac que je portais à la main, j'avais mis une seconde paire de bottes, une quatrième chemise, un pantalon d'été, bleu, suivant la coutume du pays, du pain et du poisson sec. Dans la tige de la botte droite, j'avais caché un large poignard ; je plaçai sous le gilet mon argent, en assignats de cinq ou dix roubles ; enfin, dans mes mains couvertes de gros gants de peau, le poil à l'envers, je tenais un bâton noueux et solide.

C'est le soir, ainsi accoutré, que je quittai l'établissement d'Ékaterininski-Zavod, par un chemin de traverse. Il gelait très fort ; le givre voltigeant dans l'air scintillait aux rayons de la lune. Bientôt j'eus passé mon Rubicon, l'Irtiche, dont je foulai aux pieds la carapace glacée, et, d'un pas précipité, quoique alourdi par le poids de mes vêtements, je pris le chemin de Tara, bourgade située à douze kilomètres du lieu de ma détention. « Les nuits d'hiver, pensais-je, sont très longues en Sibérie : combien de chemin ferai-je avant que le jour paraisse et donne l'éveil sur mon évasion ? Que deviendrai-je après ? »

J'avais à peine passé l'Irtiche, que j'entendis derrière moi le bruit d'un traîneau. Je frémis, mais je résolus d'attendre le voyageur nocturne, et, comme il m'est arrivé plus d'une fois dans ma pérégrination hasardeuse, ce que je redoutais comme un péril m'offrit un moyen inespéré de salut.

« Où vas-tu ? me demanda le paysan qui conduisait le traîneau, en s'arrêtant devant moi.

— A Tara.

— Et d'où es-tu ?

— Du hameau de Zalivina.

— Donne-moi soixante kopeks [1], je t'emmènerai à Tara, où je vais moi-même.

— Non, c'est trop cher ; cinquante kopeks, si tu veux.

— Eh bien soit, et monte vite, l'ami. »

---

1. Le *kopek* équivalait alors à peu près à quatre centimes de notre monnaie.

Je pris place à côté de lui et nous partîmes au galop. Au bout d'une demi-heure, nous fûmes à Tara. Resté seul, je m'approchai de la fenêtre de la première maison venue et demandai à haute voix, selon la manière russe :

« Y a-t-il des chevaux?
— Et pour où?
— Pour la foire d'Irbite.
— Il y en a.
— Une paire?
— Oui, une paire.
— Combien la verste[1]?
— Huit kopeks.
— Je ne donnerai pas tant : six kopeks?
— Que faire?.... Soit. Dans l'instant. »

Au bout de quelques minutes, les chevaux étaient prêts et attelés au traîneau.

« Et d'où êtes-vous? me demanda-t-on.
— De Tomsk; je suis le commis de N... (je donnai un nom quelconque); mon patron m'a devancé à Irbite; moi j'ai dû rester pour quelques affaires et je suis horriblement en retard : je crains que le maître ne se fâche. Si tu vas bien vite, je te donnerai encore un pourboire. »

Le paysan siffla et les chevaux partirent comme une flèche. Tout à coup le ciel se couvrit, une neige abondante commença à tomber, le paysan perdit son chemin et ne sut plus s'orienter. Après avoir longtemps erré, force nous fut de faire halte et de passer la nuit dans la forêt. Je feignis une grande colère, et mon conducteur de me demander humblement pardon.

Je n'essayerai pas de décrire les angoisses terribles de cette nuit passée sur un traîneau, au milieu d'une tempête de neige, à une distance de quatre lieues au plus d'Ékaterininski-Zavod ; à tout moment je croyais entendre le grelot des *kibitkas* lancées à ma poursuite. Enfin le jour commençait à poindre.

« Retournons à Tara, dis-je au paysan ; je prendrai là un autre traîneau et toi, imbécile, je ne te donnerai rien et je te livrerai à la police pour m'avoir fait perdre du temps. »

Le paysan, tout penaud, se mit en route pour revenir à Tara ; mais à peine eut-il parcouru une verste, qu'il s'arrêta, regarda de tous côtés, et, montrant quelques vestiges de sentier sous des amas de neige, il s'écria :

« Voilà le chemin que nous aurions dû prendre!
— Va donc, lui dis-je, à la grâce de Dieu! »

1. Un peu plus d'un kilomètre.

Le paysan fit alors tout son possible pour me faire regagner le temps perdu. Cependant une idée horrible me traversa l'esprit; je me rappelai notre malheureux colonel Wysocki retenu comme moi toute une nuit dans la forêt, pendant sa fuite, et livré aux gendarmes par son conducteur. Vaines terreurs! le paysan arriva bientôt chez un de ses amis qui me donna du thé et me fournit des chevaux au même prix pour continuer ma route.

Ainsi allais-je mon train, renouvelant mes chevaux à des prix assez modiques, quand, arrivé bien tard dans la nuit à un village nommé Soldatskaïa, n'ayant pas de monnaie pour payer le conducteur, j'entrai avec lui dans un cabaret, où se pressaient beaucoup de gens ivres. J'avais retiré de dessous mon gilet quelques billets et j'allais en donner un ou deux au maître du cabaret pour qu'il me les changeât, quand un mouvement de la foule, calculé ou fortuit, me repoussa de la table, où j'avais étalé les papiers, dont une main adroite s'empara aussitôt. J'eus beau crier, je ne pus découvrir le voleur, ni penser sérieusement à requérir les gendarmes et je dus me résigner. Je fus ainsi frustré de quarante-cinq roubles en assignats; mais ce qui augmenta mes regrets et, j'ose dire, ma terreur, c'est que le voleur s'était emparé en même temps de deux papiers d'un prix inestimable : une petite note où j'avais inscrit les villes et les villages que je devais traverser jusqu'à Archangel, et mon passeport, celui sur papier timbré, dont la fabrication m'avait tant coûté. Dès le début, et le premier jour de mon évasion, j'avais perdu presque le quart de mon modeste pécule de voyage, la note qui devait me guider et le *plakalny*, la seule pièce qui pouvait apaiser les premiers soupçons d'un curieux. J'étais au désespoir.

Il fallait cependant continuer sa route : chaque pas fait en avant rapprochait le fugitif de la délivrance et, qu'il fût pris à quelques verstes de son lieu d'exil ou à la frontière russe, son sort était le même. Perdu dans la foule innombrable qui couvrait la route d'Irbite, il arriva, à la fin du troisième jour après son évasion, aux portes de cette ville, ayant parcouru, grâce à la vitesse des traîneaux, mille kilomètres depuis son départ d'Ékaterininski-Zavod. Un pourboire de vingt kopeks glissé au factionnaire le dispensa de montrer son passeport. Puis, après une nuit passée dans la ville, Piotrowski se hâta dès le matin de la quitter : mais ses dépenses et le vol dont il avait été victime avaient réduit son viatique à soixante-quinze roubles. Il ne pouvait plus voyager qu'à pied.

L'hiver de 1846 fut d'une rigueur extrême. Pourtant le matin où je traversai Irbite, l'air devint doux; mais aussi la neige commença à tomber si épaisse qu'elle obscurcissait complètement la vue. La marche était très fatigante au milieu de ces masses blanches, qui s'amoncelaient à chaque pas. Vers midi, le ciel s'éclaircit et la marche devint moins pénible. J'évitais d'ordinaire les villages, et, quand il me fallait en traverser un, j'allais tout droit devant

« Halte-là ! et montrez-moi votre passeport ! » cria un soldat à Piotrowski.

moi, comme si j'étais des environs et n'avais besoin d'aucun renseignement. Ce n'était qu'à la dernière maison d'un hameau que je me hasardais parfois à faire quelques questions, alors que des doutes graves s'élevaient en moi sur la direction à prendre. Quand j'avais faim, je tirais de mon sac un morceau de pain gelé, et je le mangeais en marchant, ou en m'asseyant au pied d'un arbre dans un endroit écarté de la forêt. Afin d'apaiser ma soif, je recherchais les trous que les habitants du pays pratiquent dans la glace des fleuves et des étangs pour abreuver leurs bestiaux ; je me contentais même quelquefois de la neige fondue dans ma bouche, quoique ce moyen fût loin de me désaltérer à souhait.

Mon premier jour de marche, au sortir d'Irbite, fut bien rude, et le soir je me trouvai tout à fait exténué. Les lourds vêtements que je portais sur moi ajoutaient aux fatigues de la route, et je n'osais pourtant pas m'en débarrasser. A la tombée de la nuit, je courus au plus profond de la forêt, et je songeai à préparer ma couche. Je savais le procédé qu'emploient les Ostiakes[1] pour s'abriter pendant leur sommeil dans leurs déserts de glace : ils creusent tout simplement un trou profond sous une forte masse de neige, et y trouvent de la sorte un lit dur, il est vrai, mais parfaitement chaud. Ainsi fis-je moi aussi, et bientôt je pus prendre un repos dont j'avais grand besoin.

Le lendemain, Piotrowski s'égare et, après avoir erré presque tout le jour, il se trouve le soir sur une route : heureusement c'était la bonne. Apercevant une petite maison, voisine d'un hameau, il se décide à demander l'hospitalité, qu'on lui accorde. Il se donne pour un ouvrier allant chercher du travail aux fonderies de Bohotole dans l'Oural, et joue son rôle le mieux possible ; mais on le trouve trop bien fourni de linge pour un ouvrier, et il est tiré de son premier sommeil par des paysans qui lui demandent son passeport. Il paye d'audace et leur montre le billet de passe qui seul lui restait : la vue du cachet suffit à ces gendarmes improvisés, qui lui font des excuses de l'avoir pris pour un forçat évadé.

Le reste de la nuit s'écoula tranquillement, et le lendemain je pris congé de ceux dont l'hospitalité aurait pu me devenir si fatale. Cet incident porta dans mon esprit une triste conviction : c'est que je ne devais plus compter sur un abri humain pendant la nuit, à moins de m'exposer aux plus graves dangers, et que la couche ostiake serait jusqu'à nouvel ordre mon seul lit de repos. C'est de la couche ostiake, en effet, qu'il fallut me contenter pendant toute ma traversée des monts Ourals jusqu'à mon arrivée à Véliki-Oustioug, c'est-à-dire depuis le milieu de février jusqu'aux premiers jours d'avril. Trois ou quatre fois seulement je me hasardai à demander l'hospitalité pour la nuit dans une cabane isolée, exténué par quinze ou vingt jours passés dans

1. Peuplade indigène de la Sibérie, sur les bords de l'Obi et de l'Iénisséi.

la forêt, à bout de forces et presque sans la conscience de ce que je faisais. Toutes les autres nuits, je me contentai de me creuser un terrier pour dormir.

Peu à peu je me familiarisai avec cette manière de dormir. Il m'arriva même à la tombée de la nuit d'entrer au plus profond du bois comme dans une auberge bien connue ; parfois cependant, je dois le dire, cette vie de sauvage me semblait intolérable. L'absence d'un logis humain, le manque d'aliments chauds et même de pain gelé, mon unique nourriture pour des jours entiers, me firent regarder en face et dans leur réalité terrible ces deux spectres hideux qui s'appellent le froid et la faim, et dont nous évoquons les noms si légèrement à la moindre gêne. Dans de tels moments, je redoutais surtout les accès de somnolence qui me prenaient subitement, car c'étaient là des invitations manifestes à la mort, contre lesquelles je luttais avec le peu de forces qui me restaient encore. Le besoin d'une nourriture chaude était d'ailleurs le plus fort chez moi, et je résistais difficilement à la tentation d'aller demander dans une hutte quelconque un peu de la soupe aux raves de Sibérie.

Après avoir ainsi gravi lentement les hauteurs de l'Oural, il le franchit enfin par une belle nuit ; mais ses peines furent les mêmes sur le versant occidental de la montagne. Un soir, il s'égare pendant une tempête de neige, et s'évanouit dans la forêt, succombant à la fatigue et à la faim. Un trappeur le sauve et lui donne l'hospitalité, le prenant pour un de ces pèlerins qui se rendent au couvent de Solovetsk, près d'Archangel, pour y saluer les saintes images. C'est en effet la qualité que Piotrowski devait prendre désormais ; grâce à cette précaution il parvint en sûreté à Archangel. Une déception l'y attendait : il avait espéré que, dans ce port, fréquenté par des navires de toutes les nations, il s'en trouverait un qui pourrait lui donner asile et le ramener en France ou en Angleterre. En fait, il chercha vainement ce navire sauveur : sur le pont de chaque bâtiment stationnait nuit et jour un factionnaire russe ; pour y prendre place, il eût fallu donner des explications que le fugitif n'était pas en état de fournir. Force lui est donc de continuer son chemin, cette fois comme s'il revenait de pèlerinage : il arrive ainsi jusqu'à Saint-Pétersbourg, où il s'assure qu'il peut demeurer deux ou trois jours sans faire de déclaration à la police. Rassuré sur ce point, il va se promener, du côté du port, lisant à la dérobée (car un paysan russe ne doit pas savoir lire) les affiches qui se trouvaient sur les divers bateaux à vapeur pour annoncer leur départ.

Tout à coup mes yeux tombèrent sur un avis en gros caractères, placé près du mât d'un bateau à vapeur : ce bâtiment partait pour Riga le lendemain même. Je voyais se promener sur le pont un homme, la chemise rouge passée par-dessus le pantalon, à la russe : mais je n'osais lui parler et je me contentais de le couver des yeux. En attendant, le soleil baissait ; il était déjà sept heures du soir, quand tout à coup l'homme à la chemise rouge leva la tête et m'interpella :

« Voudrais-tu par hasard aller à Riga ? alors viens prendre place ici.

— Certainement j'ai besoin d'aller à Riga ; mais le moyen pour moi, pauvre homme, de prendre le bateau à vapeur ? Cela doit coûter bien cher : ce n'est pas pour nous autres.

— Et pourquoi pas ? Allons, viens. A un *moujik* comme toi, on ne demandera pas beaucoup.

— Et combien ? »

Il me dit un prix que je ne me rappelle plus, mais qui m'étonna, tant il était modique.

« Eh bien, cela te va-t-il ? Pourquoi hésites-tu encore ?

— C'est que je suis arrivé aujourd'hui seulement, et il faut que la police vise mon passeport.

— Oh ! alors tu en auras pour trois jours avec ta police, et le bateau part demain matin.

— Que faire donc ?

— Parbleu ! partir sans faire viser.

— Bah ! et s'il m'arrivait un malheur ?

— Imbécile ! Voilà un *moujik* qui veut m'apprendre ce qu'il faut faire ! As-tu ton passeport sur toi ? montre-le. »

Je tirai de ma poche mon billet de passe soigneusement enveloppé dans un foulard selon l'habitude des paysans russes ; mais il s'épargna la peine de le regarder et me dit :

« Viens demain à sept heures du matin ; si tu ne me trouves pas, attends-moi. Et à présent, file vite.... »

Je rentrai tout joyeux chez moi, et le lendemain j'étais exact au rendez-vous. La machine chauffait déjà. Mon homme m'aperçut bientôt et me dit seulement :

« Donne l'argent. »

Il s'éloigna, puis me rapporta un billet jaune dont je feignis naturellement de ne pas comprendre la signification, ce qui m'attira une nouvelle gracieuseté :

« Tais-toi, *moujik*, et laisse faire. »

La cloche sonna trois fois ; les passagers se pressèrent ; un rude coup de poing de mon homme me poussa à leur suite. Quelques instants encore et le bateau était en pleine marche. Je crus rêver.

De Riga, Piotrowski, voyageant à pied, gagna sans difficulté la frontière, qu'il parvint à franchir en plein jour, sans être atteint par quelques coups de fusil qu'on lui tira. De là se réfugiant dans un bois voisin, il y coupe sa barbe, et, transformant son costume, dépouille les insignes du paysan russe. Enfin il arriva sans encombre à Kœnigsberg. Mais au moment où il se croyait sauvé, peu s'en fallut qu'il ne se vît perdu sans ressource. Il avait résolu de partir, sur un bateau à vapeur, pour Elbing, et, vers le soir, il s'assit, près d'une maison en ruines, sur un tas de pierres, comptant s'éloigner à la tombée de la nuit et aller coucher dans les blés, en attendant l'heure du départ. Accablé de fatigue, il s'endormit et fut réveillé par un gardien de nuit qui, peu satisfait de ses réponses, l'arrêta et le mena au poste voisin. Conduit à la police, il se donna pour un Français, ouvrier en coton, ayant perdu son passeport. On le mit en prison.

Un mois après, appelé de nouveau à la police, on lui prouva la fausseté de ses allégations et on lui laissa voir clairement que les soupçons les plus graves planaient sur lui. Las de feindre, irrité surtout de passer pour un malfaiteur qui se cachait, il déclara qui il était. Une convention récente entre la Prusse et la Russie obligeait ces deux États à se livrer mutuellement leurs fugitifs. Heureusement des démarches sont faites par les principaux habitants de Kœnigsberg; l'autorité elle-même ne demandait évidemment pas mieux que de céder à cette pression. Peu de temps après, Piotrowski fut averti qu'un ordre arrivé de Berlin prescrivait de le remettre entre les mains des Russes, mais qu'on lui laisserait le temps de s'échapper à ses risques et périls. Aidé par de généreux amis, il était le lendemain sur la route de Dantzig, et, le 22 septembre 1846, il se retrouvait dans ce Paris qu'il avait quitté quatre ans auparavant.

L'Évasion du Prince Louis-Napoléon
(1846)

La quadruple alliance signée à Londres, le 15 juillet 1840, en vue des affaires d'Orient, par l'Angleterre, la Russie, la Prusse et l'Autriche, avait l'air d'un défi à l'égard de la France, qu'on affectait ainsi de tenir en dehors du concert européen. L'opinion publique en fut chez nous vivement émue. La légende napoléonienne était, au même moment, au plus haut point de sa popularité; les Chambres venaient de voter la loi sur la translation des cendres de Napoléon : le prince Louis-Napoléon, neveu de l'Empereur, celui qui devait plus tard restaurer l'empire sous le nom de Napoléon III, crut le moment opportun pour renouveler une tentative de révolution bonapartiste, qui, quatre ans auparavant, avait échoué à Strasbourg. Mais il ne fut pas, la seconde fois, plus heureux que la première. A peine venait-il de débarquer à Boulogne qu'il fut arrêté (6 août). Traduit devant la Chambre des Pairs, il se vit, le 6 octobre, condamné à la prison perpétuelle. Il devait subir sa peine au fort de Ham, près de Péronne. On autorisa d'ailleurs l'un de ses amis les plus dévoués, le docteur Conneau, à partager sa captivité, qu'il subit pendant six ans. En 1846, en effet, le prince parvint à s'évader. Nous empruntons le récit de cette évasion à l'Histoire de huit ans d'Elias Regnault[1].

1. Félix Alcan, éditeur.

Depuis plusieurs mois, le prince Louis Bonaparte était en instance auprès du gouvernement pour obtenir d'aller rejoindre en Italie son père[1] gravement malade, promettant de revenir se constituer prisonnier après avoir accompli ses devoirs de fils. Mais le ministère exigeait de lui des paroles de garantie qu'il lui dictait. Soit qu'il voulût se réserver toute liberté d'action, soit qu'il ne vît dans cette exigence qu'une condition humiliante, le prince refusa. Plusieurs députés, et parmi eux M. Odilon Barrot, s'étaient intéressés à sa demande, qui suivit le cours d'une véritable négociation politique.

Le prisonnier résolut de ne plus compter que sur lui-même, et, secondé par ses amis les plus intimes, il concerta des plans d'évasion avec cette persévérance que donne la captivité.

L'entreprise était difficile : malgré la longue habitude des précautions et leur apparente inutilité, la surveillance ne s'était en rien ralentie. Deux gardiens étaient toujours à demeure au bas de l'escalier ; la garde était doublée la nuit ; au premier coup d'horloge sonnant dix heures, les lumières étaient éteintes ; on empêchait avec un soin sévère l'approche de la forteresse ; les consignes tendaient surtout à empêcher toute entreprise d'évasion par un secours extérieur. Il fallait donc s'attacher à un plan qui appellerait moins de soupçons, en agissant avec les ressources intérieures.

Le hasard vint offrir une occasion. Vers le milieu de mai, le commandant annonça aux prisonniers que des ordres arrivés de Paris prescrivaient la réparation immédiate de l'escalier et des corridors. Des ouvriers devaient y être employés sous la direction des officiers du génie. La pensée vint aussitôt au prince de profiter de la présence des ouvriers pour s'échapper au milieu d'eux à la faveur d'un déguisement.

Mais on s'assura bientôt qu'à leur entrée les ouvriers étaient l'objet d'une surveillance attentive. Ils étaient examinés un à un par le sergent de garde et par un geôlier spécial ; souvent même, le commandant présidait à cet examen et l'on suivait avec vigilance ceux qui se rendaient seuls dans quelque partie retirée de la citadelle. Il fut remarqué cependant qu'on faisait à peine attention à ceux qui, durant les travaux, prenaient la route directe de la porte extérieure pour aller chercher des outils ou des matériaux. La marche à suivre était dès lors indiquée.

On savait par une longue expérience qu'à certains jours de la semaine l'un des deux gardiens s'absentait le matin pour aller chercher les journaux, et laissait son camarade seul pendant près d'un quart d'heure. C'était ce court instant qu'il fallait mettre à profit, en trompant la vigilance du seul gardien

1. Louis Bonaparte, l'un des frères de Napoléon Ier, roi de Hollande de 1806 à 1810. Il mourut le 25 juillet 1846, deux mois après l'évasion de son fils ; il était âgé de soixante-huit ans.

restant. L'heure, d'ailleurs, était convenable sous d'autres rapports : d'abord, le commandant restait assez tard au lit, ensuite on se donnait la possibilité de gagner Valenciennes assez à temps pour prendre le train de quatre heures au chemin de fer de Belgique.

Le projet fut concerté avec le docteur Conneau et Charles Thélin, valet de chambre du prince. Le temps d'emprisonnement de ces deux derniers était expiré et tous deux, légalement libres, allaient de temps à autre à la ville. Les dispositions furent prises en conséquence.

Charles Thélin, comme il l'avait déjà fait plusieurs fois, demanda la permission de se rendre à Saint-Quentin; au moment de sa sortie, le prince devait se présenter à la porte sous son déguisement d'ouvrier. Cette combinaison avait deux avantages : elle laissait à Thélin la faculté d'attirer seul les regards des gardiens et des soldats en jouant avec Ham, le chien du prince, auquel les gardiens et la garnison étaient accoutumés, et, de plus, elle lui permettait d'adresser utilement la parole à ceux qui seraient tentés de parler au prétendu ouvrier, lorsqu'il traverserait la cour.

Les travaux, qui duraient depuis huit jours, tiraient déjà à leur fin, et il fallait se hâter. Le départ fut fixé au samedi 23. Mais, ce jour même, le prince reçut la visite de plusieurs personnes qu'il avait connues en Angleterre. C'était un contre-temps; mais il en sut tirer parti, en priant ses amis de prêter leurs passeports à son valet de chambre, qui allait demander des chevaux pour un petit voyage; ce qui fut fait avec empressement.

Il fallait attendre au lundi 25. Ce jour-là, de grand matin, le prince, le docteur Conneau et Charles Thélin, placés derrière les rideaux d'une fenêtre, attendaient en silence et pleins d'anxiété l'arrivée des ouvriers dans la citadelle. Ils les virent se présenter à six heures et subir l'inspection accoutumée, en défilant au milieu d'une haie de soldats.

Aussitôt le prince se hâta de couper ses moustaches, ce qui produisit un changement notable dans sa figure. Par-dessus ses vêtements ordinaires, il passa une grosse chemise de toile coupée à la ceinture, mit une cravate bleue, une blouse propre, et un pantalon bleu sali et usé en apparence par le travail. Par-dessus la première blouse, il en passa une seconde en mauvais état et toute souillée. Le reste du costume se composait d'un vieux tablier de toile bleue, d'une perruque noire à cheveux longs et d'une mauvaise casquette. Ainsi vêtu, les mains et le visage brunis par la peinture, il se hâta de prendre une tasse de café, chaussa des sabots, plaça dans sa bouche une pipe de terre, et, l'épaule chargée d'une planche, il se mit en devoir de sortir.

La difficulté consistait non seulement à passer à travers les soldats et les gardiens, mais encore à éviter les regards des ouvriers, qui se seraient arrêtés devant une figure inconnue. Il était sept heures moins un quart.

Thélin appela tous les ouvriers qui se trouvaient sur l'escalier et les invita à venir prendre le *coup du matin*, disant à Laplace, son homme de peine, de placer les verres et les bouteilles sur la table de la salle à manger. Il accourut aussitôt auprès du prince, lui annonçant que c'était le moment décisif, et descendit rapidement l'escalier. Les deux gardiens, Dupin et Issali, étaient à leur poste. On se dit bonjour, et, comme Thélin portait un paletot sous son bras, les gardiens lui souhaitèrent un bon voyage. Prétendant avoir quelque chose à dire à Issali, il le tira à part hors du passage, et se plaça de manière que son interlocuteur, pour l'entendre, fût obligé de tourner le dos au prince.

Lorsque celui-ci fut au bas de la dernière marche, il se trouva face à face avec le gardien Dupin, qui se retira vivement pour éviter la planche dont la saillie en avant masquait le profil du prisonnier. Ce premier péril était à peine passé, qu'un ouvrier qui était descendu derrière lui le suivit de très près dans la cour, paraissant disposé à lui adresser la parole. C'était un garçon serrurier. Thélin se hâta de l'appeler, et trouva un prétexte pour le faire remonter dans l'appartement.

Au moment de passer devant la première sentinelle, le prince laissa tomber la pipe de sa bouche et se baissa pour la ramasser : le soldat le regarda machinalement et reprit sa promenade. Le poste fut franchi devant un groupe de soldats, tout près de l'officier du génie et de l'entrepreneur des travaux, sous les yeux de l'officier de garde, qui lisait une lettre. Le portier était à l'entrée de sa loge ; mais il ne regarda que Thélin, qui s'avançait tenant le petit chien en laisse. Un sergent, cependant, se tenait à l'entrée du passage ; il tourna vivement les yeux sur le faux ouvrier : mais un mouvement de la planche le força à se rejeter en arrière. Il ouvrit la porte, et le prince, franchissant le seuil, se trouva sur la chaussée qui sépare les deux ponts-levis.

Même à ce dernier moment, une nouvelle émotion l'attendait : deux ouvriers venaient droit à lui du côté où son visage se trouvait à découvert. Ils l'examinaient de loin avec attention, et il les entendit exprimer à haute voix leur surprise de ne pas le connaître. Aussitôt, comme un homme fatigué de son fardeau, il fit passer la planche de droite à gauche. Cependant leur curiosité paraissait redoubler, et il devenait difficile d'éviter leur apostrophe, lorsqu'à la distance de quelques pas de lui, il eut le bonheur d'en entendre un qui disait :

« Ah ! c'est Berthon ! »

Le succès était complet. Quelques instants après, le prisonnier franchissait la dernière issue de la forteresse. Charles Thélin courut chercher à Ham le cabriolet qu'il avait loué la veille au soir, tandis que le prince, toujours chargé de sa planche, se dirigeait vers la grande route de Saint-Quentin. Il y était à peine arrivé, que le roulement d'une voiture l'avertit du retour de son fidèle serviteur ; il s'élança dans la voiture, secoua la poussière qui le couvrait, et, pour se donner l'air d'un cocher, prit le fouet et les rênes.

A l'entrée de Saint-Quentin, que gagnèrent rapidement les deux fugitifs, le prince ôta ses grossiers vêtements de dessus, en ayant soin de conserver sa perruque. Aucun incident sérieux ne les arrêta ; à deux heures un quart, ils entraient à Valenciennes, et, à quatre heures, le convoi de Bruxelles les entraînait rapidement vers la liberté.

Les précautions prises dans la forteresse par le docteur Conneau leur avaient donné le temps de gagner la frontière sans être interrompus. Un mannequin avait été placé dans le lit du fugitif, et le docteur avait fait allumer un grand feu dans le salon contigu à la chambre à coucher, sous prétexte que le prince était indisposé. Plusieurs fois dans la journée le commandant s'était présenté pour avoir des nouvelles du malade, et on lui avait toujours répondu qu'il reposait. Enfin, à sept heures du soir, impatienté, il insista pour voir le prisonnier : on l'introduisit dans la chambre, et il découvrit avec stupéfaction que le prince était parti. Les télégraphes aussitôt s'agitèrent sur toutes les lignes ; mais il était trop tard.

(Extrait de l'Histoire de Huit Ans, par Elias Regnault.)
(F. Alcan, éditeur, Paris.)

La Guerre de 1870

Nous ne croyons pas avoir à rappeler ici les événements de l'année tragique. Mais, parmi tant de beaux exploits qui honorèrent alors le courage malheureux, rien peut-être ne fut plus glorieux pour nos soldats et nos chefs que l'obstination de leur dévouement patriotique. Que de braves se refusèrent à accepter, au prix d'une parole d'honneur qui leur eût semblé sceller de leur consentement la trahison de la fortune, l'offre qui leur était faite d'adoucir leur captivité ! Combien, depuis le moment où ils se virent prisonniers, n'eurent qu'une pensée, celle d'échapper à leurs vainqueurs afin de venir reprendre leur place parmi ceux qui mouraient pour la France ! On pourrait consacrer un livre entier à l'histoire de ces patriotiques tentatives : nous en rapporterons ici du moins deux exemples. Le premier de nos récits s'imposait par la notoriété même de celui qu'il met en scène ; le second ne paraîtra pas sans doute moins digne d'intérêt, quoique les héros en soient plus obscurs.

Évasion du Général Ducrot

(1870)

Enveloppé avec son corps d'armée dans la capitulation de Sedan, le général Ducrot, après être resté tout le temps qu'on le lui permit à la tête de ses troupes et avoir partagé toutes leurs misères, obtint, quand il dut s'en séparer, l'autorisation de partir librement avec son état-major pour Pont-à-Mousson, d'où il devait être dirigé sur l'Allemagne. Il quitta Sedan le 8 septembre et arriva à Pont-à-Mousson le 11. Après avoir pris quelques moments de repos dans la maison du maire, il se rendit sur le quai de la gare pour monter dans le train qui devait l'emmener. Il se trouva que ce train de soldats prisonniers était déjà rempli. Le général et son état-major ne purent y prendre place et furent invités à attendre un autre train qu'on allait former.

Le général avait exactement gardé sa parole : il était venu se constituer prisonnier au jour, à l'heure, au lieu qui lui avaient été fixés. A partir de ce moment il reprenait avec son état-major, comme il l'a dit lui-même [1], « le droit qu'a tout prisonnier de guerre de chercher à recouvrer sa liberté à ses risques et périls ». C'est ce qu'il fit, et ses plus récents biographes vont nous apprendre comment [2].

Le général et les sous-officiers de son état-major se promenaient sur le quai de la gare, lorsqu'arriva le train qui devait les emmener. Ce train était au grand complet ; impossible de s'y caser. Le général reprit sa promenade, en augmenta peu à peu l'étendue sans être remarqué, puis il entra dans le café de la gare, dont une porte de sortie, il avait pu le constater, donnait sur la ville. Il traversa sans affectation ce café alors tout rempli d'officiers des deux armées, disparut par une porte de derrière et s'engagea résolument dans un chemin creux, isolé et bordé de haies. Il s'était concerté avec deux de ses officiers, MM. Bossan et de Gaston. Ceux-ci le suivaient séparément à quelques minutes d'intervalle, et tous trois se retrouvèrent bientôt dans la maison du maire, où déjà, le matin, ils s'étaient arrêtés et où logeait précisément un état-major allemand. Sans éveiller l'attention, ils montèrent directement au premier étage, ouvrirent audacieusement une chambre qui était vide et qui n'était autre que celle du maire et y pénétrèrent en ayant soin de refermer la porte à double tour. Ils eurent bientôt fait de quitter leurs uniformes, de couper leur barbe, d'endosser des pantalons et des blouses de toile bleue qu'ils avaient empruntés à des paysans et qu'ils avaient roulés dans leur grand manteau porté en sautoir ; puis ils attendirent le maire, qui ne pouvait manquer d'apparaître tôt ou tard.

[1]. Lettre au gouverneur de Paris, 17 octobre 1870.
[2]. *La vie militaire du général Ducrot*, d'après sa correspondance publiée par ses enfants, Paris, 1895 (Plon-Nourrit et Cie, éditeurs).

On devine la surprise de ce dernier et ses exclamations lorsqu'il trouva sa porte close. Les fugitifs, ayant compris à qui ils avaient à faire, ouvrirent, et, se faisant reconnaître sous leur travestissement, lui exposèrent la situation. Le maire, songeant aux cinq officiers supérieurs allemands installés dans sa maison même et qui devaient être rejoints dans la soirée par un général mecklembourgeois, insista près du général Ducrot pour que celui-ci ne prolongeât pas son séjour, en raison du terrible voisinage. Mais le général et ses compagnons se décidèrent à rester ; la fuite n'était pas possible avant la tombée de la nuit. On conçoit quelle émotion poignante dut s'emparer alors des quatre interlocuteurs, au cours de cet entretien échangé à voix basse, où chacun pouvait mesurer et l'étendue de son devoir et le danger. Le maire conduisit ses hôtes au bout du jardin, dans une petite cabane de jardinier contiguë à un poste occupé par une trentaine de Prussiens, et s'éloigna en recommandant le silence. Il revint peu de temps après, apportant du pain, une bouteille de vin et un poulet froid ; puis il quitta définitivement le général en fournissant quelques explications sur la direction à suivre pour s'échapper et sur les personnes auxquelles on pourrait, pendant la route, s'adresser sûrement.

Enfin, le soir, à huit heures, le général Ducrot sortit, ouvrant la marche. M. Bossan partit à huit heures cinq minutes ; M. de Gaston cinq minutes plus tard, chacun d'eux étant guidé par un gamin. Ils avaient pour point de ralliement Millery-sur-Moselle, à quinze kilomètres plus loin. A Pont-à-Mousson, ils se croisèrent avec un corps mecklembourgeois, et, sur le pont de la ville, ils se trouvèrent même bousculés par les troupes ennemies marchant en sens contraire.

Ils firent ainsi quatre heures de route par un clair de lune admirable, mais plein de péril en la circonstance : car il les inondait de lumière et les exposait à être cent fois reconnus.

Partout il y avait des Allemands au milieu desquels il fallait se faufiler, qui arrêtaient, interrogeaient, et auxquels, M. de Gaston, qui parlait allemand, répondait tant bien que mal. Pourtant, vers minuit, on était parvenu sans encombre à Millery-sur-Moselle.

Là, les voyageurs s'adressèrent à des parents du maire de Pont-à-Mousson, indiqués par ce dernier. La mine des officiers n'était pas rassurante sous leur accoutrement, en pleine nuit, et ils ne furent pas autrement surpris de l'accueil plein de défiance qu'ils reçurent tout d'abord de ceux auxquels ils s'adressaient. Ils surprirent même ce colloque :

« Voilà trois gaillards qu'il ne ferait pas bon rencontrer au coin d'un bois ! »

Une jeune femme répliqua cependant :

« Pourquoi ne pas écouter ces hommes? Tout est possible en ce moment! »

Entendant ainsi plaider sa cause avec une générosité bien féminine et bien française, le général Ducrot en profita aussitôt pour se faire connaître, et tira sa lettre de service qu'il avait cachée dans sa casquette. On attela alors une charrette remplie de paille sur laquelle tous les trois grimpèrent; ils reprirent leur route, évitèrent Nancy qui était dangereux, et arrivèrent à Senoncourt le 12, à huit heures du matin. Là, ce fut le curé qui les accueillit et les aida; il leur tailla d'énormes cannes, leur procura une deuxième voiture de paille au haut de laquelle ils se juchèrent encore, semblables à de braves paysans uniquement préoccupés de vendre leurs produits, mais au fond épuisés de fatigue et dévorés d'angoisse.

A Art, ils franchirent la rivière dans un bac, tandis que la voiture passait à gué.

Un peu avant la Neuville, une femme héla M. de Gaston, l'appelant « le marchand de veaux », voulant absolument lui en vendre un. M. de Gaston ne put se débarrasser de l'importune qu'en lui promettant de revenir le lendemain. Puis ils reprirent leur marche vers le Sud-Ouest, afin de sortir du cercle occupé par l'ennemi. A Flavigny, ils renvoyèrent leur charrette et frétèrent une petite patache qui les conduisit jusqu'à Tantonville. Là encore, ils eurent quelque peine à établir leur identité; mais, les hésitations dissipées, ils furent très bien accueillis par M. Tourtel, le propriétaire de la brasserie, qui les fit conduire jusqu'à Chatel, dans un omnibus attelé de deux vigoureux postiers; en moins de deux heures, ils franchirent un espace de plus de trente kilomètres. A Chatel, ils étaient sauvés! Les Prussiens n'y étaient pas encore.

Le 14, le général Ducrot arrivait à Paris, où l'appelait une dépêche du général Trochu.

(Extrait de : *La vie militaire du Général Ducrot.*)
(Plon, Nourrit et Cie, éditeurs.)

Évasion de Trois Sous-Officiers Français prisonniers en Allemagne [1]

(1871)

Trois sous-officiers prisonniers des Allemands et internés à l'île Buderich, près de Wesel, résolurent de s'évader et de se rendre, s'il était possible,

---

[1]. D'après le *Récit d'un évadé d'Allemagne*, par Philibert (de Tournus), Paris, 1888 (Chapelliez et Cie, éditeurs).

par le Rhin, en Hollande. Munis d'un laissez-passer fabriqué par un camarade alsacien, ils parvinrent à traverser la ligne des sentinelles ; puis, une fois à l'abri des regards indiscrets, ils revêtirent des habits de paysan qu'on leur avait procurés et, en toute hâte, se dirigèrent vers le fleuve.

La température était rigoureuse : le Rhin charriait des glaçons en si grande quantité que les ponts de bateaux qui reliaient ordinairement l'île à Wesel avaient été supprimés. Heureusement, les fugitifs trouvèrent sur la rive une barque avec ses avirons, amarrée par une chaîne cadenassée à un pieu solidement planté. Faire sauter le cadenas n'était pas chose difficile et, quelques instants après, nos sous-officiers s'éloignaient de l'île, ramant avec toute la vigueur que donne l'espoir de la délivrance.

Mais les glaçons se présentaient de plus en plus nombreux, entouraient l'embarcation et la heurtaient au point de donner la crainte qu'elle ne se brisât sous le choc. A un moment même, une barrière de glace leur interdit d'avancer plus loin sur le fleuve. Il fallut abandonner l'idée de remonter le Rhin en bateau et tâcher de revenir sur la rive. Pour arriver jusque-là, les malheureux éprouvèrent les plus grandes difficultés. Les glaçons, retenus par les hautes herbes et par les arbrisseaux, s'étaient accumulés près des bords et formaient une barrière presque infranchissable ; partis à six heures du soir, les fugitifs atteignaient la rive à trois heures du matin, n'ayant parcouru que deux kilomètres.

Le plus sage était d'abandonner la barque et de suivre à pied, en s'en éloignant le moins possible, les bords du Rhin.

A peine se mettaient-ils en route que la neige commença de tomber abondamment, ce qui rendit leur marche encore plus pénible. Au point du jour, comme ils atteignaient une forêt de pins, ils décidèrent d'y prendre quelque repos ; mais, sous peine de geler, il leur fallut bientôt se remettre en mouvement. Une autre souffrance non moins grande vint s'ajouter à celle que leur causait le froid : la faim ; les malheureux n'avaient pu emporter aucune provision de bouche. Cependant, la prudence leur commandait de résister au froid et à la faim : allumer du feu, c'était attirer l'attention ; la fumée aurait bientôt décelé leur présence ; demander à manger en frappant à la porte de la première habitation, c'était risquer de tomber chez des hôtes plutôt disposés à les trahir qu'à les héberger. Ils se trouvaient à quelques kilomètres à peine du lieu de leur détention et les plus grandes précautions s'imposaient s'ils ne voulaient pas compromettre leur liberté. Aussi nos fugitifs passèrent-ils tout le jour dans le bois de sapins, allant et venant, sans pouvoir rester assis longtemps à cause du froid.

A la nuit, ils se remirent en marche et atteignirent, au bout de deux heures, un village dont toutes les maisons étaient déjà closes. A bout de forces,

Les glaçons les empêchant d'avancer, les sous-officiers regagnèrent la rive.

mourant de faim, ils se décidèrent à demander du secours ; mais personne ne répondit à leurs appels : car aucun d'eux ne parlait l'allemand. Poussés par la nécessité, ils entrèrent, sans en demander la permission, dans la dernière chaumière du village et firent comprendre par signe qu'ils avaient besoin de manger. Soit par pitié, soit par crainte, on leur donna du pain, qu'ils emportèrent en se sauvant, dans la crainte qu'on ne se mît à leur poursuite.

A deux cents mètres du village, les sous-officiers rencontrèrent une ligne de chemin de fer qui, d'après une carte de la région dont l'un d'eux avait pu se munir, leur indiquait le chemin le plus court pour pénétrer en Hollande : ils côtoyèrent la voie en s'en écartant le moins possible, s'arrêtant et se cachant dès qu'un bruit de pas frappait leurs oreilles.

Chemin faisant, un accident faillit les perdre : le sergent-major tomba dans un trou dont l'ouverture se trouvait dissimulée par la neige. La douleur qu'il ressentit de sa chute lui fit perdre connaissance. Ses camarades s'empressèrent autour de lui. Quand le malheureux revint à lui, on le mit debout et on s'assura que fort heureusement encore il n'avait que quelques contusions légères. Une heure après, on pouvait se remettre en route, en soutenant le blessé qui traînait la jambe.

Au milieu de la nuit, les voyageurs rencontraient une grange abandonnée dans laquelle ils se reposèrent quelques instants ; puis il fallut repartir. Au point du jour, nouvelle halte d'une heure, cette fois dans une ferme hospitalière, dont le propriétaire se montra très humain et leur donna de quoi se restaurer.

Le jour suivant, le temps devint affreux : les bourrasques de neige qui se succédaient sans interruption ne permettaient pas de voir devant soi ; les sous-officiers qui, jusqu'alors, n'avaient marché que pendant la nuit, de peur d'attirer l'attention sur eux, jugèrent l'occasion propice pour se rapprocher de la frontière sans crainte d'être vus. Mais il leur restait deux points dangereux à traverser, les bourgs manufacturiers d'Istelburg et d'Anholt. Ils essayèrent de les contourner ; mais les canaux des fabriques les en empêchèrent et, une fois encore, ils furent contraints de se réfugier dans un bois de pins pour y attendre la nuit. Leurs pieds meurtris les faisaient horriblement souffrir.

Nos sous-officiers traversèrent Istelburg à la faveur de l'obscurité. A la sortie d'Anholt, un pont-levis leur ferma la route. Il fallut revenir sur ses pas et chercher un autre point de passage. Enfin, ils atteignaient la frontière, qu'ils traversèrent entre deux postes de douaniers. Il était temps : torturés par la faim, harassés de fatigue, les fugitifs étaient à bout de forces et leur faiblesse les rendait incapables d'un nouvel effort, si petit qu'il fût.

En Hollande, on les accueillit cordialement ; après s'y être reposés pendant quatre jours, ils gagnèrent Lille, où ils demandèrent à être de nouveau incorporés dans l'armée.

Après la Guerre Civile
Tentative d'Évasion & Évasion de
M. Henri Rochefort
(1871-1874)

Nous n'avons pas ici à retracer l'histoire de l'insurrection du 18 mars 1871 : on sait qu'elle se termina par l'exécution ou la condamnation des chefs et des soldats de la Commune. C'est ainsi que M. Henri Rochefort fut, au mois de septembre 1871, condamné par le troisième conseil de guerre de Versailles à la déportation dans une enceinte fortifiée. Il fut alors interné provisoirement au fort Boyard, près de la Rochelle, et c'est de là qu'il tenta d'abord de s'évader. Nous empruntons le récit de cette tentative à son ouvrage les Aventures de ma vie[1].

Mon premier projet d'évasion, qu'un exécrable hasard fit avorter, présentait cependant les chances de succès les plus réelles. C'était moi qui l'avais conçu, et voici comment il avait été mis à exécution.

J'avais, dans l'ombre de ma casemate coupée en deux par une énorme pièce de huit qui allongeait son museau hors du sabord, rédigé à l'adresse de Mme Saint-Ch..., amie intime de mes sœurs, une lettre détaillée et explicative sur le plan du fort, dont je donnais en outre le dessin.

A marée basse, le brise-lame, qui avançait comme la proue d'un navire, était complètement hors de l'eau. Par une nuit noire, un canot pouvait donc y aborder assez facilement, la surveillance de notre côté étant à peu près nulle. Si le capitaine d'un bateau, soit français, soit étranger, consentait, moyennant une somme débattue, à venir nous attendre dans sa baleinière auprès du terre-plein du brise-lame, nous ne devions éprouver que peu de difficultés à descendre de notre sabord au moyen de nos draps solidement roulés et attachés à l'affût du canon.

1. Paris, 1896-1898 (Paul Dupont, éditeur).

Je recommandais à Mme Saint-Ch... de communiquer ma lettre à mes sœurs dont les noms sur une enveloppe eussent éveillé les curiosités de la poste. Elles devaient m'avertir de l'époque où notre sauvetage aurait été décidé et de l'heure choisie, mais au moyen de mots insignifiants, comme par exemple : « Le 8 de ce mois, nous devons partir pour la campagne. Nous prendrons le train de minuit. Si ce n'est pas le 8, ce sera le 9 ou le 10. » Ce qui pour moi voudrait dire : « Le bateau sera au bas du brise-lame sur les minuit, le 8, 9 ou 10 du mois. »

J'avais, en outre, indiqué dans mon mémoire que nous laisserions pendre jusque sur le terre-plein une ficelle à l'extrémité de laquelle serait attaché un gobelet de fer-blanc posé sur la fonte du canon de la casemate. Il suffirait de tirer cette sonnette de nuit pour provoquer par le choc des deux métaux un bruit qui nous avertirait de la présence de nos amis. La descente s'opérerait ; puis nous prendrions place dans le canot qui nous mènerait au navire à voiles ou à vapeur ancré à quelques centaines de mètres et qui déraperait sans demander son reste.

Billioray, Paschal Grousset, Ballière, avec lesquels je m'évadai deux ans et demi plus tard de la Nouvelle-Calédonie, Rastoul et moi[1], devions profiter de cette aubaine, pour laquelle j'avais versé dix mille francs et Grousset huit mille, que je tins à lui restituer après l'échec de la combinaison, dont la responsabilité m'incombait.

Je tenais ma lettre à la main, mais je ne savais par qui la faire mettre à la poste, attendu que la confier au greffe, c'était me livrer moi-même. Alors que fîmes-nous ? car la solitude de la prison développe dans des proportions étranges l'ingéniosité de certains prisonniers, s'il en abrutit d'autres. Nous démontâmes aux trois quarts la serrure de notre casemate dans laquelle il était ainsi devenu impossible de nous boucler le soir, le couvre-feu ayant été conservé spécialement pour les détenus.

Le directeur, averti de cet état de dégradation, fit appeler un serrurier qu'il chargea de la réparation des verrous et des pênes endommagés.

L'ouvrier, qui croyait travailler à assurer notre emprisonnement, était à cent lieues de se douter qu'il aidait à notre délivrance.

Au bout de deux heures, nous étions tous au mieux avec ce brave homme que nous attendrissions sur nos souffrances présentes et futures. J'inventai tout exprès pour lui l'histoire d'une personne à laquelle il m'était interdit d'écrire, nos parents seuls ayant droit de correspondre avec nous, et qui se mourait d'inquiétude sur ma santé que les journaux disaient très mauvaise.

---

1. Billioray et Rastoul sont morts depuis : ce dernier se noya dans une tentative d'évasion. — M. Paschal Grousset est aujourd'hui député ; M. Ballière est membre du conseil municipal de Paris.

Lorsque je le vis suffisamment ému par le désespoir de cette intrigue imaginaire, je lui demandai s'il se refuserait à faire partir de la Rochelle une lettre pour cette dame à laquelle je faisais ainsi savoir que j'étais bien portant et que je pensais toujours à elle.

Il eut un léger soupçon et me dit

« Oui, mais vous savez comme ces choses-là nous sont défendues. Vous ne lui parlez que de vous, au moins ?

— Parbleu ! répondis-je, de quoi voulez-vous que je lui parle ? Du reste, voyez l'enveloppe. »

Quand il eut lu le nom de Mme Saint-Ch..., il emporta en toute confiance mes instructions.

Elles furent exactement suivies. Huit jours après le départ de notre serrurier, je reçus d'une de mes sœurs une lettre me prévenant en style convenu que l'homme et le navire étaient trouvés et que la quinzaine suivante, entre minuit et deux heures du matin, nous eussions à nous attendre à l'apparition du canot sauveur.

Nous commençâmes les préparatifs de notre descente, et tous les soirs nous laissions pendre jusque sur le terre-plein la ficelle à laquelle était attaché le gobelet avertisseur, dont le choc sur la fonte de la pièce de huit produisait un bruit à réveiller un mort et surtout un prisonnier. Nous veillions du reste, pour plus de certitude, jusqu'à deux heures de la nuit, après quoi nous prenions la précaution — qui d'ailleurs nous perdit — de retirer et de rentrer la corde qui aurait pu frapper l'attention des hommes de ronde.

Comme nous nous promenions anxieux sur la terrasse du fort, regardant à l'horizon si nous ne voyions rien venir, on nous signala un navire norvégien chargé de pitchpin, qui se tenait à la distance réglementaire, mais qu'avec une bonne lorgnette il était possible d'apercevoir.

Nous devinâmes que c'était le nôtre. Mais nous ne savions si l'expédition était pour le soir même, le lendemain ou le surlendemain. L'essentiel était donc de nous tenir rigoureusement prêts.

Sur le coup de dix heures du soir, tout le monde étant calfeutré jusqu'au lendemain, nous préparâmes soigneusement notre sonnette d'alarme, sans avoir suffisamment remarqué que la mer était passablement houleuse. Onze heures, minuit, une heure, deux heures ; notre timbale de fer blanc ne rendait aucun son et pour éviter une surprise nous retirâmes notre ficelle en nous répétant :

« C'est pour demain » !

Hélas ! c'était bien pour cette nuit-là. Mais, par une déveine désespérante, les deux hommes qui manœuvraient le canot libérateur eurent à lutter pendant trois heures contre les vagues qui, en se brisant sur le fort, les rejetaient constamment au large. Ils n'abordèrent au terre-plein que vers deux heures et quart du matin, quinze minutes après le remontage de notre avertisseur. Ils cherchèrent longtemps la corde et, effrayés par l'état de la mer qui grossissait, ils se rembarquèrent pour rejoindre le bateau norvégien.

Peut-être auraient-ils pu essayer de lancer dans les carreaux de notre casemate quelques pierres qui nous eussent mis debout; mais ils ignoraient naturellement quelle pièce nous habitions et probablement n'osèrent rien risquer de peur de donner l'éveil.

Pour comble de malheur, un de ces braves matelots, s'étant mis à la mer pour atteindre le canot, fut pris par une lame et, emporté aussitôt par le courant, se noya malgré les efforts de son camarade, dont la nuit paralysa les recherches.

Le corps du pauvre garçon fut retrouvé le lendemain sur la grève de l'île d'Oléron et l'inscription norvégienne brodée sur ses vêtements, rapprochée de la présence du navire dans les eaux de la roche Boyard, mit la puce à l'oreille du préfet maritime de Rochefort, qui ordonna incontinent une enquête.

L'amiral Ribour, flanqué de quelques officiers de marine, fit le lendemain dans les casemates de l'infirmerie une apparition sensationnelle. Il était huit heures du matin, j'étais encore couché et, en voyant entrer ce gros personnage, je me tournai la face du côté du mur, sans paraître prendre garde le moins du monde à ses investigations.

Il n'osa pas nous faire subir un interrogatoire, auquel je me serais du reste refusé, et ayant examiné avec la dernière minutie et les dispositions de notre chambre et les ouvertures de nos sabords, il ordonna la construction de guérites qui surplomberaient le long de nos fenêtres et où des soldats d'infanterie feraient constamment faction.

Au sommet du fort, des sentinelles furent installées avec mission spéciale de surveiller attentivement l'horizon. Toutes ces mesures n'étaient, en somme, que de la moutarde après dîner, attendu que, notre coup manqué, il nous devenait impossible d'en organiser un autre, tout au moins dans les mêmes conditions. J'en étais pour mes 18 000 francs et la perte à jamais regrettable et douloureuse d'un pauvre diable qui était venu de Norwège tout exprès pour nous sacrifier sa vie. Et nous avions manqué notre délivrance d'un quart d'heure.

Transporté plus tard (décembre 1873) en Nouvelle-Calédonie, M. Henri Rochefort ne tarda pas à combiner une nouvelle tentative d'évasion qui, cette fois, devait réussir (mars 1874). — Les condamnés à la déportation dans une enceinte fortifiée, étaient, à la Nouvelle-Calédonie, parqués dans la presqu'île Ducos : tel fut le sort de M. Henri Rochefort et de deux de ses compagnons d'évasion, Olivier Pain et M. Paschal Grousset. Les trois autres, Grandthille et MM. Ballière et Jourde[1], avaient été

1. Olivier Pain et, croyons-nous, Grandthille, sont morts. M. Jourde est aujourd'hui député. Sur MM. Paschal Grousset et Ballière, voir la note de la page 275.

autorisés à demeurer à Nouméa, où ils avaient trouvé un emploi. C'est à M. Rochefort lui-même que, comme le précédent récit nous empruntons encore celui qui va suivre.

Comme les plaisanteries, les déportations les plus courtes étant les meilleures, un matin, en me réveillant, je dis à mes deux compagnons de paillotte :

« Maintenant, je voudrais savoir par quelle porte on sort d'ici. »

Ils me mirent alors au courant des nombreuses tentatives d'évasion organisées depuis plus d'un an et qui toutes avaient misérablement échoué, dénouement fatal, attendu que pas une n'avait le sens commun. Comprend-on qu'un déporté, ancien ouvrier carrossier, avait perdu des mois et des mois à fabriquer avec des arbres coupés dans la forêt un bateau de sept ou huit mètres de long, auquel il avait ajouté des mâts et pour lequel Paschal Grousset avait fourni des voiles découpées dans des draps de lit ?

Quand tout fut prêt, une quinzaine d'évadants se donnèrent rendez-vous sur la grève et plusieurs y avaient traîné leurs malles, car ils tenaient à emporter avec eux leurs souvenirs de famille.

Quand on eut chargé dans la barque ces nombreux colis, c'est à peine s'il restait assez de place pour les navigateurs, exposés avec les chances les plus favorables à une traversée d'au moins trois semaines.

Heureusement pour tout le monde, à peine eut-il été poussé à la mer que le canot s'ouvrit en deux, submergeant avec lui le fruit d'un semestre de travail. S'il avait tenu seulement la distance pendant un demi-kilomètre, tous restaient au fond de l'Océan, comme y restèrent plus tard Rastoul et ses vingt compagnons.

Une autre fois, ce fut un jeune médecin de marine qui offrit ses bons offices, mais dont les promenades de Nouméa à la presqu'île eurent vite inquiété les autorités et dont les projets tombèrent à l'eau comme le reste.

La claustration porte à la rêverie et la rêverie à la démence. Des malheureux sans instruments de travail, sans matières utilisables et surtout sans les moindres connaissances en physique, s'attelaient avec un courage infatigable aux problèmes non encore résolus de la navigation aérienne et de l'homme-volant.

Or, un seul moyen présentait des chances de salut, et il fallait être insensé pour ne pas l'avoir compris et tenté dès le premier jour : une entente avec le capitaine d'un des navires étrangers, américains ou australiens, qui venaient de temps à autre s'ancrer dans le port de Nouméa.

Eh bien ! depuis dix mois passés à chercher un plan d'évasion, pas un déporté n'avait songé à celui-là, pourtant si simple et, en somme, relativement facile à réaliser.

L'objection principale résidait dans le prix qu'exigerait sans doute le commandant du bateau pour le mettre à la disposition des évadants. Mais, si peu qu'ils pussent récolter d'argent, ils avaient laissé en France leurs familles qui, à sept, huit ou dix, se seraient cotisées pour constituer la somme nécessaire.

Au lieu de s'épuiser en constructions de bateaux qui coulaient bas à leur premier contact avec les vagues, il était infiniment plus logique de s'assurer un navire tout construit. Les intermédiaires ne manquaient pas, puisque plus de cinquante de nos compagnons avaient, en qualité de déportés simples, obtenu, conformément à la loi, l'autorisation de chercher du travail à Nouméa même.

Mais ce qui fait surtout défaut aux hommes, ce n'est ni l'intelligence, ni l'esprit, ni l'initiative : c'est presque toujours le bon sens. Je passais mon temps à hausser les épaules devant les stupéfiantes combinaisons qu'on me soumettait.

Je n'en continuais pas moins à approfondir la seule qui offrît des chances de réussite. Le petit rocher que j'avais distingué sur la carte marine à moi confiée par le commandant de la *Virginie*[1], était mon objectif constant.

Nous allions parfois à la nage relever les découpures et les points d'atterrissement, et j'en revenais toujours plus convaincu que c'était sur ce bloc de granit, à l'abri des rondes et caché dans les anfractuosités des basaltes, que nous devions attendre une barque de sauvetage, laquelle nous conduirait à un navire en partance dans la rade.

Un déporté qui, bien que condamné à la déportation dans une enceinte fortifiée, avait, je ne sais par quelle faveur, obtenu de se rendre à Nouméa pour y acheter des vivres qu'il nous revendait, fut le premier auquel je m'adressai — en sondeur comme on dit — et sans insister autrement sur une action immédiate.

Il me promit de « voir », de « s'occuper de la chose », mais sans entrain, sans conviction, dans le but probable de me lanterner. Il gagnait avec nous plus d'argent qu'à Paris avant son embarquement et ne tenait pas absolument à modifier une situation qu'il eût peut-être difficilement retrouvée ailleurs.

Je compris que j'avais donné un coup d'épée dans l'eau et fus pris de quelque inquiétude à la perspective d'une dénonciation possible, car

---

1. Le navire qui avait amené le déporté à la Nouvelle-Calédonie.

j'appris plus tard que ce protégé de l'administration pénitentiaire était plutôt suspect à ses camarades. Aussi profitai-je de la livraison d'un quartier de chèvre, qui remplace là-bas le mouton, pour lui signifier ma renonciation à un projet de fuite dont la réalisation était réellement trop périlleuse et problématique.

J'étais tout déconfit de ce premier insuccès et je m'apprêtais à me retourner d'un autre côté, quand je reçus dans ma case la visite d'un pharmacien de marine qui avait habité Rochefort et connu ma famille pendant ma détention au fort Boyard.

Il m'apportait gracieusement des pastèques, des bananes dont j'ai toujours eu horreur et qui, pour moi, sentent à la fois la pommade et le savon, des noix de coco, encore vertes, dont la sécrétion a le goût du petit-lait et dont la pulpe non solidifiée ressemble à une gélatine aqueuse. Il fut si cordial et me parut si disposé à alléger mes tristesses que je me risquai à me confier à lui.

Mais j'avais compté sans la discipline et l'honneur professionnel. Il déclina toute intervention dans une entreprise qu'il jugeait folle et tout au plus capable de me faire fusiller.

Je feignis de m'être laissé persuader et je lui dis adieu après l'avoir chaleureusement remercié de ses pastèques et de ses bananes. Mais toutes ces fins de non-recevoir commençaient à me décourager et je fus sur le point de modifier totalement ma tactique.

En effet, à la condition de risquer ses os, il n'était pas impossible de s'échapper par la grande terre après avoir franchi les limites de notre enceinte et, en se terrant comme des lièvres pendant le jour, en trottant comme des lapins pendant la nuit, d'atteindre la pointe nord de la Nouvelle-Calédonie, dont nous étions séparés par une soixantaine de lieues, en suivant la côte, afin de ne pas s'égarer.

Le danger était dans la rencontre des postes de gendarmerie coloniale espacés sur la route; mais, à trois ou quatre nageurs déterminés, on les doublait par la mer, après quoi on reprenait terre pour continuer le chemin jusqu'à la dernière étape.

Une fois loin de toute surveillance, on attendait l'abordage d'une pirogue canaque dont on s'emparait, et dans laquelle on touchait aux Nouvelles-Hébrides, situées à moins de vingt-cinq lieues.

La question importante était celle de la nourriture, et voici ce qu'avec Olivier Pain nous avions imaginé : nous achetions à la cantine une centaine d'hameçons, dix ou douze lignes enroulées autour de leurs bobines, et nous passions nos nuits à pêcher notre nourriture du lendemain, chacun de nous ayant emporté une vingtaine de biscuits de mer qui eussent aidé à faire digérer le poisson, comme le poisson eût contribué à faire manger le biscuit.

Seulement nous devions aussi nous munir de revolvers en cas d'attaque de la part des naturels qui, stylés à ramener les forçats en fuite ou en ballade, nous auraient nettement sacrifiés à l'espérance d'une prime.

Cette expédition présentait nombre de terribles aléas, la nouvelle de notre départ devant bouleverser toute la colonie et mobiliser contre nous toutes les forces civiles et militaires. Notre meilleure carte était qu'on nous supposât embarqués sur quelque navire en route pour l'Australie et qu'on ne poursuivît pas les recherches.

Restait le péril de notre débarquement chez les Néo-Hébridais, peuplades passionnément anthropophages et qui, l'année précédente, avaient massacré, puis dévoré l'équipage d'une canonnière française avec l'enseigne de vaisseau qui la commandait.

Mais j'étais pris de la rage de revoir mes enfants et je me disais que, quand le diable y serait, je n'étais pas plus bête que mes gardiens et qu'avec la ferme résolution de leur échapper et de la persévérance je leur échapperais.

J'allais donc vraisemblablement tenter ce coup à peu près désespéré quand, ayant fait demander quelques provisions à un cantinier de Nouméa, nommé Dusser, je vis, se dirigeant vers notre case, un homme qui me cria d'aussi loin qu'il m'aperçut :

« Bonjour, citoyen Rochefort ! Ah ! que je suis heureux de vous revoir ! »

Il portait une longue barbe brune et je ne le reconnus pas. C'était mon voisin de paillasse et le co-partageant de mes puces dans la fosse aux ours d'Oléron. Condamné à la déportation simple, il avait obtenu son transfert de l'île des Pins à Nouméa, où il était employé chez le marchand de comestibles où je me fournissais. Il s'appelait Bastien Grandthille.

Quoi qu'on ait dit, répété et raconté, c'est à ce brave garçon et à aucun autre que nous dûmes le succès de notre aventureuse évasion. Sans son dévouement et sa soumission passive aux instructions qu'il reçut de nous, l'affaire échouait comme avaient avorté toutes celles que mes compagnons avaient mises en train depuis dix-huit mois.

Cet ami tint, avant tout, à me faire cette déclaration :

« Citoyen Rochefort, je suis à vous corps et âme. Si je puis vous être utile d'une façon quelconque, disposez de moi. Je suivrai exactement toutes vos indications. »

Je devinai que je tenais notre sauveur. Je l'assurai que ses offres de service ne pouvaient pas arriver plus à propos et je lui fis les recommandations suivantes :

« Quand vous verrez s'ancrer dans le port un vaisseau américain ou de préférence anglais, tâchez d'en aborder le capitaine, et, si vous le voyez rendre un peu à la main, proposez-lui de prendre à son bord quelques déportés, cinq ou six par exemple, moyennant une somme que vous fixerez d'abord à dix mille francs. S'il en réclame vingt mille, accordez-les-lui ; quarante mille, consentez encore. Enfin, allez jusqu'à cent mille. Une fois libre, je saurai bien m'arranger pour les gagner. »

Grandthille mit le comble à son désintéressement en me suppliant de ne pas m'occuper de lui et de le laisser à terre au cas où sa participation à notre fuite nous gênerait le moins du monde, Olivier Pain, Grousset et moi.

Je lui répondis qu'une heure après notre départ la presqu'île entière saurait qu'il l'avait préparé ; que dans son exaspération, le commandant et le gouverneur l'en rendraient responsable ; qu'il s'exposait donc aux travaux forcés, à pire peut-être ; que, s'il hésitait une minute à prendre passage avec nous sur le bateau, il n'y avait rien de fait et que je le priais simplement d'oublier notre intéressante conversation.

Il se soumit et prit l'engagement d'être de la fête. Quelques jours se passèrent sans aucune nouvelle de lui. Je grimpais quotidiennement avec Pain sur la montagne, d'où nous nous emplissions les yeux de la vue des vaisseaux amarrés dans la rade de Nouméa. Quel serait celui qui nous emporterait vers l'Europe ?

Enfin Grandthille reparut avec une feinte provision de légumes et une vraie provision de nouvelles. Un bateau australien venant de Newcastle avait apporté en Nouvelle-Calédonie du charbon dont cette colonie manquait aussi, car elle manquait de tout.

Immédiatement, notre ami s'était rendu près du capitaine, à son bord, et, par une coïncidence du meilleur augure l'avait trouvé dans sa cabine lisant un *Magazine* illustré intitulé le *Bowbels* et ouvert précisément à une page contenant ma biographie en tête de laquelle s'épanouissait mon portrait.

Grandthille n'eut pas grand'peine à lui faire comprendre que c'était là l'homme qu'il s'agissait de cacher dans la cale de son trois-mâts, lequel portait pour toute indication : P.-C.-E. Puis il offrit de ma part dix mille francs pour moi et cinq de mes compagnons.

Le capitaine Law accepta sans aucune surenchère, mais il avait encore huit jours à passer à Nouméa pour y livrer son charbon et en régler le compte. Il recommanda de ne faire aucune confidence aux hommes de l'équipage que l'espoir d'une récompense administrative eût peut-être entraînés à une dénonciation qu'on aurait probablement payée fort cher, et les bases de l'évasion furent ainsi jetées.

Seulement c'était de la part du capitaine australien une question de confiance, car je n'avais pas les dix mille francs ; à peine quelques centaines de francs restant de l'escompte de ma traite qui vint à échéance lorsque j'étais déjà débarqué à Londres, où je l'acquittai en personne.

Cette difficulté n'en fut pas une. L'excellent capitaine Law dit galamment :
« M. Henri Rochefort est trop gentleman pour manquer à sa parole. »
Et il ne fut plus question d'argent.

Jourde et Ballière, qui avaient vainement essayé de s'évader quelque temps auparavant de Nouméa où ils étaient employés, reprirent les négociations pour la fixation du jour et de l'heure du départ en même temps que du mode de transport des trois évadants qui, sur six, résidaient à la presqu'île Ducos, c'est-à-dire à plusieurs kilomètres du P.-C.-E.

Le capitaine nous informa de l'impossibilité où il serait d'envoyer son canot nous chercher, Grousset, Olivier Pain et moi. Il voulait, au cas d'un échec suivi d'une enquête et d'un procès, avoir le droit d'affirmer que nous étions montés à son bord à son insu et à écarter ainsi toute preuve de connivence.

Ce fut encore le bon Grandthille qui se fit fort de nous tirer d'embarras. Il apportait presque tous les matins des vivres à la presqu'île dans la barque de son patron. Il garderait en poche, le matin du jour fixé, la clef du cadenas qui la retenait par une chaîne amarrée au quai, et viendrait nous prendre à l'endroit qu'on lui désignerait et où nous l'attendrions — on se doute dans quelle angoisse.

Le point était tout indiqué : le petit rocher que j'avais relevé sur la carte marine et où l'abordage était relativement facile, même pour quelqu'un peu exercé à la natation. Au lieu de couper droit, comme nous avions l'habitude de le faire, Olivier Pain et moi, on pouvait, avec de l'eau jusqu'à la ceinture, longer la berge où passaient assez souvent des surveillants, mais qui, la nuit, auraient malaisément distingué à vingt-cinq mètres du rivage une forme humaine.

L'îlot en question offrait le précieux avantage de sa situation en dehors des rondes, et présentait des creux-abris où âme qui vive n'aurait eu la pensée d'aller nous découvrir. Nous n'aurions pas osé espérer aussi bien et il nous était impossible de trouver mieux.

Eh bien! fut-ce par esprit de contradiction ou manque de confiance dans la réussite de notre coup d'audace? Paschal Grousset se refusa pendant plusieurs jours à adopter cet admirable observatoire.

Il y mettait une telle obstination que nous fûmes, Pain et moi, un moment très inquiets, car il nous eût été impossible de filer en le laissant tout seul à la maison, ce qui l'aurait exposé à des représailles de la part du gouvernement de la colonie, qui l'eût naturellement accusé de complicité dans notre fuite.

Il voulait que la barque montée par Grandthille, Jourde et Ballière poussât jusqu'à la baie même où tous les déportés, et sans doute quelques gardiens, eussent assisté à notre embarquement. C'était éviter la gueule du requin pour nous jeter dans celle du loup.

Enfin il se rendit à notre raisonnement et nous commençâmes les derniers préparatifs. Nous considérâmes notre succession comme ouverte, bien que toute notre fortune consistât en quelques livres envoyées à Grousset par ses parents, en trois paires de poules, dont une noire qui m'avait pris en amitié et me sautait sur la tête ou sur les épaules dès qu'elle m'apercevait.

Elle poussait l'indiscrétion jusqu'à venir se blottir dans mon lit, me lançant les plus rudes coups de bec quand j'essayais de l'en chasser. Je lui répétais inutilement :

« Veux-tu bien t'en aller ! tu m'empêches de dormir ! »

Et Olivier Pain, couché dans la chambre à côté, s'écriait en riant :

« Allons ! bon ! voilà Rochefort qui se dispute encore avec la poule noire ! »

Avant de nous séparer des cinq autres et d'un canard qui manquait d'eau, nous résolûmes de nous en offrir quelques filets et Pain fit l'office de bourreau. Mais il fut convenu que la poule noire serait épargnée, les sorcières les plus distinguées ayant de tout temps affirmé que les volailles de cette couleur portaient bonheur à une maison.

La tendresse subite de cette poule à mon égard nous paraissait presque — on est si bête quand on est grand ! — un pronostic heureux pour le succès de l'évasion projetée.

On en fit cuire deux autres ; puis rassasiés de cette viande blanche, nous résolûmes de léguer le reste des pensionnaires du poulailler et le poulailler lui-même, une grande cage en osier, au pauvre Lorosquouët[1], à qui nous avions laissé tout ignorer. Mais ces distributions successives pouvant sembler bizarres et éveiller certaines attentions, voici ce dont nous convînmes :

Pendant une de mes absences, Paschal Grousset ferait cadeau à Lorosquouët des poules survivantes. Il les emporterait dans sa case, et quand je reviendrais de ma promenade j'affecterais une vive colère pour le sans-gêne avec lequel il s'était approprié notre poulailler sans m'en demander au moins la permission.

J'allai, en effet, le trouver dans sa paillotte, située en plein camp des déportés et je lui reprochai exagérément devant tous ce rapt de poules.

« Citoyen Rochefort, me répondit-il tout confus, c'est le citoyen Grousset qui m'a dit de les prendre.

[1]. « Ancien matelot, déporté comme nous, dit M. Rochefort, et que nous avions embauché pour rapproprier nos chambres et tripatouiller notre cuisine. »

— C'est possible, fis-je, mais elles nous appartiennent à tous les trois et aucun de nous n'avait le droit d'en disposer sans avoir consulté les deux autres.

— C'est bien, dit stoïquement Lorosquouët, ce soir je vous rapporterai les poules.

— Maintenant que vous les avez, gardez-les, ripostai-je ; mais une autre fois vous voudrez bien m'avertir avant de vous emparer de notre basse-cour. »

L'effet de ce cadeau par trop royal fut ainsi conjuré et nous continuâmes notre déménagement clandestin.

Il était indispensable de régler la mise en scène de ce drame jusque dans ses moindres détails de façon à ôter toute prise à un accroc possible et à prévoir jusqu'à l'imprévu.

Il nous restait encore quatre jours de patience à nous imposer quand je reçus la visite d'un jeune méridional qui s'annonça à moi comme attaché au cabinet du « directeur de la déportation » et vint, sans y être en quoi que ce fût provoqué, m'assurer de toutes ses sympathies.

Ce gasconnant à la barbe fleurie et aux cheveux tombant en nappe sur ses épaules, aborda, après quelques préliminaires insignifiants, la question qui le préoccupait.

« Vous n'êtes pas fait pour vivre et mourir ici, me dit-il brusquement. J'ai les moyens de vous en faire sortir. Mon emploi dans l'administration pénitentiaire me permet de me tenir à l'affût des occasions. Fiez-vous à moi et avant peu vous serez libre. »

Avait-on eu dans les sphères gouvernementales quelque vague soupçon de nos projets ? Était-ce là un simple coup de sonde destiné à fouiller mes intentions ultérieures ? Enfin ce personnage exubérant était-il sincère et réellement disposé à m'aider dans mes témérités ? Je l'ignore ; mais bien qu'il m'eût répété à plusieurs reprises : « Fiez-vous à moi ! » je ne m'y fiai pas et je lui fis cette réponse à la suite de laquelle il n'insista plus :

« Je vous remercie de tout mon cœur ; mais je ne veux rentrer en France que par la grande porte de l'amnistie qui, à mon avis, est plus proche qu'on ne suppose. »

Ce qui était proche, c'était notre embarquement. Mon méridional de gouvernement me quitta, rassuré sans doute, et, s'il fit part de mon attitude à ses chefs hiérarchiques, ceux-ci, trois jours plus tard, eurent une occasion unique d'apprécier sa haute perspicacité.

Bien que nous n'eussions par devers nous aucun secret d'État et que notre correspondance fût tout entière familiale, nous tenions à ne pas laisser nos lettres derrière nous. Nous en fîmes donc un fort paquet que j'allai enfouir dans une mare d'eau saumâtre qui croupissait non loin de notre concession et où personne n'a dû aller l'inventorier.

J'avais emporté d'Europe un portrait qu'Arnold Scheffer, neveu d'Ary Scheffer, avait fait de ma fille quand elle avait sept ans. Je ne voulus pas m'en séparer et je découpai la toile que je roulai en dehors de façon à ne pas en écaler la peinture, et pensant la garder sous mon bras, de notre mise à l'eau au récif où nous aborderions.

Il nous semblait que les journées qui précédaient le moment suprême n'en finissaient pas. Les trois fois vingt-quatre heures que nous avions encore à absorber avant la dernière me paraissaient se développer à en devenir plus longues que mes deux années de forteresse. La veille de la grande entreprise, Olivier Pain et moi nageâmes jusqu'au rocher dont je n'avais personnellement jamais exploré les abords autrement que sur ma carte marine. Mais en y posant mon pied nu j'y sentis une affreuse douleur. C'était une des aiguilles d'un énorme oursin qui me l'avait presque entièrement traversé.

J'en boitai toute la journée au point de craindre des complications pour la baignade décisive du lendemain. Mais la plaie se referma dans la journée et j'oubliai vite mon mal. Dans l'après-midi, Paschal Grousset reçut de Nouméa un mot signé « Jourde » et ainsi conçu :

« Demain jeudi, je t'enverrai le huitième volume de l'*Histoire du Consulat et de l'Empire,* comme je te l'ai promis. »

En langage d'évadants :

« Demain à huit heures du soir, mettez-vous à l'eau et allez nous attendre sur le rocher. »

Un gros embarras, c'était Lorosquouët qui, en se présentant chez nous, comme à l'ordinaire, pour y faire nos lits et y procéder à notre cuisine, trouverait la cambuse déserte. Il se lancerait incontinent à notre recherche et donnerait ainsi involontairement l'alarme.

Une idée qui, pour être infâme, n'en était pas moins une idée géniale, me traversa le cerveau. Lorosquouët était passablement ivrogne. Je l'avais un jour heurté malgré moi, étendu tout de son long dans la brousse, cuvant diverses eaux-de-vie sur la composition desquelles les chimistes auraient eu sans doute quelque peine à se prononcer.

Et, comme je l'avais secoué pour le réveiller, il avait, sans d'ailleurs bouger de place, gémi d'un ton dolent :

« Laissez-moi, citoyen Rochefort ; je ne mérite pas que vous m'adressiez la parole. »

Cette attraction vers les liquides était cette fois on ne peut meilleure à exploiter. Il nous restait à l'amorcer avec une telle quantité de toutes sortes d'alcools qu'il en tombât ivre-mort. Il n'était au reste pas précisément difficile sur le choix des boissons qu'il aimait à s'ingurgiter. Un jour, ne s'était-il pas blessé avec préméditation sur du corail, afin d'obtenir de l'hôpital un flacon d'eau-de-vie camphrée pour panser sa plaie?

Or, eau-de-vie et camphre, il avait tout bu. C'était un lascar auquel il eût été imprudent de confier une bouteille de vitriol.

Nous n'avions presque pas dormi les nuits précédentes, et pour notre dernière nuit nous ne comptions pas sur beaucoup de sommeil. Nous profitâmes de cette disposition antisomnifère pour aller rendre une dernière visite à Henry Bauër avec lequel nous restâmes à jouer aux cartes jusqu'à près de trois heures du matin.

Je n'apportais, on le suppose, qu'une attention relative à la valeur des atouts qu'on me donnait et je perdis, je m'en souviens, quatorze bouteilles de bière que j'eusse été tenu de payer dans les vingt-quatre heures. Cette soirée date de près de vingt-quatre ans et je n'ai pas encore liquidé ma dette. On m'excusera si on songe que nous allions jouer, à une journée de là, une partie où l'enjeu était tout autre qu'une bouteille de bière.

Le soleil se leva dans un ciel orageux qui se débrouilla peu à peu. Nous croyions n'avoir qu'à attendre sans incident le soir de la délivrance ; mais cette journée, qui fut pour nous particulièrement historique, fut aussi la plus accidentée de toutes celles que j'avais passées dans la presqu'île.

Le vivandier Dusser, patron de notre complice Bastien Grandthille, nous débarqua subitement de son canot chargé de vivres, qu'il venait nous offrir pour notre déjeuner auquel il s'invitait. On mit la table sans nappe, et, comme le dessert comportait de nombreuses liqueurs, j'eus le loisir de les expérimenter sur Lorosquoët, qui, à chaque plat qu'il apportait, s'inondait de petits verres.

Je me rappelle, en outre, un fort pâté auquel nous touchâmes peu, car notre estomac, comme notre esprit, était ailleurs. Ces agapes se prolongeaient, et je commençais à me sentir piquer aux jambes par les fourmis du départ, celui de notre convive d'abord, le nôtre ensuite. Mais le terrible Dusser se prélassait devant son assiette, sans paraître songer à remonter dans sa barque, que nos co-évadants devaient prendre dans le port de Nouméa vers les huit heures du soir. Et il en était déjà quatre.

J'eus, je l'avoue, un moment de désespoir. L'orage qui menaçait depuis le matin venait sur nous à grande vitesse. S'il éclatait tout à coup en cataractes, par un de ces bouleversements atmosphériques assez fréquents là-bas, et où on ne distingue plus qu'une masse liquide, sans pouvoir dire à quel point précis la pluie et l'Océan se confondent, le vivandier se voyait obligé de passer la nuit à la presqu'île, ajournant son rembarquement au lendemain matin.

Il en fut même question, mais je lui fis observer que la pluie ne tombait pas encore et qu'il aurait le temps de regagner sans accident sa cantine, tandis qu'au cas où la tempête se déchaînerait, elle durerait peut-être deux jours pleins et le tiendrait bloqué dans notre enceinte fortifiée, où il manquerait essentiellement de confortable.

Et, sans lui laisser le temps d'opter, nous l'entraînâmes du côté de sa barque, amarrée au bas d'un rocher, et eûmes enfin la joie immense de l'y regarder s'asseoir et saisir les rames.

Immédiatement, pour qu'en cas de nouvelle visite le visiteur trouvât la maison vide et nous supposât en promenade, nous résolûmes d'aller attendre, cachés dans la brousse, la tombée de la nuit après laquelle nous soupirions.

Nous la guettâmes pendant près de deux heures. La veille, nous avions, par le bon Grandthille, fait porter à Nouméa un paquet de vêtements que la barque nous rapporterait à notre rocher, car nous nous mettrions à l'eau en caleçons de bain.

Nous nous déshabillâmes dans l'herbe, sous les éclairs qui commençaient à se croiser là-haut, et nous eûmes soin de dissimuler sous un arbuste les effets que nous venions de quitter et qu'il eût été dangereux de laisser à l'abandon dans notre paillotte, ce qui eût provoqué des commentaires.

Pour la mise en scène, nous plaçâmes bien en vue sur la table du déjeuner les restes du pâté de Dusser, de façon à donner à croire que nous étions partis pour une excursion après notre repas.

Cette précaution faillit nous perdre. Dès le lendemain, la chaleur fit éclore de nombreux vers dans cette charcuterie, et on s'aperçut de notre évasion précisément à la présence, dans notre vaisselle, de victuailles trop complètement avariées pour ne pas y avoir séjourné pendant de longues heures.

Sitôt Dusser parti, nous avions achevé Lorosquoët, qui ne demandait qu'à se laisser faire, et que nous renvoyâmes tout titubant dans sa case, en l'avertissant que nous irions passer la journée du lendemain dans la baie de Gentelet ; il n'avait donc pas à s'inquiéter de nous et il était autorisé à rester chez lui à soigner ses cheveux, auxquels il devait avoir terriblement mal.

On constatera que le plan du drame était complet, et que les entrées et les sorties y avaient été réglées dans les plus petits détails. Nous étions déjà en costumes de maîtres nageurs qu'il faisait encore jour. Puis, tout à coup, quelques minutes avant huit heures, le rideau du soir se déplia et l'obscurité nous permit de sortir de notre ravin.

Le ciel était heureusement noir comme de l'encre, la lune ayant, depuis la veille, épuisé son dernier quartier. Nous nous défilâmes à la queue leu leu par un petit sentier qui descendait à la mer et où nous ne craignions pas autrement d'être surpris, attendu que nous étions, en apparence, beaucoup plus accommodés pour une baignade que pour une évasion.

« Adieu, la maison ! », dit Grousset quand nous longeâmes notre paillotte.

Ce salut devait être le dernier à cette terre d'angoisse, d'inanition et de misères.

Le matin, avant l'apparition inquiétante du cantinier Dusser, j'étais allé rendre visite à notre camarade Arnold, que sa femme était venue rejoindre à la presqu'île et à laquelle, pour mieux égarer les soupçons et aussi pour me remuer un peu, car je ne pouvais plus tenir en place, j'avais apporté un casque en liège pour la prier d'y ajouter un voile contre le soleil.

En revenant de cette excursion, comme nous suivions un chemin montant, j'aperçus, entre notre presqu'île et l'île Nou, un formidable requin qui s'ébattait, dans la satisfaction du substantiel repas qu'il venait sans doute de s'offrir du côté des abattoirs. Je le fis remarquer à Bauër, tout en me disant à part moi : « C'est peut-être celui-là qui nous mangera ce soir. »

Mais au moment où nous plongeâmes, les nuages gonflaient, quoiqu'il ne plût pas encore, et les squales, que les coups de tonnerre effarouchent, s'en garantissent d'ordinaire en se tenant dans les bas-fonds. Il est probable que le vacarme de l'orage leur coupe l'appétit.

Le récif sur lequel nous avions mis le cap étant assez éloigné, et la mer, à ce moment, pleine et très grosse, nous risquions presque de perdre notre route. J'avais, à tout hasard, emporté mes lièges qui, je crois, restèrent dans l'eau. J'écrasais aussi sous mon bras la toile où Arnold Scheffer avait peint le portrait de ma fille, ce qui gênait un peu mes mouvements.

Le fait est que, bien qu'ayant plusieurs fois accompli cette excursion sous-marine, elle me parut d'une longueur inusitée. Le flux, ordinairement peu appréciable, avait, ce soir-là, recouvert presque en entier le petit îlot, qu'il m'était impossible de distinguer à travers la chasuble de plomb qui s'épaississait sur nous. Je commençais à me demander où j'étais, car je nageais un peu en avant de mes deux compagnons, quand je heurtai du genou une aiguille de rocher, et, en me mettant debout, je m'aperçus que nous avions pied.

Plus agiles que moi, Olivier Pain et Paschal Grousset escaladèrent le pic qui s'ouvrait en deux, si bien que je serais tombé dans la crevasse si je ne m'étais pas retenu au tronc d'un arbre qui surplombait.

Nous nous abritâmes, sans danger aucun d'être aperçus, du reste. Seulement le temps de cet atterrissage avait été tellement démesuré pour moi que j'avais peine à croire que la barque ne fût déjà arrivée, puis repartie, faute de passagers à embarquer.

Nous nous morfondions dans les anfractuosités depuis une vingtaine de minutes et nous parlions de reprendre le chemin de notre maison, croyant que Grandthille n'avait pu s'emparer de la barque de son patron. Les cinq becs de gaz espacés sur la côte de l'île Nou, à l'entrée du bagne, brillaient seuls dans la nuit qui nous enveloppait, quand une des lumières disparut, puis reparut, tandis que la lumière suivante semblait s'éteindre. Évidemment, un corps opaque passait entre elles et nous.

Bientôt nous entendîmes un faible bruit de rames et tant de précautions nous indiquèrent que nos amis approchaient.

« Êtes-vous là ? dit une voix.

— Oui !

— Eh bien, jetez-vous à la nage ; le bateau ne peut pas aborder. Il n'aurait qu'à toucher un récif. »

Nous nous glissâmes dans l'eau, et après quelques brasses nous nous accrochions, comme Cynégire, à la bande du canot dans lequel on nous hissa les uns après les autres. Trois à la fois nous l'aurions fait chavirer.

Jourde, Ballière, Bastien nous déballèrent nos vêtements et nous nous habillâmes aussi sommairement que possible, sans prendre le temps de nous sécher. Baillière se plaça au gouvernail, nous virâmes de bord, et la barque recingla vers le port de Nouméa où l'échelle du P.-C.-E. était dressée pour nous recevoir.

Des gouttes d'eau, grosses comme des pièces de cent sous que nous n'avions pas, commencèrent alors à tomber dru ; ondée bienfaisante s'il en fut, car elle ne pouvait que décourager les excursionnistes et conséquemment éloigner les curieux.

Nous n'en fûmes pas moins pris d'un frisson en voyant pointer sur nous une chaloupe où nous distinguâmes quatre ou cinq hommes qui pouvaient être des matelots de ronde ou des surveillants en corvée.

C'étaient bien des surveillants, leurs képis nous l'indiquèrent, mais ils étaient évidemment en bordée. Ils nous prirent à leur tour pour des indiscrets bons à éviter et, au lieu de nous accoster, comme nous en tremblions de tous nos membres, ils accentuèrent un fort écart qui les rejeta loin de nous.

Ce fut le premier incident de cette navigation. Le second nous mit à deux doigts de notre perte. Ballière était allé dans la journée reconnaître exactement la place de notre trois-mâts, car le port en contenait plusieurs et notamment deux avisos de guerre, précisément destinés à donner, en cas d'évasion, la chasse aux déportés ou aux forçats.

Mais, observé le matin à la marée basse, le P.-C.-E. avait, à marée haute, tourné sur lui-même, si bien que notre camarade se déclara hors d'état de le reconnaître. Cependant, en explorant la rade, nous aperçûmes une échelle si obligeamment nous solliciter que nous eûmes la conviction d'avoir atteint notre but.

Un de nous, je ne sais plus lequel, avait déjà gravi les deux premiers échelons, quand nous entendîmes deux voix échanger, sur le pont, des impressions en un français beaucoup trop pur pour ne pas être on ne peut plus dangereux.

Nous avions simplement commencé à monter sur un des deux avisos du gouvernement.

On se doute de la rapidité avec laquelle nous nous aplatîmes de nouveau dans notre barque. Le trois-mâts du capitaine Law était juste à côté du bateau français. Cette fois aucune erreur n'était à craindre et nous accomplîmes en toute sécurité notre ascension.

Au moment même où je posais le pied à bord, j'entendis sonner minuit à l'église de Nouméa.

Une légère déception nous attendait. Le capitaine Law, qui se défiait de lui-même au point de ne jamais embarquer de vin pour ses voyages, s'en dédommageait à terre et ne démarrait pas des cafés d'alentour.

Il s'y était comme d'habitude oublié et nous avait oubliés en même temps. Aussi fûmes-nous surpris d'être reçus par le stewart, le seul homme de l'équipage qui ne fût pas encore couché et dont l'étonnement égala et dépassa sans doute le nôtre en voyant surgir devant lui six gaillards peu rassurants qui prenaient ainsi le navire d'assaut.

Pas un de nous ne connaissait assez l'anglais pour entrer en conversation avec ce maître-coq, auquel le patron du trois-mâts n'avait fait aucune confidence, et nous ne savions trop sous quels pseudonymes nous annoncer, quand le capitaine Law parut enfin.

Il était incontestablement éméché, mais pas au point d'avoir perdu le nord. Son premier soin fut d'envoyer le cuisinier dans sa cabine située au bout du bateau, et, après nous avoir dit adieu comme si nous le quittions après cette visite nocturne, il nous introduisit par une autre échelle, que nous descendîmes cette fois, dans la cale de son bateau. Nous y trouvâmes pour lits des cordages enroulés qui, tout en nous labourant les reins, nous parurent les plus exquis des sommiers, tant la perspective de la liberté a le don de tout embellir.

Un important travail restait à opérer : le coulage de la barque qui nous avait amenés au P.-C.-E. et qui, aperçue le matin flottant à l'aventure dans le port, aurait immédiatement amené d'inquiétantes investigations.

Le trois-mâts avait débarqué son charbon à Nouméa et revenait à vide. Le capitaine Law choisit les plus grosses pierres parmi celles qui lui servaient de lest et en emplit le canot sauveur de Dusser, jusqu'à ce que nous l'eussions vu s'enfoncer sans renflouage possible.

Je me réservais, si les avaries l'avaient rendu inutilisable, d'en rembourser plus tard le prix au cantinier Dusser, ce que je fis d'ailleurs. Mais si nous avions été repris, ce qu'on nous eût condamnés à des tas de peines afflictives et infamantes pour avoir volé une barque !...

Bien que le péril ne fût pas du tout conjuré et qu'au contraire il commençât à peine, mon accablement triompha de tant de câbles et je dormis comme un pieu jusqu'au moment où l'ébranlement du navire me réveilla en m'avertissant de la levée des ancres.

A toute minute nous nous attendions à l'apparition de quelque commissaire de marine venant nous sommer de nous rendre et nous ramenant chaînes aux mains à notre paillotte abandonnée. Une heure, deux heures s'écoulèrent sans aucune descente de justice, mais sans le moindre symptôme de marche en avant.

Pourquoi ce clapotement sur place et, si pressés de filer, pourquoi ne filions-nous pas ?

Un mot au crayon sur papier à chandelle qui nous tomba par la trappe d'où nous avions glissé dans la cale, nous renseigna douloureusement. Il était du capitaine Law et disait :

« Nous n'avons pas un souffle d'air et le pilote m'assure qu'il sera impossible de partir aujourd'hui. »

Quoique le temps se fût maintenu à l'orage, le calme le plus plat régnait sur la mer. Et chaque minute dépensée dans cette immobilisation nous rapprochait de la découverte de l'évasion ! A onze heures du matin, nous n'avions pas encore bougé. Nous avions tout risqué sur cette carte et, faute d'un peu de brise, nous perdions une partie si admirablement engagée. Au lieu de la liberté reconquise, de nos familles retrouvées, se dressait devant nous la perspective d'une arrestation brutale, en tout cas humiliante, de notre transfert cabriolet au poing à la prison de la presqu'île ou de notre exécution sommaire dans la cale même où nous nous étions réfugiés.

Nous vécûmes là des minutes terribles. Enfin un nouveau billet nous tomba d'en haut, — du ciel aurions-nous pu dire :

« J'insiste pour sortir, mais le pilote nous conseille d'abandonner toute tentative par la passe ordinaire où nous aurions vent debout. »

Il y avait donc du vent, puisqu'il était debout. Ce renseignement fut bientôt complété par cet autre :

« La brise ayant un peu fraîchi, je vais tâcher de sortir des récifs par la passe de Boulari. Nous longeons la presqu'île Ducos avec vent arrière. »

Je hasardai un œil à un hublot et je vis nos camarades regarder filer à quelques mètres d'eux le trois-mâts qu'ils soupçonnaient si peu de nous emporter. Souvent, comme eux, j'avais contemplé les voiles gonflées de navires qui suivaient la côte et que j'aurais tant voulu rejoindre à la nage.

Puis je les accompagnais du regard jusqu'à ce qu'ils disparussent derrière l'horizon et je revivais ces vers d'Hugo :

> Des rochers nus, des bois affreux, l'ennui, l'espace,
> Des voiles s'enfuyant comme l'espoir qui passe.

Cette fois l'espoir ne passait pas. Il était dans notre cœur, bien que nous eussions peine à l'y loger.

Tant que nous n'avions pas traversé les brèches que les coups de mer avaient pratiquées dans la ceinture de coraux qui cerne la Nouvelle-Calédonie à la distance d'environ dix lieues, nous naviguions encore dans les eaux françaises, et le bâtiment anglais s'y trouvait soumis au droit de visite. Le plus petit canot de ronde avait qualité pour faire subir à notre navire une perquisition minutieuse. Au contraire, une fois les coraux franchis, le P.-C.-E. naviguait en mer libre et reprenait sa nationalité, tout abordage constituant dès lors un attentat commis sur le drapeau de l'Angleterre.

Aussi jamais billet ne fut reçu avec plus de joie que celui-ci, qui descendit sur nous en tourbillonnant :

« Nous sommes hors des récifs. Rien à craindre maintenant. Vous pouvez monter sur le pont. »

Il était environ quatre heures du soir, et depuis sept heures du matin nous nous tordions dans les convulsions de l'inquiétude.

En apercevant nos têtes proscrites à l'ouverture de la trappe, les matelots du bord furent extrêmement surpris, et le capitaine Law feignit de l'être encore davantage. Il nous adressa en anglais sur notre indiscrétion des reproches que nous ne comprîmes pas et auxquels nous fîmes en français des réponses qu'il ne comprit pas non plus ; puis, après ces loyales explications, il désigna à chacun de nous une cabine et nous fit servir à déjeuner.

Mais à peine arraché au câble qui m'avait toute la nuit labouré l'épine dorsale, je fus pris du plus atroce mal de mer que j'eusse encore enduré. Le vent, qui s'était montré si réservé quand nous avions besoin de lui, commença à se déchaîner à l'heure où nous lui demandions du calme et bientôt éclata une tempête qui sévit pendant les sept jours que dura notre traversée.

Enfin, à travers les remous de l'Océan et les cabrioles du trois-mâts, je distinguai une colline sur le versant de laquelle s'étageaient des maisons claires et ensoleillées. C'était Newcastle, port d'attache du P.-C.-E. et ville natale du capitaine Law.

Nous étions cette fois, dûment sauvés. Nous n'avions plus à subir que la visite de la douane dont le canot vint à nous, commandé par un jeune homme en redingote, non en uniforme comme en France, et n'ayant rien d'officiel.

A sa demande au capitaine Law s'il n'avait rien à déclarer, celui-ci répondit qu'il avait à déclarer six passagers inconnus qui, à son insu, s'étaient réfugiés dans la cale de son bateau et n'en étaient sortis que quand on était trop loin pour les ramener à terre.

Dans notre beau pays, nous eussions été arrêtés, fouillés, écroués à la prison la plus proche comme pirates ou négriers. Trois juges d'instruction eussent été désignés pour nous interroger sur nos familles et faire une enquête sur notre casier judiciaire. Le jeune douanier répliqua simplement à la déposition du capitaine :

« Et ces messieurs ne vous doivent rien ?

— Rien du tout. Ils m'ont payé leur passage.

— En ce cas, nous n'avons pas à nous occuper d'eux. »

Et, bien qu'il pressentit certainement un drame dans la présence inopinée d'un trois-mâts anglais venant de Nouvelle-Calédonie, il ne nous inspecta même pas du regard, redescendit dans sa baleinière et repartit sans retourner la tête.

(Henri Rochefort, Aventures de ma vie.
(Dupont, éditeur.)

Table des Matières

Introduction	1
Un récit des temps mérovingiens. — Attale (VIᵉ siècle)	4
Comment fut sauvé Richard Iᵉʳ, le petit duc de Normandie (944)	5
Les infortunes d'une maison royale. — Les Stuarts. — Un frère de roi : le duc d'Albany (1483)	7
Le petit roi Jacques V (1525)	9
Benvenuto Cellini (1538)	11
La ruse de Secundus Curion (1503-1569)	20
Les infortunes d'une maison royale. — Marie Stuart à Loch-Leven (1568)	22
Un épisode de la Saint-Barthélemy. — Caumont de la Force (1572)	25
Une aventure du temps de la Ligue. — Charles de Guise (1588)	31
Prisonnière et mère de roi. — Marie de Médicis (1617)	33
Pendant les troubles de Hollande. — La fuite de Grotius (1619)	36
Un soldat qui veut se justifier. — Isaac Arnauld (1635)	38
Sous le ministère de Mazarin. — L'évasion du duc de Beaufort (1648)	40
La dernière aventure du cardinal de Retz (1654)	43
Charles II, roi d'Angleterre (1651)	47
Les grands marins du XVIIᵉ siècle	52
Quiquéran de Beaujeu (1671)	53
Jean Bart et le chevalier de Forbin (1689)	54
Un aventurier sous Louis XIV. — L'abbé comte de Bucquoy	59
La fuite de Stanislas Leczinski (1734)	65
La fin des Stuarts. — Les chefs de l'insurrection jacobite (1716)	67
La détresse du prince Charles-Édouard (1746)	70
Les prisons du baron de Trenck. Première évasion (1745)	75
Seconde détention et nouvelles tentatives (1753-1763)	86
Un aventurier au XVIIIᵉ siècle. — Casanova de Seingalt (1755)	100
Un roman en Sibérie. — L'évasion d'un patriote polonais (1771)	139
Les évasions de Latude (1750-1756-1765)	144
Une victime des lettres de cachet. — L'évasion du chevalier de Pontgibaud (1775)	156
Épisodes du temps de la Révolution. — L'héroïsme de Geoffroy Saint-Hilaire (1792)	169
Sauvé de la guillotine	170

Les déportés de Fructidor.	171
Les Chouans. — D'Andigné et Suzannet.	175
Cadix et Cabrera (1809-1813). Évasions de quelques marins français (1809).	198
Les prisonniers du Ponton l' « Argonaute » (1810).	200
Évasion de Bernard Masson et de ses camarades (1813).	208
Prisonnier des Anglais. — Le colonel de Richemont (1809).	216
Évasion d'un Français prisonnier en Angleterre (1810).	220
Le comte de Lavalette (1815).	247
En Sibérie. — Rufin Piotrowski (1846).	254
L'évasion du prince Louis-Napoléon (1846).	264
La guerre de 1870.	268
Évasion du général Ducrot (1870).	269
Évasion de trois sous-officiers français prisonniers en Allemagne (1871).	271
Après la guerre civile. — Tentative d'évasion et évasion de M. Henri Rochefort 1871-1874).	274

667-07. — CORBEIL. IMPRIMERIE ÉD. CRÉTÉ.

18 décembre 3

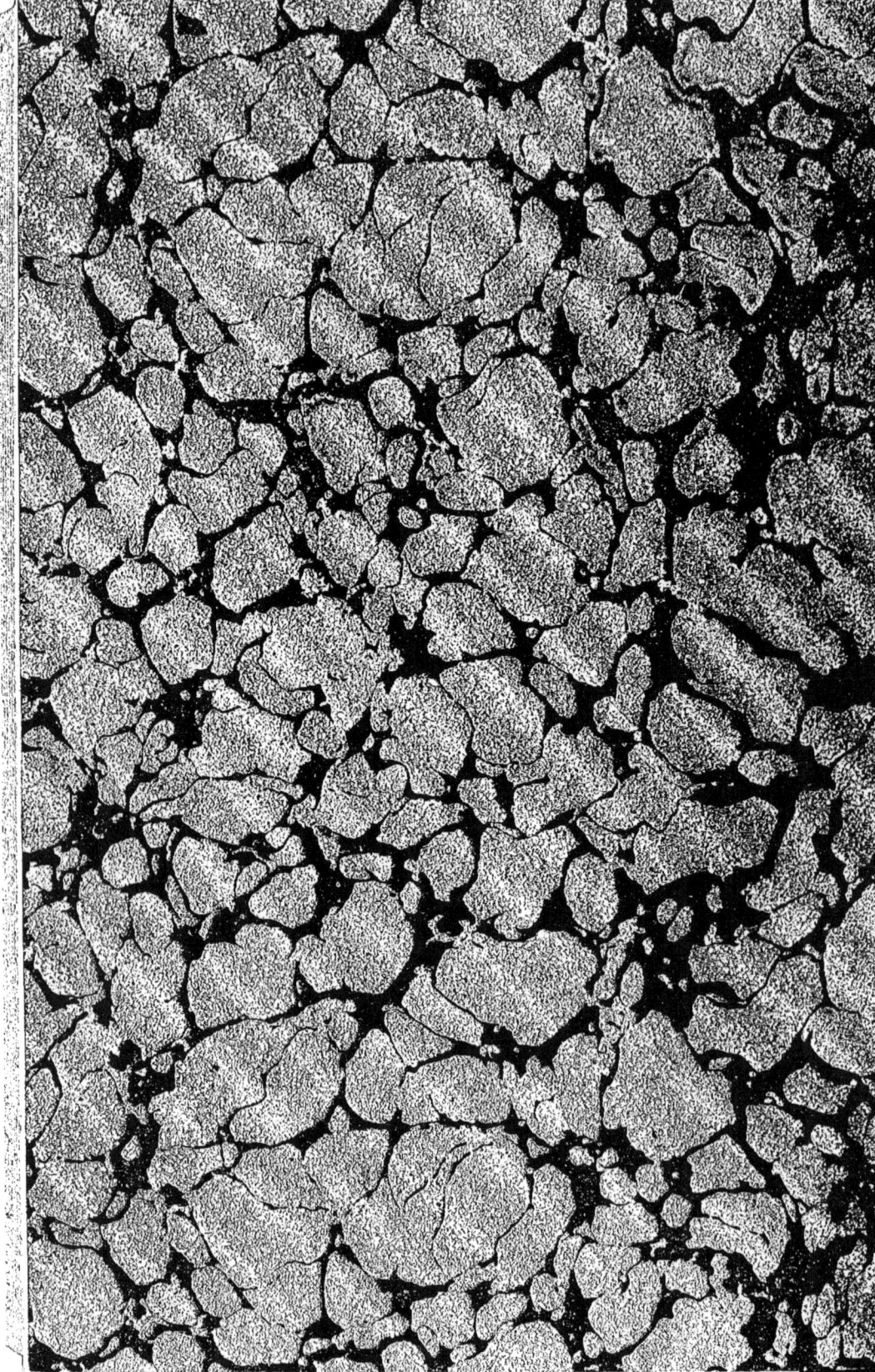

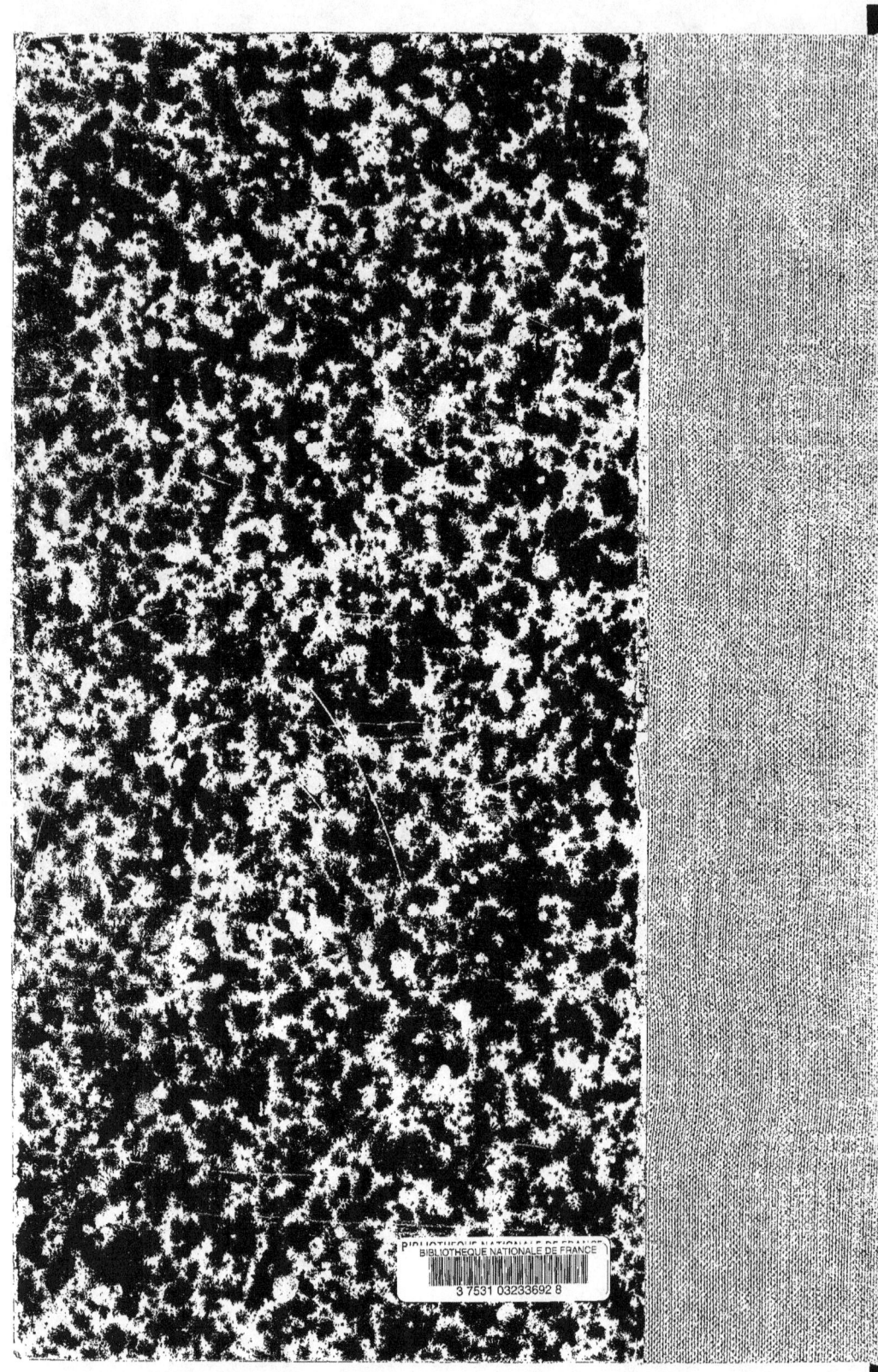

www.ingramcontent.com/pod-product-compliance
Lightning Source LLC
Chambersburg PA
CBHW072004150426
43194CB00008B/989